MINSHANGFA JINRONGFA
QIANYAN XINTAN

民商法金融法
前沿新探

王卫国／主编

中国政法大学出版社

2022·北京

声　明　1. 版权所有，侵权必究。
　　　　2. 如有缺页、倒装问题，由出版社负责退换。

图书在版编目（CIP）数据

民商法金融法前沿新探/王卫国主编. —北京：中国政法大学出版社，2022.8
ISBN 978-7-5764-0566-8

Ⅰ.①民… Ⅱ.①王… Ⅲ.①民商法－中国－文集②金融法－中国－文集
Ⅳ.①D923.04-53②D922.280.4-53

中国版本图书馆CIP数据核字(2022)第123204号

出　版　者	中国政法大学出版社	
地　　　址	北京市海淀区西土城路25号	
邮　　　箱	fadapress@163.com	
网　　　址	http://www.cuplpress.com（网络实名：中国政法大学出版社）	
电　　　话	010-58908435(第一编辑部) 58908334(邮购部)	
承　　　印	保定市中画美凯印刷有限公司	
开　　　本	720mm×960mm　1/16	
印　　　张	23.5	
字　　　数	470千字	
版　　　次	2022年8月第1版	
印　　　次	2022年8月第1次印刷	
定　　　价	79.00元	

前　言

今年 5 月我 70 岁生日之际，我的弟子们提议师生联袂出一本文集，以为学术成果之交流，并为师门情谊之纪念。我从近十多年来尚未公开发表的学术作品中拣选了 9 篇文章，包括专题论著节录和学术演讲文稿，以为响应。我的一些已毕业的博士和硕士，贡献了他们的未曾发表的 12 篇论文。由此，结成了这本文集。

我培养的研究生大多是民商法专业。我多年来保持着对民商法特别是财产法、侵权法和破产法的兴趣，同时也注重金融法研究。而且，我比较强调对前沿性和实践性问题的研究。所以，尽管是汇辑而成的文集，作者之间却似乎有一种心灵感应。稍加梳理，便可将 21 篇文稿归类为以下六个单元。

一、担保制度与金融需求

自 20 世纪末以来，国际上普遍认识到担保制度与金融的密切关系。21 世纪以来的担保法改革是以适应金融交易的需求为主线的。在我国，从 2005 年《中华人民共和国物权法》到 2020 年《中华人民共和国民法典》，担保制度立法都是以金融需求为主导的。收入本单元的《动产质押登记制度研究》，就是 2016 年为推动我国建立动产质押登记制度而做出的研究成果，在此基础上形成的智库报告曾获张高丽副总理批示。如今，动产质押登记公示制度已然施行，这对促进动产质押特别是大宗商品质押的开展，破解中小微企业融资难问题，有着重要意义。收入本单元的其他 3 篇文章，有讨论不动产担保登记制度改进的，也有研究保单质押、股票质押的法律实务的，都是直面金融市场的现实问题，提出的有针对性的见解和建议。

二、破产制度的实践探索

在现代社会，金融是经济的核心。破产，即债务人因陷于丧失流动性的财务困境而依法定程序进行再建或清算，实际上是一种金融现象。实践中，企业破产，特别是大型企业破产对金融安全的重要性，为法律制度所高度重视。收入本单元的《中国破产重整制度的实践：现状与问题》一文，对现行《中华人民共和国企业破产法》的重整制度实施十多年来的实践进行审视，就一些热点和难点问题提出了中肯的意见。针对近年来企业重整实践中金融债权保护方面存在的问题，《破产重整中的金融债权保护》一文进行了梳理和分析，并对实现企业拯救与债权人保护兼容互济的成功案例进行了总结。关联企业破产是近年来引人注目的一个热点，《关联企业破产的审理方式探讨》从规范破产司法实践的角度提出了独立的见解。银行破产是破产法的一个特殊研究领域，我国在这一领域的制度建设仍任重道远。为此，《银行破产制度的立法演进》和《银行破产标准的国际比较》两篇文章，可以提供一些参考和启示。

三、财产权现象的经验观察

在实物经济、知识经济和金融经济三位一体的现代经济社会中，财产权现象纷繁复杂。基于广义财产概念，将有形财产和无形财产冶于一炉的现代财产法体系正在形成。研究各种类型的财产，不仅要看到各种财产权客体的特殊性，而且要看到各种财产关系在现实社会中的发展变化；不仅要运用概念和实证的方法，而且要借助历史和比较的视野。收入本单元的《国有企业改制中职工持股的规范研究》，其研究对象属于特别股权，在历史观察和政策分析的基础上对我国的国企职工持股现象进行了理论性总结。《权利转换：三权分置下宅基地盘活的路径和法理阐释》聚焦于特殊用益物权，从现实社会关系和实践经验出发，对当前农村宅基地使用权改革中的制度设计提供了理论分析和方案建议。《论〈民法典〉背景下人格标志强制商业化的救济权》研究的是人格权的一种派生财产权，其讨论重点是权利救济问题，在翔实资料的基础上进行了缜密的比较法研究。三篇文章风格各异，却从不同角度展示了财产权创制过程中的一些关键要素：正当性、利益平衡、权利边界和法律保护。

四、侵权归责理论及其应用

归责制度是侵权法的核心和基石。《侵权责任法的行为评价理论》是一篇较为简略的演讲稿，却是作者多年研究侵权法的心得浓缩。《论上市公司董监高信息披露行政责任的制度改进》讨论的主题看似为行政责任，实则是归责问题。在我国，证券法规定的董监高责任本属于过错责任，实践中却蜕变成严格责任。这篇文章的法理分析，与侵权法理论息息相通。因果关系是一个重要而复杂的归责要素，实践中要解决因果关系的认定问题，不能仅靠一般的逻辑推理，而是要借助特殊情形下的类型化描述。《论证券虚假陈述侵权责任中交易因果关系的认定》和《保险近因适用之实证分析》都是因果关系理论在金融领域的应用。它们的一个共同点就是注意把握研究对象的特殊性，依据所在领域法律规范的目的确定责任控制的界限，从而以精细化的规则解析达致合理化的解决方案。

五、银行法实施的问题与对策

我国金融属于银行主导型体制，银行法在金融法体系中占有十分重要的地位。

从 20 世纪 80 年代以来，我国银行业的组织体系、监管体系和市场交易体系经历了一个逐步发展变化的过程，但需要研究解决的问题仍然很多。尤其是面临金融创新、金融全球化和国际金融危机带来的种种挑战，金融法学尤其要置身前沿领域，观察新情况，提出新对策。收入本单元的文章中，《第三方支付市场的法律秩序研究》节录自 2015 年完成的关于我国网络化支付市场法律秩序的研究成果，反映了我国规范第三方支付市场的早期经验。《银行业监管执法信息公开的法理分析与制度改进》就当前监管执法过程中出现的问题进行了多维度分析，提出了较为宏观的制度改进建议。《场外金融衍生交易适合性规则研究》适应精准化监管的要求，就适合性规则在管理场外金融衍生交易中的应用进行了微观研究。《银行类金融案件审判疑难问题研究》着眼于司法实践，对我国金融审判中提出的一些疑难问题进行了法理分析，提出了对策建议。

六、信息技术在社区治理中的应用

《中华人民共和国民法典》明确了作为基层群众性自治组织的居民委员会、村民委员会的法人资格，将基层社区治理带入了民法视野。社区是人们日常生活和交往的活动空间，也是保障居民个体权利和整体安宁的组织架构。社区矛盾纠纷的预防与化解既是一道必答题，也是一道难题，它难就难在参与社区生活的主体众多、关系纷繁且行为复杂。因此社区中的定分止争和排忧解纷，一要靠法律，二要靠技术。这里面蕴含着公正与效率的辩证关系。科技手段的应用，可以由效率之提升而获公正之彰显。本单元收入的《社区矛盾纠纷化解中大数据技术应用前景之分析》，是一篇实证研究报告的缩写版，其中提出的观点和建议是建立在经验事实基础上的，既具实用性，也有启发性。可以相信，在社会治理的其他领域，现代信息技术应用于法律实施的图景也会得到越来越丰富的展现。

本人从事法学教育已有 36 年，能够将人生最美好的年华献给国家的科学研究和人才培养事业，实乃无上的荣光。步入古稀之年，能与弟子们联袂出书，共享"激扬文字"于学术论坛之快乐，亦是莫大的幸福。我也愿意以此为自勉和勉励，希望我和弟子们在未来的岁月里不断求索耕耘，为国家振兴和民众福祉贡献才智。

感谢热忱参与本书筹划和征稿的各位同门，特别感谢为本书编辑出版付出辛劳的李若愚、毛快、汪健松等同学。同时，感谢中国政法大学出版社的鼎力支持。

中国政法大学教授　王卫国
写于 2021 年国庆日

本书主要参考法律文件对照表

全　称	简　称
《中华人民共和国物权法》（已失效）	《物权法》
《中华人民共和国担保法》（已失效）	《担保法》
《应收账款质押登记办法》（已失效）	《应收账款质押登记办法》
《中华人民共和国合同法》（已失效）	《合同法》
《最高人民法院关于适用〈中华人民共和国担保法〉若干问题的解释》（已失效）	《担保法司法解释》
《中华人民共和国民法典》	《民法典》
《中华人民共和国合伙企业法》	《合伙企业法》
《最高人民法院关于适用〈中华人民共和国民法典〉有关担保制度的解释》	《民法典担保制度解释》
《中华人民共和国民法通则》（已失效）	《民法通则》
《中华人民共和国民法总则》（已失效）	《民法总则》
《国土资源部关于启用不动产登记簿证样式（试行）的通知》	《关于启用不动产登记簿证样式（试行）的通知》
《中华人民共和国社会保险法》	《保险法》
《中国人民银行、中国银行保险监督管理委员会、中国证券监督管理委员会、国家外汇管理局关于规范金融机构资产管理业务的指导意见》	《资管新规》
《中华人民共和国公司法》	《公司法》
《中华人民共和国证券法》	《证券法》
《中华人民共和国企业破产法》	《企业破产法》
《中华人民共和国国家安全法》	《国家安全法》
《中华人民共和国商业银行法》	《商业银行法》
《国务院国有资产监督管理委员会、财政部、监察部、国家工商行政管理总局关于开展企业国有产权转让管理检查工作的通知》	《关于开展企业国有产权转让管理检查工作的通知》

续表

全　称	简　称
《国务院国有资产监督管理委员会关于企业国有产权转让有关问题的通知》（已失效）	《关于企业国有产权转让有关问题的通知》
《国务院国有资产监督管理委员会办公厅关于做好企业国有产权交易信息统计试点工作的通知》（已失效）	《关于做好企业国有产权交易信息统计试点工作的通知》
《国务院国有资产监督管理委员会、国家发展和改革委员会、财政部关于继续贯彻落实国务院有关精神暂停电力系统职工投资电力企业的紧急通知》	《暂停电力系统职工投资电力企业的紧急通知》
《国务院国有资产监督管理委员会关于规范国有企业职工持股、投资的意见》	《关于规范国有企业职工持股、投资的意见》
《中华人民共和国信托法》	《信托法》
《中华人民共和国宪法》	《宪法》
《中华人民共和国土地管理法》	《土地管理法》
《中华人民共和国侵权责任法》（已失效）	《侵权责任法》
《中华人民共和国著作权法》	《著作权法》
《中华人民共和国专利法》	《专利法》
《全国法院民商事审判工作会议纪要》	《九民纪要》
《中国人民银行、工业和信息化部、公安部、财政部、工商总局、法制办、银监会、证监会、保监会、国家互联网信息办公室关于促进互联网金融健康发展的指导意见》	《关于促进互联网金融健康发展的指导意见》
《中华人民共和国反恐怖主义法》	《反恐怖主义法》
《中华人民共和国反垄断法》	《反垄断法》
《中华人民共和国银行业监督管理法》	《银行业监督管理法》
《最高人民法院关于适用〈中华人民共和国合同法〉若干问题的解释（二）》（已失效）	《合同法解释（二）》
《最高人民法院关于适用〈中华人民共和国婚姻法〉若干问题的解释（三）》（已失效）	《婚姻法解释（三）》
《中华人民共和国票据法》	《票据法》
《中华人民共和国刑法》	《刑法》

担保制度与金融需求

王卫国
动产质押登记制度研究 3

汪健松
论实践中不动产担保登记的不合理限制 17

吴民许
保单质押的法律思考 32

潘修平
股票质押式回购交易及其违约处置 44

破产制度的实践探索

胡利玲
中国破产重整制度的实践：现状与问题
——基于对上市公司重整的观察 59

王卫国
破产重整中的金融债权保护 72

王卫国
关联企业破产的审理方式探讨 82

王卫国
银行破产制度的立法演进......86

王卫国
银行破产标准的国际比较......107

财产权现象的经验观察

王卫国
国有企业改制中职工持股的规范研究......153

李凤章
权利转换：三权分置下宅基地盘活的路径和法理阐释......181

陈龙江
论《民法典》背景下人格标志强制商业化的救济权......197

侵权归责理论及其应用

王卫国
侵权责任法的行为评价理论......217

王　琦
论上市公司董监高信息披露行政责任的制度改进......221

肖　强
论证券虚假陈述侵权责任中交易因果关系的认定......236

刘俊杰
保险近因适用之实证分析......247

银行法实施的问题与对策

王卫国
第三方支付市场的法律秩序研究......261

陈　森
银行业监管执法信息公开的法理分析与制度改进......286

丁绪瑞
场外金融衍生交易适合性规则研究......296

王卫国
银行类金融案件审判疑难问题研究......315

信息技术在社区治理中的应用

苏　灿
社区矛盾纠纷化解中大数据技术应用前景之分析......353

担保制度与金融需求

动产质押登记制度研究[*]

王卫国

党的十八届五中全会在关于制定"十三五"规划的建议中提出了发展普惠金融，着力加强对中小微企业金融服务的要求。长期以来，中小微企业"融资难"是制约我国经济和社会发展的一道难题。在其诸多原因中，企业动产融资担保的法律瓶颈值得关注。为此，笔者特就建立动产质押登记的制度需求、法理论证和方案设计，提出以下意见和建议。

一、建立动产质押登记的制度需求

（一）动产担保业务的现状

动产担保是中小企业的主要融资手段。从全球市场看，大宗商品的年交易额折合人民币近 90 万亿元，中国市场约占其中的 1/3。我国仅钢材的年消耗量就达 7 亿吨，金额超过 2 万亿元，占据了全球的半壁江山。充分发挥动产作为担保物的信用价值，降低金融服务门槛，可以有效地解决中小企业融资难、融资贵的问题，切实支持实体经济发展。

在欧美等发达国家，中小企业 70% 的融资来源于动产担保。目前我国企业的动产价值达 70 万亿元，我国中小企业 75% 以上的资产是动产。实践中，可用于动产担保融资的货物品种约有 14 个大项、上千个品类的原材料、半成品、成品。[1]此外，销售商的库存汽车也常常用于动产担保。统计表明，我国中小企业拥有的存货动产价值高达 3 万亿元以上。按质押率 50% 计算，这些资产可以担保生成逾 1.5 万亿元的贷款。但是，由于担保制度不完善，中小企业的动产资源大量闲置，无法用于融资。目前，动产担保融资在我国企业的流动资金来源中的占比，中小企业只有 12%，少于 20 人的小微企业仅有 2.3%。在我国的担保贷款总额中，动产担保贷款总额仅

---

[*] 本文成稿于 2016 年 3 月，属首次公开发表。

[1] 这 14 个大项包括：黑色金属、有色金属、家电产品、矿产品、粮油食品农产品、烟酒化妆品、药品及其原料、机电设备、纺织类、纸品、液化化工、固体化工、普通建材、其他。参见徐彤："从钢贸风波论我国商业银行建立动产质押登记法律制度的必要性"，上海交通大学 2013 年硕士学位论文。

占12%，动产担保贷款中的2/3属于动产质押贷款。[1]

国务院曾于2009年9月出台《国务院关于进一步促进中小企业发展的若干意见》，要求银行创新金融产品和金融服务方式，采取包括动产质押、仓单质押等方式，缓解中小企业贷款时担保物不足的矛盾，解决中小企业融资困境。政策出台后，银行的积极性并不高，原因就在于动产质押风险管控困难。

（二）动产担保的风险分析

根据我国《物权法》的规定，借款人以自己的动产作为担保物进行融资，可以采用三种方式：动产抵押、浮动抵押和动产质押。动产质押与动产抵押、浮动抵押的主要区别是，质权设定以转移质物的占有为条件，抵押权的设定以办理抵押登记为条件而无需转移抵押物的占有。

1. 动产抵押的风险分析。根据《物权法》的规定，动产抵押分为固定抵押和浮动抵押。其中，固定抵押以设定抵押时的现实财产为抵押物，浮动抵押以设定抵押时的或有财产为抵押物。动产不同于土地和房产，其不仅可以移动，而且往往为种类物（如原材料、产品），既不固定也难以特定，因而存在着一系列的风险。

（1）固定抵押的风险。在固定抵押的情况下，抵押权人（即债权人，下同）在实现抵押权时只能以先前与抵押人（即债务人或者其担保人，下同）约定的抵押物为执行标的。这意味着，如果抵押权人在实现抵押权时不能锁定和控制抵押物，则抵押权有可能落空。实践中，抵押权人在不占有抵押物的情况下常常面临两种风险：一是抵押物被恶意转让；二是抵押物被恶意重复抵押或者质押。

关于第一种风险，《担保法》第49条第1款规定："抵押期间，抵押人转让已办理登记的抵押物的，应当通知抵押权人并告知受让人转让物已经抵押的情况；抵押人未通知抵押权人或者未告知受让人的，转让行为无效。"但是，在动产抵押的情况下，如果抵押物为种类物（如钢材、水泥、粮食等大宗商品），在其被转让后，抵押权人不仅难以查找，而且即使找到也难以证明其为抵押物；如果抵押物被多次转让或者被消耗，则知其下落也往往无济于事。

关于第二种风险，现行法律和登记制度并没有就种类物动产的特定化作出明确的规定。在法理上，抵押制度对抵押权的保障依赖于登记效力，而登记效力的保障效能取决于公示产生的公信力。在抵押物为不动产等特定物的情况下，抵押人就同一财产恶意转让或者重复抵押的行为受制于在先抵押权的追及效力。但是，在种类物抵押的情况下，如果不能有效地锁定抵押物，则抵押人有机会就同一批财产恶意

---

[1] 参见傅强："动产登记及其法律性质探析"，载《南方金融》2014年第4期；汪路："动产融资登记公示系统的建设与发展"，载《中国金融》2011年第21期；吴金旺："金融仓储在商业银行动产质押贷款中的服务创新"，载《齐齐哈尔大学学报（哲学社会科学版）》2014年第1期；许艳杰："浅析动产融资权登记制度的建立与完善"，载《吉林金融研究》2010年第6期；杨继瑞、杨蓉、孟宪芮："动产质押融资模式的若干问题探讨"，载《经济学家》2011年第8期。

转让、质押或者重复抵押。在这种情况下,在先抵押权人很难在法律上对抗在后发生的质押、抵押或者对被转让抵押物进行追索。这是动产抵押登记制度对抵押权保护不力的主要原因所在。

目前,我国的动产抵押登记制度存在着两大缺陷:

第一,登记体系不完善。现行的动产抵押登记,除交通运输工具外,是由各地工商行政管理机构依据《动产抵押登记办法》(国家工商行政管理总局令第30号,已失效,下同)负责实施的。这种登记体系存在的主要问题,一是没有实现全国联网,也没有可供查阅的统一公示平台,既难以对善意的债权人和受让人起到风险警示作用,也无法遏制抵押人与恶意第三人的抵押、转让等交易行为;二是对抵押物的登记内容极其简单,不能显示抵押物的识别标志、仓储货位等有助于特定化的信息。此外,各地工商机关收费标准不一,有的甚至按贷款金额的比例收费,高昂的成本也常常使申请人望而却步。[1]

第二,登记权利缺乏追及力。除了交通运输工具外,包括生产设备、原材料、半成品、产品和正在建造的船舶、航空器等动产在转让时都没有产权变动登记。以机动车为例,由于交通运输工具在转让时需要办理产权过户登记,所以,机动车设立抵押后,一旦车主将车转让,受让人必定会在办理过户登记时获知该车已抵押的情况,从而选择撤销交易。而种类物动产则不同,在抵押人向第三人转让抵押物的情况下,由于无需过户登记,受让人无从得知其设置抵押的情况(即使主动查阅动产抵押登记也无法确定为同一财产),就算是恶意串通也难以受到法律追究。这个问题,即使克服了动产抵押登记体系的上述不足,也难以解决。

(2)浮动抵押的风险。在浮动抵押的情况下,实现抵押权只能以届时能够锁定的抵押物为执行标的。因此,如果抵押人在此前已经将抵押物处分,则按照《物权法》第189条第2款"不得对抗正常经营活动中已支付合理价款并取得抵押财产的买受人"的规定,抵押权人虽有登记也只能望洋兴叹。所以,对抵押权人来说,浮动抵押具有比固定抵押更高的风险。

当然,在动产抵押的情形下,为了避免上述风险,转移抵押物的占有虽不是设立抵押权的条件,却不为法律所禁止。实践中,抵押权人出于抵押物保全等目的而

---

[1] 关于对现行动产登记制度的检讨,参见张声成:"新实施的中国《物权法》下对动产抵押登记办法之漏洞",载《中国法律(中英文版)》2008年第4期;刘璐:"程序意义上的动产抵押登记制度:兼评《动产抵押登记办法》",载《暨南学报(哲学社会科学版)》2009年第1期;李惠青:"论'其他财产'抵押权的物上追及力与对抗第三人的例外",载《东莞理工学院学报》2010年第6期;曾雅芳:"动产抵押登记公示效力探析",载《知识经济》2012年第13期;汤红霞:"贷款融资中动产抵押制度的不足与完善",载《法治与社会》2013年第8期(下);范凌杰:"论动产抵押公示方式",载《怀化学院学报》2013年第10期;陈悦:"论动产抵押登记制度之完善",载《福建金融》2014年第6期;黄金龙、郑和园、孟新悦:"动产抵押制度的再思考——以动产抵押的适用范围与登记制度为中心",载《萍乡学院学报》2015年第5期。

协议占有抵押物的情形（例如，机动车抵押就有这样的情形），亦不妨碍依合同自由原则，在法律上予以认可。但是，从法律上说，对抵押物的占有不具有抵押权公示的效力，因而任何人不能依占有事实主张抵押权。如果抵押登记不能锁定抵押物（这个问题在大宗商品抵押业务中尤其明显），则一旦目标货物被转让给第三人，抵押权人将无法依据占有事实对抗善意受让人的权利主张。而且，在现实中的多数情况下，因抵押物为抵押人的生产经营所需，或者抵押权人难以承受管理大宗抵押物的成本和风险，故转移抵押物占有的做法也难以为抵押人接受。

以上分析说明，动产抵押的担保效能在很大程度上取决于抵押物的可特定化程度。对于具有特定物或者便于特定化的种类物如交通运输工具、成套设备和大型技术装备来说，其作为担保物比较适合于动产抵押方式。而对于数量巨大、需要长时间仓储保管的种类物如钢材、矿石、粮食等大宗商品来说，如果没有能够有效锁定标的物并清晰地加以公示的特定化手段，则不适合于动产抵押的方式。[1]

2. 动产质押的风险分析。动产质押是以转移质物占有为设权条件并以占有事实为物权公示的担保方式。在动产抵押的情况下，质权人取得了质物的占有，而占有事实具有物权公示效力，质权人没有动产抵押的上述风险。我国《物权法》第208条第1款规定："为担保债务的履行，债务人或者第三人将其动产出质给债权人占有的，债务人不履行到期债务或者发生当事人约定的实现质权的情形，债权人有权就该动产优先受偿。"第212条规定："质权自出质人交付质押财产时设立。"由此可见，在标的物特定化的基础上实现质物的有效交付和质权人有效占有，是设立质权的必要条件，也是质权保障的重要方法。在一般的民间交易中，质物是特定物（如珠宝、古董等）或者少量的特定化种类物（如一车货物），故动产质押具有很高的便利性和安全性。但是，在银行办理的大宗商品质押中，标的物通常是大量的种类物，即使是对其加以特定化，债权人也很难现实地取得质物的占有。这是大宗商品质押所面临的一大难题。

在银行动产质押的业务实践中，面对质物交付和占有的困难，银行不得不采用借助仓储监管的间接占有方式。根据已有经验，这类占有大体分为两种模式：一是在债务人的仓库存放并予以监管，二是委托专业仓储公司保管。例如，在上海钢贸行业的钢材质押中，"被质押的钢材通常有两种存放方式，一是银行并不对质押的钢材进行实质上的监管，由钢贸企业自行提供存放场所，大多数都在存放的钢材市场内，而钢材市场上的钢材也大都是露天堆放，即便是有标签可以证明钢材的权属，也不能完全证明其权属的真实性，且标签如果经风吹雨淋，脱落后更加辨别不清楚

---

[1] 关于适当限制动产抵押标的物范围的学者意见，参见刘淑波、林晓娇："中日动产抵押制度比较"，载《河北法学》2009年第12期；蒲自桥："我国动产抵押制度利益平衡机制探讨"，载《金融经济》2015年第2期。

权属。二是由银行委托仓储公司代为监管钢材,但是由于银行之间的质押信息互不相通,而且仓库管理方面也存在漏洞,质押人与仓储企业联合进行重复质押或者空单质押的问题难以得到有效的监管,一批钢材在质押给一家银行后转而会质押给另外的银行,相当于仅用一批钢材就能获得数笔贷款,通过钢材的重复质押,将获得的贷款转做其他投资,而一旦资金链断裂,银行的风险一触即发"。[1]又如,平安银行的动产质押业务采用的间接占有,有两种监管模式:第一种被称为"输出监管",即质押物存放在借款人的自有仓库中,银行委托仓储机构或者独立的第三方监管机构作为监管人对借款人企业仓库中的质押物进行监管。该模式一般涉及三个法律关系:一是仓储机构与借款人签订场地租赁合同,仓储机构租用借款人的仓库经营仓储业务;二是借款人与仓储机构签订仓储合同,借款人企业将其质押物存放在仓储机构的仓库中;三是银行、监管人(仓储机构或独立的第三方监管机构)、借款人签订三方监管协议,银行委托监管人对借款人企业提供的质押物实施监管。第二种被称为"公共仓监管",即质押物存放在仓储机构自有的仓库中,银行委托仓储机构对质押物实施监管。该模式除了不涉及场地租赁外,其他法律关系基本与"输出监管"相同。相比之下,"输出监管"的仓储成本较低,银行的质押物监管以这种模式为主。

在间接占有的情况下,银行并未实际占有,无法直接控制质物,因此,存在着借款人重复质押以及擅自转移、出售质物或者质物被他人强占等风险。即使是在委托仓储机构保管的情况下,一旦仓储机构工作人员失职或者与借款人串通,也同样会发生风险。

目前,在银行间接占有质物的情况下,动产质押最突出的风险是重复质押问题。近年来,重复质押的风险暴露得十分显著。2011年上海银监局的一项检查显示,上海当年被用于质押的螺纹钢的账面总量为103.45万吨,是同时期螺纹钢实际库存的2.79倍,由此导致多家银行在钢贸市场出险时因无法行使质权而蒙受巨大损失。为此,2012年4月,(原)银监会办公厅下发通知,要求各银行业金融机构及时调整信贷方向和政策,防止部分钢贸企业骗取银行贷款行为的发生。[2]重复质押为诈骗犯罪所利用,不仅损害了债权人利益,而且严重扰乱了市场秩序。例如,2014年6月,青岛港发生一起融资骗贷案,案犯以存放于青岛港的大宗商品重复质押骗取贷款,涉案金额高达数十亿美元,造成数家银行损失惨重。此案严重影响了青岛港即周边

---

[1] 徐彤:"从钢贸风波论我国商业银行建立动产质押登记法律制度的必要性",上海交通大学2013年硕士学位论文。

[2] "钢贸商人骗贷银行,银监会预警钢贸贷款融资",载《第一财经日报》2012年5月17日。

港口的贸易融资，导致山东沿海及黄海地区港口铁矿石进口大幅下跌。〔1〕

此外，还出现了出质人的其他债权人通过民事诉讼和执行程序变卖质物，甚至直接哄抢质物，导致银行质权落空的情况。在这些事件中，质权人的质权凭证由于缺乏公示效力，不能得到人民法院和公安机关的采信，其权利地位十分弱势。

大宗商品质押的风险严重抑制了银行办理动产质押融资的积极性。以平安银行为例，该行 2001 年开展此项业务以后，业务额一度快速增长，曾在 2011 年达到年授信余额 1240 亿元。之后因风险增加，逐年下滑至 2015 年 3 月的 982 亿元，降幅为 21%；其中钢材融资更是从巅峰时期的 527 亿元减少到 2015 年 9 月的 250 亿元，降幅达 53%。

(三) 完善动产担保登记制度的现实需求

目前，我国正处于经济下行期和调整期，原材料和产品大量积压是中小微企业的普遍现象。鼓励银行积极开展动产质押融资，有助于企业盘活资产获得资金，对经济发展和社会稳定都大有裨益。为此，需要通过法律制度的改进和创新，强化担保权保护，规范交易行为，降低市场风险，提振业界信心。

近年来，随着《动产抵押登记办法》《应收账款质押登记办法》等文件的出台，我国已经建立了动产抵押和浮动抵押的登记制度。票据、股权、债券、提单、仓单、知识产权等权利质押的登记制度也已经建立。这些登记都属于物权设立登记，即作为担保物权成立要件的登记。但是，有形动产质押，由于不以登记为设权条件，故至今未建立登记制度。近年来，学者和业界人士纷纷呼吁建立动产质押登记制度来破解"动产融资瓶颈"。〔2〕因此，我们需要突破固有概念的束缚，以最大限度地保障担保权益和维护交易秩序为目标，通过科学的法理论证，开发制度资源，推进制度创新，提出动产质押登记体系的设计方案、配套措施和实施步骤，更加充分地发挥法治在服务和保障经济建设中的作用。

---

〔1〕参见张竞怡："骗贷案冲击铜融资"，载《资源再生》2014 年第 7 期；党红超："大宗商品融资'异化'渐成趋势"，载《金融博览》2014 年第 10 期；陈禹萌："大宗商品质押融资风险影响及防控措施浅析"，载《现代国企研究》2015 年第 4 期；王启杰、陈丹："透视国内大宗商品融资发展之路"，载《中国外汇》2015 年第 15 期。

〔2〕参见高圣平："我国动产融资担保制度的检讨与完善"，载《中国人民大学学报》2007 年第 3 期；许艳杰："浅析动产融资物权登记制度的建立与完善"，载《吉林金融研究》2010 年第 6 期；滕杨："完善我国动产担保登记制度，缓解中小企业融资难题"，载《中国外资》2011 年第 6 期；汪路："动产融资登记公示系统的建设与发展"，载《中国金融》2011 年第 21 期；林铁钢："建立动产融资统一登记公示平台"，载《中国金融》2013 年第 6 期；傅远："动产登记及其法律性质探析"，载《南方金融》2014 年第 4 期；江宏、骆霞："统一互联网公示登记 完善动产融资体系——访中国人民银行征信中心主任曹凝蓉"，载《当代金融家》2015 年第 4 期；牛蕴强："中小企业动产担保融资法律问题研究"，哈尔滨工程大学 2010 年硕士学位论文；徐彤："从钢贸风波论我国商业银行建立动产质押登记法律制度的必要性"，上海交通大学 2013 年硕士学位论文。

二、动产质押登记的法理论证

(一) 动产质押物权变动的法理分析

在物权法上,动产质押是一种在动产所有权上设置担保负担并预期在约定条件下让渡所有权的物权变动现象。关于物权变动的依据和效力,各国有不同的立法模式。我国物权法采用的是以公示效力为核心的形式主义模式,而公示的方式又有登记主义和交付主义两种。《物权法》第10条规定不动产物权变动实行统一的登记主义制度,第23条和第24条规定动产物权变动实行以交付主义为原则、以登记主义为例外的制度。

《物权法》第23条规定:"动产物权的设立和转让,自交付时发生效力,但法律另有规定的除外。"第24条规定:"船舶、航空器和机动车等物权的设立、变更、转让和消灭,未经登记,不得对抗善意第三人。"显然,大宗商品质押不在第24条规定的登记主义范围内,应适用的是交付主义制度。《物权法》第208条第1款进一步明确规定:"为担保债务的履行,债务人或者第三人将其动产出质给债权人占有的,债务人不履行到期债务或者发生当事人约定的实现质权的情形,债权人有权就该动产优先受偿。"此为交付主义的立法。按照此规定,移转占有为物权变动的生效要件。因此,在移转占有前,物权的变动不仅不能对抗第三人,而且在当事人之间也不产生效力。交付是转移占有的行为,取得占有是实现交付的表征。所以,债权人取得质权,需要具备两个事实:一是出质人转移质物的占有,二是质权人取得质物的占有。转移行为是短暂的,而转移后的占有状态是持续的。因此,交付的公示效力,依托于质权人占有质物的事实。也就是说,质权人只要具备对质物占有的事实,除非有相反证据证明其取得占有不是基于质权合同和出质人的交付行为,即足以对抗第三人。

但是,交付主义的物权变动制度并不排斥通过登记公示将质权设立和质物占有的事实公之于众的做法。因为,交付行为和占有状态在没有公示的状态下,尽管已经具有物权的排他效力,但是在客观上却并未真正产生对外公示的效果。从保护市场交易安全和减少质权人维权成本的角度讲,将质权设立的事实进行登记公示,可以最大限度地防止质押人(债务人)将质物私下转让或者重复质押/抵押给不知情的第三人,而这种风险在大宗商品质押中尤其明显。

(二) 间接占有式动产质押的法理分析

要实现动产质押的交付,有一个重要的条件,就是有特定的标的物——特定物或者特定化的种类物。在大宗商品质押中,质物多为种类物,如钢材、煤炭、矿石、粮食等。为了实现质物的特定化,质权人往往将质物储存于外部场所加以保存并委托他人监管。在民法上,此种情形被称作"间接占有"。

间接占有是事实上未行物之管领,而基于一定法律关系有返还请求权的占有。

这里所说的法律关系，指的是合同关系。例如，在"自有仓监管"的场合，存在着仓储机构与借款人的场地租赁合同，借款人与仓储机构的仓储合同，以及银行、监管人（仓储机构或独立的第三方监管机构）、借款人签订三方监管协议。借助这些合同，债权人虽然对质物没有实施事实上的管领，但可以在需要时（尤其是在实现质权时）要求返还质物，因而仍具有占有人的地位。在我国，"间接占有"的概念虽然尚未见诸法律条文，但学术界多数人都主张在物权法上予以承认。[1]而且，在《物权法》颁布以前，最高人民法院在《担保法司法解释》中已经采用了"间接占有"的概念。[2]更何况，《物权法》第26条、第27条明确承认的指示交付和占有改定这两种动产物权变动的公示方法，均以间接占有为基础而得以有效；若不承认间接占有，则此等拟制交付便不能成立。综观《物权法》第二章第二节"动产交付"的全部条文可知，我国物权法上的动产交付并不以现实交付为唯一方式。由此推之，基于交付而形成的占有，也不必以直接占有为唯一形式。因此，《物权法》第212条所称的"交付"，解释上应包括现实交付和拟制交付；该法第208条所称的"占有"，解释上应包括直接占有和间接占有。

由此得出的结论是，在大宗商品质押的情况下，质权人间接占有质物的事实，可以成为其通过交付取得质权的表征。此种事实，如果以登记公示的手段公之于世，则足以排除第三人因出质人重复质押/抵押而取得的"质权/抵押权"，同时也可以在质物被他人不法占有时请求《物权法》第245条规定的请求返还、排除妨害等一系列保护。[3]如果这一规则通过立法或者司法解释得以彰显，则诚实而谨慎的第三人将会通过查询公示信息而避免陷入重复质押陷阱，从而使骗贷之徒难售其奸。由此，则金融机构将会更加积极地向企业提供动产担保融资，经济发展和市场秩序均由此获益。

---

〔1〕参见温世扬、廖焕国："论间接占有制度之存废"，载《北京市政法管理干部学院学报》2001年第3期；赵攀："我国物权法中应规定间接占有制度"，载《山西经济管理干部学院学报》2004年第4期；张双根："间接占有制度的功能"，载《华东政法学院学报》2006年第2期；李黎建："物权法应确认间接占有制度"，载《法制与社会》2007年第3期；张小艳："论间接占有制度与物权法"，载《法制与社会》2009年第4期；谢华波："论间接占有"，对外经济贸易大学2006年硕士学位论文，江河："间接占有制度研究"，西南政法大学2008年硕士学位论文；严贝贝："论我国占有制度的立法完善"，郑州大学2013年硕士学位论文。

〔2〕《担保法司法解释》（2000年12月8日）第88条规定："出质人以间接占有的财产出质的，质押合同自书面通知送达占有人时视为移交。占有人收到出质通知后，仍接受出质人的指示处分出质财产的，该行为无效。"

〔3〕《物权法》第245条规定："占有的不动产或者动产被侵占的，占有人有权请求返还原物；对妨害占有的行为，占有人有权请求排除妨害或者消除危险；因侵占或者妨害造成损害的，占有人有权请求损害赔偿。占有人返还原物的请求权，自侵占发生之日起一年内未行使的，该请求权消灭。"

（三）动产质押登记的法律性质

从制度功能的角度讲，物权法上的占有和登记都不过是权利公示的不同方式；二者之间并不存在相互冲突或排斥的关系。而公示不过是保护权利和维护交易安全的手段。"在民法上，公示和公信构成手段和目的的关系，公示的目的就是产生公信力，没有公信力的公示在民法上是无意义的。"[1]当占有公示因客观因素所限而不足以充分实现公信目的时，辅以登记公示，以为占有事实的巩固和彰显，应不失为一种周全之策。

就物权登记制度而言，其本质上不过是公权机关或公益机构为满足权利保护和交易安全的社会需求而提供的公共服务。在法律规定设立的登记项目之外，行政法规、部门规章等规范性文件也可以在不违反法律的前提下设立登记项目或登记事项，社会征信机构也可以主动开展相关信息的登记公示服务。在这方面，融资租赁登记制度在我国的建立就是一个例证。2009年7月，中国人民银行征信中心建设的融资租赁登记公示系统正式上线，为全国范围的融资租赁公司提供登记与查询服务。[2] 2010年6月21日，《中国人民银行、银监会、证监会、保监会关于进一步做好中小企业金融服务工作的若干意见》（银发〔2010〕193号）第11条提出，"大力发展融资租赁业务……加强融资租赁公示系统宣传，提高租赁物登记公信力和取回效率，为中小企业融资租赁业务创造良好的外部环境"。[3]最高人民法院于2013年11月25日发布了《最高人民法院关于审理融资租赁合同纠纷案件适用法律问题的解释》，根据其中第9条的规定，承租人未经出租人同意向第三人转让租赁物或者为其在租赁物上设立其他物权时，第三人未按照法律、行政法规、行业或者地区主管部门的规定在相应机构进行融资租赁交易查询，出租人主张第三人物权不成立的，人民法院应予支持。显然，融资租赁登记在性质上属于动产物权的事实公示，其主要目的是确保融资租赁的出租人的物上追索权在缺乏占有的情况下能够发挥其对世效力，以避免承租人利用占有租赁物形成的所有权假象与第三人交易，而第三人依据《物权法》第106条的善意取得规则对抗出租人的物上追索权的情形发生。[4]尽管《物权法》和《合同法》均无融资租赁登记公示的规定，但这并不妨碍融资租赁登记服务的有序开展。从证据学的意义上说，公权机关或者依法成立的公益性征信服务机构

---

[1] 梅夏英："民法上公示制度的法律意义及其后果"，载《法学家》2004年第2期。

[2] "中国人民银行征信中心是中国人民银行直属的事业法人单位，主要职责是依据国家的法律法规和人民银行的规章，负责全国统一的企业和个人信用信息基础数据库和动产融资登记系统的建设、运行和管理；负责组织推进金融业统一征信平台建设。"（引自《中国人民银行征信中心》，搜狗百科词条：http://baike.sogou.com/v63104940.htm，最后访问时间：2015年11月9日。）

[3] 参见中国人民银行成都分行征信管理处："大力推广融资租赁登记公示系统 促进租赁业健康发展"，载《西南金融》2010年第11期。

[4] 参见高圣平："融资租赁登记制度研究"，载《金陵法律评论》2006年第2期。

的登记信息，在裁判机关处理物权纠纷时，是可资采信的优势证据。

综上，动产质押登记公示制度，性质上属于事实公示。动产质权因交付而成立，交付后形成的质权人占有状态经过公示，可以使出质人与恶意第三人就该质物达成的转让、担保等交易归于无效，也可以使善意第三人避免因不知情而与出质人进行无效交易所带来的损失风险。由此可以收到规范交易秩序、增进市场信用的效果，更可以鼓励银行积极开展动产质押贷款业务，从而在有效防控风险的前提下，不断提高支持实体经济、扶持小微企业的能力。

（四）动产质押登记与动产抵押登记的关系

如果在同一动产上，债务人分别向两个债权人设立质权和抵押权，则形成了质权与抵押权竞存的现象。最高人民法院《担保法司法解释》第79条第1款规定："同一财产法定登记的抵押权与质权并存时，抵押权人优先于质权人受偿。"所以，即使是大宗商品，如果抵押权人能够证明其抵押物与质权人占有的质物为同一财产，则质权人将会面临权利劣后甚至不能由质物获得清偿的后果。由于《担保法司法解释》没有考虑竞存权利设立的先后顺序，无论是债务人将动产出质后再抵押给第三人，还是债务人将动产抵押后再出质给第三人，质权人都处在不利地位。对于提供动产质押贷款的银行来说，发生后续抵押的风险是完全不可控的，而在现行动产抵押登记制度很不完善的情况下，出现前置抵押的风险也是不可控的。尽管在动产质押登记公示的情况下可以依据《合同法》第52条的规定认定在后抵押为恶意串通无效，但只要动产抵押登记的公示制度缺位，恶意当事人仍有机会通过内外勾结篡改登记日期而谋取不法利益。显然，如果这些问题不解决，办理动产质押贷款的银行仍会心存疑虑：如果本行接受了质押，以后会不会有人出来主张在这批动产上的抵押权？这一顾虑必然严重地抑制银行的动产质押贷款业务。

要解决上述问题，需要在法律上采取两项措施：

第一，遵循物权法上的权利平等和公示平等的原则，通过立法或司法解释，确立质权与抵押权竞存时设立在先者优先受偿的原则。[1]

第二，建立动产抵押和动产质押登记信息公示体系。鉴于现阶段尚难以实现动产抵押和动产质押的统一登记公示，要在实现二者分别公示的基础上，建立两大动产担保登记公示平台之间的信息链接共享机制，使交易参与者能够方便及时地全面了解同一债务人财产抵押、质押的详细情况。在司法实践中，采用"公示在先者视为设立在先"的规则。

---

〔1〕关于质权与抵押权竞存时应以设立先后为序的学者观点，参见李明发、郑峰："论抵押权与质权竞存时的顺位确定"，载《学术界》2011年第4期。

三、建立动产质押登记制度的方案设计

动产质押登记的特点是，通过登记公示锁定质物交付占有的事实，债权人据此主张质权，从而使其他缺乏占有登记的权利主张和占有行为因缺乏法律规定的交付要件而不能有效地对抗质权人的权利主张。因此，构建动产质押登记制度，需要有一系列的制度支撑。

（一）建立动产质押公示系统

为了保持登记的公信力和信息查询的高效率，需要建立全国统一的信息平台。因此，建议以目前国内唯一的公益性征信机构中国人民银行征信中心为全国借贷市场动产质押融资登记的统一平台。

动产质押登记制度需要明确登记公示的信息，其中必须包括的事项有：①质权合同；②质物的详情（品名、规格、数量、质量、产权状况、产地、物之所在地等情况）和特定化方式（如仓单、货物识别标记、物联网信息源、监管责任人等）；③出资人转移占有的事实（如转移占有协议书、接受移交确认书等）；④质权人直接或间接占有质物的证据（如仓储合同、保管合同、委托监管合同等）。

为了保证动产质押登记信息的准确、集约和方便实用，登记机构需要编制相关的工作流程、业务标准、操作手册和技术指南。例如，用户注册方法、信息维护和密码管理、登记表格的必备事项和备选事项、填写方法、相关证据的基本格式和上传要求、登记内容变更、异议程序、撤销和终止程序、查询程序等。此外，还要规定违反操作规范和上传虚假不实信息的法律责任。所有的信息传送、储存和查询，都要利用互联网信息技术，实现全天候在线服务和便捷查询。

（二）完善动产抵押登记制度

为了解决动产抵押登记制度的不完善带来的风险因素，同时也为了促进动产抵押这一担保形式的积极有效开展，需要在建立动产质押登记制度的同时，对现行动产抵押登记制度进行完善。为此，建议采取以下措施：

第一，修订《动产抵押登记办法》。修订时，首先要解决抵押物特定化的问题。从物权法的意义上说，物权的客体必须是特定的。因此，没有特定化的种类物不是动产抵押登记中的合格抵押物。这意味着，以未特定化的种类作为抵押物的动产抵押登记是无效的登记，不具备对抗第三人的效力。所以，《动产抵押登记办法》必须就抵押物的登记要求制定具体的规定。必要时，还可以出台专门的细则，确定技术上和法律上实现抵押物特定化的具体措施和公示方法。其次，修订中还要明确规定登记信息电子化、网络化和建立全国统一公示平台的制度和措施。此外，修订中还要明确登记收费制度，可以实行免费登记，也可以实行按件收费（收费标准全国统一），不允许按交易金额收费。

第二，建立统一的动产抵押登记公示平台。在目前的属地登记体制下，首先要

实现地方登记信息的电子化汇总和统一公示。为此，要建立从表格电子化到数据联网和信息公示的一整套硬件和软件系统。此外，要实现动产抵押登记公示平台与中国人民银行征信中心动产质押融资登记平台的链接，使两个公示平台的客户端都能够便捷而全面地了解债务人动产担保的情况。在条件成熟时，建立全国统一的动产担保登记公示平台。

（三）建立相应的行政规章和裁判规则

中国人民银行和（原）中国银监会作为我国货币借贷市场的主要监管部门，承担着督促机构合规管理、维护贷款交易秩序和防范金融风险的职责。一方面，建议中国人民银行积极推动和支持动产质押登记制度及其公示平台的建立。另一方面，建议（原）中国银监会完善商业银行和其他信贷机构开展动产质押的业务规范，明确信贷机构在办理动产质押贷款业务时的登记信息查询义务和交易信息登记义务。

建议最高人民法院通过司法解释出台相关裁判规则，保护经过登记的质权，以引导市场预期，规范交易秩序，堵塞法律漏洞和遏制不法行为。首先，建议最高人民法院吸收融资租赁合同司法解释的经验，出台质押担保的司法解释，明确肯定质权在登记公示后对出质人与第三人交易的对抗效力。这种对抗效力主要表现在：其一，经质权登记的质物，第三人就该物主张质权或者善意取得的，人民法院不予支持；其二，经质权登记的质物被第三人擅自占有，质权人依据《物权法》第245条的规定请求保护的，人民法院应予支持。[1]其次，建议修订或补充《担保法司法解释》，确定质押登记与抵押登记竞存情况下"按设立先后确定受偿顺序"和"按公示先后确定设立顺序"的规则，并规定抵押人对登记时抵押物为特定物或者特定化种类物的证明义务。

（四）落实相关的配套措施

动产质押登记制度在实施过程中，将会有一些需要解决的重点问题。为此，需要在以上制度建设的举措之外，提供一系列的配套措施。

1. 实现担保物特定化的措施。担保物的特定化是以大宗商品为代表的种类物动产在质押登记和抵押登记中的难点，也是登记制度有效运行的关键。解决好这个问题，一要靠法律，二要靠技术。

第一，法律上的标准化。建议组织行业人士和法律专家，在总结经验的基础上，针对不同典型种类的货物质押，制定示范性合同文本，包括质押合同、仓储合同、保管合同、委托监管合同、占有转移文书等，供银行和企业参考使用。同时，要与仓储业主管部门和行业组织合作，制定仓储业开展货物质押监管的业务准则，以规

---

[1]《物权法》第245条第1款规定："占有的不动产或者动产被侵占，占有人有权请求返还原物；对妨害占有的行为，占有人有权请求排除妨害或者消除危险；因侵占或者妨害造成损害的，占有人有权请求损害赔偿。"

范行业行为，提高服务能力。

第二，技术上的标准化。互联网和物联网技术的发展，使登记技术标准化成为可能。物联网技术可以实现电子标记、智能嵌入、射频识别、远程控制、自动报警、跟踪定位等功能。在此基础上，依托互联网，可以建立一套标准化的种类物动产担保的在库管理与监控系统。这一系统的标准化将有助于通过优化系统设计和批量化生产，降低装备成本，提高系统稳定性，保持常态化的培训和维修服务。

2. 发展相关服务产业的措施。在动产质押特别是大宗商品质押的实务中，仓储服务是实现质物间接占有的重要条件。据最高人民法院民二庭调查，目前国内仓储行业亟待规范。突出的问题包括：没有行业主管部门，也没有全国性的行业协会；既缺乏监管，也缺乏统一的行业标准和业务规范，甚至在多数机构见不到完整的仓单；仓储机构良莠不齐，其中不乏技术落后、管理混乱的小型机构。在已经发生的动产质押贷款的风险事件中，仓储机构与债务人、第三人恶意串通的情况也时有发生。因此，建议国务院指定商务部和地方对应部门担负仓储行业的监督管理职能，推动成立全国性行业协会和指导地方行业协会，对仓储机构实行资质认证，制定行业规范和业务标准，促进机构整合和技术进步。同时，建议最高人民法院出台仓储合同司法解释，明确质权人委托仓储机构监管质物的间接占有效力和间接占有的成立条件、仓储服务关系中质权人对仓储质物享有的权利和仓储人的义务、质权人在仓储质物被他人侵占时的司法保护等规则，以规范质物仓储的市场秩序。

此外，建议国家发改委、商务部、工信部、（原）银监会等部门共同出台政策和措施，推动物联网技术在动产质押实践中的推广应用，鼓励银行和仓储企业合作建设物联网仓库远程监控系统，实现该系统与银行安保系统的对接。

3. 遏制不法行为的措施。任何制度都不免百密一疏。过度的事前防范意味着过高的制度成本。因此，除了在民事法律制度上遏制恶意串通交易、滥用善意取得规则等不法行为外，还需要从两方面采取措施，以清理市场中的"害群之马"。一是将债务人企业和仓储企业在动产质押中的诚信记录纳入征信体系。对于有恶意重复质押/抵押、恶意转让质物等不法行为的企业，可以列入失信企业名单并予以公布。二是对于涉嫌贷款诈骗罪、盗窃罪等犯罪的出质人、仓储人，要依法追究刑事责任。

四、结论

建立动产质押登记制度，具有必要性、正当性和可行性。

从必要性方面看，鉴于大宗商品质押存在着质权人现实占有质物的实际困难，只有通过登记制度赋予其间接占有以充分的公示公信和对抗效力，才能有效地防止重复质押、恶意转让等风险，从而鼓励银行业金融机构积极开展动产质押融资业务，为中小微企业提供更加有力的信贷支持，同时最大限度地降低信贷风险，维护金融安全。

从正当性方面看，围绕动产质押登记设计的一系列"组合拳"式的方案，依托现行立法关于质权设立的交付主义规则，通过对间接占有事实的登记公示，加上审判规则的保护以及动产抵押登记制度的完善，达到巩固质权人权利、排除重复质押和恶意转让风险、遏制不法侵害和化解权利冲突的目的。其法律基础坚实，法律依据充分，有利于保护合法债权，维护金融秩序，符合公平正义。这套方案根据金融市场的特殊要求，就银行业的贷款质押设定特别的登记制度，符合"特别法优先于普通法"的原则。方案中关于规范仓储行业和推广物联网应用的措施，也有利于借贷市场相关服务的行业发展和技术进步。

从可行性方面看，中国人民银行征信中心已经建立了动产融资统一登记平台，具有开展应收账款质押登记和融资租赁登记的操作规范和工作经验，具备增设有形动产质押登记的工作能力和社会公信力。同时，人民法院也积累了审理动产质押纠纷和制定相关司法解释的丰富经验，能够提供有效的司法支持。国家工商管理总局、商务部等其他有关部门也具有完善相关制度和开展相关行业监管的能力。因此，建立和实施动产质押登记制度的相关措施是完全可行的。

论实践中不动产担保登记的不合理限制

汪健松 *

引言

物权的用益性和担保性是不动产物权经济属性的基本体现,不动产担保物权在物权法和债法领域占据着重要位置,是金融领域最重要的债权担保方式。《民法典》基本承袭了《物权法》的规定,要求除法律另有规定,不动产物权设立、变更、消灭实行登记生效规则。《民法典》第216条规定,"不动产登记簿是物权归属和内容的根据"。担保物权属于典型的不动产物权,根据《民法典》第402条的规定,实践中常用作抵押担保的建筑物及土地附着物、建设用地使用权、建设中的建筑物(在建工程)等不动产担保物权[1]经登记发生担保物权效力,其效力、权利归属和权利内容将以不动产登记簿为准。因此,不动产登记是不动产担保物权发挥社会效用的基础和前提。但实践中,一些地方存在着法律规定外的登记要求和限制,该等要求和限制一般以地方登记部门登记业务实务操作指引或窗口指导等形式体现。这些要求和限制制约着不动产担保功能的发挥,也可能制造不必要的民事纠纷,徒增司法负担。

本文拟梳理一些行政区域内不动产担保物权登记实践中的非法定的登记要求和限制,并结合现行法律规范分析该等要求和限制的合法性及必要性,以期为实务工作者在办理相关业务事项时提供借鉴,同时也为后续不动产担保登记制度及工作体制改革提供参考。

一、关于担保法律主体的限制

(一)当前实践中的限制性做法

实践中,一些地方的登记机构对抵押权主体设置了不合理的限制。该等限制主要包括以下几种情形:

---

* 汪健松,法学硕士,现任职于中国银河资产管理有限责任公司。本文未曾公开发表。
[1] 鉴于不动产抵押登记对登记生效类的不动产影响最大,且交易实践中不动产抵押担保的标的物大多数是建筑物及土地附着物、建设用地使用权、建设中的建筑物(在建工程),如无特别说明,本文讨论的抵押物仅包括该等需登记生效的物。

1. 仅接受银行金融机构为抵押权登记主体。在该种限制之下，作为市场经济重要参与主体的非银行金融机构，如信托公司、资产管理公司等亦被限制在抵押权登记主体范围之外。

2. 仅接受持有《金融许可证》的金融机构（持牌金融机构）为抵押权登记主体。不动产物权的担保功能主要体现在债权债务性资金融通领域，而持牌金融机构作为资金融出方或通道方提供的间接融资一直以来占据着融资领域的绝对主体地位。随着非标债务融资业务和影子银行业务的蓬勃发展，非银行金融机构对不动产物权担保的需求愈发旺盛，一些地方不动产登记机构适时调整了担保物权登记政策，允许包括信托公司、金融资产管理公司等非银持牌金融机构成为抵押权登记主体。

3. 仅接受自然人和持牌金融机构为抵押权登记主体。自然人之间的借贷、自然人与其他民事主体之间的借贷一直以来都比较活跃，近年来，民间借贷逐渐走出法律"灰色地带"，尤其是2015年《最高人民法院关于审理民间借贷案件适用法律若干问题的规定》为民间借贷"正名"后，一些地方的不动产登记机构认可了自然人作为抵押权登记主体。

4. 认可自然人、法人[1]主体作为不动产抵押权登记主体，但不认可不具有法人资格但依法设立并且以自己名义从事民事活动的民事主体登记为不动产抵押权人。实践中，比较典型的情形是某些融资项目中采用结构化交易，或因融出资金来源于多个主体认缴或募集，或通过将底层资产装入特殊目的实体发行某种金融产品或衍生品时，通常会设立合伙企业（特殊目的实体）作为资金融出主体。即便是被《民法典》《合伙企业法》等法律认可和规范的合伙企业，在一些地方也无法登记成为抵押权人。

（二）限制性做法产生的问题

交易实践中，如抵押合同的抵押权人（主债权人）因主体不符合当地登记机构要求无法登记成为抵押权人的，当事人一般采用以下几种变通方式：

1. 仅签订抵押合同，不办理抵押登记。实践中常见的以土地使用权、在建工程和建筑物所有权设立抵押，根据《民法典》第402条的规定，未经登记不发生效力，抵押合同成立生效，抵押权未设立。根据相关判例，此时，于债权人最好的结果即是司法裁判支持抵押合同的抵押权人在抵押物价值范围内对主债权承担连带保证责任，[2]但无法享有抵押权。

---

[1] 据笔者了解，地方不动产登记部门对机关法人和事业单位法人作为抵押权人申请登记没有限制，但由于机关、事业单位法人一般不会直接发生对外资金融出，即使有此类业务需求一般亦通过持股的平台企业或通过信托公司、商业银行等金融机构进行资金融出交易。因此，实践中需要登记为抵押权人的法人一般为营利法人。

[2] 类似司法判例如（2020）云29民终397号民事判决书、（2019）内0102民初1545号民事判决书等。

2. 通过不动产登记部门认可的主体（通常是持牌金融机构）设立融资通道，并以该等主体的名义进行交易。该种变通处理的方式亦存在相关问题。首先，借助通道融资方将向通道方支付一定比例"通道费"，徒增融资成本。其次，在金融行业监管趋严的大趋势下，市场上主要的通道方商业银行、信托公司等持牌金融机构的通道业务大量压缩，[1] 能通过通道方式解决上述抵押登记问题的途径越来越少。

3. 委托不动产登记部门认可的主体代为办理和持有抵押权。该种变通处理方式一般又可细分为两类情形：一是主债权和抵押权继受取得时，主债权和抵押合同自前手债权人转移至后手债权人，但不动产抵押登记仍登记于前手债权人名下，各方约定前手债权人受后手债权人委托保有和行使抵押权；二是主债权和抵押权利新发生，但主债权人不符合当地登记为抵押权人的主体资格要求，主债权人委托能获认可的机构代为持有债权和抵押权并办理登记。但无论上述哪种情形均可能产生不利后果：首先，在有抵押的债权法律关系中，抵押合同之债是从债，二者的基本关系是"从债是从属于主债效力的债"，[2] 抵押合同是抵押登记的基础和条件，主债权和抵押登记分离，不符合登记外观和权利实质一致性要求，登记的公示公信效力受到挑战，且在实践中未办理变更登记可能被认定为抵押权消灭。[3] 其次，为了满足上述委托、代持抵押权的形式要求，交易各方在真实的债权法律关系之外签署法律文件，该等法律文件并无交易基础也非当事人真实意思表示，使各主体之间的关系复杂化，埋下争议隐患。

事实上，司法机关、金融监管机构和自然资源管理部门已经在特定领域对上述

---

[1] 关于压缩通道业务的相关业务监管政策和规定可参见《商业银行委托贷款管理办法》（银监发〔2018〕2号）；《中国银保监会关于开展银行业保险业市场乱象整治"回头看"工作的通知》（银保监发〔2020〕27号）；"中国银保监会新闻发言人答记者问"，载http://www.cbirc.gov.cn/cn/view/pages/ItemDetail.html?docId=917201&itemId=915&generaltype=0，最后访问时间：2021年1月10日。

[2] 江平主编：《民法学》，中国政法大学出版社2011年版，第401页。

[3] 《物权法》第192条规定："抵押权不得与债权分离而单独转让或者作为其他债权的担保。债权转让的，担保该债权的抵押权一并转让，但法律另有规定或者当事人另有约定的除外。"《民法典》第407条承袭该规定。笔者认为，根据上述规定，债权转让时抵押权一并转让，抵押权在转让前后一直存在且处于生效状态，不应再以债权受让人登记为抵押权人为要件。但囿于《城市房地产抵押管理办法》第37条第1款"抵押权可以随债权转让。抵押权转让时，应当签订抵押权转让合同，并办理抵押权变更登记。抵押权转让后，原抵押权人应当告知抵押人"等一些部门规章等管理性规范要求"应当办理登记"，一些司法判例认为在债权转让中未办理抵押变更登记抵押权无效，或债权受让人主张抵押权于法无据。相关判例如：(2015)沪一中民一(民)终字第688号民事判决书、(2016)赣0732民初914号民事判决书[该判决关于债权转让后抵押权未办理登记的效力之内容被二审法院(2016)赣07民终3504号民事判决书改判]等。需要说明的是，通过对此类案例的实证研究，大部分司法判例支持主债权转让后抵押权未办理变更/转移登记，债权受让人仍享有抵押权（参见潘峰："债权转让时未办理转移登记之不动产抵押权效力研究"，载"东方法律人"：https://mp.weixin.qq.com/s/WOX470PzBotBFyh987D5tw，最后访问时间：2020年10月19日)，但也应看到少数地方司法判例可能给交易带来的风险和不确定性，且该等支持抵押权仍有效的判例并未涉及抵押权登记的公示公信效力和善意第三人的保护问题。

不必要的限制进行过纠正。例如,《最高人民法院关于审理涉及金融资产管理公司收购、管理、处置国有银行不良贷款形成的资产的案件适用法律若干问题的规定》(法释〔2001〕12号)第9条规定:"金融资产管理公司受让有抵押担保的债权后,可以依法取得对债权的抵押权,原抵押权登记继续有效。"再如《中国银监会、国土资源部关于金融资产管理公司等机构业务经营中不动产抵押权登记若干问题的通知》(银监发〔2017〕20号)规定金融资产管理公司开展收购、重组债权等业务活动涉及以不动产抵押担保方式保障其债权实现的,可依法申请办理不动产抵押权登记。该等规定出台的背景之一即为,实践中金融资产管理公司等作为持牌金融机构在正常的业务中申请办理不动产抵押登记都可能遭到地方不动产登记部门的拒绝,遑论其他相对更为弱势的交易主体。

但上述司法解释和部门规章的调整范围特殊且有限,未能完全扭转上述困境局面。

此外,最新《民法典担保制度解释》第4条规定:"有下列情形之一,当事人将担保物权登记在他人名下,债务人不履行到期债务或者发生当事人约定的实现担保物权的情形,债权人或者其受托人主张就该财产优先受偿的,人民法院依法予以支持:(一)为债券持有人提供的担保物权登记在债券受托管理人名下;(二)为委托贷款人提供的担保物权登记在受托人名下;(三)担保人知道债权人与他人之间存在委托关系的其他情形。"该第3项[1]似可以为上述抵押主体问题提供解决问题的方法,为委托持有抵押权正名。但在交易中如无故加入和主债权债务关系并无任何关联的第三方,仅为解决上述抵押登记上的不合理限制,却增加法律关系复杂性、增加产生争议的可能性、增加交易成本,更像是"无奈之举"。[2]

---

〔1〕 关于该规定第1项涉及债券等金融产品的债权人众多和抵押物现实难以分割的矛盾关系,具有其制度价值。第2项规定的委托贷款关系中,无论是显名委托还是隐名委托,贷款银行均为主合同当事方之一,根据《民法典》第926条关于受托人以自己名义对外签订合同的规范,受托人作为抵押权登记主体亦有其合理性。

〔2〕 笔者理解,《民法典担保制度解释》除了想解决现实中登记主体限制而产生的抵押权委托持有的实际需求外,可能还意在保护交易当事人特殊情况下的抵押权代持关系。但代持本身可能造成名实不符,即使在当事相关方之间可以厘清法律关系,亦无益于抵押登记公示公信的制度价值,殊不值鼓励。就《民法典担保制度解释》第4条规定的认可委托代持抵押权有效的情形,考虑到抵押登记的公示公信效力、交易必要性、交易安全保护等因素,笔者更倾向于将其仅适用于如下三种情形:一是同一债权类产品持有人数众多,且产品持有人签署或通过认购行为(一般在认购文件或产品募集文件中已经约定)认可产品存续期管理人统一管理的情形。二是某类产品名义与债务人发生债权债务关系,但产品本身不具有符合《民法典》规定的主体形态,例如信托产品、资管计划等,由产品管理人代为持有抵押权。两者的区别在于第一种情况债权人是产品持有人,是直接的债权债务关系;第二种情况的债权人是"产品",产品持有人享有产品的份额权利,但不能直接行使债权人权利。三是《民法典》第926条规定的特殊委托关系中适用,如《民法典担保制度解释》第4条第2项,但其似不宜局限于委托贷款这一特定交易类型。

（三）设限做法的合法性和必要性分析

特定主体是否能成为抵押权主体，是民事主体权利能力及其平等保护的问题。上述不动产抵押登记实践中，受到限制的自然人、一般企业法人（营利法人）、合伙企业（非法人组织）并列规范于《民法典》第一编。根据《民法典》的规定，自然人、法人具有民事权利能力，合伙企业作为《民法典》规定的非法人组织参照适用法人的相关制度。合伙企业由《合伙企业法》规范，是典型的商事组织形式，根据《合伙企业法》合伙企业可以享有财产，实践中亦有大量的合伙企业参与交易，享有财产权利。笔者认为，在《民法典》和《合伙企业法》的框架下，自然人、法人、合伙企业符合"作为权利享有者和义务承担者"的权利能力[1]特征，至少在享有财产性权利和承担财产性义务方面，自然人、一般企业法人、合伙企业是民事主体，享有民事权利能力。

我国《民法典》首编第2条开宗明义："民法调整平等主体的自然人、法人和非法人组织之间的人身关系和财产关系。"且第4条专条规定："民事主体在民事活动中的法律地位一律平等。"在《民法典》实施之前，《民法通则》等单行法律均明确规定或体现了民事主体平等性的规范内容。[2]《民法典》第207条规定："国家、集体、私人的物权和其他权利人的物权受法律平等保护，任何组织或者个人不得侵犯。"本条彰显的立法宗旨应当有二：一是法律平等保护各民事主体已取得并保有的物权权利；二是法律平等保护民事主体作为权利人取得并保有物权的法律资格。

平等性自近代以来一直是民事主体的基本属性，[3]契约自由是以存在于普通私人契约当事人之间的基本平等地位为前提的。[4]因此，除非法律作出特别限制，不能也没有必要对法律认可的某类主体作为不动产抵押权人作出限制。唯有平等地认可和保护银行金融机构法人、非银行金融机构法人、一般企业法人、合伙企业、自

---

[1]"作为权利享有者和义务承担者"的能力是传统民法对权利能力的经典定义，参见［德］卡尔·拉伦茨：《德国民法通论》，王晓晔等译，法律出版社2003年版，第119～120页；王泽鉴：《民法概要》，中国政法大学出版社2003年版，第47～48页。《合伙企业法》第8条规定："合伙企业及其合伙人的合法财产及其权益受法律保护。"第20条规定："合伙人的出资、以合伙企业名义取得的收益和依法取得的其他财产，均为合伙企业的财产。"第11条规定："合伙企业的营业执照签发日期，为合伙企业成立日期。合伙企业领取营业执照前，合伙人不得以合伙企业名义从事合伙业务。"可见合伙企业拥有取得并保有财产权利并以合伙企业的名义对外从事民事活动的权利。

[2]《民法通则》第3条规定："当事人在民事活动中的地位平等。"《合同法》第2条第1款规定："本法所称合同是平等主体的自然人、法人、其他组织之间设立、变更、终止民事权利义务关系的协议。"《担保法》第3条规定："担保活动应当遵循平等、自愿、公平、诚实信用的原则。"《物权法》第4条规定："国家、集体、私人的物权和其他权利人的物权受法律保护，任何单位和个人不得侵犯。"《民法典》第4条规定"民事主体在民事活动中的法律地位一律平等。"

[3] 参见［德］罗尔夫·克尼佩尔：《法律与历史——论〈德国民法典〉的形成与变迁》，朱岩译，法律出版社2003年版，第42页。

[4]［美］伯纳德·施瓦茨：《美国法律史》，王军等译，法律出版社2007年版，第131页。

然人等法律认可的民事主体可以作为抵押权主体，才能彰显民法平等性，才能活跃市场，才能充分发挥不动产担保物权的功能。

因此，部分地区不动产登记部门限制非银金融机构、一般企业法人、合伙企业、自然人等主体作为不动产抵押权的权利人既不合法也无必要。

二、关于担保法律关系形式及内容的限制

（一）当前实践中的限制性做法

主债权、从债权和担保物权形成了当事人之间的法律关系。法律关系的构成一般需有具体的权利义务关系、权利义务的享有者和承担者、权利义务的具体承载体等内容。[1]在不动产物权担保法律关系中，主体及其限制笔者已在上文进行讨论，而其作为法律关系，内容包括若干项权利、取得期待、法律义务、其他束缚、负担性义务等。[2]具体而言，担保法律关系的内容可以包括担保物的具体形态和范围、担保的范围、担保权利行使规则、担保的期限等内容。不动产抵押登记实践中，一些地方不动产登记部门对申请登记抵押的担保法律关系内容之全部或部分要素进行了不合理的限制。

1. 限定主合同的形式。部分地区不动产登记机构只接受主债权债务合同名为"借款合同"（或称"贷款合同"／"借贷合同"）的合同，不认可一些可以产生明确债权债务关系的其他类型合同债权作为被担保的主债权，例如信托交易中常见的资产转让及回购合同，甚至是基于"借款合同"衍生的债权债务重组合同等。

2. 限定主合同的文本。部分地区不动产登记机构只接受本机构提供的制式模板主合同和抵押合同作为办理抵押登记的合同资料，不动产登记簿记载内容以该等制式合同所填写和载明的内容为准。例如一些地方推出"抵押登记专用合同"制度等。

3. 限定填写抵押期限。部分地区不动产登记机构的登记簿和权利证书设置"抵押期限"栏目，或要求抵押权人在备注栏填写"抵押期限""担保期限"等内容，并要求"抵押期限"应填写主债权履行期限。

4. 限定填写主债权数额。部分地区不动产登记机构要求"被担保主债权数额""担保范围"必须填写主债权本金金额，且不能对本金金额之外的担保范围进行备注说明。

5. 不予办理变更和转移登记业务。部分地区不动产登记机构不认可主合同法律关系或抵押合同法律关系转移或某些要素发生变更时申请办理抵押变更或转移登记，如抵押登记事项变更或权利转移只能解除原来的登记，再根据变更后的要素或法律关系重新申请抵押登记。

---

[1] 江平主编：《民法学》，中国政法大学出版社2011年版，第401页。
[2] [德]迪特尔·梅迪库斯：《德国民法总论》，邵建东译，法律出版社2013年版，第55页。

实践中，较为常见的需申请变更或转移登记的交易类型主要包括：一是抵押物基于同一基础权利发生的形态变化。典型类型如基于土地使用权这一基础权利，可能产生了在建工程或建筑物所有权，抵押合同关系双方约定在土地使用权符合办理在建工程抵押的工程条件后办理在建工程抵押，在建工程符合办理建筑物所有权抵押的工程条件的办理所有权抵押。二是在债权转让或继受法律关系中，前手债权人脱离债权债务关系，后手债权人承继债权债务关系，抵押登记的债权人需转移至后手债权人。[1] 三是其他主债权或担保债权或抵押物的某些要素发生变化。

（二）限制性做法产生的问题

1. 主合同类型的形式限制。登记机构限制主合同形式的情况下，当事人采取的常见替代措施主要包括：

（1）在登记机构接受的前提下根据真实的主合同签署"债权债务确认文件"，债权债务确认一般会将复杂的主合同关系确认为简单的金钱给付关系，具有简单化、数字化的特征。理论上如登记机构可以接受债权债务关系确认文件，且将主合同与确认文件一并作为登记的依据，实质上未改变主债权的内容，法律风险相对较小。但实践中此种变通方式仍存在一些障碍：其一，部分地方的登记机构不接受债权债务确认文件的形式作为主合同文件。其二，部分登记机构即使接受债权债务确认文件，但对确认的内容要求严苛，不能真实、准确、完整地反映业务各方的债权债务合同。[2]

（2）一些地方不认可债权债务确认文件，当事人会根据担保的主合同金钱给付内容另行签署符合登记机构要求的"借款合同"。该种为登记而签署的借款合同除债务履行内容（通常是金钱给付义务）外，实质法律关系与真实的主合同并不相同也无关联。笔者认为，上述另行签订借款合同的行为符合当事人虚假意思表示的基本特征，[3] 属于虚假意思表示。根据《民法典》第146条的规定，虚假意思表示实施的法律行为无效。在此类情形中，借款合同是虚假意思表示，其隐藏的法律行为是真正主合同的法律行为，如无其他无效事由，按照《民法典》第146条应属有效。但在该等交易中如虚假意思表示的借款合同无效，以其作为主债权的不动产抵押权

---

[1] 关于债权转让关系中，抵押权人的变更登记问题可能还涉及本文"一、关于担保法律主体的限制"部分讨论的内容。本处主要讨论的是即使债权转让的后手债权人符合主体要求，仍不能申请变更登记的情形。

[2] 比如，实践中，一些债权给付存在附期限、附条件、分期、权益转换、风险收益互换、给付方式变更等交易安排，但登记机构认可的简单版本的债权债务确认书无法涵盖该等真实交易内容。

[3]《民法典》及之前的《民法总则》并未对虚假意思表示作出明确定义。学理上一般认为虚假意思表示/虚假法律行为是指表意人与表示的受领人一致同意表示事项不应该发生效力，亦即双方当事人一致同意仅仅造成订立某项法律行为的表面假象，而实际上并不想使有关法律行为的法律效果产生。参见[德]卡尔·拉伦茨：《德国民法通论》，王晓晔等译，法律出版社2003年版，第479页。

作为从属法律关系是否继续有效则存在争议空间。笔者更倾向于与认为，虚假意思表示的借款合同与真实的主合同只是在部分法律关系内容（如金钱给付）上存在偶然竞合，二者既不相同也无关联，此种变通方式导致的结果可能是抵押权未依据真实主合同和抵押合同完成登记，抵押登记因其主合同无效而从属无效，抵押权落空。当然，即使司法机关能够依据基于公平原则论证抵押担保有效，上述变通操作方式仍给当事人留下争议空间和法律关系的不确定性。

2. 合同的文本限制。登记机构在要求当事人必须使用登记机构所提供的制式模板主合同和抵押合同时，可能产生的问题包括：

（1）文本格式呆板，设计单一化。登记部门所提供的主合同和抵押合同文本一般是基于最简单的交易类型设定，内容仅能涵盖最基本的主债权和抵押担保要点。而在大量商事交易中，参与主体是专业的机构，机构间对主债权关系和担保关系的安排往往更加细致、周延，相关交易安排不能依葫芦画瓢地套入登记机构的模板。此外，登记机构所提供的模板合同一般是最简单的借贷债权债务关系及抵押合同，但实践中许多可以产生确定债权债务关系的合同类型——如金融行业常见的"资产转让及回购业务"合同、"明股实债"合同等——亦不能依葫芦画瓢地套入登记机构的模板。如强行适用模板合同将不利于确定当事人之间权利义务关系。当然，即使交易主体一般会约定自行签订合同文本与登记机构要求签订的版本出现不一致时以自行签订的版本为准，仍可能留下争议的隐患。

（2）查阅内容贫乏，信息不充分。即使合同和抵押关系当事人之间没有争议，于第三人而言，通过不动产登记档案查询只能查到登记机构以其制式文本内容进行登记的内容，当事人之间真实、准确、完整的交易合意等可能影响第三人判断内容无法通过正常的不动产登记档案查询和登记文件调阅获知。这将不利于不动产登记的公示公信效力之功用，也可能误导第三人基于对登记记载产生的信赖而发生可能与真实主合同和担保合同有冲突的交易行为，增加潜在纠纷风险。

3. 抵押期限的限制。不动产抵押担保中，抵押期限并非法定概念，一般抵押合同也不涉及抵押期限问题。《关于启用不动产登记簿证样式（试行）的通知》（国土资发〔2015〕25号）及各地使用的不动产登记簿及颁发的抵押权不动产登记证明文件一般无专门的"抵押期限"一项。[1]但一些地方的登记机构要求当事人在相关附注中填写抵押期限，且要求抵押期限必须与主债权的履行期限一致。此种要求可能产生如下问题：

（1）与法律规定不衔接。《民法典》承继《物权法》在其第386条的规定，担

---

[1]（原）国土资源部《关于启用不动产登记簿证样式（试行）的通知》第1条规定："不动产登记机构可以结合地方实际，针对不同的权利登记事项，对登记簿做相应调整，但不得随意减少登记簿的内容。"该通知的附件无"抵押期限"这一登记内容。据笔者了解，各地的登记簿一般也未增加"抵押期限"这一登记内容。因此，关于"抵押期限"的登记要求一般会在附注栏中列明。

保物权人需在债务人不履行到期债务或者发生当事人约定实现担保物权的情形时，方可实现担保物权。第 419 条还规定，抵押权应当在主债权的诉讼时效内行使。由此可见，按照《民法典》的规则，抵押期限的登记要求对抵押权的行使和实现并无实际意义。

（2）不利于交易安全。抵押期限被登记记载于登记簿及权利证书，对第三人可能产生误导，影响交易安全。例如，主债权到期后的诉讼时效期间内，抵押权人尚未行使抵押权但其抵押权仍受到法律保护，然而登记的抵押期限已经经过，第三人可能通过信息查询得知"抵押期限"已经届满，误认为抵押权已经超过约定和登记的"抵押期限"而消灭，进而产生与抵押权有冲突的交易行为，极易发生纠纷。

4. 主债权数额特定化的限制。实践中，被担保主债权数额或担保范围填写为特定金额是绝大部分地区登记机构的普遍要求，且大部分地区填写金额只能是主债权本金金额。这种固化担保数额的限制性做法存在如下问题：

（1）与法律规定不符。在绝大部分交易中，抵押合同约定的担保范围除本金金额外，还有期间正常的融资成本（利息）、附条件的调整融资成本、提前到期或因违约到期影响到的惩罚性融资成本（利息）、违约金、实现债权必要的费用等，该等担保范围的约定也受到《民法典》第 389 条的保护。因此，被担保的主债权金额在抵押登记时一般无法判断确定最终数额的条件，客观上无法精确至特定数额。因此，登记机关应区分主债权数额与担保范围的概念，在登记主债权数额的同时，注明担保范围除主债权以外的有关约定和法律规定。

（2）可能在当事人之间产生担保范围的争议。关于登记簿记载的主债权为特定金额，该金额的性质和效力在司法裁判中产生了不同观点：一种观点认为登记的特定数额为本金金额，[1] 抵押权的范围应当依法或依据抵押合同的约定确定；第二种观点认为该金额为抵押权的范围，超出该数额范围的部分抵押权人仅可以主张合同

---

[1] 如北京四中院 2016 年 8 月发布的《金融借款合同纠纷审判白皮书》中认为"抵押合同约定的抵押范围通常包括债务的本金、利息、逾期利息、诉讼费、实现债权的费用等，而房地产登记部门所登记的抵押他项权利证书常常仅载明借款本金数额"。案例层面：如上海市一中院（2013）沪一中民六（商）终字第 164 号民事判决书，该判决书认为："《物权法》第一百七十三条规定，担保物权的担保范围包括主债权及其利息、违约金、损害赔偿金、保管担保财产和实现担保物权的费用。当事人另有约定的，按照约定。一般抵押权设立登记的，权利证书上记载的'债权数额'仅是设定抵押时担保的主债权本金数额，与抵押担保范围是两个不同的条款。债权人主张按抵押合同约定的担保范围内的全部债务行使优先受偿权，法院应当予以支持。"再如最高人民法院（2019）最高法民再 69 号民事判决书，该判决书认为根据"担保的范围"的规定，"债权数额"与"担保范围"分属他项权利证书中应当登记的两项内容，二者并非同一概念。原审判决将案涉他项权利证书中记载的"债权数额"理解为"担保范围"的记载，并据此认定抵押物登记记载的内容与抵押合同约定的内容不一致，以及本案优先受偿的范围为上述他项权利证书中记载的"债权数额"，适用法律不当……以无论《抵押合同》对债权数额如何约定，其超过他项权利证书记载的债权数额部分因未登记不具有优先受偿效力为由，主张应以案涉他项权利证书中载明的债权数额为限确定本案抵押权受偿范围，有违诚信原则。

责任。且即便同是最高人民法院，在不同时间的判决对登记簿记载的主债权数额的认定也并不一致。[1]登记机构对主债权数额的要求以及司法裁判对该抵押登记事项的莫衷一是可能使得当事人无所适从。

5. 不予办理变更和转移登记业务。如抵押登记机构不予办理变更登记业务，在法律关系发生变更或权利义务转移时，当事人可能面临两个选择：一是不办理变更登记或解除原登记重新办理登记。但基于不动产抵押的登记生效规则，当事人合意变更的内容无法与授予效力和产生公示公信的登记文件保持一致，尤其如土地使用权新增在建工程或建筑物所有权的情况下，登记抵押物的效力无法及于新增部分。[2]二是根据登记机构的要求，解除原抵押，按照变更后的法律关系重新申请抵押。但重新申请抵押至少可能产生两个问题：首先，解除抵押后到重新申请办理抵押期间可能存在担保空档期。[3]实践中，抵押担保空档期可能不符合一些交易主体（尤其是金融机构）的监管要求和风控要求。其次，在上述空档期担保人可能基于无担保登记的实际情况对拟抵押的财产进行处置或另行设定担保。虽然该等处置或另行设定担保并不见得可以在空档期内抢先登记，但于债权人而言亦会增加风险。

（三）设限做法的合法性和必要性分析

登记机构关于不动产抵押担保法律关系形式及内容的限制是法律是否周到保护意思自治的问题。

意思自治构成了现代民法的基础，"私法领域最重要的特点莫过于个人自治或其自我发展的权利"[4]。我国《民法典》首编第5条即规定"民事主体从事民事活动，应当遵循自愿原则，按照自己的意思设立、变更、终止民事法律关系"，即民事领域的意思自治原则。《民法典》第3条还规定"民事主体的人身权利、财产权利以及其他合法权益受法律保护，任何组织或者个人不得侵犯"，即民事合法权利不受侵

---

[1] 如上注，最高人民法院（2019）最高法民再69号民事判决书中倾向于认为登记的主债权数额与担保范围不是同一法律概念，但其在大庆建行与庆莎公司、金银来公司借款抵押合同纠纷上诉案中却认为"应以登记簿的记载确定抵押权人的优先受偿范围，抵押权人就抵押财产的变价款中超过已登记数额的部分没有优先受偿权"。参见许建添："一般抵押登记记载'债权数额'是否属于担保的最高限额"，载申骏律师事务所网站：http://www.sunjunlaw.com/sdian_mb.php?article=414，最后访问时间：2021年1月11日；高圣平、罗帅："不动产抵押权优先受偿范围研究——基于裁判分歧的分析和展开"，载《法律科学（西北政法大学学报）》2017年第6期。

[2] 《民法典》第417条规定："建设用地使用权抵押后，该土地上新增的建筑物不属于抵押财产。该建设用地使用权实现抵押权时，应当将土地上新增的建筑物与建设用地使用权一并处分。但是，新增建筑物所得的价款，抵押权人无权优先受偿。"

[3] 考虑到各地区不动产登记部门的办事效率不同，根据笔者的实践经验，空档期可能在1~15个工作日不等。

[4] [德]罗伯特·霍恩等：《德国民商法导论》，楚建译，中国大百科全书出版社1996年版，第90页。

犯原则。

主合同、抵押合同和担保物权法律关系均属于民事法律关系。首先，根据《民法典》第3条、第5条的规定，法律关系当事人如何设定权利义务关系的具体内容、履行期限、债权债务关系通过何种具体形式缔结、采用何种条款和文本对法律关系的内容进行约定、何时及如何变更法律关系的全部或部分内容，只要不违反法律的强制性或禁止性规范，均受到法律平等保护。其次，任何组织，包括不动产抵押登记机构均有不干预当事人行使民事权利、发生民事法律关系的消极义务。最后，包括不动产登记机构在内任何公权力组织，应当在其职权范围内行使职权，保障当事人行使民事权利的积极义务。

1. 主合同形式要求限制和合同文本限制。实践中，不动产登记机构提供相关示范交易类型（借贷合同）以及示范合同文本是有必要的，但该等示范文本应限定于仅供当事人参考之用。不动登记机构限于其功能和能力，也只可能提供常见类型的文本，如借贷合同及其担保合同。示范交易类型和示范合同文本作为参考标的，对自然人等相对弱势的市场主体具有实践必要性；但对于专业机构，示范交易类型与示范文本功用即显得捉襟见肘。抵押登记机构的上述限制中，强制要求被担保的主债权合同的形式必须为借贷合同，或必须采用登记机构所提供的模板合同文件，既与《民法典》的规定相冲突，也无法满足现实交易之需要。

2. 抵押期限限制。《民法典》仅在419条承继《物权法》第202条规定："抵押权人应当在主债权诉讼时效期间行使抵押权；未行使的，人民法院不予保护。"因此，不动产抵押并无抵押期限/抵押期间的法律定义。并且即使根据《民法典》第419条的规定，抵押权人未在主债权的诉讼时效期间内行使抵押权，法律后果也仅仅是人民法院不再以公权力的名义给予抵押强制保护。一些登记机构之所以设置抵押期限的登记要素，主要可能基于两个方面的原因：一是混淆了抵押担保和保证担保，根据《民法典》第693条的规定，债权人未在保证期间主张保证责任的，保证人不再承担保证责任，并且还于692条设置了保证期间约定和推定的适用规则。[1]但显然所谓的"抵押期限"并没有类似保证的规范制度，且在登记簿上备注抵押期限极

---

[1]《民法典》第692条第2款规定："债权人与保证人可以约定保证期间，但是约定的保证期间早于主债务履行期限或者与主债务履行期限同时届满的，视为没有约定；没有约定或者约定不明确的，保证期间为主债务履行期限届满之日起六个月。"第693条规定："一般保证的债权人未在保证期间对债务人提起诉讼或者申请仲裁的，保证人不再承担保证责任。连带责任保证的债权人未在保证期间请求保证人承担保证责任的，保证人不再承担保证责任。"与此相比较，《担保法》第25条规定："一般保证的保证人与债权人未约定保证期间的，保证期间为主债务履行期届满之日起六个月。在合同约定的保证期间和前款规定的保证期间，债权人未对债务人提起诉讼或者申请仲裁的，保证人免除保证责任。"第26条规定："连带责任保证的保证人与债权人未约定保证期间的，债权人有权自主债务履行期届满之日起六个月内要求保证人承担保证责任。在合同约定的保证期间和前款规定的保证期间，债权人未要求保证人承担保证责任的，保证人免除保证责任。"可见，《民法典》关于保证期间及其法律效果的规范实质与《担保法》一致。

有可能让第三人产生抵押期限经过、抵押权消灭的误解。二是混淆了"主债权发生和确定期限"与"抵押权行使期限"的概念，[1]认为"抵押担保必然是为在履行期内的主债权提供担保，而不是为超过履行期限的债务提供担保"。显然，无论是从《民法典》的相关规定还是基本逻辑分析，主债权发生和确定的期限是确定被担保主债权的基础，只有被担保主债权确定，抵押权行使期限才有适用价值。

综上，所谓"抵押期限"本非法定概念，要求当事人在抵押合同、抵押登记簿、抵押权利证明上填写或附注抵押期间既不符合法律规定，也不符合抵押权设立和使的法律逻辑，还可能引起实践中不必要的争议。

3. 关于主债权的数额特定化的限制。《民法典》第389条规定："担保物权的担保范围包括主债权及其利息、违约金、损害赔偿金、保管担保财产和实现担保物权的费用。当事人另有约定的，按照其约定。"[2]实践中，抵押合同一般遵循《民法典》第389条规定的法定的范围进行细化或列举式约定，法律亦认可当事人自由约定大于或小于该条法定的范围。但无论当事人如何约定抵押范围，均为其意思自治的范围，登记机构不应加以干涉。

此外，关于"被担保的主债权数额"肇端于《关于启用不动产登记簿证样式（试行）的通知》，不动产登记簿"抵押权登记信息"部分要求登记填写的内容为"被担保主债权数额（最高债权数额）（万元）"[3]，但并未设置《民法典》或之前《物权法》所明定的"担保范围"这一法律概念。笔者认为，该"被担保的主债权金额"的登记内容的合理性值得商榷。首先，"数额"本身应当是确定的金额，但如上文所述，抵押物的担保范围在金额上于抵押登记之时难以确定。因登记簿式样的要求，又引起了"被担保的主债权金额"的登记记载本身在司法实践中的巨大的争

---

[1] 基于交易之公平，担保人需对所担保的债权范围和承担担保责任的时间有明确的预期。就承担担保责任的时间预期而言，一般需明确实现担保物权的最早时间，反映到具体债权债务关系中即需明确债务履行期限（含可能提前到期等）；在最高额担保中，还需明确债权确定期限。（原）国土资源部《关于启用不动产登记簿证样式（试行）的通知》之附件《〈不动产登记簿〉的式样、使用和填写说明》中将"债务履行期限（债权确定期间）"明确列为登记事项。

[2] 该条与《物权法》第173条规定一致。

[3] 《关于启用不动产登记簿证样式（试行）的通知》所附附件本身为（原）国土资源部为各地不动产登记部门提供的示范样式，各地可以结合实际情况对登记簿记载的内容进行调整。但笔者在实践中接触的抵押登记簿和抵押权利证书均保留了"主债权数额"一项。

议和分歧。[1]其次，在法律明确规定"担保范围"这一概念的前提下，退而求其次地登记"被担保的债权数额"显有越俎代庖之嫌。因此，笔者认为登记簿样式和各地方登记实践中要求填写"被担保的主债权数额"这一登记事项本身即不甚合适。[2]

综上，笔者倾向于认为"被担保的主债权金额"于法无据，于实践不符，不应当作为抵押登记的记载事项，而应当替换为符合《民法典》规范要求的"担保范围"。在相关登记制度和登记簿、权利证书样式变更之前，地方登记机构可能无法改变需要登记被担保主债权金额的现状，但建议允许当事人通过附注等形式列明担保范围或注明"主债权金额"仅系指主债权本金金额。

值得欣慰的是，自然资源部于2021年4月6日发布的《自然资源部关于做好不动产抵押权登记工作的通知》第2条要求："当事人对一般抵押或者最高额抵押的主债权及其利息、违约金、损害赔偿金和实现抵押权费用等抵押担保范围有明确约定的，不动产登记机构应当根据申请在不动产登记簿'担保范围'栏记载；没有提出申请，填写'／'。"这表明相关实践问题已被立法重视并着力解决。但需要指出的是，该通知的落实还需要配合于登记簿、权利证书样式的更改，目前大部分地区仍然使用的（原）国土资源部的示范样式，该等样式仅有"主债权金额"概念而无"担保范围"，可能导致基层登记机构在实务操作中无所适从。因此，在未改变登记簿登记内容和权利证书记载内容的前提下，该通知要求的落实短期内效果有待持续关注。

4. 不予办理变更和转移登记业务。《民法典》未直接在不动产抵押章节规定不动产抵押的变更登记和转移登记制度。但在第355条、第365条、第385条分别规定

---

［1］基于登记簿和抵押权利证书样式的现状，笔者倾向于"被担保的主债权金额"应当在司法实践中被认定为主债权本金金额。从法律逻辑上，于债权人角度，被担保的范围是债权债务法律关系中的"债权权利束"，包括多项具体的请求权，而在债权权利束中，主权利或主债权应当是本金返还请求形成的本金债权，利息、违约金、罚息等基于主权利而产生，属于从债权。"被担保的主债权金额"这一概念在司法实践中出现分歧的核心原因在于，对"主从关系"的理解是站在担保法律关系（从法律关系）和被担保法律关系（主法律关系）角度还是站在被担保的主法律关系（主法律关系）内部主权利和从权利角度去认识和理解。显然，基于实践中当事人在抵押合同中的约定、登记机构的硬性要求、公平原则，应当站在后者的角度去理解和适用。相关论述参见拙作"论登记簿记载的主债权数额之法律性质"，载"东方法律人"：https://mp.weixin.qq.com/s/IzoG2ogSm9kmG1hryQ-DPw，最后访问时间：2020年12月10日。虽然笔者持上述观点，但并不代表笔者认同抵押登记簿"被担保的主债权金额"这一登记事项设置的合理性，上述观点，仅是基于规范现状和实践需求而进行法律逻辑论证的便宜之举。

［2］笔者接触的一些地方登记机构或自然资源管理部门人员认为，登记填写"主债权数额"，至少在登记簿和权利证书没有"抵押范围"这一登记事项的情况下，大致框定了被担保的债权范围。但这种观点亦不见得站得住脚，原因在于一些违约债权算上违约利息、罚息、复利、违约金，并可能持续较长时间未清偿的情况下，本金在整个债权中的比例将持续降低。登记的数额亦无法反应主债权整体情况。

了建设用地使用权、宅基地使用权、地役权的变更登记。[1]第547条体现了认可从权利转移登记的立法态度。[2]《不动产登记暂行条例》第3条规定了不动产登记的类型包括首次登记、变更登记、转移登记、注销登记、更正登记、异议登记、预告登记、查封登记等；第14条规定权利人姓名、名称或者自然状况发生变化，申请变更登记的可以由当事人单方提出申请。《不动产登记暂行条例》虽未明确、完整规定不动产登记中变更登记的具体类型，但已在不动产登记领域初步建立了变更登记和转移登记制度。[3]

在规范层面建立不动产变更登记和转移登记制度的是《不动产登记暂行条例实施细则》。该细则第26条规定："下列情形之一的，不动产权利人可以向不动产登记机构申请变更登记：（一）权利人的姓名、名称、身份证明类型或者身份证明号码发生变更的；（二）不动产的坐落、界址、用途、面积等状况变更的；（三）不动产权利期限、来源等状况发生变化的；（四）同一权利人分割或者合并不动产的；（五）抵押担保的范围、主债权数额、债务履行期限、抵押权顺位发生变化的；（六）最高额抵押担保的债权范围、最高债权额、债权确定期间等发生变化的；（七）地役权的利用目的、方法等发生变化的；（八）共有性质发生变更的；（九）法律、行政法规规定的其他不涉及不动产权利转移的变更情形。"第27条规定："因下列情形导致不动产权利转移的，当事人可以向不动产登记机构申请转移登记：（一）买卖、互换、赠与不动产的……（三）法人或者其他组织因合并、分立等原因致使不动产权利发生转移的；（四）不动产分割、合并导致权利发生转移的；（五）继承、受遗赠导致权利发生转移的……（七）因人民法院、仲裁委员会的生效法律文书导致不动产权利发生转移的；（八）因主债权转移引起不动产抵押权转移的……（十）法律、行政法规规定的其他不动产权利转移情形。"[4]

具体到不动产抵押领域，变更登记和转移登记最大的优势在于在不解除原有抵押登记的前提下根据实际情况和当事人约定对抵押关系的全部或部分要素进行变更

---

[1] 该等条款与《物权法》第145条、第155条、第169条规定一致。

[2] 《民法典》第355条规定："建设用地使用权转让、互换、出资或者赠与的，应当向登记机构申请变更登记。"第365条规定："已经登记的宅基地使用权转让或者消灭的，应当及时办理变更登记或者注销登记。"第385条规定："已经登记的地役权变更、转让或者消灭的，应当及时办理变更登记或者注销登记。"第547条第2款规定："受让人取得从权利不因从权利未办理转移登记手续或者未转移占有而受到影响。"

[3] 在《不动产登记暂行条例》出台之前，变更登记即有广义和狭义之分，广义的变更登记包括转移登记，相关立法例如《土地登记办法》；狭义的变更登记不包括转移登记，相关立法例如《房屋登记办法》。《不动产登记暂行条例》将变更登记和转移登记区分主要考虑了当时《物权法》区分了物权的设立、变更、转让和消灭等基本登记类型。参见国土资源部政策法规司、国土资源部不动产登记中心编著：《不动产登记暂行条例释义》，中国法制出版社2015年版，第28～29页。

[4] 变更登记和转移登记的共同点是物权标的作为基础权利未发生根本性变化，不同点在变更登记调整物权的归属未发生变化的情况而转移登记调整物权的归属发生变化的情况。

或转移，能够保证抵押权利的延续性，防止出现担保权利空档期而增加债权人的风险，保障交易安全。

这里需要特别讨论的是，实践中经常发生的抵押合同关系双方约定土地使用权变为在建工程、在建工程变为建筑物所有权的情况能否直接适用变更登记程序。笔者认为，上述情形可以适用变更登记，理由如下：首先，《不动产登记暂行条例实施细则》第26条规定"不动产的状况"发生变化适用变更登记。在"房地一体"的立法体系之下虽然建筑物所有权和土地使用权是两类物权，但如果已经约定土地使用权上新增建筑符合办理进一步抵押登记（登记为在建工程、建筑物所有权）的条件后办理登记，该种新增被解释为原不动产（土地使用权）的状况发生变化不违反该条规定的文义。其次，《不动产登记暂行条例实施细则》第26条规定抵押担保的范围、主债权数额、债务履行期限、抵押权顺位发生变化的可以申请变更登记，即被担保的主债权发生变化可以申请变更登记。同理，担保物的范围变化亦无限制其办理变更登记之必要。再其次，此种情形下，办理完毕在建工程抵押或建筑物所有权抵押，在"房地一体"的立法体系下，原来的抵押标的土地使用权仍属于抵押物范围，殊无必要要求解除抵押登记再另行新办。最后，各方当事人合意和债权人权益保护的现实需要亦需登记机构提供变更登记程序作为支撑。

三、问题总结和改革建议

基于不动产登记的特殊制度安排，不动产物权发挥其担保功能不仅依赖于《民法典》及相关单行法对权利的昭示，更有赖于登记机构提供具体登记制度和程序的支持。本文讨论了笔者实践中遇到的一些不动产抵押登记的现实问题。可以确定的是，笔者所提出和讨论的问题并不全面。该等问题之主要是一线不动产登记业务部门对不动产抵押登记作出的一些于法无据、于理不符的特殊限制，也有个别问题——如被担保主债权数额问题——或需在顶层制度设计层面予以检视。

笔者认为，未来不动产登记体系的完善既要抓制度改革也要重视登记工作机制与程序。实践中暴露出来的问题，大都是因为一线业务部门对制度和政策理解不到位，对现实交易原理和需求不熟悉，或出于"便利""免责"等目的所作出的。笔者建议，鉴于不动产登记机构并不是承担判定交易实质内容和效力的法定机构，一线登记业务机构应当保持一定的谦抑性，登记实践应站在理解并支持交易、客观登记记录的立场，对于法律法规没有明确限制或禁止的登记事项，不应当因其在本机构所辖区域内的非典型性、无先例等原因而通过行政文件、窗口指导等正式或非正式的方式加以干涉或拒绝。

保单质押的法律思考

吴民许[*]

在我国银行与保险合作开展融资担保的业务实践中，保单作为质押物被用于担保的情况大量存在。作为质物的保单有人身保险保单，也有财产保险保单；所担保的债权有寿险公司提供给出质人的保单贷款，也有银行、农信社等金融机构的贷款债权。由于保单质押在《民法典》《保险法》等现行民商事立法中缺乏明确规定，什么是保单质押？保单质押的主体、客体和设立、实现等要素该如何进行规范？这些问题的厘清对规范和推动保单质押的实践具有重大意义。

一、保单质押的概念分析

（一）法律意义上的保单质押

保单质押是权利质押的一种。从理论上讲，保单质押是出质人将保单项下的财产权利质押给债权人以担保特定债权之实现的行为。因为保单（保险合同）项下权利是保险金请求权或现金价值请求权，均属于债权，因此保单质押属于债权质押。在保单质押法律关系中，出质人是保单权利的享有人，质权人是质押所担保债务的债权人，出质债权的债务人（第三债务人）是保险公司；质押标的是保单项下的财产权利；质押担保的内容是所担保债权的债务人在到期不能清偿时，质权人可以保单项下财产权利优先受偿。

我国现行民商事立法对保单质押并未作出明确规定。在《民法典》第440条对权利质押标的的规定中，未将保单列为可出质的标的。《保险法》第34条第2款规定："按照以死亡为给付保险金条件的合同所签发的保险单，未经被保险人书面同意，不得转让或者质押。"以此规则推导，《保险法》认可保单质押。基于保单项下权利的财产权属性和《保险法》的上述规定，保单项下的权利可认为属于《民法典》第440条兜底条款中规定的"法律、行政法规规定可以出质的其他财产权利"，保单质押在我国法律体系下存在规范基础。

---

[*] 吴民许，法学博士，现任渤海人寿保险股份有限公司合规法务部总经理，高级经济师。本文未曾公开发表。

(二) 监管规范层面的保单质押

中国银保监会 2020 年 10 月下发的《人身保险公司保单质押贷款管理办法（征求意见稿）》（以下简称《征求意见稿》）第 2 条规定，本办法所称保单质押贷款，是指人身保险公司按照保险合同的约定，以投保人持有的保单现金价值为质，向投保人提供的一种短期资金支持。《征求意见稿》立足于寿险公司保单贷款的业务实际和监管需要，对保单质押贷款的基本概念、业务规则、管理要求、登记和监管等内容进行了规范。《征求意见稿》并不是一部关于保单质押的全面立法规范，而仅就保单质押中的一类特殊情况进行了行政规制，其对保单质押的规范意义在于：

1. 限缩了保单质押的法律关系主体。就质权人而言，与通常权利质押的质权人为出质人的债权人不同，保单质押贷款的质权人仅是与投保人签订了长期人身保险合同的寿险公司，即开展这种特殊贷款业务的贷款人。投保人的其他债权人被排除在了质权人之外。在这一质押关系中，寿险公司既是质权人，又是作为质押标的的债权的债务人（第三债务人），在学理上被称为他人对于自己债权之质权。[1]就出质人而言，保单质押的出质人仅为投保人，被保险人、受益人不得为保单质押的出质人。

2. 明确了保单质押的标的。《征求意见稿》第 4 条明确规定，保单质押贷款中的质押标的是保险期间超过一年的个人人身保险单项下的保单现金价值。现金价值是长期人身保险合同基于保险精算原理和产品设计方法所具有的特殊财产，是指投保人退保或寿险公司解除保险合同时，由寿险公司向投保人退还的那部分金额。[2]从内容和来源看，保单现金价值是在人身保险保单采用均衡保费方式时，投保人过去缴纳保费的积累值与过去保险成本积累值之间的差额，因此其属于保单持有人。[3]《征求意见稿》中这一规定排除了保险金请求权作为保单质押标的的可能性，也排除了财产保险单质押的可能性（因为财产保险没有现金价值）。

3. 阐明了保单质押担保的债权。保单质押贷款中，保单质押所担保的债权是寿险公司对该保单投保人提供的贷款。贷款是在该保险合同项下进行的，因为据以开展质押的基本规则是该保单条款的一部分，贷款金额受到该保单现金价值的限制（如《征求意见稿》要求不得高于申请贷款时该保单现金价值的 80%），甚至可以说这样的保单质押贷款是保险合同在保险法律关系之外另行约定的一种贷款合同关系。基于保单质押关系，贷款又是以该保单的现金价值作为担保的。

另外，监管规范的核心是保单质押贷款，而不是保单质押。保单质押贷款是寿险公司为了不愿退保但又有资金使用需求的投保人提供的融资服务。因为在投保人

---

[1] 史尚宽：《物权法论》，中国政法大学出版社 2000 年版，第 419 页。
[2] 陶存文主编：《人身保险研究》，经济科学出版社 2012 年版，第 141 页。
[3] 吴岚、张遥主编：《人身保险产品》，中国财政经济出版社 2011 年版，第 80 页。

出现资金需求的时候,通过保单贷款获得资金的成本比通过退保拿回现金价值的损失要小得多。因此,这一业务被认为是寿险公司为便利投保人而对其开展的保单增值服务,在《征求意见稿》中亦明确要求保单质押贷款的申请人为投保人,寿险公司不得向投保人以外的第三方提供保单质押贷款。

(三) 实践中的保单质押

相对于保单质押在立法上的简略,我国保单质押活动的实践是丰富复杂的。就寿险公司的保单质押贷款而言,在没有法律法规明确规定的情况下,很多寿险公司的长期人身保险合同都设置了保单质押贷款条款,寿险公司也据此给投保人提供保单贷款、开展保单质押。

除此以外,实践中还存在着以贷款银行为质权人的寿险保单质押和非寿险保单质押。前者一般是在银业业务合作中,投保人将具有现金价值的寿险保单质押给银行,用以担保从银行获取的借款按期偿还。在这一过程中,多采取出质人(投保人)、质权人(贷款银行)和保险公司(第三债务人)三方协议的方式,通过保险公司在其业务系统中对相关保单进行止付处理并赋予质权人解除保险合同同意权等方式设立保单质押。后者是为解决"三农"金融中的融资难问题而做出的增信尝试。通常做法是先由保险公司对农户和农业生产相关的财产进行意外伤害险和财产险的承保,之后,农户持保单向银行等金融机构申请贷款。在保险期限内,如果发生自然灾害导致财产受损,由保险公司在保额范围内负责偿还贷款;如果投保人因意外事故发生不测,保险公司也要负责在意外险承保范围内还款。

二、保单质押法律问题的思考

(一) 保单质押标的辨析

保单只是保险合同的证明文件,并不是有价证券。保单质押并不是保单本身的质押,而是对其代表的财产权利进行的质押。债务人持有的保单项下的财产权利有保险金请求权和保单现金价值请求权两种。通常,保险合同项下的财产权利是被保险人或者受益人享有的保险金请求权,这是所有保险合同的应有之义。除此以外,长期人身险保单的投保人享有保单现金价值请求权。如前所述,现金价值是长期人身保险的投保人在保险期间内特定时期多交给保险人的保费。这部分保费可理解为投保人的储蓄,投保人可在保险合同解除时取回,此时投保人享有保单现价返还请求权。这两种财产权利能否作为质押标的呢?

1. 现金价值请求权可以作为保单质押标的。保单现金价值是一种确定的财产权利,性质上属于债权,可以用于质押。保单质押的监管规定和寿险业实操中的保单质押贷款,就是以现金价值作为质押标的的。

根据保险精算原理,人身保险的保单现金价值并不是固定不变的——随着保费的缴纳和保险成本的变化,保单现价也是变化的。实践中,保单中一般会附上现金价值表以列明保险期间内每年的现金价值。如果保单质押设定时与质权实现时的现金价值不同,作为保单质押标的的现金价值是质押设定时的现价还是质权实现时的现价呢?笔者认为,这应该以出质人和质权人的合意为准,在质押合同中予以明确约定。

2. 保险金请求权能否作为保单质押标的?从权利质押标的的法律属性来看,作为质押标的的权利须为可让与且与质权性质无违之财产权;[1]同时,财产权虽得让与,然其权利之行使被停止或质权人行使其权利为不适当者,不得设质。[2]保险金请求权是一种将来债权,即将来有发生可能之债权,该债权或附条件(如保险事故的发生),或附期限(如约定的年龄或期限)。民法理论认为此等债权具有让与及交换价值之可能时,应认为可以设质。依此理论,结合保险法原理,特别是财产保险和人身保险不同的法律性质,对保险金请求权能否作为质押标的可做如下分析:

(1)财产险保单项下的保险金请求权可附条件质押。财产保险中享有保险金请求权的人只有被保险人。但是主体能否成为财产保险的被保险人受保险利益规则的约束,亦即获得保险金请求权不是因为交换对价,而是因为该主体在保险事故发生时对保险标的具有保险利益(《保险法》第12条)并由投保人通过保险合同做出了指定。保险利益的约束要求决定了财产保险的保险金请求权在保险事故发生前是无法自由转让的。保险事故发生前,保险金请求权在不同主体之间的转移,其法律本质应是重新指定保险合同项下的被保险人,而不是保险金请求权的转让,因为保险金请求权的实际获得受权利人在保险事故发生时对保险标的是否存在保险利益的直接影响。所以,保险事故发生前,保险金请求权的可转让性受限,质权人行使其权利存在不适当的情形,这种质押不被法律所认可。

但是当保险事故发生后,保险利益在保险事故发生时其归属已明确,对保险金请求权权利人具有保险利益的要求已无实际意义,其他主体接受保险金请求权无需再要求具有保险利益,所以此时保险金请求权转让没有法律限制。该权利具有可转让性,因此可质押。

所以,财产保险保单在保险事故发生前进行的"质押",可解释为一种附条件的权利质押,条件就是保险事故的发生。如保险事故不发生,则权利质押不成立。有一个特殊问题是:如债权人对保险标的确实存在保险利益的时候,财产保单的被保险人能否将保险金请求权质押给债权人呢?财险保单的保险金请求权在保险事故发生前不能质押是从保险利益规则的角度对该权利可转让性进行限制而造成的。但由于债权人对保险标的具有保险利益消除了保险金请求权转让的限制,因此在这种特殊情况下,保险金请求权是可以质押给债权人的。但是实践中,保单质押一般都是

---

[1] 谢在全:《民法物权论》,中国政法大学出版社1999年版,第804页。
[2] 史尚宽:《物权法论》,中国政法大学出版社2000年版,第390页。

为作为债务人的出质人增信而设,其债权人不得仅基于与出质人的债权债务关系而对出质人所有的保险标的存在保险利益,因此出现这种特殊情况的可能性非常少。

(2) 人身险保单项下的保险金请求权可以质押。与财产险不同,人身险的保险金请求权不仅可由被保险人享有,也可以由受益人享有。被保险人和受益人享有的保险金请求权均可质押,但受益人质押保险金请求权需被保险人同意。

被保险人对保险标的天然具有保险利益,其对自身利益有权处分,因此被保险人自由转让其享有的保险金请求权不违背保险利益规则,无需保险关系中的其他主体同意即可自主转让权利。受益人基于与被保险人之间的身份关系而具有保险利益,不存在此等关系的,因被保险人的指定或同意而获得保险利益。如受益人转让保险金请求权,需被保险人认可受让人。因此只要被保险人同意受益人转让保险金请求权并对受让人表示认可,该权利即可转让,不存在权利行使被停止或者质权人行使其权利不适当的情形,故而此种情况下保险金请求权可作为质押标的。

(3) 保险金请求权的不确定性是否是其成为质押标的的法律障碍? 作为将来债权的保险金请求权在没有保险利益限制的情况下,仅因为其不确定性而否认其可作为质押标的,是值得商榷的。

保险金请求权确实具有不确定性:一方面,保险金请求权的获得和消灭受制于投保人和被保险人的意思;另一方面,保险金请求权的实现受制于保险事故的发生或者合同约定条件的成就。就权利的获取而言,被保险人或者受益人的保险金请求权完全有可能因投保人或被保险人的意思而丧失;就权利(利益)的实现而言,寿险合同约定给付保险金的条件通常还具有确定性(以年龄、期限作为给付条件),但是非寿险合同的保险金给付更多地受制于或然的保险事故发生,不确定性极大。这给建立在其上的质押关系带来不稳定性。但保险金请求权的这种不确定性,是否成为该权利不适合质押的原因呢? 从学理上看,并没有不确定的财产权利不适合质押的理论依据;从立法上看,无论是《保险法》还是《民法典》都没有相关的禁止性规定;从实践来看,意外险等非寿险人身险保单的质押其实是债权人认可其担保价值的体现;从经济利益的角度,不确定的财产权利,如果能够转让,也能在一定程度上增加担保财产的范围,让债权受保障的力度更大,有利于债权保护。因此,不确定性并不是保险金请求权质押的障碍。

(4) 两项财产权利是否可以同时出质? 保单项下的上述两项财产权利都可以出质,但对于存在保单现金价值的人身保险合同,保单现价和保险金请求权可以同时出质吗? 从保险原理来看,不能。投保人享有的保单现金价值请求权和被保险人、受益人享有的保险金请求权是相互关联并相互排斥的。因为保单现价返还的前提是保险合同解除。而合同一旦解除,保险金请求权即丧失法律基础。如果保单现价上的质权要实现,就会导致保险合同解除,合同项下的保险金请求权丧失,剥夺了保险金请求权上质权人的质权。而保险金请求权的质权人行使质权,就保险金优先受偿时，通常也会导致保险合同解除或者保单现金价值减损，这对现金价值上的质权也是巨大损害。因此，一张保单项下同时设立现金价值请求权和保险金请求权上的两个质权，存在利益冲突，不宜如此操作。

（二）保单质押设立中的法律问题

1. 保单质押的当事人。如前所述，保单项下的现金价值请求权和保险金请求权均可设立质押。从理论上讲，质押既可担保出质人自己的债务履行，也可担保第三人债务的清偿。由于两种权利的性质和归属不同，因此质押当事人（主要是出质人）存在着差异。实践中存在着投保人与被保险人为同一人，被保险人与受益人为同一人的情况，但本文是从法律关系主体的抽象角度对保单质押的当事人做梳理，因此投保人、被保险人和受益人均假定为非同一人。

（1）现金价值请求权质押的当事人。投保人作为保单现金价值的所有者，是现金价值请求权的出质人。被保险人和受益人因不享有保单现价的任何权利，因此均无权作为出质人。此质押的质权人是出质人的债权人或第三人的债权人。在实践中，质权人多为承保该寿险保单的保险公司，即保单质押贷款业务中的贷款人（债权人）。此时的保险公司于投保人对于自己之债权（现金价值请求权）上取得质权。这种质押的主体特殊性在于，通常的债权质押，出质人以其对第三人的债权为担保，存在出质债权的债务人（第三债务人），而在此质押关系中，质权人与第三债务人合为一人。

（2）保险金请求权质押的当事人。保险金请求权属被保险人或受益人享有，因此该权利质押的出质人为被保险人或受益人。投保人只是通过订立保险合同创设了保险金请求权，但并不享有该权利。如果投保人要开展"保单质押"，法律性质上应认为是变更被保险人或受益人，而不是设立保险金请求权质押。保险金请求权质押关系中，质权人是出质人的债权人或第三人的债权人。

2. 保单质押的设立。

（1）保单质押如何设立。保单质押如何设立，《民法典》《保险法》并未明确规定。从《民法典》权利质权一节对几类具体权利质权设立的规定来看，有交付权利凭证即设立质押的（票据、债券、存款单、仓单、提单出质时；但若其没有权利凭证的，质权自办理出质登记时设立）；有登记设立的（基金份额、股权、应收账款等）。但是，保单质押如何设立，《民法典》并未明确规定。传统民法理论认为：权利质权的设定，除权利质权的特别规定外，应依关于其权利让与之规定为之。[1]如前所述，保单质押的标的是现金价值请求权或保险金请求权，这两种权利均属于债权。债权质押的设立需要订立书面合同、交付债权证书和通知设质债权的债务人三

---

〔1〕 谢在全：《民法物权论》，中国政法大学出版社1999年版，第809页。

项要件。[1]具体而言，首先，出质人与债权人（质权人）签订书面质押协议。其次，如有债权证书，应将证书交付于债权人。最后，通知设质债权的债务人。因此，保单质押设立应该签订书面质押协议、交付保单并通知债务人（保险人）。

根据保单质押的特殊性，对保单质押设立要件需注意以下问题：

第一，保单交付的形式。保单作为一种特殊的债权证书，其设定质押时的交付存在一些特殊问题：由于保单只是一种证明权利的文书，并不是权利本身，在保单丢失的情况下，投保人完全可向保险公司申请挂失补发，如保险公司未被通知保单已质押，补发新保单即宣告原保单的失效；另外，从当下保险业务的网络化、电子化实践来看，大量电子保单的出现使实体意义上的保单交付变得无必要或者没有意义。实践中保险公司会基于投保人、被保险人的申请提供保单相关服务，包括保单状态的记载等都可通过保险公司的系统和服务去实现，因此实践意义上的保单交付应以保险公司对保单的批注、保险业务系统的记载为实现方式。纸质保单即便没有交付质权人，但其上已做质押批注或者保险公司业务系统中已对保单质押进行的记载，可认为是完成了保单交付；电子保单就更依靠保险公司记载为交付完成。由此，出质人在设立质押时，向保险公司提出相关保单服务申请是其向质权人交付保单的特定方式，当保险公司在保单上做出批注或者完成系统记载后，即视为完成了保单交付。

第二，通知债务人（保险人）。无论是保单项下的现金价值请求权还是保险金请求权，其义务人都是保险公司。在设立质押时，应通知保险公司。通常质押中质权人、出质人通知均可，但由于保单质押的质权人并不是保险关系中的主体，且前述出质人需向保险公司提出保单质押记载服务的申请，因此该项通知由出质人完成，且提出质押批注或记载申请可视为通知。

（2）设立保单质押是否需要相关主体同意。第一，投保人出质保单现价无需被保险人或受益人同意。从保单现金价值的内容和归属来看，保单现金价值可视为由保险人占有却属于投保人的储蓄金，是保险人对投保人的负债。投保人享有返还请求权并不是保险公司承担保险责任的结果，该权利的享有与保险利益无关，与被保险人、受益人无涉，因此投保人在保单现金价值上设定质权，无需被保险人或受益人同意。

第二，保险金请求权出质应得到投保人的同意和承诺。保险金请求权是一项特殊的债权，它是基于投保人与保险人签订的保险合同设立，但是却由合同当事人以外的合同关系人（被保险人或受益人）享有。作为合同当事人的投保人不享有保险金请求权，但是可以通过合同的订立和解除决定该权利的有无；合同关系人享有保险金请求权却无法通过保险合同设定或者变更该权利。传统民法认为，作为质权标

---

[1] 谢在全：《民法物权论》，中国政法大学出版社1999年版，第809~812页。

的物的权利,非经质权人同意,出质人不得以法律行为使其消灭或变更。这在保险金请求权质押的情境下就存在一个问题:出质人(保险金请求权的权利人)以外的投保人可以通过法律行为消灭或者变更出质权利,但是其并不受这一权利质押规则的约束,承担上述不作为的义务。因此,为避免质押关系处于不确定状态,影响保单质押的效力,应该在保险金请求权设立质押时征得投保人的同意并且获得其在质押期间不得解除保险合同或者变更保险金请求权主体和内容的承诺。

第三,受益人在保险事故发生前或期限届满前出质保险金请求权需被保险人同意。保险金请求权是基于对被保险人财产或人身保护和补偿而根据保险合同形成的权利,因此被保险人权益保护是保险金请求权存在的基础。如果保险金请求权人为获取利益而伤害被保险人或侵害其财产,则违背了保险初衷。因此,相关保单若要转让或者质押,应获得被保险人同意,《保险法》34 条第 2 款就是对死亡保险这种极端情形下权利处分的规定。保险金的获得以被保险人死亡为前提,不经被保险人同意,则存在巨大的道德风险。其他人身保险合同本质上也存在着同样的风险,因此需通过被保险人同意这一流程予以控制。

第四,保险事故发生后或合同约定期限届满后无需被保险人或投保人同意即可设定保险金请求权质押。无论是人身保险合同还是财产保险合同,当保险事故已发生或者合同约定期限届满时,被保险人利益保护结果已经固定,保险金请求权已确定,权利转让和质押并不会影响被保险人利益,此时出质保险金请求权就无需被保险人同意了。财险合同中保险金请求权的享有人是被保险人而不是受益人,但此时的被保险人也无需投保人同意,即可对权利设定质押。

(三)保单质押的公示

保单质押应进行公示,这是其作为担保物权的应有之义。

1. 保单质押的公示方式。如前所述,保单质押属于债权质押,按传统民法理论,债权质押以对债务人之通知为债权质权设定之公示方法,[1]这与一般物权以交付或登记为公示手段殊为不同。从我国目前的金融实践来看,由于法律法规对保单质押的公示方式没有明确规定,当事人对保单质押没有登记,保单交付也不及通知保险人更受质权人的认可。

但从公示的功能和目的来看,这种公示方式存在着明显的缺陷:除了出质人、质权人和受通知的第三债务人之外,几乎无人能够知悉保单质押的存在,对质押效力的保障和交易安全的保护十分不利。设立担保的目的,在于解决债权人和作为担保人的债务人的其他潜在债权人之间的利益冲突。因此,担保的设定必须经过公示,从而使第三人可以合理判断是否与相对人交易。[2]如果纯由当事人之间的意思表示

---

[1] 谢在全:《民法物权论》,中国政法大学出版社 1999 年版,第 812 页。
[2] 龙俊:"民法典中的动产和权利担保体系",载《法学研究》2020 年第 6 期。

就可以设定得以对第三人产生优先效力的具有担保性质的权利（无公示），或者虽然形式上要求公示但是这种公示却不可能为第三人所查知，那么这种担保制度就是一种隐性担保。这种隐性担保对抵押权人和其他债权人都是不利的，《民法典》动产和权利担保体系的构建，一项重要的目标就是消灭隐性担保。因此，有必要对保单质押的公示方式进行优化。

要使保单质押的对抗效力及于质押关系主体以外的第三人特别是出质人的其他（潜在）债权人，就应该让公示范围拓宽，让质押关系外的第三人可知悉保单质押的状况。保单交付是设立保单质押的环节之一，但很难由质押关系当事人以外的第三人知悉，无法作为一种有效的公示手段，因此应通过保单质押登记来进行公示。《民法典》实施后，基于动产和权利担保物权功能主义的立法，统一的动产和权利担保登记制度体系已经构建［具体规范可见《国务院关于实施动产和权利担保统一登记的决定》（国发〔2020〕18号）］，保单质押理应纳入这一体系进行相应的担保登记。基于此，《征求意见稿》第26条也明确规定："保险公司可通过保单质押登记平台办理保单质押贷款质权登记。保单质押登记平台是指国家建立的动产和权利担保统一登记公示系统以及中国银保监会认可的保险业保单质押登记平台。"因此，从理论和立法实践来看，保单质押公示方式应由传统的通知保险人转化为登记。

2. 保单质押登记的效力。保单质押登记的效力如何？到底是相关质权的生效要件还是对抗要件？这是将登记作为保单质押公示手段后必须要回答的问题。《民法典》颁布实施以后，我国权利质押登记采登记对抗主义——登记的功能不在于创设权利，而在于为与担保人进行交易的第三人提供信息以及为确定竞存权利之间的优先顺位提供基础。[1]由此观之，保单质押的登记是该质权的对抗要件而非生效要件。

保单质押的登记与保单质押的设立并不矛盾。登记只是担保公示的手段，而订立质押合同、交付保单和通知保险人才是质押设立的要件，登记是为了对抗第三人和确定权利顺位，而权利本身已通过设立要件的完成而成立。登记并不是保单质权获得的手段，而是其具有对抗效力的方式。

（四）保单质权的实现

一般债权质权的实现，因质权标的物的债权与其所担保债权的清偿期不同，采用不同的方法。质权标的权利先于其所担保债权到期时，质权人或出质人可请求第三债务人依法予以提存，质权人待被担保债权到期后向提存机构领取；质权标的所担保债权先于质押的标的权利到期时，质权人可以直接向第三债务人请求给付，但第三债务人对质权人的清偿，需出质人同意，否则该债务人应进行提存。

保单质权的实现因为保单项下出质权利的特殊性而存在特别之处：

---

〔1〕 高圣平："《民法典》视野下统一动产和权利担保登记制度的构造"，载《浙江工商大学学报》2020年第5期。

1. 保单现金价值质权的实现。保单现金价值是长期人身保险合同的投保人在保险合同解除时从保险公司拿回的金钱，由于投保人根据保险法享有随时解除合同（退保）的权利，因此作为质押标的的保单现价返还请求权并没有固定的到期日。在现金价值设质的情况下，如被担保债权到期未获清偿，质权人有权就出质人的保单现价优先受偿，可直接向保险公司提出解除保险合同，向其给付保单现金价值的请求。为避免出质人不同意解除保险合同以及保险公司向质权人为清偿，可于设质时由出质人出具同意书或设质时由出质人向保险公司提供届时同意解除保险合同并由保险公司直接向质权人清偿的书面声明。

2. 保险金请求权质权的实现。保险金请求权基于保险合同的约定而产生，但是其实际行使则是在保险事故发生后或者合同约定的期限、年龄届至时。如果保险事故在保险金请求权所担保债权到期前发生或者保险合同约定的期限、年龄在保险金请求权所担保债权到期前到来，则质权人或出质人可请求保险公司对保险金进行提存，质权人待债权到期后向提存机构提取。如果在保险事故发生前或保险合同约定期限、年龄届至前保险金请求权所担保债权已到期，则质权人可以在保险事故发生后或者期限、年龄届至后直接向保险公司请求给付，但保险公司对质权人的清偿，需出质人同意。

3. 保单质押贷款业务中的质权实现。如前所述，保单质押贷款业务中的保单质押是一类特殊的质押——质押权利（保单现价返还请求权）的义务人就是保单质押所担保的债权（保单贷款）的债权人，即保单项下的保险公司。按照传统民法理论，这种质押的质物为金钱的，构成不规则质权，其实行通常依被担保债权与金钱的返还债务之相当额之抵销的方法为之。[1]

实践中，保险合同一般约定保险公司在给付各项保险金、退还现金价值或者返还保险费时，如果客户有欠交的保险费、保单贷款或者其他各项欠款，保险公司将先行扣除上述各项欠款及应付利息。另外，自贷款本金及利息加上其他各项欠款及应付利息达到保险合同现金价值时，保险合同效力中止。而按照保险合同效力规则，自保险合同效力中止之日起满2年投保人和保险公司未达成协议的，保险公司有权解除本合同，保险合同自解除之日起终止。保险公司解除合同的，将向投保人退还本合同效力中止时的现金价值。此时保险公司可对欠付的保单贷款本息进行抵扣。

三、保单质押的法律困境和制度完善

（一）保单质押的法律问题

物权法定是物权法的基本原则，权利质权作为担保物权的一种，理应受此规则约束。但是无论是我国《民法典》还是《保险法》都缺乏对保单质押的明确规定；

―――――――
[1] 史尚宽：《物权法论》，中国政法大学出版社2000年版，第420页。

保险监管机构的规范性文件和司法机关的司法解释对保单质押有一些零星规定，但效力层级不足。这给实践中大量存在的保单质押造成无法可依的困境。本文前述对保单质押法律问题的分析，更多是从民法、保险法一般原理和规范以及保险业务实操做出的分析，并无直接的立法依据。这种立法现状给实践中的保单质押带来了不少法律风险：质权人的权利存在落空的可能，出质人其他债权人可能发生与质权人的权利冲突……然而，为了解决融资难问题，不少银行和寿险公司贷款选择了保单质押的担保形式，毕竟在债权人看来，虽然风险不少，但增信措施有总比没有强，金融机构通过银保合作、协议安排等方式，在努力推动着保单质押的开展。只不过这种努力仍然存在着不少现实的法律问题：

1. 当事人间的合同和操作让质权内容不统一，影响权利实现。目前实践中的保单质押一般通过出质人、质权人和保险人的协议安排来设立和实现，但是由于没有明确的保单质押法律规范，加上不同主体对担保物权制度和保单质押的内容认识不统一，导致融资过程中保单质押合同、贷款合同等法律文件对保单质押的质权内容、实现方式、法律后果等约定差别很大，当事人对质权设定、行使等操作各式各样，让保单质押缺乏担保物权应有的要式性，影响了保单质押的作用发挥。

2. 保单质押标的不清晰，导致质押不规范、诉求落空。保单质押标的是二元的，而且基于不同的权利标的，质押的实现等均存在着质的差别。实践中的保单质押，特别是寿险公司保单质押贷款之外的保单质押，其质押标的经常是不清楚的。比如一张具有现金价值的寿险保单质押给了银行申请贷款，到底是质押的现金价值还是保险金请求权，很多质押合同中并没有明确规定。再比如在不具备质押条件的情况下"质押"保单，其法律本质根本就不是权利质押关系而是权利转让，如何能达到质押担保的效果？

3. 缺乏有效的质权公示手段。实践中通知保险人甚至保险人做批注、记载等操作，固然可以让出质人、保险人（第三债务人）的相关义务得以明确，在质押关系各方主体范围内保障质权人利益，但不能起到很好的公示公信效果。在质权人和出质人其他债权人之间，质权人对质押权利的优先权无法确立，这不符合质权作为一种物权的本质。特别是在保单现金价值等保单项下权利被强制执行的案例越来越多的今天，银行和保险公司作为贷款人，其债权得到保单质押保障的风险就越来越大。当然，随着国家统一的动产和权利担保登记公示系统的建立，保单质押有了登记公示的现实可能性。但非常遗憾的是，《国务院关于实施动产和权利担保统一登记的决定》（国发〔2020〕18号）第2条并未将保单明确纳入动产和权利担保统一登记范围，只有依赖"其他可以登记的动产和权利担保"这样的兜底条款来作为开展保单质押登记的依据。

（二）保单质押的制度完善

有鉴于上述问题，为使我国金融实践中的保单质押能够规范化开展，实现其社会经济效用，应加快完善保单质押的法律制度：

1. 建立保单质押的基本法律制度。民商法律体系中应当对保单质押这种权利质押有明确的规定。由于《民法典》作为国家基本法制定修改比较困难，可考虑在《保险法》这一商事特别法律中对保单质押进行概括性、一般性的法律规定；同时，通过行政法规或部门规章的方式对保单质押的标的、设立、公示、实现等按照《民法典》担保物权的基本规范和《保险法》的一般原则进行明确。通过这种方式构建起保单质押的法律规范体系，改变保单质押无法可依的现状。目前的《征求意见稿》只是对保单质押中一类特殊形态进行了规范，其制度内容更多是从金融监管和业务实操的角度对保险公司保单贷款的规定，缺乏对保单质押的整体规范和法律调整，因此需要对《征求意见稿》在内容或体系上"拔高"或者相关部门另行制定保单质押的专门规范。

2. 探索建立保单质押的行业规范。对保单质押设立、实现等涉及的操作问题，建议保险业协会、银行业协会等组织按照《民法典》等法律法规，结合实践经验建立相关行业标准，作为保险公司、银行等金融机构开展保单质押业务的指引，提供规范化、标准化的操作标准，让保单质押更符合权利质押的法律本质，同时也更加高效合理。

3. 将保单质押登记纳入国家统一的动产和权利登记系统。从《民法典》担保制度消灭隐性担保的立法目的和规范要求以及保单质押的设立目的来看，将保单质押登记纳入国家统一的动产和权利登记系统是最符合立法和行业需要的。《征求意见稿》对保单质押贷款进行统一登记未进行强制要求，其第 26 条规定，"保险公司可通过保单质押登记平台办理保单质押贷款质权登记。保单质押登记平台是指国家建立的动产和权利担保统一登记公示系统以及中国银保监会认可的保险业保单质押登记平台"。笔者认为该规定需要转化为强制性规定，同时从公示效果上考量，保单质押登记平台应统一到国家建立的统一动产和权利登记系统中来。建议相关部门尽快研究论证保单质押纳入国家统一动产和权利登记系统中的具体路径，让保单质押登记尽早规范，相关质权得到更好保障。

股票质押式回购交易及其违约处置

潘修平 *

我国的股票质押式回购交易从 2013 年开始，在 2016 年有了较快的发展，为服务实体经济做出了巨大贡献。目前，关于股票质押式回购交易及其违约处置的法律、法规和规范性文件十分繁杂，且相互制约，很难把握。本文将对这些法律、法规和规范性文件进行梳理，对股票质押式回购交易及其违约处置的相关法律问题进行研究，提出一些合理化的建议。

一、股票质押式回购交易的概念、分类和交易结构

（一）股票质押式回购交易的概念及分类

股票质押式回购交易，是指资金融入方（债务人）以其持有的股票或其他证券质押，向资金融出方（债权人）融入资金，在交易期满后还本付息、解除质押的交易。

股票质押式回购交易分为场内交易、场外交易两种形式。所谓场内股票质押式回购交易，是指由证券公司通过证券交易所的股票质押回购交易系统进行交易数据申报，交易过程中的资金划转、股票质押登记等环节均通过线上交易系统完成，属于标准化的股票质押式回购交易。所谓场外股票质押式回购交易，是指除证券公司之外的金融机构（如银行、保险、信托、基金等）向融入方提供的以股票为质押标的融资，证券公司作为托管券商提供服务。二者的区别在于融出方的主体不同，场内交易的融出方是证券公司或证券公司管理的资管计划，场外交易的融出方是除证券公司以外的金融机构（银行、保险、信托、基金等）及其管理的资管计划。二者的交易结构并无差异。

最早出现的股票质押式回购交易业务是场外的股票质押式回购交易，直到 2018 年中国证券业协会发布了《关于证券公司办理场外股权质押交易有关事项的通知》，规定证券公司不得为其他金融机构办理场外股票质押回购提供服务。缺少托管券商的服务后，场外股票质押式回购交易逐渐萎缩，股票质押式回购交易回归到场内模式。

---

* 潘修平，民商法博士，北京邮电大学法律系教授，北京市隆安律师事务所高级合伙人。本文未曾公开发表。

下文所指的股票质押式回购交易，均指场内股票质押式回购交易。

(二) 股票质押式回购交易的交易结构

按照交易发生的先后顺序，可以将交易过程分解为以下三个阶段：

(1) 初始交易：指融入方按照约定将其所持有的股票质押给融出方，向融出方融入资金的行为。

(2) 期间管理：托管券商对标的股票进行逐日盯市，对履约风险进行控制。

(3) 购回交易：是指在交易期满后，融入方按照约定向融出方还本付息，融出方解除股票质押登记的行为。

初始交易过程如下：①融出方和融入方在线下签署《股票质押式回购交易业务协议》，达成股票质押式回购交易的合意，并对双方在交易过程中的权利义务关系进行具体约定；②融出方和融入方签署具体的《交易协议书》，向证券公司发出书面的委托交易指令，明确股票质押式回购交易中的各种交易要素，包括融入方、融出方的基本信息、质押股票数量、性质、初始交易日、回购交易日、回购期限、初始交易金额、回购利率、最低履约保障比例、违约金比例等信息；③托管券商根据《交易协议书》代表融入方和融出方向交易系统进行交易申报；④沪、深交易所对托管券商报送的交易数据在交易系统进行线上成交确认；⑤沪、深交易所将成交确认结果向中国证券登记结算有限公司发送交易数据；⑥中国证券登记结算有限公司根据交易所发送的数据办理股票质押登记并协助融入方和融出方完成双方证券资金账户间资金交收清算，以协助融入方和融出方分别完成股票质押和交付资金的义务，确立融出方对融入方享有债权及质权。初始交易的过程如下图所示。

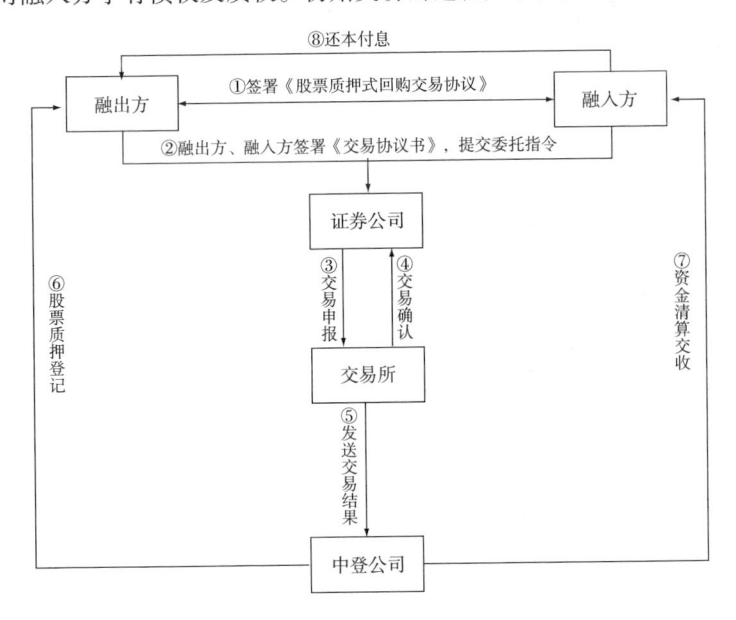

二、股票质押式回购交易中的法律关系

（一）股票质押式回购交易的主体

在股票质押式回购交易中，存在三个法律主体，即融入方、融出方和托管券商。融入方和融出方为股票质押式回购的交易主体，托管券商接受融入方和融出方的委托，为双方提供证券经纪服务。为了强化股票质押式回购交易风险管理，证券交易所将股票质押式回购交易纳入规范管理，对参与股票质押式回购交易的法律主体设定了市场准入条件。

1. 融出方的主体资格。为了提高股票质押式回购交易中融出方的风险承受能力，证券交易所和中国证券登记结算有限公司对股票质押回购交易的融出方主体资格作了限定。只有下列主体可以作为股票质押回购交易的融出方：①证券公司；②证券公司管理的集合资产管理计划（非公募）；③证券公司管理的定向资产管理计划；④证券公司资产管理子公司管理的集合资产管理计划（非公募）；⑤证券公司资产管理子公司管理的定向资产管理计划。在资管计划作为融出方主体的情况下，由资管计划的管理人代表资管计划与融入方签订合同。

如果证券公司取得中国证监会的核准，具有证券自营业务资格，那么证券公司可以作为融出方以自有资金参与股票质押回购交易。证券公司作为融出方时，需要遵循中国证券业协会制定的股票质押回购交易的自有资金融资余额的风险控制指标。[1]如果质押的标的股票是业绩承诺补偿股的，只能由证券公司作为资金融出方。[2]

根据《证券公司定向资产管理业务实施细则》《证券公司集合资产管理业务实施细则》（2013年修订）等规范性文件，证券公司可以接受多个合格投资者的资金委托，成立集合资产管理计划，也可以接受单一客户的资金委托，成立定向资产管理计划，并且根据资管合同约定将委托资金用于股票质押式回购交易。在此情形下，股票质押式回购交易的融出方就是证券公司管理的资产管理计划。在以证券公司资产管理计划作为融出方时，作为管理人的证券公司需要对委托资金的来源进行确认，确保资产管理计划不违反《关于规范金融资产管理业务的指导意见要求》规定的资

---

[1]《证券公司参与股票质押式回购交易风险管理指引》第34条第1款规定："证券公司以自有资金参与股票质押式回购交易，应当根据有关监管规定和自律准则，建立健全参与股票质押式回购交易的风险控制机制，并持续符合以下风险控制指标要求：分类评价结果为A类的证券公司，自有资金融资余额不得超过公司净资本的150%；分类评价结果为B类的证券公司，自有资金融资余额不得超过公司净资本的100%；分类评价结果为C类及以下的证券公司，自有资金融资余额不得超过公司净资本的50%。"

[2]《证券公司参与股票质押式回购交易风险管理指引》第13条规定："质押股票有业绩承诺股份补偿协议的，证券公司应当识别和评估其特殊风险，重点关注业绩承诺补偿的补偿方式、承诺期及所承诺的业绩等风险因素，切实防范因质押股票出现股份补偿情形而产生的风险，不得以其管理的集合资产管理计划和定向资产管理客户作为融出方参与股票质押式回购交易。"

产管理产品多层嵌套的要求。〔1〕

如果证券公司资产管理子公司取得证监会核发的《经营证券业务许可证》，就可以独立开展资产管理业务，并以其管理的集合资产管理计划（非公募）或者定向资产管理计划作为融出方参与股票质押回购交易。〔2〕

《股票质押式回购交易及登记结算业务办法》（2018年修订）将公募的集合资产管理计划排除在股票质押式回购交易的融出方主体之外，实际上是强化证券公司或证券公司资产管理子公司的投资者的适当性管理义务，间接将股票质押式回购交易的实际债权人限定为合格投资者。股票质押式回购交易属于证券公司开展的非标准化债权业务，债权资产的市场流动性较弱，且业务风险较大，一般金融消费者不适合成为股票质押式回购交易的实际债权人。〔3〕

2. 融入方的主体资格。证券公司对参与股票质押式回购交易的融入方实行适当性管理和准入管理，在确认融入方的主体资格后向交易所进行备案。融入方首先需要向证券公司提交股票质押式回购交易申请，证券公司会对融入方的身份、财务状况、经营状况、资金用途及还款来源、风险控制以及质押股票的估值情况进行尽职调查，以完成对融入方的主体信用评估；并确定质押股票的质押率上限和交易额度，以控制业务风险。同时，交易所确定了股票质押式回购交易融入方准入的负面清单，明确了股票质押式回购交易融资服务于实体经济的制度定位。〔4〕

融入方一般是上市公司大股东（指控股股东或持股5%以上的股东）及其一致行动人。

---

〔1〕《资管新规》第22条第2款规定，"资产管理产品可以再投资一层资产管理产品，但所投资的资产管理产品不得再投资公募证券投资基金以外的资产管理产品"。股票质押式回购交易债权属于非标准化债权资产，所以如果证券公司管理的资产管理计划作为融出方，那么资产管理计划项下的受托资金只能是委托人的自有资金，而不能是募集资金。

〔2〕根据中国证券业协会的统计数据，截至2019年底，共有19家证券公司资产管理子公司，具体为：安信证券资产管理有限公司、渤海汇金证券资产管理有限公司、东证融汇证券资产管理有限公司、国盛证券资产管理有限公司、招商证券资产管理有限公司、德邦证券资产管理有限公司、财通证券资产管理有限公司、长江证券（上海）资产管理有限公司、华泰证券（上海）资产管理有限公司、中泰证券（上海）资产管理有限公司、招商证券资产管理有限公司、兴证证券资产管理有限公司、广发证券资产管理（广东）有限公司、银河金汇证券资产管理有限公司、浙江浙商证券资产管理有限公司、上海海通证券资产管理有限公司、上海光大证券资产管理有限公司、上海国泰君安证券资产管理有限公司、上海东方证券资产管理有限公司。

〔3〕资产管理产品按照募集方式的不同，分为公募产品和私募产品。公募产品是指面向不特定社会公众公开发行的资产管理产品，私募产品是指面向合格投资者通过非公开方式发行的产品。按照《资管新规》的规定，公募产品的投资领域主要为标准化债权类资产以及上市交易的股票。股票质押式回购业务属于非标准化债权业务，所以公募资管产品无法作为融出方。

〔4〕《股票质押式回购交易及登记结算业务办法》（2018年修订）第15条第3款规定："融入方不得为金融机构或者从事贷款、私募证券投资或私募股权投资、个人借贷等业务的其他机构，或者前述机构发行的产品。符合一定政策支持的创业投资基金除外。"

3. 托管券商的主体资格。证券公司开展股票质押式回购交易，首先需要具有中国证监会核准的证券经纪和证券自营业务资格；其次证券公司需要向沪、深交易所申请开立股票质押回购交易权限，在得到沪、深交易所的书面确认后，方可开展股票质押式回购交易；如果证券公司在业务开展过程中在风险控制、合法合规等方面出现重大问题，沪、深交易所可以根据问题严重程度分别处以暂停或终止证券公司的股票质押回购交易权限的处罚。[1]需要指出的是，托管券商与融出方必须是两家不同的证券公司，融出方不得为自己的交易提供托管业务，融出方和融入方必须寻找另外一家证券公司担任托管券商。

(二) 股票质押式回购交易的客体

在股票质押式回购交易中，融出方对融入方享有债权及质权。质权的客体为财产性权利，即股票。作为质押标的物的股票需要满足以下条件：

第一，以上市公司国有股权质押的，应满足国有资产的监管要求。设立权利质权属权利人对股票进行的物权处分行为，首先需要出质人对质押股票享有财产处分权。融入方以上市公司非国有股作为质押标的股票，只需要遵循股票质押回购交易的一般性规定即可。但融入方以上市公司国有股作为质押标的股票质押回购，除了需要遵循股票质押回购交易的一般性规定外，还需要同时满足国有资产监督管理的要求，要参照适用《上市公司国有股权监督管理办法》和《财政部关于上市公司国有股质押有关问题的通知》等关于上市公司国有股权权益变动的特殊规定。[2]《证券质押登记业务实施细则》（2020年修订）第4条第5项明确规定，"证券质押行为需经国有资产监督管理机构等主管部门批准或备案的，应当提供相关批准或备案文件原件及复印件"。《中国结算上海分公司营业大厅业务指南》以及《中国结算深圳分公司证券质押业务指南》均明确要求，质押股份为国有股东持有的，应遵守国有资产管理部门的有关规定，需提供在国有资产监督管理机构备案的《国有股东所持上市公司股份质押备案表》。

第二，已经质押的股票不能重复质押。《民法典》第443条第2款、《物权法》第226条第2款规定，"基金份额、股权出质后，不得转让，但经出质人与质权人协商同意的除外"。如果股票已经被质押，在未解除质押登记前，股票持有人的处分权能受限，权利人不能根据自己的意志对股票进行协议转让、赠予和设置权利负担等权利处分行为，所以已经质押的股票不符合质权客体"可以转让"的法律特性，不

---

[1] 具体详见《股票质押式回购交易及登记结算业务办法》（2018年修订）第7条、第8条、第10条、第11条之规定。

[2] 国有股东作为公司发起人持有的上市公司国有股，在法律限制转让期限内不得用于质押；国有股东在一个会计年度内累计质押的股份为上市公司总股本的5%及以上（总股本不超过10亿股）或者累计质押的股份为5000万股及以上（总股本超过10亿股）时，需要报省级以上的国有资产监督管理部门审核；国有股东授权代表单位用于质押的国有股数量不得超过其所持该上市公司国有股总额的50%。

能成为股票质押式回购交易中的质权客体。实践中,中登公司也拒绝办理质押股票的重复质押登记业务。[1]

第三,被司法冻结的股票不能作为质权的客体。《最高人民法院关于人民法院执行工作若干问题的规定(试行)》第 53 条规定,"……被冻结的投资权益或股权,被执行人不得自行转让"。法律基于对先权利人利益和社会公共利益的保护,规定已经被采取司法冻结措施的股票在未采取解除司法冻结措施前禁止转让,所以已经被采取司法冻结措施的股票不符合质权客体"可以转让"的法律特性,不能成为股票质押式回购交易中的质押标的。实践中,中登公司也拒绝办理司法冻结股票的质押登记业务。[2]

第四,限售股可以作为质权的客体。根据《民法典》《物权法》的规定,质权人实现质权的方式包括对质物进行协议折价、拍卖、变卖、以股抵债等方式,即包括主动转让和被动转让两种方式。限售股股票质权虽然无法通过协议转让等主动转让的方式实现,但是可以通过司法拍卖、变卖以及以股抵债等被动转让的方式实现,因此限售股属于"可以转让"的权利,可以成为股票质押式回购交易中的质押标的物,这也是司法实践中的主流观点。[3]中登公司在《股票质押式回购交易及登记结算业务办法》(2018 年)中明确了限售股可以作为质押标的证券,并且在实践过程中也会受理限售股股份的质押登记。[4]最高人民法院也认为限售股在限售期内虽然无法通过主动转让的方式进行处置,但是可以申请由司法机关通过司法强制执行的方式进行转让,受让人仍应遵守相关的限售条件。[5]法院也在具体案件中确认了

---

[1]《证券质押登记业务实施细则》(2020 年修订)第 10 条规定:"证券一经质押登记,在解除质押登记前不得重复设置质押。"

[2]《证券质押登记业务实施细则》(2020 年修订)第 11 条规定:"对于已被司法冻结、已作回购质押、已提交证券公司或本公司作为担保品等证券,不得申请办理质押登记。"

[3]《最高人民法院关于人民法院执行工作若干问题的规定(试行)》第 52 条规定:"对被执行人在其他股份有限公司中持有的股份凭证(股票),人民法院可以扣押,并强制被执行人按照公司法的有关规定转让,也可以直接采取拍卖、变卖的方式进行处分,或直接将股票抵偿给债权人,用于清偿被执行人的债务。"

[4]《股票质押式回购交易及登记结算业务办法》(2018 年)第 68 条第 2 款规定:"以有限售条件股份作为标的证券的,质押率的确定应根据该上市公司的各项风险因素全面认定并原则上低于同等条件下无限售条件股份的质押率。"

[5]《最高人民法院执行办公室关于执行股份有限公司发起人股份问题的复函》:《公司法》第一百四十七条中关于发起人股份在 3 年内不得转让的规定,是对公司创办者自主转让其股权的限制,其目的是为防止发起人借设立公司投机牟利,损害其他股东的利益。人民法院强制执行不存在这一问题。被执行人持有发起人股份的有关公司和部门应当协助人民法院办理转让股份的变更登记手续。为保护债权人的利益,该股份转让的时间应从人民法院向有关单位送达转让股份的裁定书和协助执行通知书之日起算。该股份受让人应当继受发起人的地位,承担发起人的责任。

"限售股"出质的合法有效性。[1]

(三)股票质押式回购交易中的法律关系

在股票质押式回购交易中,交易主体之间形成的主要法律关系如下:

第一,融出方和融入方之间属于借贷法律关系,但利息和违约金合并计算不能超过24%/年。双方在《股票质押式回购交易业务协议》中约定,融入方通过证券公司的交易系统向融出方借入资金,在期满后归还资金并支付利息,当事人之间的基本法律关系应认定为借款合同。在现有的诉讼案件中,融入方提出各种各样的抗辩理由,但法院均判决双方的借贷法律关系合法、有效。在回购期满后或者因融入方违约触发提前回购的情况下,融出方除主张正常的利息外,还主张违约金,二者叠加后会导致融入方实际支付的资金占用费超过一年期贷款市场报价利率(LPR)四倍的上限,[2]超过部分无效,人民法院可以按一年期贷款市场报价利率(LPR)四倍的利率判决。

第二,融入方与融出方之间形成了质押法律关系。为了担保主债权,融入方将其股票质押给融出方,并通过证券公司在中登公司办理了质押权登记,完全符合《民法典》第443条关于权利质押的规定,融入方与融出方之间形成了质押法律关系。需要说明的是,与一般的质押不同,在股票质押式回购交易中并没有单独签订一份质押合同,而是在《股票质押式回购交易业务协议》中对质押事项作了约定。所以,股票质押式回购交易是"借款+质押"融为一体的交易。股票质押式回购的法律性质为担保资金借贷合同。[3]在招商证券股份有限公司与王XX等股票回购合同纠纷一案中,北京市东城区人民法院作出的(2015)东民(商)初字第11735号民事判决书指出:"股票质押式回购交易,简而言之,实为以股票质押进行借款。"

第三,托管券商与融出方、融入方之间形成了委托服务法律关系。托管券商受融入方和融出方的委托,通过股票质押回购交易系统向交易所进行交易数据的申报,以协助融入方和融出方完成交易,并在交易存续期间履行盯市管理和通知义务,后续一旦产生纠纷,托管券商要协助进行违约处置。所以,在托管券商与融出方、融入方之间形成了委托服务法律关系。

---

[1] 浙江省高级人民法院在银江股份有限公司、浙江浙商证券资产管理有限公司、李欣案外人执行异议之诉二审民事判决书 [(2017)浙民终247号] 中指出:"案涉质押股票系限售股属实,但仅是禁售期内限制在二级市场买卖的流通股,并非法律、法规禁止流通的财产,并具有可转让性,因此浙商资管公司与李欣之间的质押融资行为系双方真实意思表示,也未违反法律法规的强制性规定,不存在无效的情形。"

[2] 《最高人民法院关于审理民间借贷案件适用法律若干问题的规定》(2020年12月修订)第25条规定:"出借人请求借款人按照合同约定利率支付利息的,人民法院应予支持,但是双方约定的利率超过合同成立时一年期贷款市场报价利率四倍的除外。前款所称'一年期贷款市场报价利率',是指中国人民银行授权全国银行间同业拆借中心自2019年8月20日起每月发布的一年期贷款市场报价利率。"

[3] 洪艳蓉:"股票质押式回购的法律性质与争议解决",载《法学》2019年第11期。

三、融入方的违约情形及处置上的法律障碍

2018年以来，股票质押式回购纠纷案件呈现井喷式的增长趋势。截至2021年1月，涉及"股票质押"的民事判决和裁定有1453份，其中1183个案件发生在2018年以后，占比81.42%。通过对现有的股票质押式回购交易纠纷案件的分析，可以发现创业板股票质押产生的纠纷较多。

（一）融入方的违约情形

目前发生的股票质押式回购交易纠纷案件，案件的主诉方基本上都是融出方，违约方为融入方。根据双方在合同中的约定，融入方的违约情形主要有：

1. 融入方未能按合同约定还本付息，出现实质性违约。在股票质押式回购交易中，对资金的用途并无刚性的规定，融入方作为上市公司的大股东，取得资金后一般用于上市公司以外的投资项目，如果投资失败，或者短债长投，就会出现无法还本付息的情况。融入方按季支付利息，期满后回购本金。融入方在出现债务危机之后，不能按时付息，按照合同约定，在融入方不能付息的情况下，融出方有权宣布债权提前到期，要求融入方提前回购。如果融入方不提前回购，则进入违约处置阶段。还有的融入方虽然能按季支付利息，但在回购期满后却无力回购本金，形成实质违约。

2. 股票价格下跌，导致股票质押率低于合同约定的最低履约保障比例。最低履约保障比例的计算方法为：最低履约保障比例 =（股票的市值÷融资本息）×100%。一般来说，最低保障比例在120%左右，如果股票价格下跌，使得最低保障比例低于120%，则融入方应当追加质押股票，使最低保障比例回归到120%以上。如果融入方不追加股票，则构成实质违约，融出方有权进行违约处置。需要指出的是，即使在股票停牌期间，也要计算股票的市值。计算的方法是：股票市值 = 停牌前一交易日收盘价 ×（1 + 沪深300指数同期涨跌幅）× 质押的股票数量。停牌期间虽然没有交易，但可按沪深300指数的涨跌幅计算出理论上的市值，如果该市值低于最低履约保障比例，同样会导致违约处置。

3. 标的股票或融入方股票账户、资金账户被司法冻结或被采取其他强制措施。标的股票一旦被冻结，融出方行使质权就会受限。融出方虽然仍享有优先受偿权，但标的股票的处置权归属于首封法院，融出方无法按合同约定对质押股票进行处置，融出方的质权受到损害。股票账户、资金账户被冻结，同样会影响质权的实现。

4. 标的股票终止上市。上市公司因为业绩下滑严重，或者出现重大违规事项被证券监管部门处罚，导致标的股票终止上市。上市公司退市后，标的股票已不能在二级市场转让，原先设计的交易及处置程序均无法实现。

5. 融入方提供的信息存在虚假成分、重大隐瞒或遗漏。这是宽泛的约定事项，融入方提供的信息应当准确、无误，不能有虚假的成分，否则要承担相应的违约责任。

（二）违约处置的法律障碍

1. 法律、法规、规范性文件对股票减持作了限制性规定。融入方如果是上市公司大股东（指控股股东或持股 5% 以上的股东）及其一致行动人，融出方处置股票时就应当遵守上市公司股票减持的相关规定（以下简称"减持规定"），具体如下：①《公司法》第 141 条第 2 款：公司董事、监事、高级管理人员应当向公司申报所持有的本公司的股份及其变动情况，在任职期间每年转让的股份不得超过其所持有本公司股份总数的 25%。这一条是限制上市公司董事、监事、高级管理人员在任职期间减持的规定，如果自然人股东是上市公司董事、监事、高级管理人员，则减持受此条约束。对这一条的争议在于，如果自然人股东不担任公司的董事、监事、高级管理人员，而仅仅是股东，则不受这一条的约束，这显然是不公平的，可能引起自然人股东为了减持而辞职。②《上市公司股东、董监高减持股份的若干规定》第 9 条第 1 款：上市公司大股东在 3 个月内通过证券交易所集中竞价交易减持股份的总数，不得超过公司股份总数的 1%。③《上海证券交易所上市公司股东及董事、监事、高级管理人员减持股份实施细则》第 4 条第 1 款、第 5 条第 1 款：采取集中竞价交易方式减持的，任意连续 90 个自然日内减持的股数不能超过上市公司总股本的 1%；采取大宗交易方式减持的，任意连续 90 个自然日内减持股份的总数不得超过上市公司总股本的 2%。④《深圳证券交易所上市公司股东及董事、监事、高级管理人员减持股份实施细则》：与上海证券交易所相同。⑤2020 年 3 月 1 日生效的修订后的《证券法》，以上位法的形式对减持规定的内容进行了效力确认。[1]

鉴于大多数融入方为持有上市公司股份 5% 以上的股东及其一致行动人，通过集中竞价交易或大宗交易减持，只能根据可售额度进行分拆处置，处置的速度是非常缓慢的。即使是司法处置，也应遵守上述减持规定。

2. 质押股票存在被冻结、被执行的风险。在股票质押之后，第三方仍可因其与股票所有权人的债权债务关系申请司法机关冻结、处置质押股票。质权人虽然享有优先受偿权，但却不享有首封权和处置权。《最高人民法院关于首先查封法院与优先债权执行法院处分查封财产有关问题的批复》第 1 条规定，应当由首封法院负责处分查封财产，但已进入其他法院执行程序的债权对查封财产有顺位在先的担保物权、优先权，自查封之日起超过 60 日，且首先查封法院就该查封财产尚未发布拍卖公告或者进入变卖程序的，优先债权执行法院可以要求将该查封财产移送执行。但实践中却很难实现移送，首封法院一般是发布了拍卖公告就不再往下执行了，优先债权

---

[1]《证券法》第 36 条规定："依法发行的证券，《中华人民共和国公司法》和其他法律对其转让期限有限制性规定的，在限定的期限内不得转让。上市公司持有百分之五以上股份的股东、实际控制人、董事、监事、高级管理人员，以及其他持有发行人首次公开发行前发行的股份或者上市公司向特定对象发行的股份的股东，转让其持有的本公司股份的，不得违反法律、行政法规和国务院证券监督管理机构关于持有期限、卖出时间、卖出数量、卖出方式、信息披露等规定，并应当遵守证券交易所的业务规则。"

法院也无法执行。

最高人民法院于 2019 年 12 月 16 日发布了《最高人民法院关于在执行工作中进一步强化善意文明执行理念的意见》，建立了质押股票的新的处置方式，明确了质权人对质押股票的处置权优先于首封法院的处分权，使得质权人的处置顺位提前。在中登公司的交易系统改造完成后，股票被司法机关冻结后，中登公司仍然可以将被冻结的质押股票的质押状态调整为"质押可卖出"，不影响质权人以场内交易的方式进行变价。需要说明的是，该项规定只对中登公司系统改造完成后的质押股票冻结业务产生约束力，对之前已经完成的质押股票冻结业务不具有溯及效力。

3. 限售股处置的限制。已经发行和上市的股票当中，有一部分股票因为法律规定、监管的要求或公开承诺等原因，不能在二级市场中交易，需限售期满后才能交易。限售股是可以作为股票质押式回购交易的标的物的。但在出现了违约的情况下，如何对限售股进行处置，尚无明确的法律规定，司法权与行政监督权之间存在较大的冲突。在限售股不能通过二级市场处置的情况下，各地法院积极探索，采取司法拍卖、变卖、以股抵债、司法划转等方式进行处置。限售股股票的受让方仍应遵守原股票限售规定或承诺，限售股的处置难度和不确定性仍然很大。

四、股票质押式回购交易的违约处置方法

（一）自主处置

自主处置属于权利人对股票权利的主动处置，自主处置的股票应当具备以下条件：一是股票是流通股；二是股票未被冻结。具体的处置方法如下：

1. 融出方自行通过场内交易程序卖出股票。场内交易系统的一个重要功能就是可以进行违约处置操作。当融入方出现违约情形时，融出方可以通过场内交易系统，采用集合竞价或大宗交易方式强行平仓，在二级市场卖出质押股票。这个交易是融出方单方面发起的，无需融入方同意。融出方卖出股票应当遵守前述减持规定。

2. 协商一致以场内交易的方式处置质押股票。出质人和质权人对股票处置协商一致后，可以共同委托托管券商，利用其在证券交易所开立的质押特别交易账户，以集中竞价、大宗交易等交易方式将质押股票卖出，卖出所得资金划入融出方资金账户，用于还款。协商一致处置股票属于上市公司股东的减持行为，应当遵守前述减持规定。

3. 协议转让。2020 年 4 月 17 日，深交所发布了《关于通过协议转让方式进行股票质押式回购交易违约处置相关事项的通知》。股票质押回购违约处置协议转让，是指股票质押式回购交易的出质人违约后，质权人依据业务协议的约定行使质权，由出质人将标的股票转让给质权人或者第三方的协议转让业务。拟转让股票的质押登记应满 12 个月，单个受让方的受让比例不得低于公司股份总数的 2%，转让价格不得低于转让协议签署日前一交易日股票收盘价格的 70%。

4. 协商以股抵债。《最高人民法院关于适用〈中华人民共和国民事诉讼法〉的解释》（已失效）第491条规定："经申请执行人和被执行人同意，可以不经拍卖、变卖，直接将被执行人的财产作价交申请执行人抵偿债务，对剩余债务，被执行人应当继续清偿。"以物抵债，系债务清偿的方式之一，是当事人在债务到期后对于如何清偿债务作出的安排，故对以物抵债协议的效力、履行等问题的认定，应以尊重当事人的意思自治，只要双方当事人的意思表示真实，协议内容不违反法律、行政法规的强制性规定，以物抵债的协议即为有效，出质人和质权人签订处置协议后，向证券登记结算机关申请办理过户登记。〔1〕中国证券登记结算有限责任公司的《证券质押登记业务实施细则》（2020年修订）、《质押证券处置过户业务指引》均明确了融入方和融出方在债务到期后可以协商以股抵债。〔2〕

以股抵债应满足下列要求：①以股抵债的股票数量不得低于上市公司总股本的5%。股票处置过户属于一种特殊的协议转让，因此要适用《上市公司流通股协议转让业务办理暂行规则》以及沪、深交易所《上市公司股份协议转让业务办理指引》中关于"与上市公司收购及股东权益变动相关的股份转让"的标准。根据上述规定，"股东权益变动"一般是指转让股份数量达到上市公司总股本的5%或者以上，因此可以确定股票质押式回购交易中以股抵债的股票数量不得低于上市公司总股本的5%。〔3〕②以股抵债的价格不得低于协议签署日前一交易日收盘价格的90%和前20个交易日收盘价格90%的较高值。《深圳证券交易所上市公司股份协议转让业务办理指引》第8条规定，"上市公司股份协议转让价格范围下限比照大宗交易的规定执行"，即不低于大宗交易价格范围的下限。根据沪、深交易所的证券交易规则，如果协议转让的股票为有涨跌幅限制的股票，那么协议约定的转让价格不得低于定价基准日〔4〕前

---

〔1〕 根据《民法典》的规定，当事人在抵押合同中约定，债务履行期届满抵押权人未受清偿时，抵押物的所有权转移为债权人所有的内容无效，所以融出方和融入方只能在债务到期后达成以物抵债的意思表示。

〔2〕《证券质押登记业务实施细则》（2020年修订）第18条规定："申请办理证券质押登记状态调整业务或质押证券处置过户业务的证券，仅限于无限售流通股或流通债券、基金（限于登记在本公司证券登记结算系统内份额）等流通证券，且除质权外无其他权利瑕疵。董事、监事、高级管理人员持有的在股份锁定期内的质押证券不得申请办理质押证券处置过户业务。"《质押证券处置过户业务指引》第2条规定："本指引所称的质押证券处置过户业务，是指债务人不履行到期债务或者发生当事人约定的实现质权的情形时，质押双方根据质押证券处置协议约定，向本公司申请以质押证券转让抵偿质权人的业务。"

〔3〕 参见《上海证券交易所上市公司股份协议转让业务办理指引》（上证发〔2021〕67号）第5条、《深圳证券交易所上市公司股份协议转让业务办理指引》（深证上〔2021〕1044号）第6条。

〔4〕 上交所与深交所协议转让定价基准日为股份转让协议签署日（当日为非交易日的顺延至次一交易日）。

一交易日股票收盘价格的90%。[1]同时，《质押证券处置过户业务指引》第6条规定："以质押证券转让抵偿质权人应当参照市场价格，处置价格不应低于质押证券处置协议签署日前二十个交易日该证券收盘价的平均价的90%。"由于以股抵债行为既属于协议转让行为，又属于证券处置过户业务，所以需要同时适用沪、深交易所的证券交易规则和《质押证券处置过户业务指引》中对交易价格的限制，协商确定的交易价格不得低于"定价基准日前一交易日股票收盘价格的90%"与"处置协议签署日前二十个交易日该证券收盘价的平均价的90%"二者中的较高值。

（二）司法处置

以司法强制执行处置质押股票，执行法院首先要到中登公司冻结被执行的股票，同时要冻结融入人在证券公司的资金账户。这些冻结措施一般在财产保全阶段即已完成。

质权人可以依据生效裁判文书（判决书、调解书或实现担保物权裁定书）、仲裁裁决及具有强制执行效力的公证债权文书向人民法院申请强制执行，执行方式如下：

1.法院指令托管券商卖出股票。法院向托管券商发出《协助执行通知书》，要求托管券商卖出股票。在《协助执行通知书》中，法院将股票的状态由"不可售冻结"变更为"可售冻结"。托管券商在收到法院的《协助执行通知书》后，在交易系统上将股票状态由"不可售冻结"变更为"可售冻结"，使股票处于可卖出的状态。卖出的方法是通过集合竞价或大宗交易，与前述融出方自行处置的方法相类似。托管券商卖出股票后，将所得价款支付到法院账户中。需要说明的是，卖出的额度同样受到前述减持规定的限制，减持规定成了质押股票处置的瓶颈。笔者认为，前述关于减持比例的限制，是为了防止上市公司大股东或者董事、监事、高级管理人员大量减持上市公司股票导致市场价格下跌，对稳定股市是非常必要的。但司法处置属于被动处置，并不是上市公司大股东或债权人主动减持的行为，不能完全适用前述减持规定，应当对司法处置设定专门的减持比例。

法院指令处置与自主处置的区别在于：法院指令处置中，股票一直处于冻结状况，保证了股票的安全。从实际情况来看，发生纠纷后，质押股票基本都被冻结，

---

[1]《上交所证券交易规则》第3.7.10条规定，"有价格涨跌幅证券的成交申报价格，由买方和卖方在当日价格涨跌幅限制范围内确定。无价格涨跌幅限制证券的成交申报价格，由买卖双方在前收盘价的上下30%或当日已成交的最高、最低价格之间自行协商确定"。所以在上交所，对于有价格涨跌幅限制的证券，大宗交易的成交价格下限为前一交易日收盘价的90%，对于没有价格涨跌幅限制的证券，大宗交易的成交价格下限为前一交易日收盘价的70%或当日已成交的最低价格。《深交所证券交易规则》第3.6.4条规定："有价格涨跌幅限制证券的协议大宗交易的成交价格，在该证券当日涨跌幅限制价格范围内确定。无价格涨跌幅限制证券的协议大宗交易的成交价格，在前收盘价的上下30%之间确定。"在深交所，对于有价格涨跌幅限制的证券，大宗交易的成交价格下限为前一交易日收盘价的90%，对于没有价格涨跌幅限制的证券，大宗交易的成交价格下限为前一交易日收盘价的70%。

甚至被轮后冻结，所以无法进行自主处置，自主处置的案例很少见，质押股票基本上是法院指令托管券商卖出的。法院指令处置的优点在于可以按照市场价格处置股票，价格公允；缺点是受减持规定的限制，处置周期过长。

2. 司法拍卖、变卖质押股票。司法拍卖是人民法院在强制执行程序中最常用的方式，原则上适用于各类财产的处置变现，质押股票的拍卖与其他财产的拍卖方法相同。法院委托评估机构对股票进行评估，之后在网上挂拍，成交价通过竞价产生。对于限售股来说，由于被禁止以证券交易的方式在二级市场流通，所以只能通过司法拍卖这种非交易过户方式进行处置。在拍卖成交后，股票性质不变，股票受让人应继续承担限售义务。如果两次流拍，法院可进行变卖。司法拍卖、变卖的优点是不受减持规定的限制，可以快速完成处置；缺点是成交价格偏低，甚至找不到买家。

3. 对于流拍或无法变卖的股票，法院可以裁定以股抵债。对于融出方而言，在强制执行程序中通过以股抵债的方式来实现债权清收实属无奈之举，融出方参与股票质押式回购交易获得资金收益的预期目标将落空。司法强制执行中的以股抵债与前述当事人协商以股抵债相比，在处置证券的类型和抵债价格上存在以下差异：①司法强制执行中的以股抵债同时适用于限售股和流通股的处置，协商以股抵债只适用于流通股股票的处置；②司法强制执行中的以股抵债的股票数量没有限制，而协商处置股票数量要在上市公司总股本5%以上；③司法强制执行中的以股抵债的处置价格由参与拍卖的当事人竞价产生，而协商以股抵债的处置价格不得低于协议签署日前一交易日收盘价格的90%和前20个交易日收盘价90%的较高值。

4. 司法划转。由于限售股拍卖的结果不理想，部分法院采取司法划转的方式处置限售股。所谓司法划转，就是法院先将限售股强制扣划至申请执行人（质权人）账户，待限售期满后由质权人通过二级市场交易的方式进行处置。[1] 司法划转实际上类似于让与担保，即从形式上将股票转让到质权人的证券账户中，但实际上并不归质权人所有，质权人只享有在限售期满后对股票变卖所得价款的优先受偿权。

（三）小结

对于流通股来说，目前最有效的处置方式就是法院指令托管券商通过交易系统卖出。在中登公司的系统更新后，即使股票被冻结，质权人仍可自行卖出，质权人自主卖出股票将成为流通股的主流处置方式。对于限售股来说，只能采取司法拍卖、变卖、以股抵债、司法划转的方式进行处置。

---

[1] 江苏高院在《江苏高院关于执行疑难问题的解答（苏高法〔2018〕86号）》第6条规定：执行被执行人所持上市公司限售流通股（股票），可以先将限售流通股强制扣划至申请执行人账户，待限售股办理解禁手续转为流通股后再行处置。

破产制度的实践探索

中国破产重整制度的实践：现状与问题
——基于对上市公司重整的观察

胡利玲[*]

引　言

2007年实施的新《企业破产法》首次确立了重整制度，标志着我国破产立法从清算主义转向再建主义，从传统破产立法转向现代破产立法。在该法实施的十余年间，随着人们对重整制度功能认识的加强，重整不断被应用于实践，并逐渐成为拯救困境企业并促进其再生的重要制度选择；期间最高人民法院相继出台了一系列司法解释、司法文件和司法政策，用于指导包括重整在内的破产审判，使法院对重整案件的审理逐步走向规范化和专业化，审判经验得以不断积累。另一方面，实践中也暴露出许多问题，需予以正视和深入研究，以推动重整立法和司法的完善。

为此，本文观察了自新《企业破产法》实施以来我国上市公司的重整实践，试图对重整实践现状及存在的主要问题加以总结和分析。文章重点观察和研究了对重整程序有重大影响的四个关键问题，即重整申请的审查与受理、重整管理模式与破产管理人的构成、公司重整中的股东权益调整以及法院批准重整计划。

一、关于重整申请的审查与受理

根据我国《企业破产法》的规定，破产程序始于法院对破产申请的受理裁定，即实行破产程序启动的受理主义。因此，债务人能否进入重整程序，完全取决于法院对破产申请的审查及受理与否。[1]《企业破产法》中有关法院审查和受理重整申请的规定主要是第2条关于重整原因、第7条关于申请主体及申请理由以及第8条关于申请的形式要件（申请书和有关证据）的规定。其中最关键的是审查债务人是否具备重整原因。根据法律规定，重整原因有三：其一，债务人不能清偿到期债务且资不抵债；其二，债务人不能清偿到期债务且明显丧失清偿能力；其三，债务人有丧

---

[*]　胡利玲，民商法学博士，现为中国政法大学民商经济法学院教授。本文为作者在第10届东亚破产重组研讨会中的主题发言，未曾公开发表。

[1]《企业破产法》第71条。

失清偿能力的可能。由此可见，立法为债务人进入重整程序设定了较破产清算更低的门槛，也即债务人只要有丧失清偿能力的可能，就具备了法定重整原因。除此以外，立法没有就法院审查内容和受理标准作出更为明确、具体的规定，更没有规定法院受理重整申请时需要审查债务人是否具有重整价值、重整希望和（或）重整可行性。

由于《企业破产法》本身未作明确、具体的规定，在破产法实施的初期，曾令法官十分困扰，不仅导致各地法院在重整申请的审查内容和受理标准上不统一、不规范，客观上也导致了法院消极对待当事人的破产申请，影响了当事人的合法权益，也影响了破产法的有效实施。为此2011年《最高人民法院关于适用〈中华人民共和国企业破产法〉若干问题的规定（一）》（法释〔2011〕22号）中专门对此作了解释。根据该解释第7条（关于法院对破产申请的审查）的规定，在破产申请阶段，法院只需审查重整申请主体是否适格、债务人是否具备重整原因以及申请人提交的有关材料和证据是否完备、法院是否具有管辖权等，即应在法定期限内作出是否受理的裁定，无需审查债务人是否具有重整价值、重整希望和（或）重整可行性。其审查主要限于形式审查，而非实质审查。

立法对于重整原因的宽松规定和上述司法解释都表明了这样的立法精神：鼓励陷入财务困境的债务人及时利用重整程序解决财务困境并借助重整提供的机制增加获得挽救的可能性。这些规定和解释也与重整制度背后的社会价值高于个体价值的立法价值取向相吻合。但在司法实践中，法院为考虑重整的法律效果和社会效果以及重整不成功的后果，对重整申请的审查往往要比法定的审查内容更多、更严格且通常会审查重整的可行性，客观上使重整受理的门槛比清算更高。虽然这直接导致了司法实践和立法规定的"偏差"，甚至"与立法精神相悖"。[1]但是，这样做在中国有其现实需要——维护社会稳定的需要，特别是针对上市公司的破产重整申请。因为上市公司重整案件非常敏感，各方当事人的矛盾集中且利益冲突明显，不仅涉及债权人的利益，而且涉及破产企业的职工利益和广大投资者的利益，甚至社会利益。目前，这一要求已通过以下两步明确体现为司法政策并适用于司法审判，实际上已构成了对破产立法关于重整审查和受理规定的改变。

首先，体现于对上市公司的重整申请审查和受理。2012年10月29日最高人民法院《关于审理上市公司破产重整案件工作座谈会纪要》（法〔2012〕261号），针对上市公司重整申请提出了应当具有"重整可行性"的明确要求，即申请人申请上市公司重整的，除提交《企业破产法》第8条规定的材料外，还应当提交关于上市公司具有重整可行性的报告、上市公司住所地人民政府向证券监管部门的通报材料

---

〔1〕池伟宏：“破产重整制度的基本框架及运行机制”，载王欣新主编：《破产法茶座》第1卷，法律出版社2016年版，第50页。

以及证券监管部门的意见、上市公司住所地人民政府出具的维稳预案。[1]同时进一步规定,上市公司对债权人提出重整申请有异议的,或者对债权人与上市公司或其出资人的破产申请诉求不同时,法院应组织召开听证会,对申请人是否具备申请资格、上市公司是否已经发生重整事由、上市公司是否具有重整可行性等内容进行听证。且在裁定受理上市公司重整申请前,应当将相关材料逐级报送最高人民法院审查。[2]但令人困惑的是,一方面法院对上市公司重整申请的审查趋于严格,使上市公司重整的门槛更高;但另一方面,所有提起重整申请的 54 家上市公司又无一例外被裁定进入重整程序,且其中 52 家上市公司的重整计划草案获得了法院批准,包括强制批准。而所有这些进入重整程序的上市公司都是严重资不抵债的 ST 股票公司,甚至很多早已属于"僵尸企业",并非都有重整的价值和重整的可行性。

进一步,则扩大到对所有公司重整申请的审查和受理。2018 年 3 月 4 日最高人民法院在《全国法院破产审判工作会议纪要》中对包括上市公司在内的所有企业提出的重整申请都要求法院进行"重整企业的识别审查",并指出,只有具有重整价值和拯救可能的困境企业才能作为重整的对象,否则法院应裁定不予受理。[3]

至此,法院不仅在受理对上市公司提起的重整申请时必须审查重整可行性,而且受理对所有企业提起的重整申请时均必须进行"重整企业的识别审查",即审查是否具有"重整价值"和"拯救可能性","这是启动重整程序应具备的必要性和可能性标准"。[4]对于不具有"重整价值"及"拯救可能性"的企业,即使具备重整原因,也不能启动重整程序。由此,法院对重整申请的审查与受理采取"实质审查",甚至可谓"深度实质审查"。

根据起草者的解释和说明,对重整对象识别审查的目的在于防止重整程序的滥用。因为"重整是挽救程序,成本高、耗时长,对债权人的利益影响巨大,重整程序的启动应以债务人具有挽救的必要性为前提。否则,让不具有挽救价值的企业不当进入重整程序,只会延误债权人清偿时间,进一步耗费企业资源,损害各方利害

---

[1] 法〔2012〕第 261 号《最高人民法院关于审理上市公司破产重整案件工作座谈会纪要》第 3 条:关于上市公司破产重整的申请:……申请人申请上市公司破产重整的,除提交《企业破产法》第八条规定的材料外,还应当提交关于上市公司具有重整可行性的报告、上市公司住所地省级人民政府向证券监督管理部门的通报情况材料以及证券监督管理部门的意见、上市公司住所地人民政府出具的维稳预案等。上市公司自行申请破产重整的,还应当提交切实可行的职工安置方案。

[2] 法〔2012〕第 261 号《最高人民法院关于审理上市公司破产重整案件工作座谈会纪要》第 4 条关于对上市公司破产重整申请的审查的规定。

[3] 《全国法院破产审判工作会议纪要》第 14 条:重整企业的识别审查。破产重整的对象应当是具有挽救价值和可能的困境企业;对于僵尸企业,应通过破产清算,果断实现市场出清。人民法院在审查重整申请时,根据债务人的资产状况、技术工艺、生产销售、行业前景等因素,能够认定债务人明显不具备重整价值以及拯救可能性的,应裁定不予受理。

[4] 王富博:"破产重整制度的发展与完善——《全国法院破产审判工作会议纪要》的解读(二)",载《人民法院报》2018 年 2 月 28 日,第 7 版。

关系人利益"。所以"人民法院高度重视企业重整效果,坚决防止已丧失运营价值的企业借重整再度潜入市场"。[1]但司法政策的变化未能消除长期以来存在的争议,即法院是否应该在受理重整申请阶段(立案阶段)即进行实质审查?这是否符合破产的立法精神?

　　本文认为,法院在受理阶段不宜进行实质性审查,而应以形式审查为必要。首先,任何在《企业破产法》的法定审查内容之外设置附加条件,都意味着抬高了重整的门槛,增加了重整的难度,客观上都会抑制当事人利用破产程序解决财务困境的积极性,都必然实质上影响当事人的破产申请权利。其次,在申请受理阶段,法院不具备实质审查的条件,更不应因预先估计债务人存在重整失败的可能性而阻碍重整程序的启动。最后,法院应当对重整程序持更加开放、包容的心态,鼓励当事人积极利用程序。如果在程序中法院通过审理活动,发现债务人虽有重整原因,但没有重整的价值和重整的可能性,或者有滥用重整程序的行为,则依法终结重整程序,或者直接宣告破产清算。

　　司法政策的变化也随之带来适用上的难题:如何判断企业是否具有重整价值以及是否具有拯救的可能性?例如作为上市公司的上市资格("壳")、企业通过行政许可获得的资格以及其他非经营性的"软资产"等是否具有重整价值?例如,在"朝华科技重整案"中,法院认为,让一个已经存在的上市公司存续,必然比让其"死亡"后再申请成立一个上市公司的社会总成本要小,因而具有经济价值;又例如,在"北京仙琚医院重整案"中,法院认为,债务人所拥有的"卫生经营许可证"虽不能根据现行法律认定为"无形财产",但是客观上具有重整的价值,重整投资人的目的也仅在于取得该企业的"卫生经营许可证";再例如,在"迅宝投资、迅宝股份和迅宝实业关联公司合并重整案"中,法院认为,三个公司虽然负债率高达44亿元,而资产只有十几亿,显然资不抵债,且所有资产都抵押给银行,但它是生产环保饭盒企业,这种饭盒的主要供应对象是肯德基等快餐企业,债务人与国际快餐连锁企业有良好的合作关系,这些关键客户资源,可以构成公司的重整价值。然而在"东星航空公司破产案"中,债务人企业的航行资质和航线资源却未被认定为具有重整价值予以考虑。

　　认定重整对象是否具有重整价值和拯救的可能性并非纯粹的法律问题,而是涉及相当的商业判断,这无疑对法官提出了较高的要求。[2]虽然《全国法院破产审判工作会议纪要》规定法院可将举行听证方式作为一种审查方法,[3]但听证程序并非

---

　　[1]　详见2018年3月6日最高人民法院审判在委员会专职委员刘贵祥在《全国法院破产审判工作会议纪要》新闻发布会上的发言。

　　[2]　参见贺小荣等:"破产管理人与重整制度的探索与完善——《全国法院破产审判工作会议纪要》的理解与适用(上)",载《人民司法(应用)》2018年第13期。

　　[3]　《全国法院破产审判工作会议纪要》第15条。

强制要求，也不可能适用于所有申请重整的案件。未来如何建立一套行之有效的识别机制，或者确立识别中的关键要素，或者是否应当引入第三方机构，需认真加以研究。

二、关于重整管理模式与破产管理人的构成

（一）重整管理模式

所谓重整管理模式，是指重整期间由谁作为"重整人"负责债务人企业的财产和营业事务的管理。不同的管理模式，意味着在重整期间对债务人财产与营业事务管理的主体不同，也意味着对重整企业的经营控制权的归属不同。

根据《企业破产法》第13条的规定，破产申请一经受理，将一律指定管理人。在此基础上，根据第73、74条的规定，重整管理的模式有两种：一是管理人管理模式；二是债务人自行管理模式（DIP），即分别由管理人和债务人负责管理财产和营业事务，并实行"谁管理，谁制定重整计划"。但我国破产法上的重整管理模式采取的是以管理人管理为原则，债务人自行管理为例外的做法；而且我国债务人自行管理（DIP）模式与美国等其他国家不同，它是在管理人监督下的自行管理，[1]债务人对重整企业并没有完全的经营控制权。

目前在53家上市公司的重整中，采管理人管理模式的有41家，占比77.4%，但管理人通常并不具体负责公司的日常经营和管理，而是委托公司原管理层负责；采债务人自行管理模式的有12家，占比22.6%，而且多发生在2010年以后，在2009年以前重整的23家公司中仅有4家公司采取了债务人管理的模式。

立法采以管理人为原则的重整管理模式，其原意是确保债务人财产对全体债权人的公平清偿，但实际上体现了立法对经营失败的债务人的不信任，而且并不符合重整的现实需求，因为很难找到合适的中介机构来取代债务人管理层对公司的经营业务进行管理，且面临巨大的经营风险。相反，以DIP为原则或许更符合重整的特点。因为DIP会提供更多重整申请的激励机制，鼓励当事人提起重整申请；而且由于债务人更了解自身的经营和财务状况，更具有合理性，也可提高重整的效率，所以也就不难理解为什么越来越多的上市公司重整中选择债务人自行管理模式了。

（二）破产管理人的构成

破产管理人的构成，并非重整中的独特问题，而是存在于所有破产程序中，但是其构成情况对重整影响最大。

《企业破产法》首次确立了破产管理人制度，其目的在于打破旧破产法下完全由清算组主导破产程序的做法，[2]被认为是我国破产法作为现代破产法的一大进步表

---

〔1〕《企业破产法》第73条、第74条。

〔2〕赵慧妙："上市公司重整中政府角色的实证研究"，载《兰州学刊》2017年第12期。

现。因为合格的管理人"不但能确保破产程序的有效和高效进行,而且能使人们对破产制度抱有信心"。[1]为确保管理人的独立性、专业性和中立性,立法规定,管理人应主要由依法设立的律师事务所、会计师事务所、破产清算事务所等社会中介机构担任,清算组虽然也可作为管理人,但仅适用于立法明确限制的情形。[2]可见,由中介机构担任管理人是原则,由清算组担任管理人则是例外。但是在目前53家上市公司的重整中,指定清算组担任管理人的有40家(占比75.5%),指定中介机构担任管理人的仅有13家(占比24.5%)。可见,清算组担任管理人成为目前上市公司重整的一般情形,而指定中介机构担任管理人反而成为例外。清算组又可以分为两种情形:一是纯粹由政府官员组成;二是混合清算组。前者主要发生在破产法实施的早期,目前采用的则大多是后者(有37家),尤其是在上市公司为国有控股或地方重点民营企业时。混合清算组由政府官员和社会中介机构共同组成,通常由政府官员作为清算组组长,专业人员则主要负责有关重整程序、减债安排、债权核查、具体资产重组安排等专业工作。[3]采用该模式的主要原因是:"一方面,该类上市公司重整多涉及国有资产的处置、地方资源的整合,需要政府的深度参与;另一方面,上市公司重整多涉及诸多权利主体的平衡、协调,以及地方社会稳定与金融风险的防范,由当地政府的参与并借助专业中介机构的专业能力,能够提高重整的效率与成功率。"[4]上市公司重整指定清算组为管理人的主要依据则是"昆山会议"的"结论性意见":"借鉴国际经验并根据我国实际情况,上市公司重整由清算组担任管理人。"[5]

由清算组担任破产管理人已成为中国破产管理人制度的一个特色。在由清算组担任破产管理人的案件中,由于地方政府的深度介入和全面协调,公司重整的效率普遍高于由社会中介机构担任管理人的公司重整。例如"浙江海纳重整案",重整期间为67天;而"兰宝信息重整案",重整期间仅35天。必须承认,在很多复杂的重整案件中,如果不借助地方政府的力量,在保障国有资产、维持上市公司上市资格("保壳")、安置职工、维护社会稳定等方面都难以取得实质性的进展。但是这一做法同时也引发了许多质疑,其中最大的质疑是:地方政府作为上市公司的控股股东或者实际控制人,同时又作为破产管理人,与案件存在利害关系,是否与对破产管

---

[1] 联合国国际贸易法委员会编:《破产法立法指南》,联合国国际贸易法委员会纽约办事处2006年版,第156页。

[2] 该四种情形分别是:①破产申请受理前,根据有关规定已经成立清算组,人民法院认为符合法律规定的;②审理《企业破产法》第133条所说的政策性破产案件的;③有关法律规定企业破产时成立清算组;④人民法院认为可以指定清算组为管理人的其他情形。

[3] 参见赵慧妙:"上市公司重整中政府角色的实证研究",载《兰州学刊》2017年第12期。

[4] 参见刘延岭、赵坤成主编:《上市公司重整案例解析》,法律出版社2017年版,第9页。

[5] 2007年10月最高法院民二庭与证监会法律部、上市公司监管部在江苏昆山联合召开会议,重点讨论上市公司破产的管理人问题。

理人的中立性、独立性、专业性要求不符,背离了破产法的立法原意?

三、关于公司重整中的股东权益调整

《企业破产法》规定,重整计划草案中涉及对出资人权益调整的,必须设立出资人组对权益调整事项进行表决;[1]若对出资人权益作出调整的,法院在强制批准重整计划草案时,必须满足的条件之一是出资人权益调整公平、公正,或者出资人组表决通过该调整方案。[2]

从上述规定可推知,在公司重整中可以调整出资人的权益。公司重整中,为了筹集偿债资金或吸引重组方以换取优质资产,通常也有必要对债务人原股东权益作出调整(削减)。在已批准重整计划的52家上市公司的重整中,对出资人权益作调整的有45家(占比86.5%),未作任何股权调整的有7家,包括帝贤股份、浙江海纳等;在已作股权调整的45家上市公司中,仅调整控股股东、非流通股股东或持股在一定比例以上的股东的权益的有39家(占比87%),如九发股份、沧州化工等,对所有股东的股权一律调整的有6家,如宝硕股份;对股东权益采不同比例调整的有32家(占比70%),如辽源得亨等,对全体股东的权益一律同比例调整的有13家,如北亚实业等。目前上市公司重整中的出资人权益调整呈现三个特点:其一,普遍遵循了债权人和股东"共担损失"的原则,即在债权人削减债权减轻债务人偿债负担的同时,普遍采取了对股东权益作出一定削减以提高债权人的清偿率的做法;其二,普遍体现了"权责统一"的理念,即在调整所覆盖的股东范围上,普遍区别大、小股东在公司中的控制权及对公司经营责任大小的不同;其三,普遍采取了差别调整股东权益的做法,即在不同比调整下,对中小股东的股权调整比例一般小于大股东,对流通股股东的股权调整比例一般小于非流通股股东。

但是,由于立法缺乏必要的规定,例如调整的理由、适用(或不适用)调整的情形、调整涉及的股东范围、调整的幅度等,故在实践中是否调整股东权益以及如何调整,更多地取决于重整利害关系人之间的博弈或谈判能力的大小,或取决于行政权力的干预与否及程度,在股东权益调整问题上带有很大的随意性,也使本就处于弱势的债权人或中小股东的利益可能受到更大损害,同时也增加了重整计划通过的难度。这就导致破产方案可能不仅会遭到债权人组的反对,也会遭到出资人组的反对。例如在"银广夏""金城股份""新亿股份"重整案中,出资人权益调整方案在出资人组的两次表决中均被否决,最终法院通过强制批准重整计划使其发生法律效力。

对此,最高法院在《关于审理上市公司破产重整案件工作座谈会议纪要》中曾

---

[1]《企业破产法》第85条。
[2]《企业破产法》第87条。

作了两项重要补充：其一，对满足特定条件的特定股东的股权进行强制调整，即"控股股东、实际控制人及其关联方在上市公司破产重整程序前因违规占用、担保等行为对上市公司造成损害的，制定重整计划草案时应当根据其过错对控股股东及实际控制人支配的股东的股权作相应的调整"。[1]其二，出资人组的表决规则采用类似公司股东大会决议特别事项时的表决规则，即"出资人组对重整计划草案中涉及出资人权益调整事项的表决，经参与表决的出资人所持表决权三分之二以上通过的，即为该组通过重整计划草案"。[2]但目前仍面临至少三个方面的难题：

（一）重整公司中的原股东是否仍然有股东权益？重整中是否可以强制调整（削减）股东权益？

对此在中国的理论界和实务界存有较大的争议。一方面，在逻辑上重整中原股东是否仍可继续保有股东权益，应取决于公司的资产与负债比例。如果公司已资不抵债，其净资产为负值，则股东资产权益应不存在。此时若公司清算，无论是依据《企业破产法》以外的其他实体法（《公司法》第186条第2款），还是《企业破产法》（第113条），均规定股东的清偿顺位处于债权人之后，且处于清偿顺序的末端。依此，如果债权人未能获得全额清偿，则不得也不可能有剩余财产分配给股东，否则因违反法定清偿顺序而构成违法分配。由于股东已无实质权益，故在重整计划中应直接对出资人的权益进行调整。相应地，股东也应无权对重整计划通过与否享有表决权。[3]这也是为什么许多国家破产法规定，在公司资不抵债的情况下，股东对公司不再存有资产权益，原则上在重整后不能继续保留在公司的股份的原因。但是，如果公司资产尚未处于资不抵债状态，仅因有不能清偿到期债务的可能而进入重整，此时股东净值为正值，则股东仍应享有资产权益，股东对公司剩余的控制权并未完全消失，其表决权也应存在。由于立法规定的重整原因较为宽松，重整的公司并不必然资不抵债，所以重整公司原股东是否仍享有股东权益，在逻辑上并不能简单地得出"全有"或者"全无"的结论。另一方面，客观上不得不承认企业的市场价值并不完全依资产与负债比例决定，更多的时候取决于企业的未来营业能力和拥有的综合资源等情况，例如所处行业的前景、上市公司的壳资源、企业具有的特殊资质等都是其市场价值的体现。这些市场价值也正是重整投资人愿意为重整公司提供偿债资金和后续运营资金的重要动力甚至是唯一动力，所以即使企业资不抵债，其股

---

[1] 详见法[2012]第261号《最高人民法院关于审理上市公司破产重整案件工作座谈会纪要》第6条关于上市公司破产重整计划草案制定的规定。

[2] 关于出资人权益的表决，《企业破产法》仅规定了重整计划草案涉及出资人权益调整事项的，出资人有权分组进行表决，但未明确规定表决规则。

[3] 参见张勇健、杜军：《破产重整中股东调减与股权负担协调问题刍议》，载《法律适用》2012年第11期；张小炜、尹正友：《〈企业破产法〉的实施与问题》，当代世界出版社2007年版，第171页；郑志斌、张婷：《公司重整中的股东权益问题》，北京大学出版社2012年版，第161页。

份也不必然没有价值。[1]这也是为什么许多人主张债务人即使因资不抵债进入重整程序，股东也并不当然丧失权益的主要理由。尽管该主张在目前立法上难以找到依据，但它反映了客观实际和现实需求，也从另一个角度体现了重整的正当性，即企业有"重整价值"；而且公司的市场价值越高，"重整溢价"（重整价值减去清算价值）越高，股权价值也就越高。既然重整公司不一定都资不抵债且存在重整溢价，所以股东与债权人就有了谈判和博弈的空间。通常股东所保留的权益越多，债权人被削减的债权比例就会越大，[2]彼此呈现此消彼长的关系。

（二） 如何在债权人股东之间分配重整溢价，以更好地平衡双方的利益？

尽管在上市公司重整中调整股东权益已成为普遍现象，甚至可以说，如果不削减股东权益，很多公司将很难重整成功。但是，由于立法无有关股东权益调整的强制性规定，所以仍有多家上市公司的重整计划中不对股东权益作任何削减，即使削减了股东权益的公司，绝大多数也只是削减股东的部分权益而非全部，即原股东仍可继续保有公司股份，且股份保有率平均高达77.39%。而与之形成对比的是普通债权人的债权清偿率或债权削减率。尽管普通债权人在重整中可获得的清偿率高于模拟清算下其可获得的清偿率，但是由于模拟清算下普通债权人可获得的清偿率普遍很低，[3]平均仅为10%，因此即使在重整中清偿率平均提高了18.6%达到28%，也意味着普通权人的债权削减率平均高达72%。当然，在一些上市公司重整中，如"长航凤凰重整案""舜天船舶重整案"等，债权人通过债转股持有重整后公司股票的情况下，若日后股票上涨并在二级市场上变现，其实际获得的清偿率可能远超过重整计划中的清偿率；但在大多数上市公司重整中，债权人在主要承担企业失败损失的同时，却难以更多地分享到企业的重整价值。

目前在所有的重整案件中，无论是确定债权人的债权受偿率，还是法院强制批准重整计划，均以"债权人最大利益原则"作为主要标准，即普通债权人在重整中所获得的清偿比例，应不低于其重整计划提请批准时依公司清算程序所能获得的清偿比例。[4]但该原则是基于企业假如即时清算下的企业财产价值——"清算价值"，而非企业继续经营下的"重整价值"。其目的在于确保债权人所能获得的最低利益，而非最佳利益或最大利益。由于没有将"重整溢价"完全计算在内，更没有在股东与债权人之间公平分享，结果导致实践中股东权益与债权人权益之间利益失衡，造成对债权人的不公平。

如何公平分配重整价值？本文认为，应坚持在债权人与股东之间适用"绝对优

---

[1] 王欣新："论新破产立法中债权人会议制度的设置思路"，载《法学家》2005年第2期。
[2] 李永军："破产法的程序结构与利益平衡机制"，载《政法论坛》2007年第1期。
[3] 参见张俊："法院批准重整计划之标准研究"，中国政法大学2016年硕士学位论文。
[4] 《企业破产法》第87条第2款第3项。

先原则"。该原则是指一旦某个普通债权组反对重整计划,除非该组获得全额清偿,否则股东将无从获得分配。股东如果希望在存续的债务人企业保有权益,则需要向重整企业注入重整所需的财产,作为适用的例外。这是因为,股东权益较债权人权益的劣后性是公司法所确立的一般规则。该规则在公司清算时体现得十分明显。破产清算程序延续了这一规则,重整程序也应当予以尊重,以保护债权人对原有法律秩序的信赖。立法应当将"绝对优先原则"作为法院强制批准重整计划的标准,如此,既可以为债权人与股东的谈判提供基础,又可以在谈判失败时为债权人提供必要的保护。

(三) 如何判断出资人权益调整方案是否公平公正?

《企业破产法》规定,重整计划草案对出资人权益的调整应当公平公正。但是,立法未对如何判断公平公正作进一步的规定。[1]从上市公司重整的实践看,尽管差别调整股东权益的做法普遍存在,但仍有30%的重整上市公司采取大小股东同一比例削减股份,导致中小股东的强烈不满。虽然在个别案件例如"创智重整案"中,中小股东通过联合行使否决权迫使管理人改变了"一刀切"的做法;[2]但在公司股权高度分散或大股东拥有绝对控制权时,在目前采取类似公司股东会重大事项表决规则[3]下,则难以阻却出资人组通过重整计划,"锦化重整案"即是其例——该公司大股东持有超过50%的股份,合计持股30%的小股东全部反对也未能阻止出资人组通过重整计划。[4]

该如何做才能公平、公正?有人主张,应坚持同股同权原则,确保所有出资人按照同样比例接受调整,除非出资人自愿接受,否则不得实行差别对待和歧视对待;也有人主张,同比调整,并不符合实质正义的要求,应区分控股股东和中小股东实行差别调整。本文认为,若仅限于股东之间的权益衡量,而不考虑股东与债权人之间的利益衡量,可通过以下分级调整实现公平公正:首先,应对全部股东的股权一律无差别地同比调整,这是公司法上同股同权原则的基本要求,也是公平对待出资人的最低要求。进而,应区分控股股东和中小股东,实行差别化股权调整。这是公平的本质要求,也是同等情况同等对待,不同情况不同对待原则的体现。由于控股股东与中小股东对公司的控制力和对公司经营决策的影响力不同,因此对于公司经营失败所承担的损失也应有所差别,控股股东对公司的破产应负有更大的责任,对

---

[1] 《企业破产法》第87条第2款第4项。

[2] 参见匡志勇:"ST创智破产重整方案遭否决 中小股东网络维权旗开得胜",载《第一财经日报》2011年3月18日,第A15版。

[3] 法[2012]第261号《最高人民法院关于审理上市公司破产重整案件工作座谈会纪要》第7条。

[4] 参见张俊:"法院批准重整计划之标准研究",中国政法大学2016年硕士学位论文;李晓晔:"ST锦化重整案调查",载《第一财经日报》2010年11月2日,第A14版。

于控股股东的股权调整应高于对中小股东股权的调整。最后，在前述股权调整之外，应对因其过错而给公司造成损害的控股股东和实际控制人支配的股东的股权再作调整，调整的比例应与其过错大小相适应。通过调整其更高比例股权的替代做法，不但追究了其损害赔偿责任，同时也可在破产法规则内部以及破产法与公司法规则之间，保持内在一致。

四、关于法院批准重整计划

重整计划是重整程序中最为重要的法律文件。它既是就企业拯救和债务清偿作出的安排，也是营业机构继续营业的依据，关系到重整能否成功，更关系到各方当事人的利益乃至社会公共利益，[1]可以说当事人之间围绕重整所展开的所有谈判和博弈的结果最终都体现在重整计划上。但重整计划必须得到法院的批准始得发生法律约束力。法院通过审查和批准不仅体现了司法权在破产程序中的主导和控制地位，更旨在确保重整计划公平合法。而当某些对重整计划有表决权的权利主体滥用权利，否决具有公平合法性的重整计划时，司法通过行使强制批准权加以必要干预，不仅实现了私权本位与社会本位的协调，更体现了重整制度对公平正义和效率的追求。[2]但无论"正常批准"还是"强制批准"，法律都应当确立具体明确的批准的条件（标准），以维护重整关系人之间利益分配格局的公平，保障司法权力行使的公正性，防止重整程序的滥用，并提升重整程序的效率。同时法院应审慎适用强制批准权，避免司法过度干预。

《企业破产法》第86条是关于法院正常批准重整计划的规定，但该条只规定了法院正常批准的程序，而未规定正常批准适用的条件。[3]第87条第2款是关于法院强制批准重整计划的规定。根据该规定，法院强制批准重整计划需同时满足六个条件：①担保债权人获得充分保护。②劳动债权人、税收债权人获得全额清偿。该两项条件体现了债权人之间在清偿顺位上的"绝对优先原则"。③普通债权人获得的债权清偿比例不低于其在破产清算中的清偿比例。该条件体现的是"债权人最大利益原则"。④对出资人权益的调整公平、公正。⑤公平对待同一表决组的成员，且符合法定债权清偿顺序。前述两项条件体现的是"公平对待原则"。⑥具有可行的经营方案。[4]尽管该条规定了法院强制批准的条件，但规定不具体，同时缺乏某些强制批准的必要条件。

---

[1] 胡利玲：《困境企业拯救的法律机制研究——制度改进的视角》，中国政法大学出版社2009年版，第121页。

[2] 胡利玲：《困境企业拯救的法律机制研究——制度改进的视角》，中国政法大学出版社2009年版，第124页。

[3] 《企业破产法》第86条。

[4] 《企业破产法》第87条第2款。

立法的先天不足，给司法适用带来的突出问题是：其一，在正常批准中，由于《企业破产法》对正常批准条件未作规定，加之各表决组均已决议通过重整计划草案，因此实务中法院通常不再审查即直接批准重整计划，无论是否可能存在多数人利用表决程序损害少数人权益的情形。在强制批准中，法院则通常仅审查普通债权人获得的债权清偿比例是否不低于其在破产清算中的清偿比例。对其他条件，尤其是重整计划是否具有可行性则通常不做审查，且法院在审查后的批准裁定中并不详细说明裁定的理由。其二，广泛适用强裁权力。尤其是在破产法实施初期，对重整成功率的追求，使法官明显带有批准重整计划的"偏好"。在目前重整计划获得法院批准的52家重整上市公司中，因债权人组或出资人组表决不通过重整计划草案而申请法院强制批准的案件为15例，其中14例获得法院强制批准，强制批准率为99%，法院对强裁权力的适用难言审慎。

对此，自2009年以来，最高法院多次通过司法文件强调法院在批准重整计划时应对重整计划草案进行全面审查，并强调审慎适用强制批准裁量权。[1]2016年6月，最高人民法院又同时发布典型案例"深圳中华重整案"与"浙江玻璃破产案"[2]作为示范案例表明立场。至《全国法院破产审判工作会议纪要》则以司法政策的方式专门对"重整计划的审查与批准"（第17条）和"重整计划草案强制批准的条件"（第18条）作出明确、具体规定，以解决审判实践中长期以来存在的问题。

第17条重点强调了法院正常批准重整计划的条件。这是因为，对重整计划草案的表决采取的是集体多数决的表决机制而非征得个别成员的同意，所以即使表决组均已通过重整计划草案，仍有可能存在多数人利用表决程序损害少数人权益的情况。故法院仍有必要在实体上、程序上进行合法性审查，以确保实质上的公平正义，即通过程序审查、内容审查构建重整程序的"程序正义"和"实体正义"。[3]根据第17条的规定，法院对申请正常批准的重整计划必须进行以下两方面的审查以确定是否符合批准的条件：其一，合法性，包括程序合法与内容合法。程序合法是指重整计划的"表决程序"符合《企业破产法》的规定；内容合法则是指重整计划的"内容不损害各表决组中反对者的清偿利益"。[4]这一条件应解释为，重整计划的内容不仅应符合"债权人最大利益原则"，同时还应符合"绝对优先原则""公平对待原则"，不损害利害关系人和社会公共利益，尤其不得损害少数反对者的合法权益。其二，可行性，即重整计划中关于企业重新获得盈利能力的经营方案须具有可行性。

---

〔1〕详见2009年《最高人民法院关于正确审理企业破产案件为维护市场经济秩序提供司法保障若干问题的意见》，以及2015年《最高人民法院关于当前商事审判工作中的若干具体问题》。

〔2〕参见《最高人民法院关于依法审理破产案件、推进供给侧结构性改革典型案例》，载最高人民法院官网：http://www.court.gov.cn/zixun-xiangqing-22051.html，最后访问时间：2021年3月11日。

〔3〕刘敏、池伟宏："法院批准重整计划实务问题研究"，载《法律适用》2011年第10期。

〔4〕《全国法院破产审判工作会议纪要》第17条。

但对于如何判断重整计划有无可行性并没有进一步的规定。要求法官对重整计划的可行性作出准确判断非常困难,即使是在美国,虽然破产法要求法官在批准重整计划时"必须确信该债务人企业将不需要再行重整",以此满足破产法1129(a)(11)下的"可行性"(feasibility test)要求。但在破产法实务中也承认,要进行可行性审查,必须依赖该债务人企业以前的记录,而且这一要求只限于反对重整计划的人所提供必要证据的范围内。[1]

第18条是关于强制批准重整计划的条件的规定。该条不仅强调法院应当审慎适用强制批准的权力,不得滥用强制批准权,而且确立了"最少组别接受原则"(也称"最低限度接受原则"),即如果债权人分多组的,应当至少有一组已经通过重整计划草案,且各表决组中反对者能够获得的清偿利益不低于依照破产清算程序所能获得的利益,[2]从而对现行《企业破产法》第87条第2款规定的强制批准重整计划的适用条件作了新的扩张。这意味着,法院强制批准重整计划时必须符合四项原则,即"绝对优先原则""债权人最大利益原则""公平对待原则"和"最少组别接受原则"。

由于《全国法院破产审判工作会议纪要》出台不久,其规定的妥当性,甚至扩张立法的规定的合法性,尚可讨论,其适用情况也尚待观察。但至少可以看出最高司法机关在完善重整计划批准的适用问题上所作的努力和取得的实质性进展。

结　语

除上述四个关键方面外,与破产重整制度实施密切相关的其他问题也值得研究,例如重整中的融资、上市公司重整与资产重组的衔接等。总体上,我国的重整制度实践已经走过了初步实施阶段,随着破产制度在推进供给侧结构性改革、实现优化资源配置和市场出清方面作用的强化,司法部门正在充分发挥破产审判职能,依法有序地推进破产案件的审理,重整制度及其实施正步入一个全新的发展时期。但由于我国的破产重整立法和实践都较晚,很多问题需要认真观察、不断总结和理性分析,才能切实推动重整立法和司法的完善,真正发挥重整制度在促进经济发展方式转变、构建公平有序市场秩序方面的作用。

---

[1] Douglas G. Baird, *The Elements of Banktupycy*, 5th ed, New York, The Foudation Press, Inc. 2010, p. 252.

[2]《全国法院破产审判工作会议纪要》第18条。

破产重整中的金融债权保护

王卫国 *

一、为什么要强调金融债权保护

当前，防范金融风险的形势趋于严峻，完善相关制度的任务更加紧迫。防范金融风险，重点防什么？根据 2021 年 6 月 10 日央行党委书记、银保监会主席郭树清在第十三届陆家嘴论坛上的分析，在防范金融风险需重点关注的诸多方面中，首先是"积极应对不良资产反弹"。[1]据 2020 年统计数据显示，我国商业银行已出现不良资产上升和利润下降的动态。[2]当前的不良资产反弹趋势，据郭树清所述，包括：①受疫情影响的中小微企业贷款本息延期，导致一定比例最终劣变为不良；②地方房地产泡沫化金融化倾向严重和政府融资平台偿债压力加大，加上大中型企业债务违约比例上升，加剧了银行机构的信用风险，部分中小金融机构面临的形势更为严峻。[3]

据观察，近年来伴随着大中型企业债务违约上升，企业困境治理和破产处置中对银行债权的持续性侵蚀正呈现出持续增长态势，值得高度关注。

所谓不良资产，就银行来说，就是不良贷款。不良贷款通常指贷款五级分类中的次级、可疑和损失三类。从风险管理的角度讲，不良资产可以分为显性和隐性两种。隐性不良资产是没有在报表中显示为不良的那些债权（例如以"借新还旧"方式延展的逾期债权），以及具有风险性的非货币偿债资产（例如因接受"以股抵债"而持有的股权）。银行的信用风险在相当程度上被隐藏在这些隐性不良资产中。

在我国，企业债务违约导致大规模银行风险，在 20 世纪 90 年代曾经出现过。当

---

* 本文为演讲稿整理，成稿于 2021 年 7 月，属首次公开发表。

〔1〕 郭树清："加快构建新发展格局努力防止金融风险再次蔓延"，载《中国银行保险报》2021 年 6 月 10 日，第 001 版。

〔2〕 中国银保监会官网发布的《2020 年商业银行主要监管指标情况表（季度）》显示，2020 年一至四季度，不良资产余额分别为 26 121/27 364/28 350/27 015（亿元），不良贷款率分别为 1.91/1.94/1.96/1.84（%）；资产利润率分别为 0.98/0.83/0.80/0.77（%）、资本利润率分别为 12.09/10.35/10.05/9.84（%）。但本年度流动性指标基本稳定，资本充足指标有所提升。

〔3〕 郭树清："加快构建新发展格局努力防止金融风险再次蔓延"，载《中国银行保险报》2021 年 6 月 10 日，第 001 版。

时面对的主要是经济体制转轨时期国企困境导致的存量不良贷款。由于缺乏处置经验和制度工具，因此形成不良资产的大量积累。20世纪90年代中期。企业破产进入了高峰期。这次破产浪潮也可以称作逃废债浪潮。当时，银行成了风险聚集地，积累了巨额不良资产。在亚洲金融危机期间，我国商业银行的不良资产普遍越过《巴塞尔协议》规定的风险红线，个别银行的不良率曾高达40%。最后，不得不由中央政府出面进行集中式处置，包括中央财政投资设立金融资产管理公司（AMC）用于剥离银行不良资产，加上央行追加核呆指标和各地组织"企业政策性破产"，从不良资产形成的末端即结果端进行了大规模的"兜底式"处置。

历史经验使我们认识到，不良资产和银行风险的治理不仅要着眼于结果端，而且要着眼于原因端；不仅要着手于后期，而且要着手于前期，形成从前端到末端、从前期到后期的全程式治理。

近十年来，国际上关于银行风险治理的最新立法，基本思路就是建立从风险识别、早期救治到后期处置的全流程制度体系。从银行风险防控的角度讲，企业破产中的银行债权保护属于前期治理的范畴。这一阶段的风险治理任务主要是在企业困境情况下，特别是在破产程序中，防止银行清偿利益的不正当流失（例如银行担保权的丧失）。

近几年，在调研《企业破产法》实施情况的过程中，对债权人保护尤其是对银行债权保护的问题引起了我们的特别关注。今年以来，我们对这个问题进行了专题调研。在调研过程中，银行界人士对破产重整案件中损害银行债权的情况反应强烈。这令人想起了20纪90年代破产逃债风靡全国，四面八方向银行转嫁损失的情形。不同的是，在这一轮的破产风潮中，侵蚀银行资产的主要推手不是地方政府，而是私人资本。据业内人士反映，在有些上市公司重整案件中，出现了"实际控制人毫发无损，外来投资者盆满钵满，银行债权人遍体鳞伤，中小债权人欲哭无泪"的情景。这样的局面背离了我国破产重整制度的立法宗旨。

二、关于金融债权保护的几点认识

2021年6月5日，中国法学会银行法学研究会在京召开了"破产重整中金融债权保护研讨会"。经过讨论，得出以下几点认识：

（一）金融债权保护关乎金融供给和金融安全，在具有金融安全重要性的破产案件中存在着公共利益因素

1. 金融债权保护与金融安全需求。我国的金融体制是银行主导型，银行是社会融资的主要供给者。普通企业破产中的金融债权主要是银行债权。企业破产导致的银行债权损失的积淀，在银行端就意味着风险因素的叠加。这样，处理企业破产就涉及金融风险管控问题，而金融风险管控具有公共利益保护的性质。习近平指出，"金融安全是国家安全的重要组成部分"，"防止发生系统性金融风险是金融工作的永

恒主题"。[1]《国家安全法》第 20 条规定："国家健全金融宏观审慎管理和金融风险防范、处置机制，加强金融基础设施和基础能力建设，防范和化解系统性、区域性金融风险，防范和抵御外部金融风险的冲击。"这里的金融风险处置机制，其对象不仅包括银行、保险、证券公司等金融机构破产中的金融风险，也包括涉及金融安全的企业破产中的金融风险。因此，企业破产程序中的金融债权保护问题，包含了公共利益保护需求。

从理论上说，法律追求的价值包括安全价值与福利价值。安全价值包括社会的整体安全，也包括个体的安全。福利价值包括个人追求自由和幸福的权利，也包括社会的整体发展和分配公平。总的来说，安全价值优先于福利价值，整体的福利价值优先于个体的福利价值。我国民法的指导思想是社会本位与个体本位相统一。由此而知，在普通企业的破产案件中，保护金融债权包含着公共安全的需求，这一点，在破产案件审理中应加以注意。另一方面，从民商法的基本秩序看，金融债权与普通债权在保护地位上是平等的。因此，我们不应否认但也不应过分夸大金融债权相对于普通债权的特殊性，不能将金融债权放到与其他普通债权相对立的地位。只有在根据公共利益考量确定有金融安全保护特殊需要的情形下，才能采用相应的保护性措施。这些保护措施，从规则体系上讲属于特别法范畴。特别法只在符合法定条件的情况下适用，其适用优先于普通法规则。由此，在我们讨论涉金融债权的破产案件时，还需要解决一个问题——特殊保护的适用范围究竟有多大。能不能说凡是银行债权都要受到特殊保护？我认为不能。由于特殊规则的目的在于保护金融安全，并与金融安全密切相关。若涉破产案件的金融债权保护诉求与金融安全不存在关联，或者说，不具有金融安全上的重要性，就不应当受到特别保护，而应适用一般破产法的规则。所以，我们需要研究，在哪些情况下需要特别保护以及如何特别保护？在设定保护措施时也要规定其适用的限度。这个问题需要在经验的基础上加以明确，然后制定规则。我们需要一起来研究这个问题。例如，关于"纾困贷"问题——企业处于困境时，银行在当地政府协调下，出于拯救企业目的提供了相应贷款。此种债权是否可以被赋予共益债权地位？

在我国破产法的立法历史上，针对特殊情形制定特殊规则的现象并不少见。《企业破产法》第 132 条关于职工债权，第 133 条关于国有企业破产，第 134 条关于金融机构破产，都属于特殊规则。在第八届人大期间所起草的破产法草案中，曾以专章设置了国有企业破产的特殊规则。所以，未来破产法能否针对涉及公共利益的特殊案件类型或者特殊事项制定特别规则，值得研究。

---

[1] "促进经济和金融良性循环、健康发展"，载《习近平谈治国理政》第二卷，外文出版社 2017 年版，第 278、280 页。

2. 金融债权保护的特殊需求。对具有金融安全重要性的金融债权进行保护时，破产法对其的保护需求是什么？我们认为至少有以下四个方面的需求：

（1）合规性需求。合规性需求是基本的金融秩序需求，对于防范金融风险具有重要性。当前，银行法对银行的合规性有很高的要求。其中，资本充足性、流动性都是重要的安全性指标。不良资产剧增和累积会冲减银行的资本充足性和流动性。流动性缺乏不仅会削弱银行的信用创造功能，从而削弱银行的资金供给能力，也会削弱银行的抗风险能力。具体来看，就以股抵债的做法来说，按照《商业银行法》的规定，由于风险的不确定性，原则上银行不应接收投资性产品作为债务清偿的标的物。但也可以设定若干例外条件，例如附加风险对冲、风险补偿的安排，限定持有时间（目前规定是2年），等等。

（2）担保权保护需求。尽管《企业破产法》立法过程中围绕这个问题有过争论，但最终确定了担保权的别除权地位。其理由就是，担保制度对巩固贷款市场的信用秩序具有非常重要的意义，担保制度及其确定性对信贷的有效供给具有重要支撑作用。就立法设计而言，确立担保权的别除权地位是破产法集体清偿原则的例外，此种例外是基于公共利益的考量，在国际层面也是得到广泛承认的。目前，实践中存在的法定优先权与别除权的冲突问题，需要加以澄清。

（3）程序公正需求。在重整实践中，地方政府、战略投资者在谈判中往往具有优势地位。中小债权虽然分散，但却具有人多势众的优势地位。考虑到这些情况，需要有一定范围内的金融债权的集体行动方案以给予金融债权人比较稳固的谈判地位。

（4）集体参与需求。集体参与需求与程序公正需求密切相关，一定程度上是程序公正需求的保障。集体参与需求的法理依据主要有两点：一是金融债权人对债务人财产的清偿利益期待权；二是破产法的集体主义原则。实现集体参与的方法，当前已有一些实践经验可供参考，尤其是金融债委会制度。下一步要在经验基础上通过立法加以制度化。

（二）破产重整案件中银行债权人的知情权、参与权、表决权和监督权需要得到充分保障

在破产重整案件中，债权人对与其财产利益相关的信息，特别是债务人的资产、负债、财产处分、对外投资、关联关系等方面财务信息享有知情权，对重整引资方案、资产处置方案以及债务清偿方案的制定过程享有参与权，对重整计划草案以及依法应当由债权人会议决定的事项享有表决权，对于管理人的管理行为享有监督权。我们在调研中发现，在许多重整案件中，银行债权人的这些权利没有得到充分尊重，甚至受到严重侵犯。管理人信息不透明的情况也比较常见。地方政府直接或间接施压，强迫银行债权人对重整计划投赞成票的现象也时有发生。程序公正是实体公正的保障。只有在上述四大权利得到充分保障的情况下，破产重整制度的公平清偿目

标才能实现。因此，需要进一步完善破产立法，对债权人四大程序权利的保护措施作出具体规定。

（三）破产重整中的资产处置和债权清偿中的一些做法，存在着不正当侵蚀银行债权利益、向银行部门转移资本市场风险等问题，需要加以规制

破产重整案件中，以不公平的低价处置资产、人为压低债权清偿率、以虚高估值的财产或资本化产品搞"代物清偿"，都属于不正当侵蚀银行债权的做法。为了平衡银行业合规方面的需要，有些重整案件甚至搞出用注水资产加数字游戏人为拔高的所谓"名义清偿率"。这实际上是给银行部门积累风险因素。近年来引起热议的上市公司破产重整中的"资本公积转增股份用于以股抵债"，即画饼充饥式地将"预测"的未来价值转为新增股本，然后将股价提高数倍用于抵偿债务的做法，更是将破产重整变成了资本市场向借贷市场抽吸资金并转嫁风险的"腾挪术"：实控人利用上市公司向银行借款，"暗度陈仓"抽逃资产或从事投机冒险造成财务困境，进入破产程序后通过重整低价出售资产并削减银行债权，实现公司"凤凰涅槃"。需要指出的是，我国金融法防范系统性金融风险的一项重要措施，就是在资本市场与借贷市场之间设立"防火墙"，一方面防止银行资金违规流向资本市场，另一方面防止资本市场风险转移到银行。总的来说，在缺乏风险控制措施或补偿机制的情况下，直接将银行对重整企业的债权转变为股权，这样的做法应受到严格的规制。

（四）完善金融债委会制度是破解金融债权保护与企业拯救相平衡难题的一条重要措施

1. 金融债委会的作用。金融债委会全称为金融机构债权人委员会，是由债务规模较大的困难企业的三家以上金融机构债权人发起成立的依法维护金融机构合法权益的协商性、自律性、临时性组织。从实践经验看，其作用主要有三个方面：①消除各自为战，形成一个强大的合力。金融债委会可以帮助金融机构"抱团取暖"，在内部协商一致的基础上形成对外统一意见，有利于提升谈判地位。②分享债务人的信息，统一行动。一方面，可以避免相互间为"捷足先登"形成"勤勉竞赛"，导致债务人失去拯救机会，造成"一损俱损"。另一方面，借助金融债委会的平台，金融机构债权人之间可以充分地分享信息，以便最大限度地消除债权人与债务人、管理人之间的信息不对称，同时根据收集掌握的信息分析研判企业状况，协调一致行动，如事前防止过度的授信，事中防止抽贷、压贷、断贷，事后防止债务人恶意逃废债，从而营造更加良好的营商环境。③将纾困与维权相结合，促成多方共赢。基于对债务人信息更准确全面的掌握，金融债委会更容易判断和区分有救助价值和不具备救治价值的企业。对前者可以提供必要的纾困救助资金，帮助其恢复正常生产经营；对后者可以及时采取措施防范资产流失。

2. 金融债委会制度存在的问题。关于金融债委会制度存在的问题，主要有三个方面：

（1）法律地位不明。目前没有规范金融债委会的法律和行政法规，主要依据2016年（原）中国银监会办公厅印发的《中国银监会办公厅关于做好银行业金融机构债权人委员会有关工作的通知》和2020年一行两会、国家发改委联合发布的《金融机构债权人委员会工作规程》。在仅有的这两个文件中，金融债委会被界定为协商性、自律性、临时性的组织，其决议对金融机构的约束力不强，金融债委会成员不履行共同决议或协议时，难以使其承担相应的法律责任。人民法院、管理人以及债务人对金融债委会的意见也重视不足。

（2）代表性不足。金融债委会的成员通常仅包括本地的银行债权人，这导致金融债委会的决议或协议在后续程序中代表性不足，一定程度上影响了它的作用发挥。

（3）责任机制缺乏。金融债委会对外一般不能独立享有权利或承担义务，也不能代表其成员签署任何文件；对内部成员缺乏遵守决议或协议的约束能力。金融债委会成员的加入程序和退出机制不明确，对有效发挥金融债委会的作用存在不利影响。

三、方正集团重整案点评

在破产重整的实践中，长期以来存在着一种认识误区：银行债权人保护与困境企业拯救是此长彼消的零和关系和非此即彼的选择关系。因此，要拯救企业就不能不让银行债权人当"牺牲品"。不过，近来的重整实践中出现的新的经验告诉我们，兼顾拯救企业与保护债权人，实现多方共赢，不仅是必要的，而且是可以做到的。方正集团重整案就是一个有说服力的成功案例。

（一）基本案情

方正集团起源于1986年北京大学投资成立、王选院士领军的"北京大学理科新技术公司"，曾以开发"汉字信息处理与激光照排系统"等高科技产品闻名于世。1992年公司发展成为方正集团，属于大型国有控股企业集团。集团鼎盛时期，旗下有400多家公司，其中6家为上市公司，横跨IT、医疗、产业金融、产城融合等产业领域，总资产高达3600多亿元。但是，在过去长达十几年期间，由于所有者缺位，导致内部人控制、隐形持股、暗箱改制、影子企业众多、关联交易泛滥、内外部公司人格混同等重大治理失衡。集团股权纠纷迭起，内斗不断，加上多元化盲目投资，导致债务高企。截至2019年第三季度末，方正集团总资产为3657.12亿元，总负债为3029.51亿元，资产负债率达82.84%。同年12月初，方正集团因超期债券无法按时足额还本付息，长期信用评级被大幅下调。2019年底，因银行贷款到期无力偿还本息，被北京银行申请司法重整。这是一起因治理不善导致流动性危机的大型企业破产案例。2021年4月，方正集团重整计划制备完成。[1]同年5月28日，方正集团重整计划获债权人会议通过。7月5日，重整计划获法院批准。

（二）总体评价

方正集团重整案是我国企业重整实践的一个具有里程碑意义的案例，因为它摒弃了一段时期以来重整案件"重债务人拯救，轻债权人保护"的惯性，开启了通过资产价值最大化实现债权保护和企业拯救平衡共济的理性空间。

重整制度的目标，一是拯救企业，二是公平清偿，二者不可偏废。从根本上说，破产法以公平清偿为第一要务；在债务人不能拯救的情况下，宁可实施破产清算也绝不能放弃公平清偿。所以，对于方正集团重整案的评价，要把它的债务清偿作为重要的衡量维度。

1. 大型企业重整的难点。像方正集团这样的大型企业的重整，一个重要特点就是可用于偿债的资产大多为债务人对旗下企业的股权。股权资产具有风险性和价值变动性。如何用股权资产清偿债务是一道难题。破产法的债务清偿制度以货币清偿为原则，以非货币财产的代物清偿为例外。鉴于重整程序中即时变现股权存在价值减损等问题，目前资不抵债的大型企业（包括上市公司）在重整方案中的常见做法是"以股抵债"，即直接将股权折价分配给债权人以抵偿债务。当前的实践中，股权折价往往采用未来价值标准。这种以未来资本价值抵偿现金债务的方式，本质上属于"债转股"的投资交易。对于银行债权人来说，此种交易有违《商业银行法》第43条的禁止性规定，以及2016年国发54号文件附件《关于市场化银行债权转股权的指导意见》中关于银行不得直接将债权转为股权的规定，存在着资本市场向借贷市场传递转嫁风险的隐患，通常是不可接受的。

2. 方正重整中债务清偿的特点。方正集团重整的清偿方案，其一，坚持以全部资产清偿债务的原则，剥夺原有股东的全部权益用于还债。这与时下一些上市公司重整案例中控制股东毫发无损，仅通过"资本公积转增股本"的账面操作，以新增注水股份抵偿债务的做法，形成鲜明对比。其二，该方案对有财产担保的债权在优先受偿范围内给予一次性现金全额清偿，这符合企业破产法保护担保债权的立法政策，也有利于重整企业的信用恢复，值得充分肯定。其三，该方案对普通债权人提供"现金+以股抵债""全现金""现金+留债"三种方案中的选择权，体现了尊重债权人的立场，摒弃了时下一些案例中迫使银行债权人接受以股抵债的不当做法。其中，用于抵债的股权价值以重整设立的新资产实体为支撑，且股价经过了合理的测算估值。这对于非银行债权人来说，不失为可考虑接受的选项。其四，值得注意

---

[1] 该计划草案完成后，我曾受邀写了一篇点评。2021年5月4日《中国证券报》以《方正集团重整提交了一份亮眼的答卷》为题，报道了这篇文章的要点，引起了多方关注。网上链接：http://www.jjckb.cn/2021-05/04/c_139924607.htm，最后访问时间：2021年5月8日。

的是,该方案还为选择以股抵债的债权人提供了兜底回购退出机制,即重整投资人承诺以约定股价承担股权回购的义务,以冲减抵债股权的贬值风险,提高了对债权人的保护程度。

3. 方正重整中企业拯救的特点。从企业拯救的角度看,方正集团重整在程序选择和资产处置上也有亮点。重整制度的优越性在于将债权人的清偿利益寄托于企业的营运价值,以资产的未来价值覆盖当下债务。在时下的大型企业重整案例中,滥用合并破产的现象堪忧。在集团公司或者集团部分成员陷入财务困境的情况下,强行以程序合并甚至实质合并的方式,将一些不具备破产原因的关联企业拉入破产程序,不仅违反《企业破产法》规定,而且有降低企业资产价值和市场信用、损害债权人和投资者权益的弊端。在方正集团重整中,首先,在程序选择上,仅将集团中的"1+4"控股平台纳入重整程序,其余 400 余家关联企业保持正常经营。这样,就为保护企业营运价值,引入外部融资创造了有利条件。其次,在资产处置上,重整方案将债务人资产进行分类,以"保留资产"设立新方正集团及其下属业务平台公司,将其股权的大部分出售给重整投资者以获得偿债资金,剩余的小部分股权则用于抵债。至于剥离出来的"待处置资产",则以信托方式委托专业机构管理和处置,以其所得收入用于补充费用支付和追加债务清偿。在资源优化整合的基础上,重整计划为新方正集团制定了未来业务升级、经营提效、资产增值的经营方案。由此产生的预期有利于提振重整投资人、接受以股抵债的债权人和企业员工的信心,也有利于企业重整后的信用恢复。

(三)资产处置方案分析

在整个方正集团重整中,资产处置方案处于关键地位。归纳起来,方正集团重整案的资产处置有以下几个亮点:

1. 区别对待,分中有合,整合资产价值。方正集团重整主体均为经营管理平台公司,资产总额 622 亿元,而债务总额高达 1469 亿元,净资产为 -847 亿元,申报债权达 2345.8 亿元。其主要资产为股权类和债权类资产,其中原因不明的往来款和应收账款减值高达 589 亿元。集团的业务经营都在下属各板块的公司,公司层级多达 14 级。此外,方正集团的体外公司多达 105 家,其中 30 家不能获取财务资料;审计发现,截至 2016 年 6 月,净资产中有 233 亿元流向这些体外公司。如何在保持下属公司经营稳定、资产安全的情况下实现资产价值的有序有效回收,是重整工作的一个重点和难点。方正重整的解决经验是"二分一合"。

第一,要做到两个区分:①区分有破产原因的主体和无破产原因的主体,将有破产原因的主体和 4 个持股平台与集团旗下正常经营的众多实体企业区别开来,缩小进入重整程序的主体范围,避免因滥用合并破产而"殃及池鱼"的情况,即正常经营的企业被强行拉进破产程序,导致其营运价值和商业信用流失。经验证明,保护正常经营实体的价值,是挽救集团企业整体价值的重要一环。②区分核心资产和风险资产,将产权清晰、价值确定、无法律风险的资产作为"保留资产"投入再资本化交易,将其他问题资产特别是存在历史风险和回收困难的资产剥离出去另行处置。这样,集合在新方正集团名下的医疗、金融、信息技术和教育板块的经营性资产便脱离了历史遗留问题和潜在风险的羁绊,成为"净化"后的出售标的,具有较高的可定价性和可交易性。

第二,要做到一个整合。方正重整的"整合",就是成立新的实体即"新方正集团"来接受剥离出来的股权资产,实现有效资产的整体出售,从而大大简化交易流程,减少交易成本,并获得尽可能高的出售收入。这样,就避免了在分拆式出售情况下投资者"挑肥拣瘦"导致的谈判成本高、整体收入低的局面。在该案中,根据重整计划,重整投资方以 733 亿元的现金对价收购"新方正"约 90% 的股权(相对于进入程序时的估值,资产价值提升约 30%)。由于资产出售所得现金全部用于清偿债务,债权人成为资产整合处置的受益者。

2. 竞争性遴选,多主体收购,掌握交易主动权。以往的重整案例,往往是通过分别议价方式与数家投资商进行逐个谈判,管理人处于被动地位,不利于提高资产出售收入和保护债权人利益。方正重整以公开竞价方式统一招募投资人,经过多轮筛选,从 29 家报名单位中,经过三轮筛选最终选定了由"金融机构+地方国企"组合的联合体作为重整投资人。在遴选投资人时,管理人十分重视经营方案和综合实力,包括投资者的业务、资源与重整企业营业振兴的匹配度。这样做有利于把真正有拯救意愿和振兴能力的投资者选拔出来,避免企业成为资本市场"秃鹰"们倒卖分食的对象。值得注意的是,管理人在投资人招募过程中,不是坐等报价,而是积极引导,提出具体的方案指引,其内容包括重整模式、交易结构安排、未来经营计划、债权清偿方案、职工权益保护、后续风险控制、监管整改计划等,引导投资者把企业复兴目标、债权人诉求与自身利益追求统一起来。

3. 多种方案,自主选择,资产处置对标债权人利益。以往有些重整案例,在资产出售中往往迁就收购方(即投资者)降低价格和减少现金支付的愿望,不公平地压制债权人诉求,并且采用"以股抵债"等方式提高"名义清偿率"来应付监管。客观地讲,在大型企业重整案中,由于资产规模大,要让投资者以现金收购方式全部包揽,有时难以做到;一些有升值潜力的资产完全由投资者按现值收购,对债权人也有所不公。所以,现金清偿外,股权式清偿也是值得考虑的补充方式。在方正集团重整案中,"新方正"的股权安排采用了大部分由投资者现金收购,小部分用于抵偿债务的方法。在资产处置过程中,管理人结合对债权人的问卷调查,提出了灵活搭配的清偿方案,在实施"现金+以股抵债"清偿方案的同时,债权人可根据情况自主选择将受让的"抵债股权"全部置换为当期现金清偿(即转为"全现金"方案),或置换为在"新方正"的留债(即转为"现金+留债"方案),或继续持有股权并在约定期限届满时要求无条件溢价回购。此外,在以股抵债的定价问题上,没有采用以往一些重整案件中超出评估价格数倍的"注水"方法,而是将股权价格限制在专业机构对新方正重整后盈利预测所确定的合理股价范围内,并对选择以股抵债的普通债权人适当提高清偿比例。这些都显示了保护债权人权益的真诚意愿。这对顺利完成重整和重建企业信用,也具有积极意义。

总之,方正集团重整案的经验是可复制的,也是可升级的。在未来的破产重整实践中,只要全面把握制度目标,理性平衡多各方利益,科学配置经济资源,恰当运用交易工具,我们就可以克服困难,排除干扰,在中国特色的法治背景下创造出更多灵活有效治理企业困境的替代方法。

关联企业破产的审理方式探讨[*]

王卫国

近年来，我国破产审判中适用关联企业合并破产的案例层出不穷。由于无法可依，实践中滥用实质合并破产的情况时有发生，令人担忧。今年3月最高人民法院印发《全国法院破产审判工作会议纪要》（以下简称《纪要》），对此作了专门规定。在这里，我想就这个问题谈几点认识。

一、企业破产的程序原则：一法人，一破产

我国《企业破产法》的程序制度实行"一法人，一破产"原则，没有关于合并破产的规定。按照这一原则，对于存在关联关系的企业，应当分别确定破产原因，分别立案和分配案件编号，分别实施破产管理，分别召开债权人会议，分别计算财产和分别清偿分配。

采用"一法人，一破产"原则，符合民法的法人人格独立原则和有限责任原则，也符合我国"大银行金融"体制的国情。目前，我国逾80%的社会融资来自银行业，企业破产涉及的债权大部分是银行债权。如果突破"一法人，一破产"的边界，对关联企业实行"一锅煮+大锅饭"式的合并破产，势必导致银行的信贷交易成本和风险管理成本大幅上升。这不仅会加剧企业"贷款难"问题，而且会导致困境企业的风险外溢和金融行业内风险叠加，甚至可能引发系统性金融风险。

"一法人，一破产"可以避免将不具备破产原因的关联企业拉入破产程序。如果因为个别企业破产而将其关联企业"不问青红皂白"地拉入破产程序，势必导致"株连无辜"，不仅会损害健康企业的合法权益，而且会损害企业债权人、投资者和职工的权益，并由此造成风险加剧和风险蔓延，损害社会整体利益。近年来司法实践中已经出现了滥用实质合并破产，将不具备破产原因的关联企业强行拉入破产程序的个案，对这种情况必须予以制止。

对于具备破产原因的数个关联企业，实行"一法人，一破产"还可以根据不同企业的不同情况进行区别处理——可拯救的加以拯救，不能拯救的予以清算，从而

---

[*] 本文为演讲稿，成稿于2018年10月，属首次公开发表。

最大限度地体现《企业破产法》的再建主义宗旨。

《纪要》提出,"人民法院审理关联企业破产案件时,要立足于破产关联企业之间的具体关系模式,采取不同方式予以处理。既要通过实质合并审理方式处理法人人格高度混同的关联关系,确保全体债权人公平清偿,也要避免不当采用实质合并审理方式损害相关利益主体的合法权益"。这应该成为人民法院把握关联企业破产案件程序的总的指导原则。

二、实质合并是例外适用的破产审理方式

人民法院在审理企业破产案件时,应当尊重企业法人人格的独立性,坚持对关联企业各成员的破产原因进行单独判断并适用单个破产程序;不得采用对不同法人企业采取程序合并裁定、财产一体计算和债权统一分配的做法,更不得以关联关系为由将无破产原因的企业纳入其他企业的破产程序中。作为例外,只有在关联企业成员之间存在法人人格高度混同、区分各关联企业成员财产的成本过高、严重损害债权人公平清偿利益,且适用法人人格否认规则以及破产法上的撤销权或无效制度仍不足以救济的情况下,才可以采取实质合并方式对关联企业破产进行审理。在这种例外情况下,因为有充分理由认定诸关联企业实质上为一个企业,故本质上不违反"一法人,一破产"原则。

《纪要》第32条提出,"关联企业实质合并破产的审慎适用。人民法院在审理企业破产案件时,应当尊重企业法人人格的独立性,以对关联企业成员的破产原因进行单独判断并适用单个破产程序为基本原则。当关联企业成员之间存在法人人格高度混同、区分各关联企业成员财产的成本过高、严重损害债权人公平清偿利益时,可例外适用关联企业实质合并破产方式进行审理"。需要明确的是,在存在多个关联企业破产的情况下,这种例外只能适用于其中存在人格混同的企业之间,没有人格混同的企业,仍应当独立破产。

关于关联企业是否构成人格混同的认定,是一个实体法上的判断,要有充分的事实根据和法律依据,由此有必要经过公开透明的司法程序进行审理。管理人无权就关联企业人格混同问题自行作出具有程序效力的判断,法院也不能仅凭管理人的意见就作出关联企业人格混同的认定。无论是管理人还是债权人,在主张关联企业人格混同时都负有相关事实的举证责任,其主张和举证都应当通过公开透明的诉讼程序或者听证程序,在听取各方意见后,由法院作出实体判决。只有在认定关联企业存在人格混同的实体判决的基础上,才能作出启动实质合并审理的程序裁定。目前,破产法没有这方面的规定,司法解释也没有给出具体的规则。《纪要》第33条采用的"听证加裁定"模式,将企业间的人格混同认定当作程序问题处理,值得商榷。

三、关联企业破产案件的协调审理

人民法院应当严格控制关联企业破产实质合并审理的范围。凡是未达到法人人格高度混同的关联企业，不得以程序便利为由进行实质合并审理。多个关联企业成员均存在破产原因但不符合实质合并条件的，人民法院可根据相关主体的申请对多个破产程序进行协调审理，以提升破产案件的处理效率、减少破产费用、提高债务人财产价值和增加重整成功的概率。协调审理应遵循"程序有别，财产有别；分享信息，协同方案；统筹变价，各自清偿"的原则进行。

协调审理的主要好处是可以进行资产统筹处置。资产统筹处置的意义是实现债务人财产价值的最大化和企业拯救。如果参加协调审理的关联企业成员的资产具有产业相关性，在进行重整转让或者清算变价时，为提高资产价值，可以将相关资产整体处置。在此情况下，不具备破产原因的其他关联企业成员，可通过庭外协商加入这一资产交易，但其处分所得应归属于该企业。

此外，协调审理还有利于通过府院联动等机制，统筹解决关联企业破产引发的职工救济安置等社会问题。

在协调审理时，要注意把握以下几个环节：

（1）案件集中管辖。多个关联企业成员破产案件，依据《企业破产法》的规定由同一家法院受理的，可以由同一审判庭审理和同一管理人管理；由不同法院受理的，基于程序协调的需要，可以综合考虑破产申请的先后顺序、成员负债规模大小、核心控制企业住所地等因素，由共同的上级法院确定一家法院集中管辖。关于上级法院管辖的问题，《纪要》第38条有明确规定。

（2）联席会议机制。在集中管辖的情况下，可以采用债权人委员会联席会议的机制，就企业拯救、资产处置的总体方案和其他涉及共同利益的问题进行协商，但债权人会议的表决仍以各关联企业成员为单位，分别就各自的重整计划或者破产变价方案、分配方案进行表决。

（3）管理人合作机制。除了在集中管辖情况下可以指定单一管理人外，无论是集中管辖还是分别管辖，如果有多个管理人分别管理不同企业，都要尽可能地建立管理人之间的合作机制。

（4）协同制定计划或方案。对进入破产程序的关联公司，可以在协调审理和管理人合作的基础上，统筹制定重整计划，共同引进投资人，或者以"打包"方式处置数家企业（特别是具有技术配套或产业链关系的企业）的经营性资产。

（5）债权分别清偿。《纪要》第39条规定，协调审理不得消灭关联企业成员之间的债权债务关系，不得对关联企业成员的财产进行合并，各关联企业成员的债权人仍以该企业成员财产为限依法获得清偿。但关联企业成员之间不当利用关联关系形成的债权，应当劣后于其他普通债权顺序清偿，且该劣后债权人不得就其他关联企业成员提供的特定财产优先受偿。

现行《企业破产法》实施以来，我国协调审理关联企业破产方面已经有一些成功的案例。例如，2007年河北省沧州市中级人民法院审理河北沧化集团和沧化股份两个母子公司的破产案，在集中管辖的基础上，采用了统筹方案、分别处置的办法。在该案中，沧化集团是沧化股份的控股公司，后者是拥有实体资产的上市公司。沧州中院对两个实体采用了不同的处置方法：首先是通过破产清算程序，处置转让沧化集团对沧化股份持有的股权，受让股权的第三方投资者成为沧化股份的控股股东；然后通过重整程序，由第三方投资者对沧化股份投入资金用于偿还债务和恢复生产；最终实现了企业拯救。

四、关联企业破产处置的替代方法

在从属关系的关联企业破产的情况下，拥有经营性资产和从事经营活动的往往是子公司。而子公司陷入困境的原因往往是母公司不当干预导致子公司经营不善，或者母公司抽调子公司资金或者关联公司之间不公平交易造成子公司财务困难。在个别子公司破产的情况下，可以不必将母公司以及其他子公司纳入破产程序，而是用法庭外的方法解决。例如，以托管方式由第三方接管子公司的经营权，阻断来自母公司的干预；母公司以自有资金偿还对子公司的债务；母公司为子公司担保借款；母公司以"承债式收购"方式出让对子公司的股权，引入第三方对其进行拯救；母公司采用"以股权偿还债务"方式将持有的子公司股权授权管理人处置，由其转让给第三方；母公司向其他市场主体募集成立特定目的基金，用于对子公司的重整；等等。在母公司旗下有多个子公司甚至孙公司的情况下，可以根据有无破产原因、资产关联性以及资产质量等情况，采用庭内程序与庭外协商相结合的方法，发挥庭内程序在及时止损和维护清偿秩序方面、庭外协商在营业维持和信用保持方面的各自优势，予以区别对待，灵活处置。

银行破产制度的立法演进 *

王卫国

从国际和历史的视野观察，银行破产制度的立法演进，可以概括为以下四条脉络：由普通破产法到特别破产法，由清算主义到再建主义，由临危处置到早期防治，由公共救助到自我救助。这四条脉络，也在一定程度上反映了企业困境处置的制度走向，即类型化处置、拯救式处置、早期处置和市场化处置。

一、由普通破产法到特别破产法

（一）"优胜劣汰"与银行破产

银行破产起源于13世纪以后意大利沿海商业城市的商人破产制度，而这一制度的目标就是让失去偿付能力的交易者退出市场。这种"优胜劣汰"的市场法则至今仍然是各国商事破产制度的指导原则。这一原则也适用于银行破产。巴塞尔银行监管委员会指出："为了促进有效地解决银行的问题，相当灵活的权力是必要的。如果问题是可以补救的，监管者通常寻找并使用可以全面解决问题的方法。如果问题难以补救，为了保持金融体系的效率，应要求无法达到监管要求的机构迅速并有效地退出。而过于宽容，不管是否受到政治上的压力，一般会使问题更加严重，解决的成本更高。"[1]在欧盟范围内，政府对于即将破产银行的援助受到竞争规则的严格限制，经营不善的银行会越来越多地被适用破产程序。

但是，如前所述，银行破产毕竟有别于一般的企业破产。将银行破产制度局限于"优胜劣汰"的设计理念，无法回避银行破产的系统性特点及其潜在的社会影响。如果说普通的企业破产制度主要是着眼于平等主体之间的利益平衡问题，那么银行破产制度则需要更多地把社会公共利益和公共政策置于优先地位。因此，随着金融业的发展，在多数国家，银行破产法已经逐渐脱离普通破产法而成为特别破产法。

在英美国家，学者们认为普通的公司破产制度缺乏专业性、程序拖沓、难以遏制欺诈，无法有效应对银行破产问题。一般的公司破产管理人和清算人也难以胜任

---

* 本文成稿于2017年11月，属首次公开发表。

〔1〕 巴塞尔银行监管委员会：《有效银行监管的核心原则》，引自《中国人民银行关于印发〈有效银行监管的核心原则〉的通知》（银发〔1998〕121号）附件。

银行破产的任务。此外，在公司破产程序下，存款人通常要经过漫长的等待才能重新获得资金，这削弱了存款保险的作用，存款人仍然有足够的动机去"挤兑"银行。英格兰银行甚至认为，普通破产程序增加了银行破产的损失。[1]

银行破产法的发展过程与监管机构有着密切的联系。对银行破产实行特殊破产制度的国家，其监管机构通常享有更大的权限；而对银行适用普通公司破产制度的国家，其监管机构的作用相对较小。而监管机构的地位提升则与金融危机及其影响下的政治决策有关。金融繁荣期间，银行破产问题通常无法成为政治家关注的议题。而金融危机迫使国家动用大量公共资金来拯救银行。政治家倾向于对危机做出快速反应，以避免因公众指责而影响其政治命运。监管机构处于金融危机处置的最前沿，掌握着金融危机的扩散范围及其后果的相关信息，并具有相应的监管手段和专业能力。危急时刻的监管机构通常承担着起草银行特殊破产规则的责任，也扩张了监管机构的权力。如美国在19世纪80年代银行危机后赋予监管机构"及时干预"的权限，2009年的危机又促使国会通过了历史上最为严厉的2010年《华尔街改革与消费者保护法》，即《多德－弗兰克法案》（Dodd－Frank Act）。[2]

2014年5月，欧盟在出台《银行恢复与处置指令》时，欧盟委员会特别指出了银行破产处置不同于一般公司破产的特殊之处："正常的破产程序，主要目标是使破产公司的资产价值最大化，以符合债权人的利益。然而，这可能需要许多年，特别是有导致信心不确定性影响的复杂机构。与此相反，银行处置的主要目标是以迅速果断的方式对陷入财务困境的银行作出反应，以维护金融稳定和尽量减少社会损失，特别是与纳税人有关的损失，同时在股东和债权人的损失分配问题上确保与正常破产程序相类似的结果。"[3] 按照欧盟的指令，欧盟各国都必须制定银行破产处置的国内立法。可以相信，在全球金融危机的背景下，建立特别的银行破产法已成为国际上的大势所趋。

（二）银行监管与银行破产

在现代，特别法意义上的银行破产制度肇始于20世纪30年代的银行危机。"20

---

[1] P. Brierley, "The UK Special Resolution Regime for Failing Banks in an International Context", *Bank of England Financial Stability Paper* No. 5, 2009, p. 4; C. Hadjiemmanuil, "Bank Resolution Policy and the Organization of Bank Insolvency Proceedings: Critical Dilemmas", in D. G. Mayes & A. Liuksila et al. (eds.), *Who Pays For Bank Insolvency?*, Palgrave, 2004, p. 295; K. Alexander, "Bank Resolution Regimes: Balancing Prudential Regulation and Shareholder Rights", *Journal of Corporate Law Studies*, vol. 9 (1), 2009, p. 65.

[2] 参见苏洁澈："英美银行破产法述评——以银行特殊破产制度为中心"，载《环球法律评论》2013年第2期；E. A. Posner & A. Vermeule, "Crisis Governance in the Administration State 9/11 and the Financial Meltdown of 2008", *The University of Chicago Law Review*, vol. 76 (4), 2009, pp. 1613 - 1647.

[3] See, European Commission MEMO, "EU Bank Recovery and Resolution Directive (BRRD): Frequently Asked Questions", 15 April 2014, Available at: http://europa.eu/rapid/press - release_ MEMO - 14 - 297_ en. htm.

世纪 30 年代的银行危机导致了承认某种形式的监督和控制对于保护国家经济免受金融动荡和个人储户免受损失的必要性。"[1]在当时,许多国家制定了银行法并创立了新的官方机构来行使对银行的监管职能。它们采用了一种特殊的"准入制度",以确保只有拥有充足资本和完善组织的机构才能进入市场,并要求持续遵守一套审慎规则,以确保银行活动以健全的方式进行。在比利时、德国和瑞士,立法创造了新的监管机构。在美国,1933 年《银行法》创立联邦存款保险公司,以之替代 1863 年成立的货币监理署(OCC)而成为新的监管机构。在其他国家,如意大利和荷兰,通过了特别的银行立法,但将监管职责留在中央银行。在英国,从 1935 年初开始,英格兰银行成为主要商业银行的非正式监管者(这项职能直到 1979 年才获得正式的立法确认)。[2]

随着银行监管机构职责的不断扩大,基于金融稳定和保护储户的需求,处理银行破产的任务落到了监管机构的肩上。于是,便出现了以特别法规范银行破产的趋势。例如,在美国,早期的银行破产和非银行破产都适用 1898 年《破产法》。但是,鉴于银行破产的特殊需要,大部分州设置了关于银行破产的特殊条款。1933 年,为了在大萧条以后恢复国民对银行业的信心,美国国会制定《银行法》,创立了联邦存款保险公司(FDIC)。FDIC 的重要任务是保护已投保银行和储蓄机构的存款人。一旦有银行业机构倒闭,FDIC 就成了接管人,负责处理倒闭银行或储蓄机构。1978 年新《破产法》明确规定将银行业机构排除在普通破产法的适用范围之外。1987 年《银行业平等竞争法案》进一步扩大了 FDIC 接管和处置破产银行的权力。1991 年《联邦存款保险公司促进法案》(FDICIA)再次扩大了 FDIC 和联邦储备系统的权力。这样,美国围绕 FDIC 建立了一套独特的银行破产法律体系。

(三)关于银行破产法的国际认知

20 世纪 80 年代以来,以特别法规范银行破产的需求得到了国际社会的广泛理解。国际货币基金组织(IMF)在 1996 年发布的一项研究报告中得出的结论是,在 1980 年~1996 年之间近 3/4 的国际货币基金组织成员国遇到了"重大"的银行业问题。[3]在亚洲的银行业危机中,有人指出,加剧危机的一个因素是缺乏处理破产银

---

[1] Eva Hüpkes, "Insolvency – why a special regime for banks?", at *Current Developments in Monetary and Financial Lay*, Vol. 3, International Monetary Fund, Washington DC, 2003, available at http://www.imf.org/external/np/leg/sem/2002/cdmfl/eng/hupkes.pdf.

[2] See, Ibid. See also, Carl-Johan Lindgren, Tomás J. T. Baliño, Charles Enoch, Anne-Marie Gulde, Marc Quintyn, and Leslie Teo, "Financial Sector Crisis and Restructuring Lessons from Asia", IMF Occasional Papers 188, 30 (2000), available at http://www.imf.org/external/pubs/ft/op/opFinsec/op188.pdf.

[3] Carl-Johan Lindgren, "Gillian Garcia and Matthew Seal, Bank Soundness and Macroeconomic Policy", International Monetary Fund 1996, Table 2.

行的充分机制。[1]现行法律框架的不充分愈加显示了对于更有效地应对银行破产的特殊规则的需求。[2]

国际货币基金助理总法律顾问罗斯·莱科（Ross B. Leckow）认为："银行破产在若干重要方面有别于公司破产。公司破产的法律框架本质上是为了调解私人当事人之间的冲突而设计的。它有助于破产企业的资产价值最大化，并尽可能地使债权得到清偿。相反，银行破产的法律框架服务于更广泛的公共利益，以保护金融体系的稳定。银行的经营失败会产生比非金融企业更广泛的问题。破产银行无力执行付款指令，可能会扰乱支付体系和证券交易系统的运行，并可能给银行间市场的交易对手和广大储户造成损失。在最坏的情况下，银行倒闭可能会引发系统性危机。因此，银行破产框架旨在保护支付体系和结算系统的正常运转，并保护广大储户。"[3]

欧洲议会和理事会在2014年5月发布的关于建立金融机构破产拯救和处置框架的第2014/59/欧盟指令即通称的《银行恢复与处置指令》（Bank Recovery and Resolution Directive，缩写BRRD）中指出："金融危机暴露了这样一个事实，一般的企业破产程序并非总是适合于金融机构，因为它们不能总是保证足够迅速的干预、机构关键业务的维持和金融稳定的维护。""所以，需要有一种制度来赋予监管当局以可靠的系列工具以便及早和迅速地干预陷于困境或倒闭的机构，从而保证该机构的关键业务和经济功能的维持，同时最大限度地减少机构倒闭对经济和金融体系的影响。"[4]

国际货币基金和世界银行认为，采用与普通企业破产相分离的特别的银行破产制度，可以促进及时的行动以及银行监管部门在监管职能和那些与破产相关的职能之间保持一致性。在企业破产框架比较薄弱和缺乏效率的国家，它也可能被证明是

---

[1] See Carl – Johan Lindgren, Tomás J. T. Baliño, Charles Enoch, Anne – Marie Gulde, Marc Quintyn, and Leslie Teo, "Financial Sector Crisis and Restructuring Lessons from Asia", IMF Occasional Papers 188, 30 (2000), available at http: //www.imf.org/external/pubs/ft/op/opFinsec/op188.pdf.

[2] Eva Hüpkes, "Insolvency – why a special regime for banks?", at Current Developments in Monetary and Financial Law, Vol. 3, International Monetary Fund, Washington DC, 2003, available at http: //www.imf.org/external/np/leg/sem/2002/cdmfl/eng/hupkes.pdf.

[3] Ross B. Leckow, "The IMF – World Bank Global Bank Insolvency Initiative: Its Puspose nad Principle Features", presented at he 7th Meeting of Central Bank Legal Advisers organized by the Center for Latin – American Monetary Studies in Buenos Aires in September 2005, available at https: //archivos.juridicas.unam.mx/www/bjv/libros/5/2348/7.pdf.

[4] Directive 2014/59/EU of the European Paliament and of the Council of 15 May 2014 establishing a framework for the recovery and resolution of credit institutions and investment firms and amending Council Directive 82/891/EEC, and Directives 2001/24/EC, 2002/47/EC, 2004/25/EC, 2005/56/EC, 2007/36/EC, 2011/35/EU, 2012/30/EU and 2013/36/EU, and Regulations (EU) No 1093/2010 and (EU) No 648/2012, of the European Parliament and of the Council, available at EUR – Lex: http: //eur – lex.europa.eu/legal – content/EN/TXT/? uri = celex%3A32014L0059.

特别有用的。目前,金融国际社会尚未就银行破产适用普通破产制度还是特别破产制度形成最终的共识。然而,采用特殊制度是一个趋势,在最近几年,有许多国家已经建立了这种制度或者正在考虑这样做。[1]

二、由清算主义到再建主义

(一)再建主义破产制度的特殊意义

20世纪70年代以后,围绕困境企业拯救的主题,各国破产法纷纷由清算主义转向再建主义,在世界范围内出现了一场改革破产法的运动。首先是美国于1978年颁布新的《联邦破产法》,取代了业经多次修订的1898年《破产法》。接着,法国于1985年制定了《困境企业司法重整及清算法》,取代了原有的1967年破产法。随后,英国于1986年制定了《无力偿债法》,取代了1985年的《破产法》,由此带动了英联邦成员国破产法(以及公司法)立法改革。我国从1994年开始,经过长达12年的立法进程,于2006年颁布了新的《企业破产法》。这部立法的一个重大突破,就是建立了重整制度。"现代重整制度的诞生和成长,开辟了在公平清理债务的前提下实现困境企业再建和复兴的途径,从而更新了破产法的观念和结构,并拓展了民商法的思维空间。"[2]

在金融成为现代经济的核心,整个经济体依赖于金融系统运行的时代,企业不能清偿到期债务即流动性困境不仅是一种企业法现象,而且是一种金融法现象;它不仅关系到企业的盈亏和投资的成败,而且关系到市场的信心和经济的稳定。而处在经济运行关键部位的银行业机构,其支付困境的社会影响更是不容小视。银行破产法区别于普通破产法最重要和最明显的一个特点就是,"银行法下的重组对于一般破产法下的企业再建不论在时间上还是功能范围上都是更广泛的概念。普通破产法下的企业再建通常只有在企业依据严格的法定标准被裁定无力偿债的情况下才能启动程序。相比之下,银行重组通常是一个从审慎监管执法到破产接管的连续进程的一部分。因此,银行重组通常在比企业再建早得多的时段就开始了"。[3]

(二)银行重组的系统思维

21世纪以来的全球金融危机,引起了国际社会对银行破产问题的高度重视。国际货币基金组织和世界银行高度重视应对银行危机的重要性,并指出银行破产所导

---

[1] IMF and the World Bank, *An Overview of the Legal, Institutional, and Regulatory Framework for Bank Insolvency*, Prepared by the Staffs of the International Monetary Fund and the World Bank For the IMF, approved by Sean Hagan and Christopher Towe, April 17, 2009, p. 18.

[2] 王卫国:"论重整制度",载《法学研究》1996年第1期。

[3] The World Bank, *Princeples and Guidelines for Effective Insolvency and Creditor Rights System*, April 1, 2001, Annex I, "Bank Insolvency and Restructuring", available at http://documents.worldbank.org/curated/en/424141468762589301/Introduction-executive-summary-and-principles.

致的恶果，其影响的范围要远远大于非金融企业的破产。首先，银行不能执行支付指令会对支付和证券交易系统造成影响。银行破产有可能成为造成其他市场参与者重大损失的直接根源之一，消极地影响银行间市场和银行系统的资金流动性。再者，大部分的银行债务都是面向公众的存款人，而这些存款人大多是无力降低风险或承担损失的个人。尽管存款保险制度可以帮助保护存款人，但它将潜在的成本转移给了存款保险人，而本质上则间接地将成本转移给了国库或整个银行业。最后，交易的中断、损失沿着交易链条向交易相对方的传递以及公众因银行业失败而带来的信心受损都有可能汇集从而触发系统性危机，这会危害本来稳健运行的银行并干扰金融系统的金融中介职能。[1]系统性的银行危机的典型特点是金融机构的困境达到对实体经济的整体具有不利影响的程度，通常包括至少以下几方面的因素：①银行体系大面积的严重财务问题；②银行资产质量存在系统范围的损失；③广泛的信用纪律缺失；④支付结算系统的崩溃危险。银行监管部门往往需要迅速识别系统性风险，而在大多数情况下，其掌握的信息是有限的。[2]

国际货币基金和世界银行提出的应对系统性危机的基本策略实际上是一种危机应对、财务整理和债务重组相结合的综合治理思路，具体包括相互关联并可以同时运行的三个阶段。第一阶段是危机遏制，此时最紧迫的需要是通过流动性供给和其他措施的组合，稳定债权人的预期，防止存款人挤兑。第二阶段是重组，旨在寻求使困境银行恢复财务稳健和盈利能力的解决方案。第三阶段是资产管理，这需要用一段时间集中力量对不良资产进行处置。[3]

（三）银行危机中的流动性供给

如上所述，在银行破产处置中，首要的问题是危机遏制，即通过及时的流动性供给使公众恢复对问题银行的信心。但是，面对危机的形势，各家银行自顾不暇，谁能够挺身而出施以援手？显然，此时的决定性因素不是市场主体基于个体利益的交易理性，而是组织化的银行系统基于共同利益的集体行动。所以，政府主导下的援助成为危机处理的关键因素。

银行援助的一个典型案例是20世纪80年代的美国伊利诺伊州大陆国民银行拯救

---

〔1〕 IMF and the World Bank, *An Overview of the Legal, Institutional, and Regulatory Framework for Bank Insolvency*, Prepared by the Staffs of the International Monetary Fund and the World Bank For the IMF, approved by Sean Hagan and Christopher Towe, April 17, 2009, p. 16.

〔2〕 Ibid, p. 10.

〔3〕 Ibid.

案。[1]该行曾在 1984 年拥有 400 多亿美元的资产，排名美国第七大银行。20 世纪 70 年代末及 80 年代初，在美国能源业蓬勃发展的大背景下，该行实施信贷扩张战略，立志成为对美国工商业的最大贷款者。为了夺取其他银行的业务份额，该行不惜采取冒进的业务策略。不料，该行以宽松标准提供贷款的一家俄州小银行于 1982 年倒闭，导致了该行的风险暴露和股价下跌。1984 年 5 月，该行由于不良贷款过多，发生了债权人挤兑。该行向联邦储备银行（FRB）大量举债以对付流动性危机，但不久就发现自己难以满足债权人的要求，而且坏账损失已经造成资本严重不足。

该行发生流动性危机后，美国银行监管当局（FDIC、货币监理署、美联储）认为，让这样一个大银行倒闭会严重威胁整个银行体系的稳定，因此决定加以挽救。其解决过程分为两个阶段：

第一阶段是整合银行业机构共同筹资注入该行，以重塑市场对该行的信任，保持金融稳定。为此，在政府的协调下，由摩根担保信托公司牵头的 16 家国内最大银行组成银团，为该行筹集了近 50 亿美元的贷款。但这些举措并未消除市场恐慌，政府不得不采取进一步措施。

第二阶段是由联邦存款保险公司（FDIC）提供公开援助。对困境银行实施"必要的"公开援助是 FDIC 的一项法定权利。FDIC 曾在 1980 年对濒临倒闭的宾州第一银行提供过公开援助。1982 年的加恩圣杰曼法案扩大了对 FDIC 的授权，取消了必要性测试。这次对大陆银行的公开援助采取了"分两步走"的方案——最初的临时金融援助和 4 个月后的持久金融援助。

临时援助的措施主要有：①FDIC 宣布为该行的所有存款人（无论额度大小）提供担保；②FDIC 和 7 家大银行组成的团体联合向该行提供一笔 20 亿美元的临时资本注入（其中 FDIC 承担 15 亿美元，并对该行的管理层人事任免享有监管权）；③美联储保证继续向该行提供贴现窗口借款。这些措施到位后，FDIC 试图找到愿意收购或合并该行的合作者，期间曾有 3 家国内大银行派人前往该行考察，但均告失败。该行的存款继续流失，流动性问题依然严峻。

持久性援助要解决的主要问题有：①去除该行不良贷款以制止损失；②制定对该行的进一步资金安排，包括从联邦储备借款；③增加该行的资本金；④优化该行

---

[1] 参见 John Morris and Lisaberth C. Weiner, "US Rescues Continental Illinois Corp", *American Banker*, 18 May 1984; M. S. Mendelsom, "Continental Seem as Biggest Banking Setback Since 1931: Run Was the First Instance of Large - Scale Withdrawals of Credit Lines in the International Interbank Market", *American Banker*, 21 May 1984; FDIC, "Report on Continental Illinois", 1985; United States General Accounting Office, Staff Study, *Financial Crisis Management: Four Financial Crisis in the 1980s*, GAO/GGD - 97 - 97, May 1997, 35; FDIC, *History of the Eighties-Lessons for the Future*, vol. 1, "An Examination of the Banking Crisis of the 1980s and Early 1990s", Washington, D. C., 1997; 美国联邦储蓄保险公司："公开的银行援助——伊利诺伊州大陆国民银行和信托公司案例分析"，孟筠译，载《经济资料译丛》2002 年第 4 期。

的管理层。

在对该行管理层进行调整，任命了新的董事长和总裁后，开始了被称作实质性金融援助的持久援助计划。其主要内容有：①FDIC 承担了该行对联邦储备银行的 35 亿美元的债务。作为交换，该行将调整后账面价值为 35 亿美元的资产包（贷款债权）让渡给 FDIC。②FDIC 通过购买该行的控股股东 CIC 发行的 4320 万股独立优先股，向该行注入 10 亿美元的资本金。为了保证 FDIC 在购股计划中设定的选择权，这些股份由一家新设立的 CIH 公司持有 5 年。5 年期满时如果 FDIC 收购资产包的损失超过 8 亿美元，FDIC 有权决定按约定价格正式受让股权，如果 FDIC 未由此蒙受损失，则该行将收回资产包中的剩余资产。此外，为保护其所有者权益，FDIC 还享有对该行董事会成员提名的否决权。③FDIC 重申了对该行的所有存款人和其他普通债权人的担保。④该行雇员在 FDIC 的监督下继续为 FDIC 购买的资产服务。⑤FDIC 以其所购买资产包的净收入偿还对联邦储备的债务，第 5 年末将用 FDIC 基金偿还不足部分。⑥FDIC 与该行签订服务协议（实质为资产管理合同），派出资产管理部人员（顶峰时超过 250 人）以该行特别部门的名义对其受让的账面金额达 52 亿美元的不良贷款进行清收，FDIC 支付了所有的费用。

到 1985 年，该行已经充分复兴，并于当年年底对全部股份（包括 FDIC 持有的优先股）分配了共计 6000 万美元的利润。1986 年 3 月，穆迪提高了该行的信用等级。FDIC 于 1986 年 12 月~1989 年 8 月期间分三次出售其所持该行优先股的 92% 部分，于 1991 年 6 月出售剩余的优先股以及依据购买资产协议中损失补偿条款获得的该行控股股东的普通股，总共获款 12 亿美元。至此，完成了向私人所有权的回归。

FDIC 在公开援助计划里承受的最大金融债务是 45 亿美元。由于它收购的 35 亿美元资产包的清收所得没有能够完全覆盖其支付对联邦储备的债务本息和清收工作的费用，尽管出售股票有 2 亿美元盈利，它仍然承受了 11 亿美元的净赤字。这笔数字仅占启动公开援助时该行总资产的 3.28%。与受援银行的规模以及危机处理产生的社会效果相比较，FDIC 的这笔付出还是值得的。这次危机处理使一个大型银行得以拯救和复兴，使存款人和包括联邦储备在内的其他债权人免受损失，并且避免了金融恐慌的蔓延，整体效果是积极的。FDIC 获得该行及其控股公司的股份虽然使原有股东的权益有所稀释，但由此给投资人带来的约束性信息，也有利于未来的公司治理、风险管理和市场规制。

美国伊利诺伊州大陆银行拯救案，可以说是对国际货币基金和世界银行提出的危机应对、财务整理和债务重组相结合治理思路的一个很好的诠释。而危机遏制、重组和资产管理三个阶段的银行重组，实际上包括了两类重组程序。一是银行重组，即通过监管部门主导的控制性管理，对问题银行本身的财务困境和经营困局进行纾解。二是债务重组，即通过法庭外协商方式，对问题银行的不良资产进行整理和清收。二者之间相互关联，围绕着注入资金、稳定客户、盘活资产、开放资本、设定期限、股东参与、管理重构和接受监督等一系列任务和要求,穿插着资金筹措、资产处置、债务清偿、债权清收、权益置换、股权处分以及机构人事更迭、计划更新、营业整顿等一系列商业手段和管理措施的组合运用,形成有秩序、有效率的企业复兴过程。

三、由临危处置到早期防治

(一)危机应对与风险处置

"风起于青萍之末",系统性的金融危机往往起于个别的金融机构破产事件。因此,应对金融危机的制度建设,必须首先着眼于个别机构的风险处置。但是,如果仅仅将银行破产风险的处置局限于危机爆发后的严防死守,则不免事倍功半,代价沉重。在2008~2009年的全球金融危机中,欧盟各国因担心银行破产引发系统性风险,承诺不会让一家银行破产。为此,欧盟付出了GDP总量的13%来救助问题银行。银行从事高风险经营,最后却由纳税人和公共财政对损失买单,形成了欧盟银行业所谓的"道德困境"。[1]因此,欧盟委员会内部市场与服务署(DG Internal Market and Services)在2011年1月公布了关于欧盟银行恢复与处置框架的工作文件,建立了一个由风险阻却、早期干预与危机处置三个层次组成的困境金融机构危机处置框架。[2]这个框架意图通过银行的破产机制建立对银行的风险约束。为此,欧盟通过金融机构复苏计划和处置计划的制定,有效地预先辨别金融机构有可能产生系统风险的业务与基本功能,进而在危机处置过程中,能够有效地将金融机构的基本业务功能与其他功能相分离,从而在最小化系统风险的前提下实现金融机构的破产。[3]2014年5月,确立这一框架的欧盟《银行恢复与处置指令》由欧洲议会和欧洲理事会正式颁布。该指令第1条开宗明义地指出:"金融危机已经表明,欧盟严重缺乏充分的工具来有效的处理陷于困境的或倒闭的信贷机构或投资公司('机构')。对于通过保存具有系统重要性的机构来防止破产或者在破产发生时尽量减少负面后果来说,这些工具是特别需要的。在危机期间,这些挑战是迫使成员国用纳税人的钱来拯救机构的主要因素。一个可靠的救助和处置框架的目标就是尽最大可能来避免采取这种行动的需求。"第5条规定:"需要有一种制度来赋予监管当局以可靠的系列工具及早和迅速地干预陷于困境或倒闭的机构,以便保证该机构的关键业务和经济功能的维持,同时最大限度地减少机构倒闭对经济和金融体系的影响。这个制

---

[1] 袁雪:"'泛欧'破产机制起航 欧盟拒绝'大而不倒'",载《21世纪经济报道》2010年10月21日,第03版。

[2] European Commission Communication,"An EU Framework for Crisis Management in the Financial Sector",20 October 2010, website of European commission, available at http://ec.europa.eu/internal_market/bank/docs/crisis-management/framework/com2010_579_en.pdf.

[3] 参见贺丹:"欧盟金融机构复原与处置法律框架评述",载《证券市场导报》2011年第8期。

度应该确保股东首先承担损失,而债权人在股东之后承担损失,假定根据本指令规定的不让债权人更糟原则,债权人遭受的损失不会比他们在该机构按通常破产程序清算时所遭受的损失更大。新的赋权应该使监管当局具有诸如不间断地介入存款和支付交易、适当地出售机构的有存续力的部分、以公平和可预见的方式分配损失等方面的能力。这些目标应当有助于避免金融市场的不稳定和减少纳税人的负担。"[1]

如前所述,银行破产的系统性和扩散性使其有别于一般的企业破产,而这种系统性和扩散性往往导致人们惧怕实施银行破产。但是,一味回避并不等于能够避免银行破产,更不等于能够避免银行破产带来的金融危机。2007年在英国发生的北岩银行破产案就曾给人以深刻的启示。

北岩银行成立于1965年,曾是英国第五大住房抵押贷款机构。2007年7月末,随着金融危机在全球扩散,北岩银行出现流动性不足、盈利水平骤降。8月,在美国次贷危机的冲击下,金融市场的流动性开始冻结,北岩银行面临危机。在一系列应对措施无果之后,北岩银行与英格兰银行、英国金融服务监管局和英国财政部商定了英格兰银行对北岩银行的援助计划。由于英国广播公司抢先曝光,迫使英格兰银行不得不于9月14日提前公布援助计划,触发了意料之外的市场恐慌。9月14日~17日间,北岩银行遭受了存款人的大规模挤兑,短短几天被挤提20亿英镑,其股价下跌35.4%。直至9月17日英国财政大臣达林宣布对北岩银行存款人的存款实施全额担保,挤兑风波才逐渐平息。2011年11月,北岩银行被维珍金融公司以7.47亿英镑收购。

北岩银行危机是英国自1878年欧沃伦格尼银行挤兑事件以来的第一次大规模银行挤兑事件,它充分暴露出英国银行破产制度在当时的不足。除了监管体制和存款保险制度的缺陷外,一个突出问题就是缺乏早期风险处置的制度和机制。事件发生时,英国没有针对商业银行危机处置的特殊安排,而只能适用普通的公司破产法。这导致金融机构不能及时有效地采取处置措施。在普通的破产清算程序下,存款人往往需要等待数月甚至更长时间才能受偿,这在客观上构成了存款人挤兑的动因。[2]英国当局承认:"由于缺乏专门针对银行破产的特别解决机制,在银行资产负

---

[1] Directive 2014/59/EU of the European Paliament and of the Council of 15 May 2014 establishing a framework for the recovery and resolution of credit institutions and investment firms and amending Council Directive 82/891/EEC, and Directives 2001/24/EC, 2002/47/EC, 2004/25/EC, 2005/56/EC, 2007/36/EC, 2011/35/EU, 2012/30/EU and 2013/36/EU, and Regulations (EU) No 1093/2010 and (EU) No 648/2012, of the European Parliament and of the Council, available at EUR – Lex: http://eur – lex.europa.eu/legal – content/EN/TXT/?uri=celex%3A32014L0059.

[2] 参见管斌:"商业银行法律风险的产生及其规制:以英国北岩银行危机为分析蓝本",载《法商研究》2012年第5期;张光涛、刘春波:"金融稳定在英国的发展及其对我国的启示——从北岩银行说起",载《金融发展研究》2014年第1期。

债表仍显示为具有偿债能力时，无法从银行股东和银行高管人员手中控制该银行。"[1]其结果是当北岩银行发生财务危机时，不能对其进行早期处置，只能眼看着该银行不断丧失商业价值，致使出售银行业务越发困难。最终在没有可维持金融稳定的私人部门解决手段的情况下，不得不以国有化的方式予以解决。如果当局可以通过特别解决机制在银行仍具有较大商业价值的时候对银行进行早期介入，那么将部分或全部银行业务出售给私人部门收购者的可能性就较大，这样可以避免因国有化措施使额外的潜在损失由纳税人承担的后果。因此，北岩银行挤兑事件发生后，英国当局开始着手银行破产制度的修订。2009年的英国新《银行法》强调了对危机和风险的处置，规定了问题银行的特别处置机制，包括私人部门并购、"桥银行"、临时性国有化等稳定措施，以及破产清偿和政府介入的程序性规定，成为欧洲其他国家银行破产法改革的主要参考之一。

在2008年金融危机中，德国也遭受了沉重的打击，导致包括德国工业银行和德国房地产投资银行在内的德国银行挣扎在破产边缘。德国政府被迫采取了重大的拯救措施。尽管这些举措对于一般公众的信心恢复来说是必不可少的，但从经济整体的角度来说，其代价也是十分高昂的。实际上，像政府削减自己收益这样的方法只能是一时的权宜之计。事后，德国对自己遭遇的银行危机进行了反思，而将其归结为"拯救文化的缺失"。但无论如何，继英国之后，德国在立法上决定加强对银行破产的预防。2010年底，德国颁布了《银行重整法》，[2]规定了银行破产重整的两大步骤：第一步是银行自愿采取重整程序，自愿重整程序由银行申请启动，在自愿重整中经与债权人达成合意，可以采取债转股、债务延期、债权次级化等措施。第二步是早期干预程序，由德国联邦金融监管委员会（Bundesanstalt für Finanzdienstleistungsaufsicht，简称BaFin）[3]启动。新的立法产生了突破性的效果，效果也较为明

---

〔1〕 周泽新："危机与应对——英国银行破产制度的重大变革及其启示"，载《西部法学评论》2011年第1期。

〔2〕 Gesetz zur Restrukturierung und geordneten Abwicklung von Kreditinstituten, zur Errichtung eines Restrukturierungsfonds für Kreditinstitute und zur Verlängerung der Verjährungsfrist der aktienrechtlichen Organhaftung [RStruktG] [German Bank Restructuring Act], Dec. 9, 2010, BGBL I at 1900. 转引自 Kaal, "Contingent Capital in European Union Bank Restructuring", Mississipp, i College School of Law Research Paper No. 2013 - 02, pp. 192. John C. Coffee, "Bail - ins Versus Bail - outs: Using Contingent Capital to Mitigate Systemic Risk", *Columbia Law and Economics Working Paper* No. 380, pp. 221. See also, Michael Rötting, "The German Bank Restructuring Act", NBR Conference on Key Legal Aspects of Bank Resolution, Bucharest 1 November 2013, available at: http://www.bnr.ro/files/d/Evenimente/COL_JUR/2013/Noiembrie_Editia_XII/E20131101MR.pdf.

〔3〕 Bundesanstalt für Finanzdienstleistungsaufsicht [BaFin]; See Finanzdienstleistungsaufsichtsgesetz [FinDAG] [Act Establishing the Federal Financial Supervisory Authority], 22 Apr. 2002, BGBL. I at 1310 (Ger.). 转引自 Kaal, "Contingent Capital in European Union Bank Restructuring", Mississipp, i College School of Law Research Paper No. 2013 -02, pp. 192. John C. Coffee, "Bail - ins Versus Bail - outs: Using Contingent Capital to Mitigate Systemic Risk", *Columbia Law and Economics Working Paper* No. 380, p. 222.

显。现有的防控机制得到了加强，更重要的是，引入了一套崭新的机制。[1]欧盟《银行恢复与处置指令》（BRRD）发布后，德国随即出台了《信贷机构恢复与处置法》（2015 年 1 月 1 日生效）和其他相关法律。这些立法实际上是 BRRD 在德国的实施细则。[2]可以说，德国在处置困境银行方面的立法改革走在了欧洲的前列。

相对来说，法国银行体系在金融危机中表现相对坚挺，原因恰在于其对于风险进行了较好的早期处置，使银行在全球金融危机发生后展现了相对较强的抗风险能力。虽然危机也使得法国银行体系面临严重挑战，但法国银行的商业链条、融资渠道和地理分布分散化的经营模式将系统性风险控制在了可控的水平。[3]实际上，法国是当代破产法"早期拯救"思想的最早践行者。早在 1994 年，法国就颁布了《企业困境防止法》，建立了一套企业债务困境早期协商处理的准司法程序和政府援助机制。[4]政府较强的风险处置能力使得法国银行得以渡过难关。

经验证明，由于银行业的自身特点和其在金融行业的特殊地位，只有健全银行破产的风险处置机制，才能够降低银行破产的危害性，更好地保护存款人乃至社会整体利益。

（二）早期介入与干预措施

银行破产风险的早期应对，有赖于监管部门的及时介入。而监管部门的介入需要借助一系列的处置措施和干预工具。在发达国家，为了应对金融机构在早期阶段的财务虚弱和违反审慎要求的行为，银行监管者通常在其处理权限下拥有多种多样的干预工具。银行监管当局一般拥有采取矫正措施的广泛权力，以责成银行停止不安全或不健康的业务做法。[5]许多国家的银行法包含了一系列监管当局可以采取的

---

［1］ Christoph G. Paulus , "The New German System of Rescuing Banks", *Brooklyn Journal of Corporate , Financial & Commercial Law,* Fall 2011, Vol. 6 Issue 1, p. 171. Available at: http://brooklynworks.brooklaw.edu/cgi/viewcontent.cgi? article = 1069&context = bjcfcl.

［2］ See, Arne Martin Buscher, Vivien Link , "Recovery and resolution: Implementing act for European directive now in force", 15 January 2015, published on the website of BaFin, available at: https://www. bafin. de/SharedDocs/Veroeffentlichungen/EN/Fachartikel/2015/fa_bj_1501_sanierungs - abwicklungsgesetz_en. html Yingbin Xiao, French Banks Amid the Global Financial Crisis, IMF Working Paper, Authorized for distribution by Erik De Vrijer, September 2009.

［3］ Yingbin Xiao, "French Banks Amid the Global Financial Crisis", *IMF Working Paper*, Authorized for distribution by Erik De Vrijer, September 2009.

［4］ 参见王卫国：《法国治理企业困境的立法和实践》，载《外国法译评》1996 年第 4 期。

［5］ 例如，《法国银行法》第 43 条规定："法兰西共和国银行委员会可以向信贷机构发出告诫函，要求采取适当的步骤来恢复或加强其财务状况，改进其管理方法或确保其组织与其活动或发展目标相适应。有关机构必须在两个月内作出答复，详细说明在告诫之后采取的措施。除前款规定的外，委员会可以向任何一家信贷机构下达禁令……要求其（除其他以外）在指定时间内采取一切必要的措施恢复或加强其财务状况，改进其管理方法或确保其组织与其活动或发展目标相适应。"

干预措施，例如，指定观察员；[1]命令由监管当局指定的审计机构进行审计；[2]将银行主管免职或停职；责令银行改变其组织和管理结构以及内部控制体系；委任临时主管或临时经理；解聘银行审计师并另行委任；指示银行遵守有关股息支付、管理费、贷款和其他投资合同的限制；[3]限制吸收存款；禁止某些业务操作，如收购其他企业的权益；[4]责令加强安全措施；责令银行收回特定贷款；责令银行追加注资；要求关闭分支机构；等等。由此可见，早期干预可以全面深入银行内部。此外，银行监管员也可以通过要求管理层在采取任何行动之前获得监管员或其指定的管理人的批准，实施对问题银行的控制。

上述干预措施主要用于应对诸如违反牌照管理和经营要求、资产质量或价值、对表外风险的隐瞒或不当披露、业绩不良和经营亏损、低劣的流动性管理或者管理程序不合规。通过"控制性管理（controlled management）"手段的干预有助于监管当局决定是否需要采取更严厉的措施。在非常严重的情况下，控制性管理可以与对抗个别债务执行的暂停偿还期（moratorium）相结合，形成类似于破产的处置措施。虽然这些措施本身还不是破产措施，但是它们可以作为一个监管干预和预破产措施的混合体，其目的是鼓励银行的早期重组或早期解决。"因此，它们作为普通破产法的重整程序的替代物发挥着重要作用，构成了处理问题银行的总体框架的必要组成部分。"[5]

在美国，联邦存款保险公司作为有权对银行采取风险处置措施的唯一机构，拥有一套完整的"及时干预制度"（Prompt Corrective Action，一译"及时纠正措施"）。及时干预制度是指监管机构根据银行的资本弱化程度，对其施加日趋严厉的干预以

---

[1] 参见澳大利亚：Secs. 13A–13B of the Banking Act 1959 (available in the Global Banking Law Database at: http://www.gbld.org/downloads/Australia/BA.pdf)；德国：Sec. 46 para. 1 of the Banking Act (available in the Global Banking Law Database at: http://www.gbld.org/downloads/Germany/GBA.pdf)；瑞士：Article 23 quarter of the Banking Act。观察员的任务一般仅限于对银行的活动进行监督并向银行监管当局报告。

[2] 参见比利时：Act of 22 March 1993 on the legal status and supervision of credit institutions Art. 57 Sec. 1；德国：Sec. 46 of the Banking Act；挪威：Sec. 3-2 (2) (b) of the Act on Guarantee Schemes for Banks and Public Administration, etc. of Financial Institutions。

[3] 参见比利时：Art. 57 Sec. 1 of the Act of 22 March 1993 on the legal status and supervision of credit institutions；德国：Sec. 46 of the Banking Act 1997；法国：Art. 45 Banking Act；奥地利：Art. 70 para. 2 of the Banking Act；澳大利亚：Sec. 11CA (2) (j) of the Banking Act 1959。

[4] 参见德国：Sec. 46 of the Banking Act；挪威：Sec. 3-2 (2) (c) of the Act on Guarantee Schemes for Banks and Public Administration, etc. of Financial Institutions。

[5] Eva Hüpkes, "Insolvency - why a special regime for banks?", at *Current Development in Monetary and Financial Law*, Vol. 3, International Monetary Fund, Washington DC, 2003, available at http://www.imf.org/external/np/leg/sem/2002/cdmfl/eng/hupkes.pdf.

保护存款保险金的一种制度。[1]根据1991年《联邦存款保险公司改进法》的规定,监管机构将银行归为资本状况良好、资本充足、资本不足、资本严重不足和资本极端不足五类。在进行资本分类时,监管机构享有不受约束的自由裁量权,一旦发现银行处于"不安全或不稳健状态",或进行了"不安全或不稳健的活动",则可以进行早期干预。这一制度解决了"监管姑息"问题,让监管机构有更强的动机对问题银行进行干预。《联邦存款保险公司改进法》规定,任何银行不得进行可能导致银行资本不足的红利分配或高管薪酬支付。监管机构必须对资本不足的银行进行严密监控,要求其在45日内制定可接受的"资本恢复方案";银行在提交计划后60日内实施该方案;联邦监管机构监督"资本恢复方案"的实施。对资本严重不足的银行,监管机构可以通过出售股权进行增资、限制与关联企业的交易、限制资产扩张、限制利率、开除银行高层、限制高级职员的奖金和工资、要求对银行可能产生风险的附属企业或母公司进行剥离。如有必要,监管机构可以同时实施上述措施。对归类为"资本极端不足"的银行,监管机构则施加最为严厉的措施。除了上述限制之外,监管机构必须在90日内为银行任命接管人或管理人。[2]

(三) 风险管理和早期预防

20世纪70年代以后,一系列以银行业金融机构破产为代表的财务失败事件给经济社会带来了沉重的损失。事件之后的调查发现,在几乎所有案件中,都存在着财务造假和审计失职的因素。由此导致了1987年美国注册会计师协会、美国会计师协会、财务经理人协会、内部审计师协会和管理会计师协会共同赞助成立了一个专门研究内部控制问题的委员会——COSO。1992年9月,COSO发布了《企业内部控制——整合框架》(Internal Control – Integrated Framework)。COSO委员会指出,内部控制是由企业董事会、经理阶层和其他员工实施的,为营运的效率效果、财务报告的可靠性、相关法令的遵循性等目标的达成而提供合理保证的过程。报告提出了内部控制的五个构成要素:控制环境、控制活动、风险评估、信息和沟通与监督。这份框架得到了多国监管机构和国际组织的认可与采纳,在世界范围内产生了广泛影响。

2001年以来,安然、世通、施乐等公司财务舞弊案的相继爆发,集中暴露出美国公司在内部控制上存在的问题,由此导致美国通过了《萨班尼斯 – 奥克斯利法》(The Sarbanes – Oxley Act)。该法案明确了公司首席执行官(CEO)及首席财务官

---

[1] See, R. Macey, G. P. Miller & R. S. Carnell, "Banking Law and Regulation", *Aspen Law & Business*, 2001, p. 307; D. G. Mayes, "Some Rules for Cross – border Banks in Europe", *European Business Organization Law Review*, vol. 10, 2009, p. 213.

[2] 参见苏洁澈:"英美银行破产法述评:以银行特殊破产制度为中心",载《环球法律评论》2013年第2期;P. P. Swire, "Bank Insolvency Law Now that It Matters Again", *Duke Law Journal*, vol. 42 (3), 1992.

(CFO)对内部控制负直接责任并可能承担经济与刑事后果,大幅度提高了对会计舞弊的处罚力度,强化了内部审计、外部审计及审计监管。

但是,随着时间的推移和人们认识水平的提高,各方面对该框架的指责和批评越来越多。例如美国审计总署指出:这个框架有严重缺陷,其内部控制定义中缺乏保障资产的概念;没有从经营战略的角度考虑风险;等等。市场竞争的加剧和新的金融衍生工具的不断产生,迫使企业越来越重视对风险的管理。内部控制对于风险的防范和化解显得心有余而力不足。内部控制只能防范风险,但不能转移、承担、化解或分散风险。多年来,人们在风险管理实践中逐渐认识到,一个企业内部不同部门或不同业务的风险,有的相互叠加放大,有的相互抵消减少。因此,企业不能仅仅从某项业务、某个部门的角度考虑风险,而必须根据风险组合的观点,从贯穿整个企业的角度看风险,也就是说,要实行全面风险管理。然而,尽管很多企业意识到全面风险管理的重要性,但是对全面风险管理有清晰理解的却不多,已经实施了全面风险管理的企业则更少。

在高层管理人员的监督问题愈渐突出,国际社会对改善公司治理的呼声日益高涨的背景下,2004年,COSO在广泛听取了各方意见和建议之后,结合《萨班尼斯-奥克斯利法案》相关要求,颁布了一个概念全新的报告——《企业风险管理总体框架》(Enterprise Risk Management – Integrated Framework)。该框架的出台不但顺应了各方需求,而且拓展了内部控制的内涵,对企业风险管理这一更宽泛的主题作出了更详尽的阐述。该框架从定义、目标、构成要素各个方面将《内部控制整体框架》进行了拓展,增加了一个目标,两个观念和三个要素。一个目标是指战略目标。风险管理扩大了目标的范畴,将战略目标纳入其中,要求企业在确立了发展计划后应先制定出战略目标,随之保证运营目标、报告目标和遵循目标与其一致;企业在实现这三个目标的同时也要保证战略目标的实现。两个观念是指风险组合观和整体风险管理观。风险组合观,即企业在实现各个目标的过程中,对每个单位而言,其风险可能在该单位的容忍范围以内,但就企业整体来讲,总风险很有可能超过企业整体的风险偏好范围。因此,要求管理者从企业层面上总体把握分散于各个层次和部门的风险,此即整体风险管理观。这两个观点的重大意义在于意识到不同的风险事件以及风险对策之间存在交互影响性,只有统一考虑这些风险事件的正负相关性,才能科学地统筹制定出风险管理方案。三个要素是指目标制定、事件识别和风险对策,加上1998年内控框架的五大要素,构成了全面风险管理的八大要素。新的三大要素中,目标实现作为主体的使命并将四个相关联的目标贯穿于企业发展的全过程中,因此目标制定自然可作为风险管理体系的首要步骤,纳入八大要素之中;区别于以往事件的模糊概念,新框架将事件重新定义分类为有正面影响、负面影响或两者兼而有之,而风险只局限于有负面影响的事件,因而如何在不同的事件中识别出风险就成为企业风险管理的基础。此外,新框架还深入讨论了潜在事件的概念。风险对策是新框架提出的企业对待风险的四种不同层次的反应，即规避风险、减少风险、共担风险和接受风险。企业应针对不同的风险综合考虑后采用不同的反应对策，尽量降低应对风险的成本，提高企业的抗风险能力。[1]

《企业风险管理总体框架》发布后，立即成为世界各国和众多企业广为接受的标准规范。在各国的法律框架下，企业有效的风险管理不再是企业的自发行为，而成为企业经营的合规要求。例如，2006年6月，中国国资委发布《中央企业全面风险管理指引》，对央企提出了根据自身情况贯彻全面风险管理的要求。2016年9月，（原）中国银监会发布了《银行业金融机构全面风险管理指引》，以求在推广适用《巴塞尔协议Ⅲ》的基础上，进一步提升银行业的合规管理水平和风险防控能力。

2016年6月，COSO公布了一个针对2004年框架的修改草案。草案全称为《企业风险管理——通过策略和绩效调整风险》，由五个部分组成：风险治理与文化；风险、策略与目标制定；执行中的风险；风险信息、沟通与报告；监测ERM的绩效等。它们贯穿于企业的整个过程，从企业愿景、使命和价值观到战略制定与分解，最后通过绩效评价来考核企业的整体效益。相比较2004年版，新框架草案主要突出以下几个方面：①进一步强调全面风险管理对企业价值的正向作用。企业风险管理的目标不应该是单纯地控制和规避风险，而应是在风险中寻求机会和机遇，在承担风险与获得收益间取得均衡，从而实现企业价值最大化的目标。②风险管理对战略选择与制定的作用日益增加，全面风险管理不仅贯穿于企业管理的整个过程，而且贯穿于决策过程中。相对于旧框架，新框架将风险管理的发力点提前，更加突出在选择战略和战略制定过程中的作用。③突出风险管理对绩效的作用，强调风险管理的绩效评价。对风险的控制和实现业绩目标同样重要，企业的目标是把风险和业绩都控制在可接受范围内。④重视风险管理文化的建设，风险治理结构、机制设计和风险理念的思路逐渐成为现代企业全面风险管理的重要内容。[2]

随着全面风险管理的概念、框架和技术手段的普及应用和改进完善，人们将应对银行破产的制度构架，从破产事件的临危处置延伸到破产原因的早期干预，再扩展到破产风险的早期预防，形成了一个长链条、全方位、多维度和多主体的治理体系。这标志着，当代国家控制金融危机的能力建设，已经步入一个新的阶段。目前，欧盟在"银行和金融机构风险管理（Managing risks to banks and financial institutions）"的主题下，整合了一系列的法律制度，包括：审慎要求（prudential requirements）、

---

[1] 参见严晖："公司治理、公司管理与内部控制——对COSO企业风险管理框架（ERM）的分析"，载《财会通讯（学术版）》2005年第4期；宋怡萱、张翮："COSO企业风险管理整体框架解析"，载《财会通讯（学术版）》2006年第3期；保翌轩："COSO内部控制与风险管理框架的实践——访COSO主席拉瑞·瑞丁伯格博士"，载《中国内部审计》2008年第1期。

[2] 张玉缺："全面风险管理在战略和绩效评价中的应用研究——基于COSO发布2016版《全面风险管理框架的修订版》（征求意见稿）"，载《当代会计》2017年第4期。

银行恢复与处置（Bank recovery and resolution）、存款担保计划（Deposit guarantee schemes）、欧盟银行业结构改革（Structural reform of EU banking sector）、信贷机构解散（Winding – up of credit institutions）、信用评级机构监管（Regulating credit rating agencies）、投资公司的审慎规则（Prudential rules for investment firms）、担保债券（Covered bonds）。[1]可以说，现代银行业的风险管理是一个集行业结构、公司治理、监管体制、市场规制和危机处置为一体的规则体系。

四、由公共救助到自我救助

（一）"大而不倒"的制度困局

银行破产尤其是大型银行业机构破产所带来的系统性影响往往导致各国政府对治理问题银行心存畏惧，因而不惜运用公共资源对问题银行实施"慷慨的"救助。这种现象被称为"大而不倒"（Too big to fail）。[2]在美国，长期以来应对银行系统的破产风险的基本策略就是"大事化小"，通过"输血供氧"让银行业保持运营。美国学者指出，金融危机造成的影响是巨大的，造成了全世界政府和央行对金融系统超过11万亿的援助和6万亿的财政刺激方案，其中最大笔的金融援助和经济刺激方案都是美国、英国和欧盟这些金融危机的"重灾区"实行的。[3]另外，美国国会在2009年通过了超过8000亿的经济刺激方案，[4]其他国家也采取了类似的政策。"大而不倒"问题之所以会引起民众的反感，就是因为银行的破产由政府买单，花纳税人的钱来解决银行的困难。另一方面，由于银行具有极大的重要性，政府不能任其倒闭，只能采取财政补贴等扶持方式进行纾困。但是，政府援助意味着财政赤字的攀升，财政赤字的持续攀升又影响政府信誉和领导人的连任。政府并没有提供财政援助的内在动力，但除此之外似乎没有别的选择。因此，"大而不倒"便成了政府处理银行危机的常态化方式。

---

[1] European Commission, Managing risks to banks and financial institutions, Available at：https：// ec. europa. eu/info/business – economy – euro/banking – and – finance/financial – supervision – and – risk – management/managing – risks – banks – and – financial – institutions_ en.

[2] "大而不倒"这个术语源于1984年年末美国伊利诺伊大陆国民银行破产期间，意思是"政府不敢让重要的公司倒闭"。1984年起"大而不倒"一词就开始频繁地现于媒体。1984年~2000年期间，"大而不倒"在美国的主要日报和商业期刊总共出现了约900次。参见［美］加里·斯特恩和罗恩·费尔德南：《大而不倒：如何让大银行建立有效的风险防范机制》，钱睿、季晓南、杨艳译，中国人民大学出版社2014年版，第26~27页。

[3] Arthur E. Wilmarth, Jr., "Reforming Financial Regulation to Address：the Too – Big – To – Fall Problem", *Brooklyn J. Int1 L.*, Vol. 35：3, 2010, p. 707.

[4] 参见新华网新闻中心：《美国众议院通过8190亿美元经济刺激方案》，http：//news. xinhuanet. com/world/2009 – 01/29/content_ 10732269. htm，最后访问时间：2017年8月23日。

（二）强制性自救概念的提出

2009 年以后欧洲的主权债务危机使各国领导人意识到一个新的风险：政府援助可能导致主权债务危机，危及国家稳定和政府信誉。于是，他们急需找到除了政府援助之外应对"大而不倒"的新方案。强制性自救就是他们的新方案。

所谓强制性自救，是指法律授权金融监管当局在金融机构面临破产危机时，在法定条件下直接对其核销股权、减记债权或实施债转股的权力。监管当局有权启动强制性自救，帮助金融机构通过自有资金重整资本和债务，恢复资本充足率和可持续经营能力，以避免破产。金融机构在强制性自救的过程中维持核心业务的持续经营，以避免因核心业务中止带来的系统性风险。立法者试图通过强制性自救改变近百年来政府为银行破产提供援助和纳税人为银行失败买单的历史，转而由股东和债权人为银行破产买单。[1]

瑞银投行主席保罗·卡罗（Paul Calelo）和瑞银投行前风控官威尔森·欧文（Wilson Ervin）最早在 2010 年 1 月的《经济学人》杂志上提出金融机构自救（bail-in）的概念。文章指出，2008 年雷曼兄弟面临破产危机时，其账面资金的流动性缺口是 250 亿美金，而雷曼兄弟申请破产后，资产贬值，市场预期跌入低谷，资金的流动性缺口迅速扩大至 1500 亿美金。如果当时有金融机构自救机制，那么 250 亿美金的资金缺口完全可以内部消化。雷曼兄弟可以首先核销 250 亿美金的现有股权，避免账面破产，然后优先股股东和次级债债权人可以转换 250 亿美元的股权和债权以获得雷曼 50% 的股份。总价值达 1200 亿美元的高级无担保债权人将转换 15% 的债权，获得雷曼另外 50% 的股份。那么剩余 85% 的高级无担保债权人将毫发无伤。他们认为现有法律框架下的自愿重整不可能达到相同效果。[2]

强制性自救概念的提出，有着一定的经验基础，尤其是亚洲金融危机后的契约式自救实践。这一实践的典型案例是美国长期资本管理公司（Long-Term Capital Management）自救案。该公司创立于 1994 年，曾跻身对冲基金"四大天王"。1998 年亚洲金融危机爆发后，公司因投机失败损失惨重。9 月 22 日，公司资产由两个月前的 41 亿美元缩水至 6 亿美元。由于与华尔街各大重要机构的密切业务联系，公司破产将会使主要债权人蒙受超过 30 亿美元的损失，且继发的间接损失远高于此。而公司破产引发整个金融系统崩溃的危险更令人不寒而栗。在美联储的紧急召集下，公司主要债权人于当日达成拯救公司的协议：共同向公司注资 36.25 亿美元，取得公司 90% 的股份；原股东取得剩余 10% 的股份。注资后，市场恐慌平息，公司继续运营并在 1999 年盈利 10%。公司于 2000 年解散，原股东损失了 19 亿美元的原始投资，

---

〔1〕 参见敖希颖："金融机构强制性自救研究"，中国政法大学 2016 年博士学位论文。以下有关强制性自救的英文引注均转自此论文。

〔2〕 See, Paul Calello and Wilson Ervin, "From bailout to bail-in", *The Economist*, (2010-01-28).

但主要债权人注资避免了公司突然破产可能引发的金融市场动荡,而且救助过程没有动用纳税人的钱,也没有给个人储蓄造成损失。这次自救的结果是,股东以损失所有原始投资承担了公司失败的后果,债权人通过注资帮助公司有序退出市场,避免了更大损失。此案例证明,拯救系统重要性金融机构可以在不动用公共财政资源的情况下,通过公司的自救行动,以股东和债权人的较小代价稳定市场预期。[1]

2008年金融危机后,或有资本(contingent capital)、自救债(bil-in debt)等创新型金融工具也迅速进入自救制度的视野。[2]例如,2009年11月,英国劳埃德银行首次发行了或有资本,[3]随后荷兰合作银行发行了一支规模更大的或有资本。[4] 2013年7月,同样受到金融危机冲击的巴克莱银行表示,拟发行20亿英镑的或有资本以弥补资本缺口。[5]此后,或有资本受到银行界越来越多的关注。巴塞尔委员会也推荐使用或有资本,以提高资本在破产清算状况下的损失吸收能力。[6]2010年6月,巴塞尔委员会金融稳定理事会发布《降低系统重要性金融机构道德风险中期报告》,在稳健原则问题的讨论中提出"强制要求系统重要性金融机构发行或有资本",[7]以达到在政府救助之前先由银行以及银行债权人承担破产损失,以防止相关利益主体存在对政府救助的预期,从而避免道德风险的目的。2013年7月巴塞尔委员会银行监督委员会发布了《全球系统重要性银行:最新的评估方法和更高的损失吸收能力要求》,[8]表示"巴塞尔委员会将继续研究或有资本,并且支持各国使用更

---

[1] 参见Roger Lowenstein, *When Genius Failed*: *The Rise and Fall of Long - Term Capital Management*, Random House Trade Paperbacks, 2000, p. 23;胡博:"美国长期资本管理公司危机救助案例分析",辽宁大学2016年硕士学位论文;敖希颖:"金融机构强制性自救研究",中国政法大学2016年博士学位论文。

[2] 参见Chris D'Souza et al, "Contingent Capital and Bail - in debt: tools for bank resolution", *Bank of Canada Financial System Review*, December 2010, pp. 54 - 55;彭倩倩:"或有资本在银行风险处置中的应用",中国政法大学2014年硕士学位论文;周仲飞:"金融机构强制性自救债的法律问题",载《现代法学》2015年第2期。

[3] Kathy Sandler & Margot Patrick, "Lloyds Raises $14 Billion in Bond Exchange", *Wallst. J.*, 24 November 2009, at C2.

[4] Peter Lee, Hamish Risk, "Deals of the year 2010: Rabo bank 1.25 billion contingent capital notes", *Euro money*, 2010. Available at: http://www.euromoney.com/Article/2761289/Deals-of-the-year-2010-Rabobank-125-billion-contingent-capital-notes.html.

[5] Matthew Attwood, "Barclays' Coco Conundrum", *The Wall Street Journal*, 30 July 2013, Available at: http://blogs.wsj.com/moneybeat/2013/07/30/barclays-coco-conundrum/.

[6] Bank of International Settlements, "Proposal to ensure the loss absorbency of regulatory capital at the point of non-viability", p. 1. Available at: https://www.bis.org/publ/bcbs174.htm.

[7] Financial Stability Board, "Reducing the moral hazard posed by systemically important financial institutions", 18 June 2010, p. 5. Available at: http://www.financialstabilityboard.org/search/?sp_q=reducing+the+moral+hazard+of+systemically+important+financial+institutions&adv=1.

[8] Basel Committee on Banking Supervision, "Global systemically important banks: updated assessment methodology and the higher loss absorbency requirement", 3 July 2013, http://www.bis.org/publ/bcbs255.htm.

高级的或有资本以满足更高的资本要求,而不限于巴塞尔制定的国际标准,例如可以发行早期触发的或有资本,以便银行在持续经营条件下能够吸收损失"。[1]

(三) 推行强制性自救制度的国际文件及各国行动

2009年4月,G20建立金融稳定委员会,旨在召集各国金融监管当局共商国际金融监管标准。G20负责确定改革方向,金融稳定委员会负责制定国际标准和详细指引,各成员国依据国际标准修改国内法。全球金融危机后,国际金融监管的主要改革包括:采用《巴塞尔协议Ⅲ》,提高对全球系统重要性金融机构的资本充足率要求,增加反周期资本缓冲和全球系统重要性金融机构额外持有资本;采用新流动性监管标准——流动性覆盖率(Liquidity Coverage Ratio,简称LCR);针对"大而不倒"提出金融机构处置措施;要求评级机构对资产证券化进行更多的信息披露,证券化资产必须保持自留额,增强表外信息披露。[2]2011年10月,金融稳定委员会发布《金融机构有效处置机制的关键属性》,将强制性自救制度作为应对"大而不倒"的重要措施,初步提出构建强制性自救制度的规则框架,并主张各成员国通过立法确保强制性自救机制的实现。G20在2011年11月的加纳峰会上为《关键属性》背书,将其作为金融机构处置的新国际标准。

在金融稳定委员会的倡导下,瑞士、英国、欧盟、德国、加拿大、俄罗斯、巴西、日本、澳大利亚、新西兰和美国相继通过修改法律将强制性自救纳入本国(地区)的法律体系。瑞士是最早为强制性自救立法的国家。2011~2013年,瑞士金融市场监管局先后通过对《1934年银行法》《破产法》和银行资本充足率要求的修改,在正式的重整程序中赋予监管者强制债转股的法定权力。[3]英国在《金融服务法2013》中初步构建了英国强制性自救的法律框架,赋予英格兰银行、审慎监管局和金融行为监管局强制性自救的权力。加拿大在2013年3月的政府经济计划中表示政府将着手建立针对系统重要性机构的强制性自救制度。[4]巴西央行于2013年5月6日宣布启动强制性自救计划。[5]

2014年5月,欧盟发布《银行恢复与处置指令》(BRRD)。按照BRRD的规定,

---

[1] Global systemically important banks: updated assessment methodology and the higher loss absorbency requirement, p. 14.

[2] See, G20, "The G20 Seoul Summit Leaders' Declaration", November 12, 2010, Para. 9, Available at: http://online.wsj.com/public/resources/documents/G20COMMUN1110.pdf.

[3] See, Martin Lanz and Olivier Favre, "Loss Absorption and Bail-in for Swiss Banks", *Schellenberg Wittmer Newsletter*, February 2013, pp. 1-2.

[4] See, James M. Flaherty, "Jobs Growth and Long-Term Prosperity: Economic Action Plan", Canada House of Commons, 21 March 2013, p. 145.

[5] See, Raymond Colitt and Matthew Malinowski, "Euro-Style Bail-in Plan Means Bondholder Wipe Out: Brazil Credit", Bloomberg Online News, 16 May 2013, Available at: http://www.bloomberg.com/news/articles/2013-05-15/euro-style-bail-in-plan-means-bondholder-wipe-out-brazil-credit.

有关当局处置银行破产的工具包括出售困境机构或者将其业务与另一家银行合并、建立临时桥银行经营关键业务、从坏银行剥离优良资产和将破产银行的债务转换为股份或者予以核销（强制性自救）。[1] BRRD 发布后，英国政府决定自 2015 年 1 月起将其纳入国内法。2015 年 5 月 28 日，欧盟委员会向尚未将强制性自救纳入国内法的欧盟十一国下达命令，要求各国在两个月内全面启动对强制性自救的立法进程，否则将面临法律制裁。[2] 依据 BRRD，欧盟成员国有义务在 2016 年 1 月 1 日之前做好将强制性自救纳入国内法的准备。德国于 2015 年 11 月 5 日颁布《处置机制法》（Resolution Mechanism Act），正式启用强制性自救。[3] 俄罗斯财政部长阿列克谢·莫伊塞斯（Alexei Moiseye）于 2016 年 2 月表示他们正在起草有关强制性自救的法案，并计划于 2017 年年中完成草案。[4] 据欧盟委员会的估算，欧盟运用 BRRD 框架下的处置融资安排和强制自救机制治理银行破产风险的净收益为欧盟年 GDP（EU GDP annually）的 0.28%（收益 0.32% – 成本 0.04%），而欧盟实施《巴塞尔协议 III》的净收益的仅为欧盟年 GDP 的 0.14%（收益 0.30% – 成本 0.16%）。相较而言，欧盟国家在 2008 年 10 月和 2012 年 12 月以资本重组和资产救济措施处置困境银行所动用的国家援助资金高达 5919 亿欧元，相当于欧盟 2012 年 GDP 的 4.6%。[5]

---

[1] See, European Commission MEMO, "EU Bank Recovery and Resolution Directive (BRRD): Frequently Asked Questions", 15 April 2014, Available at: http://europa.eu/rapid/press-release_MEMO-14-297_en.htm.

[2] See, Foo Yun Chee, "EU Regulators Tell 11 Countries to Adopt Bank Bail-in Rules", Reuters Online News, 28 May 2015, Available at: http://www.reuters.com/article/eu-banks-bailout-idUSL5N0YJ2O420150528.

[3] See, Gabriele Apfelbacher, "Michael Kern and Valentin Pfisterer, Germany's SRM Law Facilitates Bail-in of Bank Bonds", *International Financial Law Review* 34: 49, 2015, p. 1.

[4] See, Interfax Online News, "Bill on bail-in mechanism for banks might be drafted in mid-2017", 4 February 2016. Available at: http://www.interfax.com/newsinf.asp?id=649751.

[5] See, European Commission MEMO, "EU Bank Recovery and Resolution Directive (BRRD): Frequently Asked Questions", 15 April 2014, Available at: http://europa.eu/rapid/press-release_MEMO-14-297_en.htm.

银行破产标准的国际比较

王卫国

一、银行破产标准概述

破产标准是问题银行处置制度中的重要一环。由于银行的特殊性,普通破产标准适用于银行具有一定的局限性,因而有必要为银行建立特殊的破产标准。在建立特殊的银行破产制度前,银行通常适用普通的公司破产标准。随着立法者意识到银行的特殊性,监管性标准逐渐成为银行破产制度的主要标准。以下将通过分析普通破产标准的缺陷与特点,结合银行破产的特殊性,揭示银行适用特殊破产标准的原因。

(一)普通破产标准的局限性

结合各国立法经验,普通破产标准的特点如下:其一,普通破产标准的目标是识别企业是否具有偿债能力,一旦企业丧失偿债能力,则意味着其应当破产。其二,普通破产标准的指标结构较为简单,通常为选择适用"现金流标准"或"资产负债表标准",或者两者结合适用。其三,普通破产标准普遍适用于一般公司,立法没有考虑个别行业的特殊性。

普通破产标准包括"现金流标准"和"资产负债表标准":

现金流标准是指债务人已全面停止偿付到期债务,而且没有充足的现金流量偿付正常营业过程中到期的现有债务。[1]现金流标准的优势在于债权人不必等到企业资产全部耗尽,债权人亦无需复杂地举证,即可启动破产程序。但是,由于企业现金流的暂时性危机亦可能导致其不能清偿到期债务,实践中区分暂时性流动性困难和根本性破产存在一定的难度。

资产负债表标准是指企业的全部资产之和小于其全部债务。对虽能够偿付到期债务但资不抵债的企业,债权人亦可启动破产程序以减少损失。该标准适用于信息披露程度高的企业。然而,该标准的弊端更为明显:由于使用该标准特别依赖债务人控制的财务资料,债权人更难以举证;使用该标准需要专家进行大量的查证工作,

---

* 本文成稿于 2017 年 11 月,属首次公开发表。

[1] 联合国国际贸易法委员会:《破产立法指南》,联合国贸易法委员会纽约办事处 2006 年版,第 43 页。

由此可能导致错过拯救企业的最佳时机。

由于银行的特殊性以及普通破产标准的缺陷和特征，普通破产标准难以有效适用于银行，其主要原因如下：

1. 破产银行识别的特殊性。由于银行业务和经营模式存在特殊性，现金流持续并不一定意味着银行没有破产风险。银行通常可以从存款人处获得持续的现金流入，而对存款人无持续的支付义务，因此一家处于财务危机的银行仍可以继续向债权人进行支付。[1]除从存款人处获得的现金流外，银行还可以通过银行间市场、发行证券等多种方式获得流动性支持。特别是在国家为银行提供隐性担保的情况下，银行具有极强的流动性获取能力。除非市场发生了全面的流动性危机（如2007年全球性的次贷危机），银行一般情形下通常仍有能力维持现金流持续。因此，现金流标准难以作为识别银行破产的标准。

如前文所述，资产负债表标准不一定能完全反映企业的偿债能力，如使用该标准测量银行破产与否，该问题将会更加突出。由于银行主要持有的是金融资产，该资产的价值具有很高的波动性，银行资产负债表的净值难以反映银行真实的价值状况；加之金融资产的高频波动，资产负债表难以及时反映银行资产的真实市场价值。可见，当银行资不抵债时，其账面价值很可能仍为正。此外，由于银行主要持有的资产是贷款债权，贷款债权与上市证券相比更难进行转让和定价，因此银行不能通过迅速出售资产的方式来满足突发性取款要求，而强行出售将会减低贷款债权的价值。[2]因此，即便银行账面的资产大于负债，其资产的变现价值很可能仍不足以清偿全部债务。

综上所述，"现金流标准"和"资产负债表标准"可能无法及时识别银行的破产风险，因而需要更为契合银行业务性质和财务特征的破产标准。

2. 银行破产风险处置需求的特殊性。由于银行在经济体系中承担吸收储蓄、流动性供给、支付平台等多种基础功能，如银行发生破产则很可能引发严重的系统性风险，危及社会公共利益。因此，监管者必须对问题银行尽早启动相应的处置程序，防止或控制系统性风险。

由于信息不对称、逆向选择、监管姑息以及法制不完善等因素，银行破产前即存在诸多导致破产的隐蔽性问题。[3]因而银行破产制度不仅针对已经破产的银行，更需要针对导致银行破产的潜在风险。普通破产标准仅能识别企业丧失偿债能力的事实，不能识别早期导致银行破产的隐蔽性问题。因此，监管者无法使用普通破产

---

[1] Eva Hupkes, "Insolvency – Why a special regime for banks", *Current Developments in Monetary and Financial Law*, Vol.3, 2003, p.10.

[2] [英]菲利普·伍德：《国际金融的法律与实务》，姜丽勇、许懿达译，法律出版社2011年版，第13页。

[3] 吴敏："论法律视角下的银行破产"，西南政法大学2006年博士学位论文。

标准识别早期破产风险并及时采取处置措施。再者,适用普通破产标准如现金流标准需要到银行支付不能时才能启动处置程序,不仅会错过最佳处置时机,更将损害存款人利益,引发系统性风险。

此外,问题银行的处置措施更为多元和复杂,这要求监管者应尽早识别银行破产风险的类型和程度,及时采取相应处置措施。而普通破产标准单一的内容难以满足银行多程序精细化处置的需求。

基于上述原因,银行需要一个更具契合性、前瞻性、操作性的破产风险标准。

(二)银行破产的特殊标准——监管性标准

1. 监管性标准的特征。"监管性标准"由美国率先引入,该标准旨在加强监管机构对问题银行的及时干预,促进问题银行拯救或对其及时清算。监管性标准可能是定量的,包括资本充足率、杠杆率以及一系列审慎监管指标;监管性标准也可能是定性的,如银行财务状况和经营压力恶化到一定程度,或银行困境造成严重的传染性风险。[1]适用监管性标准的情况下,破产程序的启动早于普通破产标准下的程序启动。这意味着,尽管银行尚未满足"现金流标准"或"资产负债表标准",只要银行监管者认为银行未能满足一定监管要求,即可对银行实施处置。

监管性标准与普通破产标准本质上针对的是不同的法律事实。普通破产标准用以识别和认定企业是否丧偿债能力;监管性标准所涵盖的内容不仅包括银行是否丧失偿债能力,还包括银行经营的安全稳健状况,以及银行破产风险对社会公共利益的影响程度,等等。基于上述原因,监管性标准与普通破产标准相比具有如下区别:

第一,监管性标准更具契合性。为满足银行的特殊性需求,监管性标准包括了一套综合性的标准体系。标准运用的指标既有定量的也有定性的,涵盖各类财务标准和非财务标准。上述指标契合银行的特殊性,能够及时有效地识别银行破产风险。标准的契合性有助于监管者有针对性地实施处置措施,提升问题银行处置的质量。

第二,监管性标准具有前瞻性。为实现银行尽早处置破产风险的目的,监管性标准比普通破产标准更加严格,银行在尚未满足普通破产标准之时即可能进入处置程序。破产标准的前瞻性有助于监管者更早地介入问题银行,减少银行破产引发的系统性风险,更好地保护社会公共利益。

第三,监管性标准更具操作性。与普通破产标准相比,监管性标准运用的指标和识别方法更为复杂,标准的操作性直接影响识别工作的效率。因此,监管性标准通常设置有十分细致的评估规则以指引识别工作。标准的操作性有助于提高破产风险的识别效率,进而提高问题银行的处置效率。

2. 监管性标准的分类。基于银行的特殊性,为满足银行复杂的风险处置需要,

---

[1] IMF, *An Overview of the Legal, Institutional, and Regulatory Framework for Bank Insolvency*, April 17, 2009, pp. 45, 21.

监管性标准通常衔接多种风险处置程序。由于各国银行破产法律制度各异，银行风险处置程序也有很大差异。但根据处置程序的目标，我们大致可以将处置程序分为以拯救为目的的处置程序和以清算为目的处置程序。根据衔接的处置程序不同，我们可以将监管性标准分为启动拯救程序的标准和启动清算程序的标准。

根据监管者是否有自由裁量权，监管性标准还可以分为"硬性标准"和"非硬性标准"。对于硬性标准监管者没有自由裁量权，银行一旦满足该标准，监管者就必须采取处置措施；对于非硬性标准监管者则拥有一定的自由裁量权，可以选择是否实施处置措施或实施何种处置措施。硬性标准限制监管者的自由裁量权，可以在很大程度上抑制监管姑息。非硬性标准则更有助于监管者灵活应对银行处置中的复杂问题，因而绝大多数启动标准均为非硬性标准。

按照是否使用固定指标评估银行的破产风险，监管性标准可分为"刚性标准"和"弹性标准"。利用固定指标（如资本充足率指标）评估银行破产风险大小的识别标准是"刚性标准"，反之则是"弹性标准"。刚性指标量化程度高，操作性强，并且能够在很大程度上限制监管者的自由裁量权；弹性标准更为契合银行破产风险识别，但该标准体系的设计和操作更为复杂。

虽然多数国家采用监管性标准作为银行破产标准，但在监管性标准的具体内容上存在较大的差异。美国、欧盟、英国、加拿大的金融业十分发达，其监管性标准的立法比较完备。它们在基本框架上有许多共同之处，但在具体标准和方法上仍各具特色。以下将分别对美国、欧盟、英国、加拿大的相关立法进行分析和比较。

二、美国银行破产风险的识别方法和标准

美国对银行破产适用特别立法，《联邦存款保险法》中定义的存款机构被排除在《破产法典》的调整范围之外。因此，美国的银行不适用普通公司的破产程序。在该法的破产风险处置机制下，"资本水平"与"安全稳健原则"是识别银行破产风险的主要标准。如银行的资本水平不能满足法定监管要求，或银行的状况不能满足"安全稳健原则"，则可能触发相应的处置程序。尽管《联邦存款保险法》对资本充足水平和安全稳健原则进行了较为详细的规定，但在实践中，资本水平的评估和安全稳健状况的认定仍比较困难。对此，作为银行监管当局的联邦存款保险公司（Federal Deposit Insurance Corporation，缩写 FDIC）必须借助一套风险识别方法来评估银行的资本充足水平和认定银行的安全稳健状况，并以此作为实施风险处置措施的依据。

1979年11月13日，联邦金融机构检查委员会（FFIEC）出台了"统一金融机构评级系统（Uniform Financial Institutions Rating System，缩写 UFIRS）"，并在1996年12月进行了更新。多年来，该统一评级系统被证明是一种有效的管理工具，用于在统一的基础上评估金融机构并确定需要特别关注的机构。UFIRS 考虑的是对所有金融机构共通适用的财务、管理和合规方面的因素。在这一系统下，监管机构努力确

保所有金融机构以全面和统一的方式得到评价，监督的关注点适当地集中于表现出财务和业务方面的缺陷或不利趋势的机构。

（一）美国的银行破产风险识别方法——CAMELS 评级

在"统一金融机构评级系统（UFIRS）"中，各金融机构都按照六个财务和业务要素（Financial and operational components）得到评级，并在此基础上得到一个综合评级（Composite rating）。要素评级反映了一个机构的资本充足率（Capital adequacy）、资产质量（Asset quality）、管理能力（Management capabilities）、盈利充足性（Earnings sufficiency）、流动性状况（Liquidity position）以及市场风险敏感度（Sensitivity to market risk），它们统称为 CAMELS 评级。在进行评级时，评价者要考虑到机构的规模和架构、其业务的性质和复杂性以及它的一般风险概况。其中，资本、管理质量以及 CAMELS 综合评级是最为重要的评估内容，[1]这种评级标准已经在国际上得到广泛应用。

1. 资本与管理能力的评估标准。在 CAMELS 评级体系中，"资本"项目既是认定银行资本水平的识别标准，又是 CAMELS 综合评级的一项元素。需要强调的是，"资本"项目要使用不同的标准来评估银行是否"资本根本性不足"和资本水平是否安全稳健。[2]

在《联邦存款保险法》对银行资本的水平分类的基础上，《联邦存款保险公司规章》规定了最低资本要求，作为识别资本充足水平的标准。决定银行资本充足水平分类的标准既包括定量的标准，也包括 CAMELS 综合评级的结果。如当银行的有形资本比率（Tangible equity capital ratio）小于等于2%时，银行即被认定为"资本根本性不足"。分类为"资本不足"的银行的杠杆资本标准是大于等于3%小于4%，[3]"资本充足"的银行最低杠杆需求是大于等于4%，但杠杆资本仅大于等于3%银行如果满足"综合评级为'1级'且没有正在显著增长或预计将显著增长"时亦可被评为"资本充足"。"资本良好"的标准更为严格，银行不仅需满足最低法定资本需求（杠杆资本大于等于5%），还需同时满足"银行未被适用任何书面协议、命令、资本指引或立即矫正措施指令要求其资本工具满足特定的水平"的条件。因此，及时矫正措施的资本分类并非单纯采纳定量指标，CAMELS 综合评级结果等其他定性因素亦是重要的识别标准。

当银行满足法定的最低资本要求后，对资本充足的评估会扩展到分析和判断其

---

〔1〕 关于 CAMELS 评级各项的详细内容，参见 FDIC, Risk Management Manual of Examination Policies, Available at: http://www.fdic.gov/regulations/safety/manual/.

〔2〕 FDIC, Risk Management Manual of Examination Policies, Sec. 2.1, p. 13.

〔3〕 CAMELS 体系评分由1（最好）到5（最差），如果银行综合评分在2以下，说明该银行运行质量极佳，如果大于3，就需要引起监管部门的警惕。

他因素。[1]与"及时矫正措施"中的资本充足水平相比，CAMELS评级对资本项目评估的标准更为复杂，这些标准包括：①资本的水平、质量与机构财务状况；②银行获得外部资本的潜力，如管理层获取追加资本的能力，银行从资本市场和其他资本来源获取支持的能力，包括从控股母公司获取的支持；③影响资本的其他财务因素，如利润的质量与优势，分红的合理性；④银行表现出的风险水平，如表外业务的风险敞口，不良资产的特征、趋势、规模，贷款租赁损失的拨备以及其他减值准备的充足水平；⑤银行成长的前景和计划以及经营成长的以往经验等因素。

银行资本满足最低资本要求并不意味着可以获得较高的评级。银行必须在其资本水平与其风险水平相比十分充裕或可以接受时，方能获得"1"级或"2"级的评级。获得较低资本评级的银行不仅资本处于缺乏或极度缺乏的水平，并且资本的缺乏威胁到企业的持续经营。对于资本极度缺乏以致威胁持续经营的银行，则可能获得"5"级的评级。

FDIC指出，管理质量是银行成功运营最重要的因素。[2]一家银行的表现决定于银行资产的质量和多样化、资本的充足水平、利润的水平和趋势、流动性和基金的管理以及银行对市场利率变化的敏感性，而上述种种均出自管理层的决策。因此，管理质量评估通常决定了CAMELS体系其他五项的评估。[3]

管理质量的评估包括银行董事和高级管理人员的任职资格、公司治理结构、公司董事会和管理层的经营能力、内部控制的有效性、合规经营等多个方面。由于管理质量难以使用定量的指标测量，银行当前的表现也不一定能够完全反映管理的水平，外部环境和管理层的流动等非内部因素都可能影响银行的经营结果。因此，在评估管理质量时区分导致问题的因素特别重要。当发生重大问题时，应谨慎分辨问题的发生究竟是管理所致还是受外部环境影响。[4]对于银行更换管理层这一特殊情况，评估内容甚至包括管理人员的以往执业表现。[5]

获得"1"级的标准十分严格，包括：管理层及董事会表现良好；有力的风险管理与机构规模、复杂度及风险承担能力相匹配；所有严重风险均被连续及有效地识别、测定、监控及控制；董事会和管理层表现出迅速有效解决现有或潜在的问题和风险的能力。如银行在上述方面表现不佳且威胁到银行持续经营，则很可能获得"4"级或"5"级的评级。

2. CAMELS综合评级。监管者运用各个项目评估采集的信息综合评估银行的状

---

[1] FDIC, Risk Management Manual of Examination Policies, Sec. 2.1, p.13. Available at: http://www.fdic.gov/regulations/safety/manual/.

[2] Ibid, Sec. 4.1, p.1.

[3] Ibid, Sec. 4.1, p.14.

[4] Ibid.

[5] Ibid.

况。在评定银行的等级时，监管者需要考虑的因素包括：该银行是否存在严重的财政或管理缺陷；董事会及管理层是否解决以及有无能力解决银行存在的缺陷和问题；该银行是否能够抵御商业周期的波动；该银行是否存在严重违反法律法规的行为；在考虑到机构的规模、复杂度及风险负担的情况下，该银行的风险管理是否合格；该银行是否需要获取外部融资或其他援助以维持机构存续；等等。

为确保评级的结果能够充分反映机构的真实情况，除适用统一的评估标准外，监管者还会根据个别机构的特殊情况对标准适当调整，如根据机构的特性，给予某些评级项目更高的权重。

综合评级为"1""2"的银行安全稳健，具有较高的风险管理能力，满足监管机构的监管要求，无需实施各项正式或非正式的监管措施。综合评级为"3"意味着一家银行是脆弱的，如不进行矫治，其状况可能进一步恶化，因此监管者有必要对其采取一定措施。综合评级为"4""5"的银行存在严重问题，根据相关政策此类银行被认定为存在"非安全稳健经营"，FDIC 有权对该类银行实施包括管制性破产在内的处置措施。[1]

综上可见，CAMELS 评级是一套深入银行日常经营每个环节、各个领域的评级系统，该评级的特点如下：

第一，CAMELS 评级是一套兼具定量指标和定性因素的弹性标准。虽然运用了大量的定量指标测量银行的状况，但 CAMELS 评级更加注重银行的财务状况和管理水平与银行的风险、规模、复杂性等因素的匹配程度。以资本和利润项目为例，资本充足率和利润率的高低并不完全决定评级的结果，而资本和利润水平相对于银行的风险是否充裕是决定评级高低的主要因素。在评估金融机构的流动性状况时，监管者不仅需要考虑当下的流动性水平，还需比较可预测的流动性支持与需求以及财务管理水平及机构规模、复杂性和风险预测之间的匹配程度。

第二，CAMELS 评级对银行的安全稳健运营要求十分严格。以资本项目评估为例，银行仅满足法定的最低资本充足率并不意味着银行安全稳健，监管者还会结合银行的整体财务状况、风险负担等多方面因素评估银行的资本是否充足。因而，即使满足法定的资本充足率，但如银行资本水平与其整体状况不相匹配，亦可能被认定为非安全稳健，进而受到相应处置。

第三，CAMELS 评级具有很高的操作性。FDIC 发布的《风险管理评估政策手册》对银行破产风险的识别工作提供了详细的指引；同时 FDIC 还运用"统一银行绩效报告"（Uniform Bank Performance Report，缩写 UBPR）、"银行合并情况和收入报告"（the bank's Consolidated Reports of Condition and Income，简称 Call Report）等工具采集数据。CAMELS 评级系统极大地提高了银行破产风险识别的效率，确保监管者对

---

[1] Ibid., Sec. 15.1, p.1.

问题银行的预警和发现准确而及时。

除上述特点外，CAMELS 评级的弊端亦十分明显，即该评级对监管机构的监管成本负担能力、专业能力和监管经验提出了很高的要求。一方面，虽然海量定量数据的收集和分析可以通过信息系统完成，但信息系统本身的建设和维护是一笔不菲的成本。另一方面，对银行的定性评估需要监管者深入银行进行调查和评级，这对监管者专业能力和经验提出了很高的要求。相比信息系统的减少与维护，培养监管者的专业能力和积累监管经验更具难度。

(二) 美国银行破产标准体系

1.《风险管理考评政策手册》的资本测评标准。

(1) 制定背景。FDIC 的《风险管理考评政策手册》(Risk Management Manual of Examination Policies) 是为执行联邦金融机构检查委员会 (FFIEC) 的"统一金融机构评级系统" (UFIRS)，在美国联邦储备系统理事会 (FRB) 和财政部货币监理署 (OCC) 的协作下制定的一部重要规章。该手册第二章将资本考评置于各项考评之首。其理由是，"银行资本发挥着非常重要的作用。它吸收损失，提高公众信心，有助于抑制过度的资产扩张，并为存款人和存款保险基金提供保护"。[1]由于金融工具和投资活动的创新给银行业带来了更大的复杂性，监管资本要求也随之演变。为了确保监管要求跟上这些变化，联邦银行机构修订了合格资本工具和最低资本水平的规则。在美国，资本规则一般遵循巴塞尔银行监管委员会 (BCBS) 的规则框架。《巴塞尔协议Ⅲ》资本标准强调普通股一级资本作为银行资本的主要形式。普通股一级资本是目前公认的最吸损 (loss-absorbing) 的资本形式，它是永久性的，并且将股东的资金配置于破产事件的损失风险之下。此外，《巴塞尔协议Ⅲ》强化了最低资本比率要求和风险加权定义，提高了及时纠正措施 (PCA) 的门槛，建立了资本保护缓冲区，并提供了实施反周期资本缓冲的机制。[2]

2013 年，为了保证美国的存款机构配合执行《巴塞尔协议Ⅲ》的资本标准，FDIC 和 FRB、OCC 一起发布了一系列标准和规章，加强银行资本的质量和数量，促进更强大的金融业，使其更能承受经济压力。针对 FDIC 监管下机构的资本规则载于《FDIC 规章制度》(FDIC Rules and Regulations) 的第 324 部分。第 324 部分定义了资本要素，建立了在标准化和高级方法下确定资本要求的风险加权准则，并设定了对不充分资本化的机构实施监督行动的 PCA 标准。第 324 部分还规定了维持资本留成缓冲的要求，这些缓冲影响到资本分配和酌情支付。[3]《风险管理考评政策手册》第

---

[1] Ibid, Sec. 2. 1, p. 1.

[2] Ibid.

[3]《FDIC 规章制度》第 324 部分按照三个阶段逐步施行：2014 年施行于综合资产 2500 亿美元以上或者资产负债表外敞口 100 亿美元以上的高级方法机构 (advanced approach institutions)，2015 年施行于社区银行和其他非高级方法机构，2019 年全面施行于所有的机构。

二章是对这些规则的概述。

（2）资本构成（Components of capital）。[1]第 324 部分建立了监管资本的三个组成部分：普通股一级资本（common equity tier 1 capital）、附加一级资本和二级资本。一级资本是普通股一级资本和附加一级资本（additional tier 1 capital）的总和。总资本是一级资本和二级资本的总和。普通股权益的一级资本、附加一级资本和总资本作为监管资本比率的计算分子；机构的风险加权资产是这些比率的分母；经过一定调整的平均总资产作为一级杠杆资本比率的分母。

普通股第一级资本是资本中最大的损失吸收形式。它包括资格的普通股和库藏股相关的剩余净留存收益；一定的累计其他综合收入（AOCI）元素，加上或减去监管扣除或适当调整；合格的普通股一级少数股东权益。

附加一级资本包括合格的非累积永久优先股，银行发放的小企业贷款基金和先前为一级资本被核准的不良资产救助计划工具，合格的一级少数股东权益，以及在其他未合并金融机构的工具中的欠确定投资。

二级资本包括贷款和占风险加权资产 1.25% 的租赁物的损失拨备、合格的优先股、次级债务和合格的二级少数股东权益（减去未合并金融机构二级工具中的任何扣除额）。第 324 部分取消了长期次级债务、有期限优先股和总资本中的二级资本额的上限。

（3）风险加权资产（Risk-weighted assets）。[2]第 324 部分规定了风险加权资产的两种评定方法。标准方法（standardized approach）一般是为社区银行设计的，而高级方法（advanced approach）则用于更大、更复杂的机构。

根据标准方法，银行的资产负债表资产和资产负债表项目的信用等值金额一般按债务人或相关担保人或担保物的性质评定为四类风险类别（0、20、50 和 100%）中的一种。[3]

高级方法适用于以下机构：合并总资产达到 2500 亿美元或以上的；综合总平衡表外风险敞口达到 100 亿美元或以上的；采用高级方法的存款机构或控股公司的子公司；选择采用高级方法的。它们适用第 324 部分的 E 节（风险加权资产 – 内部评级法和高级测量法）和 F 节（风险加权资产 – 市场风险）。这两节描述了复杂机构的

---

〔1〕 See, FDIC, Risk Management Manual of Examination Policies, Sec. 2.1, pp. 3 – 4. Available at: http://www.fdic.gov/regulations/safety/manual/.

〔2〕 See, FDIC Law, Regulations, related Acts, Part 324, Sec. 324.30 – 37. Available at: https://www.fdic.gov/regulations/laws/rules/2000 – 4350.html#fdic2000part324.30.

〔3〕 自 20 世纪 90 年代初美国首次引入风险加权制度以来，评定风险加权资产的一般流程没有改变。然而，标准化方法实施的若干变化涉及除 0、20、50 类和 100% 类以外的风险权重。这些变化包括高波动性商业房地产贷款（high volatility commercial real estate loans），逾期资产风险敞口（past due asset exposures），证券化或结构性投资（securitizations or structured investments），股权风险敞口（equity exposures），以及抵押和担保交易的风险敞口（collateralized and guaranteed exposures）。详见，Ibid, Sec. 2.1, pp. 4 – 6.

资产和其他风险敞口（包括交易账户）的风险加权评定。

（4）最低监管资本比率（Minimum regulatory capital rates）。[1]FDIC 监管下的机构必须保持以下的最低资本比率：①普通股权益的一级资本与风险加权资产总额的比率达到 4.5%；②一级资本与风险加权资产总额的比率达到 6%；③总资本与总加权风险资产的比率达到 8%；④一级资本与平均总资产的比率（一级杠杆比率）达到 4%。

受 FDIC 监管的任何机构已低于其最低杠杆资本要求的，可被视为从事不安全和不健全的经营，除非该机构经 FDIC 批准，已经签订并遵守增加资本杠杆比率和采取其他必要行动的书面协议或已提交并遵守类似的计划。任何一级资本与总资产比率低于 2% 的机构可被视为在不安全和不健全的状况下经营。

尽管有最低资本要求，受 FDIC 监管的机构必须保持与该机构暴露的所有风险的水平和性质相称的资本。此外，受监管的机构必须有一个对与其风险预测和保持适当资本水平的综合战略有关的整体资本充足情况的评估流程。FDIC 不排除对资本超过最低要求的存款机构采取正式的执行措施，只要具体情况表明这种措施是适当的。

此外，对于未能保持达到或高于最低杠杆资本要求的机构，FDIC 可以发出资本指令（capital directive），要求它在规定时间内将资本恢复到最低杠杆要求。

为了促进机构满足最低资本要求，美国监管当局推出了两项资本监管措施：

第一，追加杠杆比率（supplementary leverage ratio）的要求。对于采用高级评定方法的机构，其追加杠杆比率要在 2018 年 1 月 1 日达到 3%。这一追加比率与适用于所有机构的四个最低资本比率无关。追加比率是一个独立的比率，要按总杠杆风险敞口除以一级资本来计算。总杠杆风险敞口的组成是平衡表项目从一级资本扣除的少量金额，加上：①与衍生品合约相关的潜在未来信贷风险；②为不符合某些标准的衍生产品交易提供的现金担保物；③已出售信用衍生品的有效名义金额；④不符合某些标准的回购交易的应收账款净值；⑤可无条件取消的承诺的名义金额的 10%；⑥所有其他表外风险敞口乘以规范化的信用换算因素（不包括证券借贷交易、反向回购协议和衍生性金融商品）的名义金额。追加杠杆比率是按照这一测度在计算报告期内每个月最后一天的算术平均数得出的。

第二，资本留存缓冲（capital conservation buffer）的要求。[2]资本留存缓冲的设计是为了增强机构在经济周期中的财务弹性。从 2016 年 1 月 1 日起，金融机构将被要求保持下表所示的资本留存缓冲，以避免对资本分配和其他支付的限制。

---

〔1〕 Ibid, Sec. 2. 1, pp. 7 – 8. See also, FDIC Law, Regulations, related Acts, Part 324, Sec. 324. 10. Available at：https：//www.fdic.gov/regulations/laws/rules/2000 – 4350.html#fdic2000part324.10.

〔2〕 See also, FDIC Law, Regulations, related Acts, Part 324, Section 324. 11. Available at：https：//www.fdic.gov/regulations/laws/rules/2000 – 4350.html#fdic2000part324.11.

年度	普通股一级资本的资本留存缓冲
2016	0.625%
2017	1.25%
2018	1.875%
2019	2.50%

如果一家银行的资本留存缓冲额低于表中列出的数额，其资本分配和酌情支付（discretionary payments）的最大支出金额将根据银行的缓冲规模减至合格留存收入的一套百分比。这意味着，资本留存缓冲对加权风险资产的比例越大，其合格流程收入的支出限制比例越小；反之，资本留存缓冲的占比越小，支出限制越大。下表反映了2019年1月1日开始的资本留存缓冲全阶段的最大支出比例。

资本留成缓冲（占加权风险资产的%）	最高支出比例（占合格留存收入的%）
大于 2.5%	无支出限制
小于或等于 2.5% 并大于 1.875%	60%
小于或等于 1.875% 并大于 1.25%	40%
小于或等于 1.25% 并大于 0.625%	20%
小于或等于 0.625%	0%

受限制付款类型包括：股息、股票回购，一级资本工具的酌情支付，酌情分红。重要的是，FDIC保留进一步施加限制的权力，并要求资本与银行的风险状况相称。

为了计算某一季度的资本留存缓冲额，第324部分中的每一个最低风险资本要求都从该机构相应的资本比率中减去。从机构的相应比率中减去下列比率以导出缓冲额：①普通股一级风险资本比率减4.5%；②一级风险资本比率减6%；③总风险资本比率为8%。这三项中最低的一项将代表该机构的资本留存缓冲额，并用于确定其当前季度的最大支出。如果银行的资本留存缓冲是风险加权资产的2.50%或更少，那么银行的资本分配和酌情支付的最高支付额就会下降。

如果FDIC认定资本分配或红利支付不会违背本规定的目的或者不损害机构的安全性和稳健性，FDIC可能允许机构从限制资本分红和红利支付改变为仅限制资本分配或红利支付。

（5）及时纠正措施（Prompt corrective action，缩写PCA）。第324部分的H节（及时纠正措施）是由FDIC根据《联邦存款法》第38条发布的。其目的是确定运用根据《联邦存款法》第38条授予的决定监督行动的权力确定资本措施及其水平。H节还概述了根据第38条提交和审查资本恢复计划和其他官方指令的程序。值得注意的是，无论是H节还是第38条都没有限制FDIC采取监管措施来解决不安全或不稳健的行为或状态、资本不充足或违法情形的权力。依据 H 节和第 38 条的规定，采取的措施可以单独实施，也可以与 FDIC 的其他执法行动协同实施或者配合其实施。

以下是及时纠正措施的资本分类（PCA categories）:[1]

及时纠正措施的资本分类	总风险资本率	一级风险资本率	普通股一级风险资本率	一级杠杆比率
资本良好	10.0%	8.0%	6.5%	5.0%
资本充足	8.0%	6.0%	4.5%	4.0%
资本不足	<8.0%	<6.0%	<4.5%	<4.0%
资本显著不足	<6.0%	<4.0%	<3.0%	<3.0%
资本严重不足	有形资产净值/总资产≤2%			

此外，对于受 FDIC 监管的外国银行的分支机构，另设有一套分类标准。[2]

任何银行不符合最低 PCA 要求，可被视为违反第 324 部分和从事不安全或不稳健的经营，除非银行已签订并遵守 FDIC 核准的书面计划。此外，根据 H 节的规定，如果一个机构曾经处于较低等级的类别，FDIC 可将它从资本良好划入资本充足，或者要求它在资本充足或资本不足的情况下服从一定的强制性或任意性监管措施。

根据《联邦存款保险法》第 38 条的规定，对资本不足的机构可适用以下措施：①密切监测和定期检查该机构的状况和执行资本恢复计划、监管限制和要求的情况；②责令问题机构提交资本恢复计划，并在获得批准后切实执行；③资产扩张限制，即该机构任何季度的平均总资产不得超过上一季度的平均总资产；④未经批准，不得直接或间接收购任何公司的权益、设立或收购新的分支机构或者从事任何新业务。[3]

此外，监管部门还有权采取以下措施：①责令再资本化，包括要求机构出售足额的股份或债权以便使之在出售后达到资本充足，进一步责令以上出售的资本工具成为表决权股，责令该机构被一家存款机构控股公司（depository institution holding company）接收，或者被一家存款机构兼并；②限制与附属机构交易；③限制为吸收存款支付的利率；④限制扩充资产；⑤限制业务活动；⑥改善管理，包括选聘新董事、解聘董事或高级执行官、聘用合格高级执行官；⑦禁止接受往来银行的存款；⑧要求银行控股公司的资本分配须经事前批准；⑨责令剥离，包括责令该机构分立

---

[1] See, FDIC Law, Regulations, related Acts, Part 324, Section 324.403 (b). Available at: https://www.fdic.gov/regulations/laws/rules/2000-4350.html#fdic2000part324.401.

[2] Ibid, Sec. 324.403 (c).

[3] See, Federal Deposit Insurance Act, Sec. 38. Available at: https://www.fdic.gov/regulations/laws/rules/1000-4000.html#fdic1000sec.38.

或者清算其子公司、责令其母公司剥离非存款类附属机构、责令其母公司将该公司剥离；⑩高级执行官薪酬限制。[1]

根据第 324 部分，及时纠正措施主要包括两类，一是资本恢复计划（Capital restoration plans），二是强制性或任意性监管措施（Mandatory and discretionary supervisory actions），在资本恢复计划的措施下，资本不足、资本显著不足和资本严重不足的机构必须根据 FDIC 的通知提交追加资本的计划。计划经 FDIC 审查批准后实施，如果未获批准，该机构应提交新的或者修订后的资本恢复计划。[2]

（6）对资本严重不足机构的监管处置措施。根据《联邦存款保险法》第 38 条（h）款的规定，对资本严重不足的机构，要采取三方面的措施：一是营业限制，二是禁止偿付次级债务，三是托管、接管和其他必要措施。[3]

关于营业限制，第 38 条（i）款规定，一般地禁止问题银行的业务活动，同时，至少是未经 FDIC 同意的情况不得从事以下活动：①在通常的业务过程之外，进行任何实质性交易，包括投资、业务扩张、资产购置、资产出售或其他类似的活动，须向适当的联邦银行机构提交通知；②为任何高杠杆交易提供信贷；③修改该机构的章程或细则，但执行任何法律、法规或命令的任何其他要求的除外；④对会计方法作任何实质性改变；⑤从事《联邦储备法》（Federal Reserve Act）第 23A 条（b）款定义的任何与附属机构的交易；⑥支付过多的薪酬或奖金；⑦对新的或更新的负债支付利息，其利率大大超过了该机构的正常市场地域的现行存款利率，增加了机构的加权平均资金成本。[4]

关于接管，第 38 条（h）款（3）项规定，在存款机构的资本成为严重不足（critically undercapitalized）之日起 90 日内，适格的联邦金融监管机构应当选择为该机构指定接管人（reciever），或者采取其他有助于保护存款保险基金的措施；存款机构在资本根本性不足之日后 270 日内，在季度平均水平上资本根本性不足，则联邦金融管理机构应当为其指定接管人，对该银行实施强制清算；仅在银行满足特定的例外情况时，联邦金融监管机构方有权采取其他替代措施而不实施强制清算。[5]

启动监管处置程序的标准包括三项元素：资本水平、特定资本水平持续的期限、例外情况。其一，银行资本水平被认定为"资本严重不足"是监管机构采取强制清算的前提条件。根据《联邦存款保险法》第 38 条（c）款的规定，联邦监管机构与 FDIC 协商后确定认定资本根本性不足机构的杠杆比率。现行规定采用刚性标准认定

---

[1] Ibid.
[2] See, FDIC Law, Regulations, related Acts, Part 324, Section 324.404 – 324.405.
[3] See, Federal Deposit Insurance Act, Sec. 38 (h). Available at: https://www.fdic.gov/regulations/laws/rules/1000 – 4000.html#fdic1000sec.38.
[4] Ibid, Sec. 38 (i).
[5] Ibid, Sec. 38 (h) (3).

银行是否资本根本性不足（有形资产比率小于等于2%）。其二，随着资本根本性不足持续的时长不同，启动标准由非硬性转变为硬性。银行在被认定为资本根本性不足的90日内，监管机构有权决定是否采取强制清算；如银行在270日内持续资本严重不足，则监管机构不具有自由裁量权，必须对其实施强制清算。其三，仅在银行同时满足严格的法定例外情况时，监管者方有权酌定不实施管制性破产。这些例外情况包括：监管机构认定银行有正的净资产，银行实质上遵守了业已批准的资本重整计划且该计划实际有效，银行处于盈利或有逐步盈利趋势，银行正在减少未偿付贷款与总资本的比例，并且联邦金融监管机构受众和FDIC董事主席均证实该银行具有生命力且不会破产倒闭。[1]

如果监管措施不能使问题机构恢复正常，FDIC有权决定和主导破产机构的清算工作。《FDIC规章制度》第380部分"有序清算的职权（Orderly Liquidation Authority）"规定了银行破产清算的相关规则。[2]

2.《联邦存款保险法》的安全稳健标准。根据《联邦存款保险法》（FDIA）第8条（被保险存款机构的终止）的规定，银行业机构的终止包括自愿终止和非自愿终止两类。其中，非自愿终止包括三种原因：①存款机构或者其董事或受托人从事在开展存款机构业务经营中实施了或者正在实施不安全或不稳健的做法；②存款机构在不安全或不稳健的状态下持续经营；③存款机构或者其董事或受托人违反任何可适用的法律、法规、命令、FDIC在批准机构提出的任何申请或其他要求时书面下达的条件或者存款机构和FDIC之间书面订立的协议。[3]

由此可见，安全稳健标准是银行非自愿终止原因中的重要构成因素。银行严重违反安全稳健原则，即存在"非安全稳健经营"，可能导致机构或者其负责人遭到监管当局的多种制裁，例如终止机构受存款保险的资格，[4]下达临时停止令，[5]解除有关人员的职务或禁止其执行事务，[6]处以民事罚金，[7]禁止某些特定活动，[8]等等。

由于安全稳健原则较为抽象，FDIA以及相关法规、操作手册运用大量篇幅将该标准加以细化。其方法之一就是制定全面具体的行为准则。《FDIC规章制度》第364

---

[1] Ibid, Sec. 38 (c).

[2] See, FDIC Law, Regulations, related Acts, Part 380. Available at：https：//www.fdic.gov/regulations/laws/rules/2000-9400.html#fdic2000part380.30.

[3] Federal Deposit Insurance Act, Sec. 8 (a) (2). Available at：https：//www.fdic.gov/regulations/laws/rules/1000-900.html#fdic1000sec.8.

[4] Ibid, Sec. 8 (a) (2).

[5] Ibid, Sec. 8 (a) (2).

[6] Ibid, Sec. 8 (c) (3).

[7] Ibid, Sec. 8 (c) (4).

[8] Ibid, Sec. 8 (c) (6).

部分（安全性和稳健性的标准）附录 A（跨部门建立安全和稳健的标准的指南）从九个方面对"安全稳健"的运营及管理标准进行了进一步详细的规定。这些认定标准包括：①内部控制和信息系统。②内部审计。③贷款文件。④信用担保。⑤利率的风险敞口。⑥资产增长。⑦资产质量。⑧盈利性。⑨薪酬、费用和福利。该标准用以综合评估银行的内部控制、信息系统和内部审计系统与机构规模、性质和活动范围的匹配程度，资产增长和信用担保的审慎性，贷款记录的妥当性，等等。该标准要求所有适格的联邦银行监管机关应当通过规章或指引为加入联邦存款保险的存款类机构制定其认为适当的，与其资产质量、收益、股票定价相关的标准。[1]

细化安全稳健原则的另一个方法就是制定负面清单。FDIA 第 11 条（c）款列举了可能引发强制清算的非安全稳健行为，包括：资不抵债，因违法、违规或非安全稳健经营导致的重大浪费，故意违反终局的停止或终止命令，隐匿或拒绝向有关部门提供账簿等资料，支付不能，资本不足，触犯洗钱罪，等等。[2]

FDIC 的《风险管理考评政策手册》还以分类列举的方式对"非安全稳健"设定标准。[3] 非安全稳健被分为"被视为非安全稳健的'不作为'""被认定为非安全稳健的'作为'""被认定为非安全稳健的'状况'"三类，其具体标准参见下表：

被视为非安全稳健的"不作为"	1. 未对银行工作人员进行充分的监督与指导以避免其从事非安全稳健的行为及违反法律、法规和规章； 2. 未准备好充足的贷款损失准备金； 3. 未及时设置分类账； 4. 未保持账簿及记录内容精准； 5. 未对交易进行合理的报账； 6. 未实行贷款偿还计划； 7. 未获取或保存证明其对不动产担保债权享有优先权的证据。
被认定为非安全稳健的"作为"	1. 在因持有资产种类和质量问题导致资本不足的情况下运营； 2. 从事高风险贷款和疏忽松懈的行为，包括但不限于以下行为：未获充分担保即增信，未获完整且最新的财务信息即增信，为适当控制而以透支的方式即增信，未妥善分散风险即增信； 3. 根据银行的资产负债状况判断其流动性不足而依然运营； 4. 在无恰当内部控制的情况下运营，具体包括如下行为：未能对支票及未开具的存款证明有效控制，未有效实施职责分隔，未有效协调代理行账户之间的差异； 5. 实施投机或高风险投资政策； 6. 支付相对银行资本水平、收益能力及资产质量而言过高的股利。

---

〔1〕 FDIC Law, Rules and Regulations, Appendix A to Part 364, Available at: http://www.fdic.gov/regulations/laws/rules/2000-8630.html#fdic2000appendixatopart364.

〔2〕 Federal Deposit Insurance Act, Sec. 11 (c). Available at: https://www.fdic.gov/regulations/laws/rules/1000-1200.html#fdic1000sec.11c.

〔3〕 FDIC, Risk Management Manual of Examination Policies, Sec. 15.1, pp. 3-4.

续表

被认定为非安全稳健的"状况"	1. 维持过低的净利息差; 2. 过度的管理费用支出; 3. 过多的贷款被分类为不良; 4. 过度的贷款损失净额; 5. 过多的逾期贷款; 6. 过多的无收益资产; 7. 过度依赖大额负债。

不难看出,"安全稳健原则"是一套复合型标准,不仅包括普通破产标准,亦包括资本充足水平、合规经营等多种元素,只要监管者认为银行满足标准体系中列举的一项,即可实施处置措施。因而,安全稳健标准实际上承担了兜底的功能,该标准有助于监管者灵活应对各种复杂情况。

3. 《多德-弗兰克法案》后的压力测试规则。2010年,美国出台《多德-弗兰克法案》,对银行实行更严格的资本充足规定。该法案引入"沃克尔规则"(Volker Rule),禁止银行利用存款从事自营交易,限制银行投资私募股权基金和对冲基金,并加强了对资产证券化、场外交易等行为的全面监管,以建立银行与资本市场之间的风险防火墙。该法案要求根据银行的规模和风险设定新的资本要求,如禁止拥有子公司的大型银行将信托优先债券作为一级资本;要求资产在150亿美元以上的银行必须达到更高的资本标准;要求大型银行用5年时间把信托优先债券从一级资本中逐步剔除。同时,还要求FDIC加强资本监管,引入压力测试机制,完善银行破产清算规则。[1]

《多德-弗兰克法案》对FDIC强化和改进监管提出了一系列的要求。其中,该法案第165条(i)款(2)项要求对综合资产总额达100亿美元以上的存款机构进行年度压力测试。2012年10月15日,FDIC出台了年度压力测试规则,增设为《FDIC规章制度》第325部分(资本维持)的C节(Subpart C)。随后,FDIC在2014年~2016年陆续出台了一些关于推行银行压力测试的规则和指引。

第325部分第205条(a)款就"对资本的潜在影响"问题规定,在进行压力测试时,各银行应当在规划周期内的每个季度对以下每个场景进行预测:①拨备前净收入、损失,贷款损失准备金和净收入;②对适用于该银行的监管资本水平和资本比率以及FDIC规定的其他资本比率的潜在影响,需结合规划期内任何资本动作的影

---

[1] 关于我国学者对该法案的解读,参见宋丽智、胡宏兵:"美国《多德-弗兰克法案》解读:兼论对我国金融监管的借鉴与启示",载《宏观经济研究》2011年第7期;周卫江:"美国金融监管的历史性变革:评析《多德-弗兰克法案》",载《金融论坛》2011年第3期;赵诚:"美国多德—弗兰克法案解读",复旦大学2012年硕士学位论文;周懋:"基于《多德-弗兰克法案》的美国金融监管改革研究及借鉴",河北大学2014年博士学位论文。

响和针对信贷风险敞口的贷款损失拨备的维持情况。[1]

　　FDIC 银行压力测试框架的一般原则是：①银行业组织的压力测试框架应包括为银行组织的风险敞口、活动和风险（exposures, activities, and risks）量身定制和充分采集的动态和推演（activities and exercises）；②有效的压力测试框架采用多种概念健全的压力测试活动和方法；③有效的压力测试框架具有前瞻性和灵活性；④压力测试结果应明确、可操作和依据充分，并应告知决策；⑤一个组织的压力测试框架应该包括强有力的治理和有效的内部控制。该框架采用的压力测试方法主要为场景分析法（Scenario analysis）、敏感度分析法（Sensitivity analysis）、企业整体压力测试法（Enterprise - wide stress testing）和反向压力测试法（Reverse Stress Testing）。[2]

　　压力测试的评估重点是资本充足性和流动性。这种测试应该考虑在多重风险同时显现的环境中的损失、收益、现金流、资本和流动性会如何受影响，例如在不利的利率环境中的信贷损失增加。资本压力测试对银行机构的监管性资本分析是一个补充，因为它通过至少两年期的预测，提供了对资本充足性的前瞻性评估，并突出了在监管性资本要求中没有充分采集的风险因素对资本水平和资本比率的潜在性不利影响。它还可用于帮助银行评估其资本的质量和构成，以及其吸收损失的能力。压力测试能够帮助管理层提前识别应予减少的风险敞口或风险，确定为提高资本水平或维持资本充足所需采取的行动，例如未雨绸缪的资金筹措，从而完善风险准备计划。流动性压力测试可以根据机构特有和市场常有的应激事件和风险情形查找与流动性充足相关的漏洞。有效的压力测试有助于银行组织识别和量化潜在的流动性和资金供应紧张的深度、来源和程度，分析其在不同时期对现金流、流动性状况、盈利能力和财务状况的其他方面的可能影响。例如，压力测试可以用来探测潜在的资金短缺、流动资产不足、不能发行债券、可能导致存款外流的风险敞口、短期经纪存款的波动、对评级下调的资金敏感性，以及抵押品价值减少对其在联邦住房贷款银行、美联储贴现窗口或其他担保批发融资来源获得借款能力的影响。[3]

　　由于有压力测试的法定报告制度，银行的压力测试结果也将有助于监管部门加强对机构和金融市场的风险管控。

---

　　[1] FDIC Law, Rules and Regulations, Part 325, Sec. 205（a）, available at: https://www.fdic.gov/regulations/laws/rules/2000 - 4550. html#fdic2000part325.201.

　　[2] FDIC, Supervisory Guidance on Stress Testing for Banking Organizations With More Than $10 Billion in Total Consolidated Assets, III, pp. 8 - 10. Available at: https://www.fdic.gov/regulations/laws/federal/2012/2012 - 05 - 17_ notice. pdf.

　　[3] Ibid.

三、欧盟的银行困境识别标准

（一）《银行恢复与处置指令》的识别标准

2014 年 5 月 15 日，欧洲议会和欧洲理事会发布了官方简称为《银行恢复与处置指令》（Bank Recovery and Resolution Directive，缩写 BRRD）的第 2014/59 号欧盟指令。[1]这项重要立法为欧盟各成员国处理陷入困境的银行制定了一个共同框架。BRRD 通过单一清算机制（SRM）在欧元区国家实施。SRM 是欧盟银行体系的三大支柱之一，与之并行的还有欧洲央行建立的单一监管机制（SSM）和欧元区成员国商定的单一存款担保计划（DGS）。在 BRRD 颁布的同一天，欧盟委员会（European Commission）发布了题为《欧盟银行恢复与处置指令（BRRD）：常见问答》的解释性文件。[2]

处置（Resolution）是 BRRD 的一个核心术语。它是指有处置权力的有关当局通过使用处置工具对银行进行重组，以确保其关键职能的连续性，维护金融稳定，恢复该机构全部或部分的生存能力，而将其余部分纳入正常破产程序。BRRD 向成员国有关当局提供了处理国内银行困境的更全面和更有效的安排，以及应对跨境银行倒闭的合作安排。银行处置的主要目标是：①保障基本银行业务的连续性；②保护储户、客户资产和公共资金；③尽量减少给金融稳定造成的风险；④避免不必要的价值流失。此外，有效的银行处置也应解决道德风险问题，其关键职能之一是加强市场约束。因此，处置是对其他工作流程的一个重要补充，其旨在通过要求更高水平的高质量资本、对储户更大程度的保护、更安全和更透明的市场结构和实践以及更好的监督，使金融体系更加健全。

根据 BRRD 的要求，每个成员国需要指定一个"处置当局（resolution authority）"来行使处置权。处置当局可以是中央银行、有监管资格的部门或者其他公共行政机关。处置当局的职权应当与监管部门的职能分离（虽然它可以与监管部门属于同一个组织）。只有在特殊情况下，成员国才能让处置当局担负欧盟法规定的金融监管机

---

[1] 该文件的全称为：《欧洲议会和理事会第 2014/59/EU 指令：建立信贷机构和投资公司恢复和处置框架并修改欧洲理事会 82/891/EEC 号指令，以及欧洲议会和欧洲理事会 2001/24/EC、2002/47/EC、2004/25/EC、2005/56/EC、2007/36/EC、2011/35/EU、2012/30/EU and 2013/36/EU 号指令和（欧盟）第 1093/2010 号和（欧盟）第 648/2012 号条例》（DIRECTIVE 2014/59/EU OF THE EUROPEAN PARLIAMENT AND OF THE COUNCIL：establishing a framework for the recovery and resolution of credit institutions and investment firms and amending Council Directive 82/891/EEC, and Directives 2001/24/EC, 2002/47/EC, 2004/25/EC, 2005/56/EC, 2007/36/EC, 2011/35/EU, 2012/30/EU and 2013/36/EU, and Regulations（EU）No 1093/2010 and（EU）No 648/2012, of the European Parliament and of the Council）。

[2] European Commission MEMO, "EU Bank Recovery and Resolution Directive (BRRD)：Frequently Asked Questions", 15 April 2014, Available at：http：//europa.eu/rapid/press‐release_ MEMO‐14‐297_ en.htm.

关,即所谓"主管部门(competent authority)"的职能。[1]但是,在BRRD的法律框架中,主管部门仍是一个重要的决策参与者。尤其是在作出处置程序启动等重大决定时,处置当局需要与主管部门保持沟通和协作。处置过程中采取的措施涉及主管部门法定权限的,也需要主管部门参与。它们在立法文件中被统称为"有关当局(relevant authorities)"。

对困境银行的处置过程主要包括以下环节:①准备和预防。银行和处置当局必须就如何解决可能导致财务压力或银行倒闭的情况制定恢复与处置计划。如果当局在制定计划的过程中确认了可处置性的障碍,它们可以要求银行采取适当的措施,包括公司和法律结构的改变,以确保它可以用现有的工具处置而不会威胁到金融稳定,也不涉及纳税人的成本。②早期干预。银行监管部门被授予一系列扩展的权力,使它们能够在一家机构面临财务困境(例如,当银行在违反或将要违反资本监管要求时)但问题尚未变得十分严重,其财务状况尚未无可挽回地恶化时,便出手加以干预。这些权力包括解雇管理人员和任命临时管理人,召开股东大会以通过紧急改革的决议,以及要求银行起草与债权人重组债务的计划。③处置措施。处置的目标是尽量减少银行困境的成本由国家及其纳税人承担的程度。为此,如果处于困境中的银行继续失败,BRRD为处置当局提供了一套可靠的解决工具,包括有权将该银行的业务出售或并入另一家银行、建立临时桥银行经营关键业务、从坏银行剥离优良资产和将困境银行的债务转换为股份或者予以核销(自救)。这些工具将确保困境银行的任何关键功能的保存都不需要对该银行的外部救助,并且被处置银行的股东和债权人应适当承担一部分损失。它们也应该避免困境银行在破产情形下的大幅度价值损失,例如迅速将其再资本化以使之获得重组。

处置的启动发生在有关当局确认一家银行正在或可能陷于困境,并且在短时间内没有其他私营部门的介入可以恢复机构的生存能力,而适用通常的破产程序会导致金融不稳定的时候。欧盟《银行恢复与处置指令》(BRRD)第32条第1款规定,成员国监管当局决定对一家银行实施处置,必须同时具备三个条件:a. 主管当局或者(在某些条件下)处置当局确认一家机构处于困境或者有困境之虞;b. 考虑到时间和其他相关情况,不能合理地预期任何替代性的私营部门的措施,包括机构保护计划(institutional protection scheme, IPS)的措施,或者监管行动,包括早期干预措施或者对该机构核减或转换资本工具,能够避免该机构在合理时间内免于倒闭;c. 处置行动为公共利益所必需。BRRD第32条第4款进一步规定,困境或困境之虞的认定应当依据以下诸方面情况:a. 现已或可能违反持续授权要求,以至于主管部门

---

[1] "Member States may exceptionally provide for the resolution authority to be the competent authorities for supervision for the purposes of Regulation (EU) No 575/2013 and Directive 2013/36/EU." (BRRD, Article 3(3))

有理由撤回授权；b. 现已或者可能资不抵债；c. 现已或可能无力清偿到期债务；d. 为维护金融稳定，需要公共财政给予特别支持。在 BRRD 第 32 条第 1 款中，a 项属于事实性判断，b、c 两项属于政策性考量。在该条第 4 款中，a、b、c 三项属于事实性判断，d 项属于政策性考量。事实性判断是政策性考量的前提和基础。

鉴于"困境或困境之虞"（failing or likely to fail）是 BRRD 第 32 条中的关键概念，也是 BRRD 出台之后欧盟成员国普遍适用的识别标准，BRRD 第 32 条第 6 款明确规定，授权欧洲银行管理局（European Banking Authority，缩写 EBA）就银行"困境或困境之虞"的不同情况作出解释，以促进各成员国银行监管和处置实践的趋同。

（二）《关于困境或困境之虞的解释指引》的认定方法

2015 年 5 月 26 日，欧洲银行管理局（EBA）出台了《关于困境或困境之虞的解释指引》（以下简称《指引》）的最终文本。[1]《指引》的内容以 BRRD 第 32 条第 1 款 a 项和第 4 款 a、b、c 项为聚焦，此二款的其他各项不在其关注范围。

1. 制定《指引》的目标、主题和对象。制定《指引》的目标，是通过统一金融机构困境的识别标准，提高成员国处置困境机构的能力，并且实现成员国在对跨境机构进行困境处置时的合作。《指引》将这些目标分解为作业目标（Operational objectives）、特别目标（Specific objectives）和总目标（General objectives），分别适用于国内实践和跨国实践两个层次。[2] 其内容见下表：

	作业目标	特别目标	总目标
国内实践	给主管部门和处置当局提供更有效、精准的工具（例如指标和情况）以实施有效的处置。	改进监管制度，实现最佳处置。	减少系统性银行危机的可能性，减轻对金融稳定的威胁。
跨国实践	关于跨成员国处置行动的通力合作。	改进跨国界处置方面的跨司法管辖区合作。	促进欧共体市场的有效和高效运行。

《指引》作为一个解释性文件，所解释的对象是在 BRRD 体系中作为处置程序启动条件的"困境或困境之虞"之情形。为此，《指引》在"背景和理由"部分中阐述了这一主题的意义："处置是监管行动序列的最后步骤，通常是在可能和适当的情况下采取了早期干预措施之后。处置构成了正式破产程序的替代方法。实际上，只有当一家机构被认定为处于困境或者有困境之虞，而私营部门解决方案和监管行动

---

[1] 该文件全称为《根据 2014/59 号欧盟指令第 32（6）条对机构应被视为困境或困境之虞的不同情形的解释指引》（Guidelines on the interpretation of the different circumstances when an institution shall be considered as failing or likely to fail under Article 32（6）of Directive 2014/59/EU），EBA/GL/2015/07。该文件英文版见 EBA 官网：https：//www.eba.europa.eu/regulation – and – policy/recovery – and – resolution/guidelines- on – failing – or – likely – to – fail。

[2] Ibid，p. 23.

都不可能在合理时间内避免机构倒闭,并且正式破产程序又不能满足公共利益测试的时候,才能采取处置行动。"[1]《指引》举了两个例子来说明这些界限:[2]

例一:机构 A 是一家大型信贷机构,它有可能蒙受巨大损失。损失的程度尚不清楚,但有客观因素支持这样的认定:损失将耗尽机构 A 的全部或相当数量的自有资金。根据第 2014/59 号欧盟指令第 32 条第 4 项和本《指引》,机构 A 应当被认为有困境之虞。然而,在目前阶段该机构没有出现流动性困难。机构 A 的恢复计划设计了在目前情况下可能恢复资本的措施。如果处置当局相信,这些行动将在足够短的时间成功恢复该机构的财务状况,它可以决定,根据 2014/59 号欧盟指令第 32 条第 1 款 a 项,采取处置行动既不必要也不适宜。如果主管部门或处置当局的情况评估发生变化或者该机构的情况进一步恶化,这个决定可随时修订。

例二:机构 B 是一个没有系统重要性、不履行任何重要职能的小微信贷机构。现在它预计会遭受重大损失。考虑到预期损失的程度,该机构的资产很可能会低于其负债。因此,应根据第 2014/59 号欧盟指令第 32 条第 4 款和本《指引》,认定 B 机构有困境之虞。但是,如果处置当局认为该机构可以经司法破产程序进行清算,则根据 2014/59 号欧盟指令第 32 条第 1 款 c 项,不需要为了公共利益对其采取处置行动。

《指引》作为一个指导性文件,所指导的对象是在 BRRD 处置程序中负责认定金融机构有"困境或困境之虞"的主管部门和处置当局,以及被处置的金融机构。《指引》在"本《指引》的地位"部分中指出:《指引》介绍了 EBA 关于在欧洲金融监管体系内的适当监管实践和如何在特定范围内适用欧盟法的观点。因此,EBA 期待《指引》所适用的所有主管部门、处置当局和金融机构遵守本《指引》。《指引》适用的主管部门和处置当局应将《指引》的规则与它们的监管实践相结合(例如通过修改其法律框架或监督程序),包括将《指引》主要用于指导金融机构的实践。[3]

2. 认定机构困境或困境之虞的客观要素。《指引》提供了一套客观要素,以证实对某一机构困境或困境之虞的认定。这些要求包括三个方面:资本状况、流动性状况、合规状况。在多数情况下,需要将几个要素综合考虑。但是,如果仅仅满足其中一个要素,但其"严重性和审慎影响(severity and prudential impact)"足够大,也可能触发处置程序。[4]

(1)资本状况。《指引》规定:

第一,如果客观要素证实一家机构在不久的将来有以下情形,则它应当被认为有困境或困境之虞:①违反与持续授权相关的自有资本要求,以至主管部门有理由

---

[1] Ibid, p. 5.
[2] Ibid, pp. 7 – 8.
[3] Ibid, p. 9.
[4] Ibid, para. 16, p. 9.

撤销其授权,其理由包括但不限于此情形因损失而耗尽其全部或大部分自有资本;②资不抵债。[1]

第二,在评估该机构在不久的将来的资产负债情况以及它在不久的将来是否符合自有资金要求时,应当依据包括以下各项在内的客观要素作出决定:①该机构掌握的自有资金的水平和构成,以及它是否符合欧盟规定的最低自有资金和补充自有资金的要求;②资产质量检查结果显示其足以导致违反自有资金要求的资产价值显著减损;③处置当局为了解是否具备处置条件而作出的评估结果(如果有的话);④任何其他机构对该机构资产负债的特别评估结果证实该机构资不抵债或者可能在不久的将来资不抵债,无论它是独立评估机构还是处置当局或者其他任何人制备的,只要其评估方式符合欧盟相关规定即可。评估结果的要素可用于确定该机构是否在近期违反或可能违反欧盟规定的自有资金要求,以证明撤销其授权的正当性。[2]

第三,结合该机构的特点,以下要素也要加以考虑:①该机构融资成本的重要的非临时增加达到使该机构不可持续的程度,威胁到该机构的资本状况和生存能力;②该机构重大的表外项目在不久的将来可能具体化(即或有负债),从而造成重大损失,威胁到机构的资本状况和生存能力;③宏观经济环境的重大不利事态发展,包括利率、房地产价值或经济增长方面的相关发展,可能威胁到该机构的资本状况和生存能力。这种发展对该机构的商业模式、盈利前景、资本状况和生存能力将产生重大不利影响;④指标显示该机构的市场预期严重恶化,表明该机构的偿债能力受到严重损害,其资本状况和生存能力受到威胁,反映出(除其他事项外)股价净值水平跌落或者经济杠杆水平(即根据总资产与股票市值的比率衡量的经济杠杆)迅速提高。这两个比率的走向可以与该机构的同行相比较,并适当考虑会计准则的差异可能造成的扭曲;⑤市场指标的绝对和相对演变有重大的非暂时性恶化,包括在现有情况下以股票为基础的指标(如账面市值比和股权比例)或基于债务的指标(例如信用违约掉期或次级债务利差)表明该机构可能招致威胁其资本状况和生存能力的损失。[3]

(2)流动性状况。《指引》规定:

第一,如果有客观要素证实一个机构在不久的将来有以下情形,则它应被视为有困境或困境之虞:①违反监管关于(市场准入的)继续授权的流动性要求,足以

---

[1] Ibid, para. 19, p. 13. See, Article 32(4)(a) and (b) of Directive 2014/59/EU, Article 104(1)(a) of Directive 2013/36/EU.

[2] Ibid, para. 20, pp. 13–14. See, Article 92 of Regulation (EU) No 575/2013, Article 104(1)(a) of Directive 2013/36/EU and Article 36 of Directive 2014/59/EU.

[3] Ibid, para. 21, p. 14.

使主管部门有理由撤销对它的授权；②无力清偿到期债务。[1]

第二，确定该机构是否可能无法满足流动资金的监管要求或无力清偿到期债务时，应以客观要素为依据，其中包括：①出现显著不利的事态发展，影响到机构的流动性状况及其资金来源可持续性，并影响到它遵守欧盟第575/2013号条例规定的流动性最低要求和该条例第105条规定的附加要求或者任何国内的流动性最低要求。②该机构流动性缓冲和平衡能力的显著的非暂时性的不利走势。在具有相关性的情况下，对平衡能力动态的评估应当考虑：极有可能的流动性注入，包括已收到的信贷承诺和流动性额度；任何预测到的合同性流入；更新融资的能力（包括新融资工具的期限和类型）；长期资金的获取权；来自交易相对方的流动性额度的异常和大量的减少或终止。③该机构融资成本的非临时性增加达到了无法持续的水平，特别是与同业机构相比较，反映出担保融资和无担保融资的成本增加（例如在收益差上的反映）。④该机构的债务在当前和未来的显著不良走势。在具有相关性的情况下，对机构债务走势的评估应考虑：预期中的流动性异常流出，包括该机构的交易相对人发出的追缴保证金和/或提前偿还债务的请求以及可能出现的银行挤兑迹象；预期中异常的抵押品要求，以及中央相对人和其他相对人对抵押品折价的进展；任何或有债务，包括因授信和流动性额度而产生的债务。⑤该机构在支付、清算和结算系统中的地位，以及任何迹象表明该机构在履行自己的义务中，包括在支付、清算和结算系统内执行付款时，正在经历困难。⑥可能严重损害该机构声誉的事态发展，特别是一个或数个评级机构做出的重大评级下调，如果它们导致了大幅度的资金外流，或导致无法更新资金或者无法根据外部评级来激活合同诱因。[2]

第三，如果与该机构的特性有关，以下补充要素也应考虑：①宏观经济环境的重大不利事态发展可能威胁到该机构的财务状况和生存能力，包括利率、房地产价值或经济增长方面的动态。这种事态发展应直接或间接地严重影响该机构的流动资金状况。②该机构的市场认知的显著恶化，反映在市场指标的绝对和相对进展的非临时性恶化的迹象上，如果有的话，包括基于股权的指标（例如股价和账面市值比）或基于债务的指标（例如信用违约掉期和次级债务利差）表明机构可能亏损或面临可能威胁其生存的流动性问题。[3]

（3）合规状况。这里所说的"合规"，在BRRD第32条和EBA《指引》中表述为符合"持续授权的要求（Requirements for continuing authorisation）"。"持续授权要求"是欧盟银行法的专用术语，相当于我们通常所说的"保持市场准入资格的条件"。其法律依据是欧洲议会和欧洲理事会2013年6月26日颁布的关于信贷机构业

---

[1] Ibid, para. 23, p. 15. See, Article 32（4）（a）and（c）of Directive 2014/59/EU, Article 105 of Directive 2013/36/EU.

[2] Ibid, para. 24, p. 16.

[3] Ibid, para. 25, p. 16.

务准入和信贷机构及投资公司审慎监管的第36号指令（以下简称"欧盟2013/36号指令"）。[1]根据BRRD第32条第4款a项的规定，银行"现已或可能违反持续授权要求，以至于主管部门有理由撤回授权"的，应被确认为困境或困境之虞。"为此，主管部门和/或处置当局应当考虑，除其他情况外，该机构的治理安排和运行能力是否存在严重缺陷，以及这些弱点是否对该机构提供银行/投资服务的可靠性和能力产生重大影响"。[2]所以，在BRRD和《指引》的框架内，对机构的合规评价主要从以下两个方面考虑：

第一，治理安排（Governance arrangements）。如果一个机构存在以下客观要素，则表明它在治理安排方面存在严重缺陷，它们在大多数情况下可能与有关资本和流动性的其他客观要素结合在一起：①在监管报告或财务报表中存在重大的虚假陈述，特别是导致外部审计拒绝提供合格意见的情形；②该机构的管理层长期陷入僵局，导致无法作出重要决策；③在治理安排的关键领域积累了重大的缺陷，它们结合起来对该机构产生审慎方面的重大负面影响。[3]其中，③项所说的结合起来对机构产生重大负面影响的重大缺陷，常见的例子有：战略规划的不足、风险容忍度/偏好和风险管理框架的形式化，导致无法识别、管理和报告该机构正在或可能被暴露的风险；未曾及时和适当地报告给管理团队的重大缺失、缺陷或问题；内部控制机制不充分；由于不遵守机构关键岗位"适合和适当"的人选标准，导致严重的声誉贬值；业务及操作行为缺乏透明度或信息披露不完整、不准确，导致严重的声誉贬值；机构中关键岗位人选的提名和继任引发的重大诉讼或纠纷；薪酬条件方面的重大违规。[4]

第二，提供被监管业务的运行能力（Operational capacity to provide regulated activities）。某些客观要素可能对机构提供银行和投资活动的业务能力产生不利影响，即使它没有违反自有资金和流动性方面的监管要求。如果这些情况和事件不是或然的而且不能及时有效地排除的话，在评估该机构是否处于困境或有困境之虞时就应当加以考虑。负面环境和事件的标志包括：①由于持续的业务限制，该机构无力再履行其对债权人的义务，特别是不再为其储户委托的资产提供担保；②由于持续的业

---

［1］ Directive 2013/36/EU of the European Parliament of of the Council of 26 June 2013 on access to the activity of credit institutions and the prudential supervision of credit institutions and investment firms, amending Directive 2002/87/EC and repealing Directives 2006/48/EC and 2006/49/EC. Available at：http：//eur – lex. europa. eu/legal – content/EN/TXT/? qid =1503408539386&uri = CELEX：32013L0036.

［2］ Guidelines on the interpretation of the different circumstances when an institution shall be considered as failing or likely to fail under Article 32 (6) of Directive 2014/59/EU, EBA/GL/2015/07, para. 27, pp. 16 – 17. Available at：https：//www. eba. europa. eu/regulation – and – policy/recovery – and – resolution/guidelines – on – failing – or – likely – to – fail.

［3］ Ibid, para. 28, p. 17.

［4］ Ibid, para. 29, p. 17.

务限制，该机构无力支付或取得付款，因而无法进行银行业务活动；③由于经营风险，该机构丧失了市场和存款人的信心，导致该机构不再能够开展其业务活动的情况（例如该机构的客户或者其他利害关系人不愿意与其交易或者为其提供资本，甚至现有客户有意终止合同，包括银行挤兑）。[1]

3. 认定机构困境或困境之虞的流程。

（1）SREP 流程。"SREP"是指在欧盟 2013/36 号指令第 97 条中定义并在 EBA《监管检查和评价流程（SREP）通用程序和方法指引》（以下简称《SREP 指引》）中进一步明确规定的监管检查和评价流程（supervisory review and evaluation process）。

欧盟 2013/36 号指令第 97 条第 1 款规定，主管机关应当检查机构为遵守本指令和欧盟 575/2013 号条例所实施的安排、策略、程序和机制并评估：①该机构暴露或可能暴露的风险；②该机构可能给金融系统带来的风险；③在考虑机构业务的性质、规模和复杂性的情况下通过压力测试显露的风险。[2]第 3 款规定，在第 1 款规定的检查和评估的基础上，主管部门应当确定机构实施的安排、策略、程序和机制，以及它们掌握的自有资金和流动性是否确保了健全的风险管理和风险覆盖。

依据欧盟 2013/36 号指令，EBA 于 2014 年 12 月出台了《SREP 指引》。这份长达 218 页的文件，提供了一套完整的监管评估框架和详细的技术性指标和方法。[3]

SREP 流程的工作程序，大体分为监测、评估和措施三个层次，其基本框架见下表。[4]其中，评估流程包括要素评估和总体 SREP 评估两个部分。总体 SREP 评估（Overall SREP assessment）是基于 SREP 要素的评估对机构的整体生存能力的最新评估。在总体 SREP 评估的基础上，得出关于机构生存能力的整体风险的数值指标，即"总体 SREP 得分（Overall SREP score）"，作为采取监管措施和处置措施的判断依据。

---

[1] Ibid, para. 30, p. 17 - 18.

[2] 欧盟 575/2013 号条例是欧洲议会和欧洲理事会 2013 年 6 月 26 日发布的关于信贷机构和投资公司审慎要求的法规，其检索地址为：http：//eur‑lex.europa.eu/legal‑content/EN/TXT/? qid = 1503494037763&uri = CELEX：32013R0575，最后访问时间：2017 年 8 月 23 日。

[3] Guidelines on common procedures and methodologies for the supervisory review and evaluation process (SREP), EBA/GL/2014/13, 19 December 2014. Available at: https://www.eba.europa.eu/documents/10180/935249/EBA‑GL‑2014‑13% 2b（Guidelines% 2bon% 2bSREP% 2bmethodologies% 2band% 2bprocesses）.pdf.

[4] Ibid, S. 2. 1, p. 21.

通用 SREP 框架总览

机构的分类				
关键指标的监测				
经营模式分析	内部治理和全机构控制评估	资本风险评估 || 流动性和融资风险评估	
^	^	内部风险和控制评估 || 内部风险和控制评估	
^	^	资金要求和压力测试的认定 || 流动性要求和压力测试的认定	
^	^	资本充足性评估 || 流动性充足性评估	
总体SREP评估				
监管措施				
量化资本措施		量化流动性措施		其他监管措施
早期干预措施				

在 BRRD 体系中，SREP 评估是有关当局认定机构困境或困境之虞的一个重要工具。EBA《指引》指出：关于一个机构是否仍然符合继续授权的要求和本指引规定的目的要素的评估要由主管部门通过欧盟 2013/36 号指令第 97 条描述的监管审查和评价流程（SREP）在连续性的基础上进行。在 EBA 的《SREP 指引》中对这种评估作出了进一步的规定。根据这一规章，SREP 的重点是对机构的生存能力进行评估，要求主管部门对该机构的风险预测、治理安排、经营模式和战略，以及为覆盖该机构可能暴露的风险而能获得的自有资金和流动性资源的充足性有最新的看法，并据此对该机构的整体生存能力做出判断。[1]

（2）主管部门的认定。根据《指引》的规定，上述客观要素的评估通常是由主管机关依据《SREP 指引》进行。SREP 评估结果将反映在由给该机构作出的整体 SREP 评分支持的总体 SREP 评估中。

根据 SREP 评估的成果，主管部门应根据以下情况确定机构处于困境或有困境之虞：在根据 SREP 指引规定的考评的基础上给该机构的整体 SREP 评分为"F"；或者

---

〔1〕 Guidelines on the interpretation of the different circumstances when an institution shall be considered as failing or likely to fail under Article 32（6）of Directive 2014/59/EU, EBA/GL/2015/07, p.6. Available at: https://www.eba.europa.eu/regulation-and-policy/recovery-and-resolution/guidelines-on-failing-or-likely-to-fail.

在根据 SREP 指引规定的考评的基础上给该机构的总体 SREP 得分为"4",并且未能遵守根据 2013 年第 36 号欧盟指令第 104、105 条适用的监管措施,或者根据 2014 年第 59 号欧盟指令第 27 条第 1 款适用的早期干预措施。[1]

需要指出的是,与适用于跨国银行集团及其实体的框架内(即根据《SREP 指引》,要求在最终认定之前在监管者协会(colleges of supervisors)对 SREP 评估结果进行讨论和协调)的一般 SREP 程序不同,主管部门在考虑根据欧盟 2014 年第 59 号指令第 81 条给机构评分为"F"的时候,应遵照欧盟 2014 年第 59 号指令第 32 条规定的程序,与处置当局进行洽商,而无需事前在监管者协会的框架内讨论或协调。[2]

(3) 处置当局的认定。当处置当局被授权确定一个机构是否处于困境或有困境之虞时,它应当依据其对该机构行使处置权时掌握的信息,考虑有关该机构的资本状况、流动性状况和涉及继续授权要求的其他方面的客观要素。[3]此外,处置当局在审查主管部门作出并提供的 SREP 结果时,也应考虑这些客观要素。[4]

在确定机构处于困境或有困境之虞时,处置当局对于主管部门提供的关于该机构的总体 SREP 评分结果为 4 分,以及该机构没有遵守根据欧盟相关指令对其适用的监管措施或早期干预措施的通知,也应作为客观要素加以考虑。[5]

(4) 主管部门和处置当局之间的协商和信息交流。为了在评估一个机构是否困境或者有困境之虞的时候便于对所需信息进行及时沟通,主管部门和处置当局应当根据下列要求交换信息。首先,主管部门和处置当局在确定该机构处于困境或者有困境之虞之前,应适当讨论其评估结果。其次,在确定存在《指引》规定的上述客观要素时,处置当局应当要求主管部门说明这些情况是否体现以及如何体现在该机构的整体 SREP 评估之中。[6]

在信息交流中,主管部门应当提供的信息包括:主管部门关于该机构适用早期干预措施的条件已经具备的决定,以及所采取的预防危机的措施;对该机构的 SREP 评估结果。处置当局应当提供的信息包括:在确定《指引》规定的上述客观要素时的调查结果和理由;在个案中将采取的处置行动,包括为准备处置而要求机构与潜在的采购商联系,要求由独立评估机构对该机构的资产和负债进行评估。[7]

---

[1] Ibid, para. 31, p. 18.
[2] Ibid, para. 32, p. 18.
[3] Ibid, para. 33, p. 19.
[4] Ibid, para. 34, p. 19.
[5] Ibid, para. 35, p. 19.
[6] Ibid, para. 36 – 38, p. 19.
[7] Ibid, para. 39 – 42, p. 19 – 20.

四、英国的银行破产标准和风险评估框架

英国在 1998 年亚洲金融危机后，特别是在 2008 年美国次贷危机引发的全球金融风暴以来，进行了紧锣密鼓的银行破产法改革。目前，涉及银行破产标准的立法新成果主要有《2009 年银行法》和《2000 年金融服务与市场法》。此外，监管部门也出台了一系列实施细则，其中英格兰银行 2014 年出台的《审慎监管局的银行监管方法》具有一定的代表性。

（一）《2009 年银行法》的破产标准

英国《2009 年银行法》[1]建立了名为"特殊处置制度"（Special Resolution Regime，缩写 SRR）的银行破产规则体系。此体系由三种程序组成：一是行政主管当局基于法定"稳定权"（stabilisation powers）的处置程序（以下简称"稳定处置程序"），包括三个稳定选项（three stabilisation options）：①将困境银行的全部或部分业务（含股份或财产）转让给私营部门的买家（Private sector purchaser）；[2]②将该等业务（含财产）转移到一个英格兰银行全资拥有的"桥银行"（bridge bank）；[3]③对该银行实行临时公有化（Temporary public ownership）。[4]二是"银行破产"（bank insolvency）程序，即法院根据银行业主管当局的申请，启动和主导的破产清算程序。三是"银行接管"（bank administration），即在主管当局采用稳定处置程序的前两种稳定选项后，法院根据英格兰银行的申请，任命管理人对困境银行部分业务被转移后的受让人（商业买家或桥银行）提供支持并对该银行的剩余业务进行运营和拯救的程序。

《2009 年银行法》对 SRR 的以上三种程序的破产标准规定。

1. 稳定处置程序适用的破产标准。《2009 年银行法》第 7 条规定："只有在金融服务管理局（FSA）确信符合以下条件时，才能对银行行使稳定权。条件一是银行处于困境或有困境之虞，不能满足《2000 年金融服务与市场法》[5]第 41 条第 1 款意义上的门槛条件。条件二是，考虑到时间和其他相关情况，（如果不适用稳定权）由该银行或者对该银行采取使之能够满足门槛条件的行动缺乏合理的可能性。"[6]其中，条件一是对银行的现状评定，条件二是对银行的前景预测，二者适用的都是监管标准。其基本含义就是，如果一家银行的财务困境使之不能满足所从事的业务活动的

---

[1] Banking Act 2009, available at: http://www.legislation.gov.uk/ukpga/2009/1/contents/enacted.

[2] Ibid, Section 11.

[3] Ibid, Section 12.

[4] Ibid, Section 1 (2) (3).

[5] Financial Services and Markets Act 2000, available at: http://www.legislation.gov.uk/ukpga/2000/8/contents.

[6] Banking Act 2009, Section 7 (1) (2) (3).

监管要求，而且非加行政处置不可能及时恢复财务合规状态，则监管当局有权对之适用稳定处置程序。

根据该法的注释，以上两个条件也适用于行政接管程序和银行破产程序。因此，它们被称为"一般条件"（General condition）。

2015年3月英国财政部发布的《2009年银行法：特殊处置制度的操作手册》将第7条规定的稳定权行使条件归纳为四个要点：①该机构处于困境或有困境之虞；②为挽救该机构免于倒闭而由其或对其采取的行动缺乏合理的可能性；③处置行动为公共利益所必需；④对该机构清盘不能在同等程度上满足SRR的目标。[1]可以说，对SRR体系的破产标准的把握需要采用多因素综合考量的方法。

根据《2009年银行法》的规定，有权行使稳定权对困境银行实施处置的主管部门包括金融服务管理局、英格兰银行和财政部。其中任何一个部门在启动稳定处置程序前，必须征求其他两个部门的意见。"对困境银行业机构的处置在决策过程的每一阶段都需要这些部门之间的协调、合作和信息分享。其中每个部门都应在指定的处置问题上负主要责任。"[2]

2. 银行破产（司法清算）程序适用的破产标准。《2009年银行法》第96条规定了司法清算程序适用的三种申请理由（grounds for applying）："在本条中，理由A是银行不能或者可能陷于不能偿付其债务，理由B是银行的清盘（winding up）关乎公共利益，理由C是银行的清盘是公平的。"[3]该条规定英格兰银行、金融服务管理局和财政大臣有权向法院提出对银行适用破产程序的申请，并分别规定了它们在申请时应具备的条件，其中，①英格兰银行的申请须有金融服务管理局关于被申请银行具备第7条规定的第1、2项条件的通知，并证明该银行拥有合格的储户并具备理由A和C；②金融服务管理局的申请须有英格兰银行的同意，并证明被申请银行具备第7条规定的第1、2项条件，以及该银行拥有合格的储户并具备理由A和C；③财政大臣的申请须证明被申请银行拥有合格的储户并具备理由B。[4]

3. 银行接管程序适用的破产标准。根据《2009年银行法》的规定，只有英格兰银行作为负责特殊处置工作的机构，有权向法院申请银行接管裁定。其申请银行接管裁定条件有二：一是英格兰银行已经或者准备对被申请银行的部分财产采取移转措施（"私营部门购买"或者"桥银行"）；二是被申请银行无力清偿其债务，或者

---

[1] HM Treasury, Banking Act 2009: special resolution regime code of practice, May 2015, §4.2, p.15. Available at: https://www.gov.uk/government/uploads/system/uploads/attachment_data/file/411563/banking_act_2009_code_of_practice_web.pdf.

[2] Ibid, §4.1, p.15.

[3] Ibid, Sec. 96 (1).

[4] Ibid, Sec. 96 (2) (3) (4).

可能因为英格兰银行对其实施财产移转措施而无力偿债。[1]法院受理申请后，可以作出批准、延迟批准或者驳回的裁定。[2]

（二）《2000 年金融服务与市场法》的"门槛条件"

值得注意的是，《2009 年银行法》第 7 条引入了"门槛条件（Threshold Condition）"作为判断银行困境的标准。根据《2000 年金融服务与市场法》第 41 条和附表 6（Schedule 6）的规定，门槛条件具体包括：①法律主体：凡从事吸收存款的受监管活动者，必须是一个法人团体（body corporate）或者合伙。②住所：受英国法律管辖的法人团体，其总部必须设在英国境内。③密切关联：如果有与之密切关联的其他主体，则不得妨碍当局的有效监督，即使其关联者受欧洲经济区以外的法律管辖。④适足的资源：与其受监管活动相关的资源必须充足，这些资源包括流动资金、资本、资源调配、人力资源和风险管理流程。⑤适当性：其所有情况均必须足以使监管当局认定为适当的主体，这些情况包括其人际关系、其从事或所欲从事的活动的性质和保证其事务之稳健审慎管理的需求。

"门槛条件"是银行取得从事受监管业务的许可必须满足并保持满足的最低标准。[3]因此，如果银行无法满足或预计无法满足该许可条件，则应当受到 SRR 的处置。[4]原英国金融服务局（Financial Service Authority，缩写 FSA）于 2013 年拆分为审慎监管局（Prudential Regulation Authority，缩写 PRA）和金融行为监管局（Financial Conduct Authority，缩写 FCA）以后，两个监管部门适用的门槛条件存在一定差异。[5]因此，银行应当同时满足这两类"门槛条件"。出于审慎监管目的而启动的特别处置程序，应当适用"PRA 特别门槛条件"（PRA-specific Threshold Conditions）的标准进行识别。

除了关于"法律地位"和"住所"的规定外，《2013 年金融服务与市场法案（门槛条件）指令》（以下简称《2013 年指令》）对《2000 年金融服务与市场法案》作出了修订并进行了更为细致的规定。

《2013 年指令》提出"审慎经营业务"作为"门槛条件"的标准。为满足该要

---

[1] Ibid, Sec. 143.

[2] Ibid, Sec. 144.

[3] Ibid, §6.16, p.21.

[4] Peter Brierley, "The UK Special Resolution Regime for failing banks in an international context", Financial Stability Paper No. 5, July 2009, *Bank of England*, p.6. Available at: http://vdisk.weibo.com/s/BJB-MklWEdtPLA.

[5] 英国于 2012 年颁布新的《金融服务法》，撤销了原有的单一监管部门——金融服务管理局，采用"双峰监管模式"，在英格兰银行内设立金融政策委员会，将金融服务管理局的职能拆分给两个新机构——审慎监管局（PRA）和金融行为监管局（FCA）。其中，PRA 隶属于英格兰银行但相对独立，FCA 为独立监管部门。二者各自制定和执行监管政策，但保持密切合作。参见陈宇、叶睿："英国监管体制改革路径：双峰监管模式与金融行为监管局运行机制"，载《中国银行业》2015 年第 7 期。

求,银行必须满足"拥有适当的财务和非财务资源"的标准。这里的"资源"是指一切有助于实现目标的东西,包括人力、物力和智力以及制度条件等。"财务资源标准"要求银行的资产必须满足其负债,同时银行的流动性资源亦必须能够清偿已经到期或将到期的债务。[1]"非财务资源标准"更为复杂,它包括:①从财务管理能力方面,银行必须愿意并且能够对其资产和负债合理估值;②从风险控制方面,银行必须有资源识别、预警、测量并采取行动消除或减少影响安全稳健的风险和估值的偏差;③从经营效率方面,银行管理层需确保银行业务的效率满足合理的效率标准;④从合规性方面,银行必须有足够的资源满足 PRA 因实施其职权而要求银行满足或很可能要求银行满足的监管要求。认定银行满足上述标准需要监管者根据诸多方面来进一步判断,它包括:银行正受监管的经营行为的属性和复杂性;业务的属性和规模;对提供持续金融服务的风险;银行经营的业务以及银行失败对金融系统稳定性带来的影响;等等。

《2013 年指令》对"适当性"(Suitability)进行了进一步的解释,该标准要求银行关注 PRA 的目标。[2]监管者主要根据银行的合规状况和合规能力判断银行是否满足该监管要求。如银行已经或者继续满足 PRA 的监管要求,合规事务负责人拥有技术和经验能够确保银行合规经营的,监管者可以认定其符合该项标准。

《2013 年指令》提出了"有效监管"的标准,要求银行必须确保其受到 PRA 的有效监管。与"审慎经营业务"标准相似,监管者从银行经营行为的属性、复杂性,提供产品的复杂性以及业务组长的模式等方面判断银行是否满足该标准。

运营银行准入门槛作为认定银行失败的标准是英国破产标准体系的一大特征,该制度设计十分契合银行的特殊性。普通企业的准入条件一般较为宽松,并且仅需维持财务持续即可持续经营;而银行的准入门槛十分严格,"门槛条件"是银行开展并维持安全稳健经营的必要的物质和非物质基础,如申请人不能满足门槛条件,便不能获得银行牌照。如果获准入的银行在经营过程中丧失满足行业准入门槛的基础,则认定银行经营处于困境。

如监管者认定银行困境,即有权启动"三项稳定措施"处置该银行。尽管《2009 年银行法》对处置权进行了一定的限制,如设定了处置措施的目标、规定处置必须有助于维护金融稳定和保护存款人等,但相关规则缺乏具体的操作标准和事后追责机制,因而监管者对处置程序的选择拥有较大的自由裁量权。

---

〔1〕 门槛条件中的资产和负债均包括或有资产和或有负债。
〔2〕 PRA 的目标是促进所有受其所监管机构的安全和稳健,该目标关乎企业对困境(包括整个经营的困境和交易过程中的困境)的应对能力,以及避免因中断持续金融服务造成的损害。为促进安全稳健,PRA 被要求首要关注企业可能对英国金融体系稳定造成的损害。See, Hector Sants, "Delivering 'twin peaks' within the FSA", available at: http://www.fsa.gov.uk/library/communication/speeches/2012/0206 – hs. shtml.

(三)《审慎监管局的银行监管方法》的风险评估框架

英格兰银行于 2014 年 6 月发布了一份题为《审慎监管局的银行监管方法》的文件。审慎监管局（The Prudential Regulation Authority，缩写 PRA）是英格兰银行的一个部门，其首要目标是通过提高受其监管的存款吸纳机构、保险机构和重要投资公司的安全性和稳健性，维护英国金融体系的稳定。因此，防范和处置机构风险是其主要职责之一。"在制定法的框架内，PRA 的方法尤其倚重于判断。PRA 在对机构的监管中要判断它们是否安全和稳健，以及它们是否符合并且可能继续符合门槛条件。为此，监管者将对机构给 PRA 的目标带来的风险以及解决安全漏洞的方法做出判断。"[1]

本着早期防治与临危处置相结合的思路，PRA 建立了一套长效的银行破产风险识别标准，用以测量银行的破产风险水平，为监管者采取干预和处置措施提供依据。针对不同程度的银行风险，PRA 建立了一套名为"主动干预机制"（proactive intervention framework）的监管体系。监管者根据对机构的风险评估确定其风险等级，然后根据其风险定级采取相应的干预和处置措施。[2]

PRA 的风险测评分为五级：第一级为低生存力风险（Low risk to viability），机构须接受常规的风险测评并采取相应的行动，包括制定恢复与处置计划。第二级为中等生存力风险（Moderate risk to viability），即机构的财务状况脆弱，或者其风险管理及法人治理存在困难。第三级为缺乏行动的生存力风险（Risk to viability absent action），此时机构的安全和稳健存在重大威胁。第四级为紧迫的生存力风险（Imminent risk to viability），此时机构的状况恶化，PRA 认定其存在不能满足门槛条件的现实风险，但仍有一定的救治可能。第五级为接受处置或者主动清盘的机构（Firm in resolution or being actively wound up）。对于第二级至第四级风险，分别规定了可能采用的恢复措施和处置措施。至于第五级风险，则对机构适用《2009 年银行法》中的特殊处置制度（SRR），并对存款人适用金融服务补偿计划（Financial Services Compensation Scheme，缩写 FSCS）。[3]

五、加拿大银行破产风险的识别方法和标准

（一）加拿大破产风险识别方法——综合风险评估

加拿大金融机构监督局（The Office of the Superintendent of Financial Institutions，缩写 OSFI）于 2010 年对原有的 1999 年《监管框架》（Supervisory Framework）进行

---

[1] Bank of England Prudential Regulation Authority, The Prudential Regulation Authority's approach to banking supervision, June 2014, p. 5. Available at: http://docplayer.net/415704-The-prudential-regulation-authority-s-approach-to-banking-supervision-june-2014.html.

[2] Ibid, p. 31-32.

[3] Ibid, p. 32.

了更新升级。该框架是 OSFI 进行监管工作的依据,它阐述了 OSFI 用于评估金融机构安全稳健的原则、概念、核心过程,以及确定应当实施及时矫正行动的事项和范围。这些原则、概念以及核心程序适用于加拿大所有"受联邦监管的金融机构"(federally regulated financial institutions,缩写 FRFI)。[1] OSFI 同时还发布了《评估准则》(Ratings Assessment Criteria),作为综合风险评估的标准和指引。[2]

上述文件共同构建了加拿大银行破产风险的评估体系。该标准可用于银行早期破产风险的评估和银行破产的认定。综合风险评估的程序和标准十分复杂:首先,监管者根据一定的标准识别银行的"重要行为"以及它们的固有风险;其次,根据银行管理水平对固有风险的抵消程度,确定银行的净风险;最后,评估银行的资本和利润状况对银行总体净风险的覆盖能力,进而确定银行破产的风险。

监管框架使用 9 个概念来勾画对所有被监管机构(以下简称"机构")的常态化的风险评估方法。我们可以把它们分为以下三组。

第一组:行为和风险评估。由 5 个概念组成,反映了机构的整体风险水平。

(1)"重要行为"(significant activities)。这是《监管框架》风险评估的基础概念,所谓"重要行为"是在金融机构商业模式下的一系列基本的业务、模块和流程,以及机构实现其整体经营目标的能力。如果机构的重要行为未得到有效管理,则可能导致发生重大风险。[3] 筛选重大行为需要监管机构进行判断,这种选择既可基于定量的理由(例如某种行为占金融机构资产、收入、保费收入、净收入、分摊资本的百分比,或该行为可能造成的实质损失的大小),也可以同时基于或仅仅基于定性的理由(例如某种行为的战略重要性、计划成长性、风险、对品牌或商誉的影响,或者对整个企业的危险程度)。[4] 通常,金融监管局根据机构使用的商业模式——机构是如何构建和管理的——来认定其重要行为。[5]

(2)"固有风险"(Inherent risk)。这是指源自重要行为不确定的当下的或潜在未来的事件导致的发生实质性损失的可能性。实质性损失是一项损失或综合性的损失,它影响金融机构资本充足水平,进而有可能导致存款人发生损失。[6] OSFI 主要从信用风险、市场风险、操作风险、合规性风险、战略风险五个方面评估固有风险的大小。

---

[1] OSFI, Supervisory Framework, December 2010. Avaialbel at: http://www.osfi-bsif.gc.ca/eng/fi-if/rai-eri/sp-ps/pages/sff.aspx#4.

[2] Ibid.

[3] Ibid.

[4] Ibid.

[5] Introduction to the Supervisory Framework Ratings Assessment Criteria, p. 2. Available at: http://www.osfi-bsif.gc.ca/eng/docs/02-introduction_to_criteria.pdf.

[6] OSFI, Supervisory Framework, December 2010. Avaialbel at: http://www.osfi-bsif.gc.ca/eng/fi-if/rai-eri/sp-ps/pages/sff.aspx#4.

(3)"风险管理质量"(Quality of risk management)。它是重要行为固有风险的抵扣项,风险管理质量越高,重要行为固有风险发生的可能性就越低。OSFI 从"运营管理"(Operational management)和"监督职能"(Oversight functions)两个方面评估机构的风险管理质量。监管者将机构运营管理、监督职能的特征和水平与监管者设立的期望进行比较,进而做出恰当的评估。

对某一重要行为的运营管理首先要着眼于对管理日常行为的所有固有风险的控制。运营管理要保证机构的一线员工对其行为所面对的和必须管理的风险有清晰的认识,并且保证政策、流程和工作人员都充分和有效地管理着这些风险。在评估运营管理时,OSFI 主要关注的是运营管理是否能够识别该行为可能面临的潜在重大损失,以及合乎需要的控制是否已经到位。

监督职能着眼于为运营管理提供独立的、全企业的监督。可能存在于一个被监管机构的监督职能有七种:财务、合规性、精算、风险管理、内部审计、高级管理人员、董事会。这些功能的外观和性质因一个机构及其固有风险的性质、规模和复杂性而有所不同。当一个机构的监督职能缺乏其中的某些项,它们就不够独立,或者没有企业责任。

(4)"净风险"(Net risk)。这是指固有风险被风险管理缓释后的风险水平,即重要行为的固有风险经过机构风险管理行为的控制,所最终表现出来的风险强度。每项重要行为的净风险的水平取决于所有固有风险的评级,以及与之相关的风险管理质量评级。净风险的评估分为四级:强、尚可、需改进和弱(strong, acceptable, needs improvement, or weak)。重要行为的固有风险越大,净风险越大;管理质量越高,净风险越低。具体评估标准参照下表:[1]

重要行为的风险管理质量	重要行为的固有风险水平			
	低	中	平均以上	高
	净风险评估			
强	低	低	中	平均以上
尚可	低	中	平均以上	高
需改进	中	平均以上	高	高
弱	平均以上	高	高	高

(5)"重要性和整体净风险"(Importance and overall net risk)。这是指重要行为的净风险对 FRFI 整体风险状况的影响程度,分为低、中、高三档。监管者根据这项指标判断"重要行为净风险的重要性",用以决定该净风险的权重;再加权计算所有

---

[1] Ibid, Appendix C.

"重要行为净风险",得出银行的"整体净风险"。

第二组：盈利、资本和流动性评估。由3个概念组成，实质上是对机构抗风险能力的描述。

(6)"盈利"(Earnings)。这是机构长期生存能力的一个重要因素。评估盈利的目的是了解和测量机构的盈利状况、数量和波动性/可持续性以及如何为机构的资本提供支持。[1]对机构盈利表现的评估主要从三个方面着手，包括：一是机构本身盈利状况的基本特征，如利润相对于机构的风险状况而言充足的水平，趋势与盈利的波动性，机构在多大程度上依赖会计操作以提高利润，收入在多大程度依赖于收入的非经常性来源，等等。二是机构盈利状况的同业比较，即一家机构相对于同业机构的盈利能力和盈利趋势。三是机构盈利状况的未来预期，如对于竞争盈利的脆弱性，盈利性在多大程度上可能会受经济衰退或市场事件影响，盈利性在多大程度上能确保其长期生存能力。[2]对盈利的评估要依据机构的质量、数量和内生资金来源的连贯性，要考虑机构的历史趋势和未来前景，并且要与机构的整体净风险联系起来。盈利评价分为四级：强、尚可、需改进和弱，其趋势评估分为增进、稳定和恶化（improving, stable, deteriorating）三级。

(7)"资本"(Capital)。充足的资本对于机构的整体安全和稳健是至关重要的。资本评估的根据是，从当前和预期两方面，按照正常条件和压力条件，在一定的整体净风险下，资本水平和质量的适当性。在评估中也要考虑该机构的资本管理流程在保持相对于其所有重要行为风险的充足资本方面的有效性。具有较高的整体净风险的机构被要求保持较高的资本水平和资本质量，以及更强的资本管理流程。资本评价也分为强、尚可、需改进和弱四级，其趋势评估也分为增进、稳定和恶化三级。

资本评估的目的是评价资本充足率，以及在该机构的风险状况的背景下实现资本管理政策和运作的有效性。监管者主要从"资本充足""资本管理政策及实践""高管及董事的监管"三个方面评估机构的资本状况。

"资本充足"项目主要从"量"和"质"两个维度进行评估。就"量"的维度而言，监管者需要评估资本的绝对充足程度，即资本是否满足最低的监管目标；关于资本的相对充足程度的评估更加丰富，如评估资本水平与机构风险状况及内部目标相比是否充足，资本水平对于支持计划开展的业务活动是否充足。就"质"的维度而言，监管者需要评估资本工具的种类及组合的适当性和高质量资本的水平，以及监管套利在管理资本充足率中的程度。此外，"股东或总公司协助机构维持监管资本或兑现要求的意愿和能力，机构筹集外部资本的能力"亦是评估的重

---

[1] Ibid.
[2] See, OSFI, Assessment Criteria – EARNINGS, available at: http://www.osfi-bsif.gc.ca/eng/docs/07-earnings.pdf.

点。[1]

"资本管理政策及实践"项目主要评估资本管理政策制定和操作的程序,以及政策和操作本身是否适当;资本规划程序与机构战略经营策划结合的程度及该程序为日常监管所做准备的程度,该日常监管用以确保机构持续满足监管者最低的资本要求;资本管理程序为在不同情境下进行适当水平的压力测试作出准备的程度,包含在环境条件下可能对机构造成负面影响的事件或变化等。[2]

"高管及董事的监管"项目主要评估高管和董事是否恰当地履行其职责以确保资本水平,包括高管和董事是否有充足的政策和实践,用以执行日常独立检查,从而确保资本管理符合经批准的政策、实践和监管要求。[3]

(8)"流动性"(Liquidity)。充足的资产负债表流动性是机构整体安全和稳健的关键。OSFI 在评估机构的流动性时,要考虑其流动性风险的水平和流动性管理的质量。流动性风险来自机构的潜在的无力购买或者不能获得必要资金来清偿其表内和表外的到期债务。流动性风险水平取决于机构的资产负债表构成、资金来源、流动性策略、市场条件和事件。流动性的评价分级和趋势评估分级同上。

第三组:综合风险评级。有 1 个概念,属于对上述概念所代表的各种评估因素的整合。

(9)"风险矩阵和综合风险评级"(The risk matrix and composite risk rating)。风险矩阵用于记录所有上述评估。风险矩阵的目的是便利 FRFI 的全面风险评估。这项评估成为最终的综合风险评级(CRR)。综合风险评级是在考虑了对其重要行为的整体净风险所关联的盈利和资本的评估,以及其流动性评估之后,对机构风险状况的评估。综合风险评级是 OSFI 对机构的关系到储户和保单持有人的安全及稳健状况的评估。综合风险评级分为四级:低、中、平均以上和高。综合风险趋势评估分为减少、稳定和增加三级。机构的复合风险评级被用来确定对其干预的步骤。[4]

"综合风险"是在充分考虑资本和利润对金融机构综合净风险的影响后,对金融机构整体风险状况的评估。[5]综合风险评级是加拿大监管框架下最为核心的风险评

---

[1] OSFI, Assessment Criteria – CAPITAL, available at: http://www.osfi-bsif.gc.ca/Eng/Docs/06-Capital.pdf.

[2] Ibid.

[3] Ibid.

[4] 关于对银行业金融机构的干预步骤,参见 OSFI, Guide to Intervention for Federally Regulated Deposit-Taking Institutions, modified in February 2014. Available at: http://www.osfi-bsif.gc.ca/Eng/fi-if/raieri/sp-ps/Pages/gid.aspx.

[5] OSFI, Assessment Criteria – OVERALL NET RISK RATING, p.1. Available at: http://www.osfi-bsif.gc.ca/Eng/Docs/05-Composite_Risk.pdf.

级,它代表了金融监管局对金融机构安全稳健性的评估。[1]值得强调的是,所有的评估均建立在全面的监管程序的基础上,它充分考虑了金融机构的属性、规模、复杂性以及风险预期,即每个机构的特性。

在获得与综合风险评级相关数据和信息后,金融监管局利用风险模型(The Risk Matrix)进行综合风险评级工作。风险模型用于记录上述所有的评估结果,其目标在增加对金融机构的全盘评估。下图很好地反映了该评级的程序和标准:

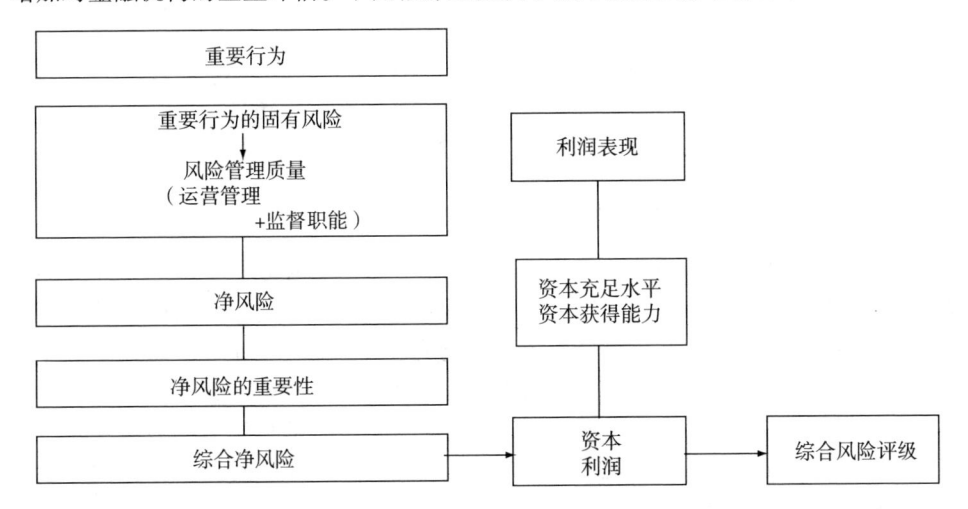

```
重要行为
  │
  ▼
重要行为的固有风险
风险管理质量
(运营管理
  +监督职能)           利润表现
  │                      │
  ▼                      ▼
净风险              资本充足水平
  │                资本获得能力
  ▼                      │
净风险的重要性           │
  │                      ▼
  ▼                    资本
综合净风险 ────────→ 利润 ────→ 综合风险评级
```

金融机构综合风险评级最终考虑的标准包括:机构的管理是否良好、强健;银行的整体净风险、资本充足状况和利润水平对负面的业务和经济环境的承受能力,该风险对机构产生多大的实质性影响;机构的一贯表现,多数关键性财务指标相对于同业平均的水平,以及获得融资的能力;监管问题对其风险构成影响的大小,以及这些问题是否可以通过常规路径解决。[2]综合评级更多考虑机构的资本水平和利润水平相对于其风险的充分程度,所以即便其资本和利润评级很高,如不能满足机构的抗风险需求,亦可能获得很低的评级。

(二)加拿大银行破产标准体系

1. 早期干预程序的标准。根据综合风险评级的结果,银行被分为"低""中""中上""高"四个级别,其趋势变化评价分为"减少""稳定""增加"。[3]监管者

---

[1] OSFI, Introduction to the Supervisory Framework Ratings Assessment Criteria, p. 2. Available at: http://www.osfi-bsif.gc.ca/eng/docs/02-introduction_to_criteria.pdf.

[2] See, OSFI, Assessment Criteria - OVERALL NET RISK RATING. Available at: http://www.osfi-bsif.gc.ca/Eng/Docs/05-Composite_Risk.pdf.

[3] Ibid, p. 7.

根据这些结果决定银行的破产风险水平和干预的级别。[1]因而，综合风险评级的结果与早期风险干预的级别存在一定对应关系，其对应关系如下：[2]

综合风险评级（Composite Risk Rating）	干预级别（Intervention Rating）
低 Low	0 正常
中 Moderate	0 正常
	1 预先警告
中上 Above Average	1 预先警告
	2 财务活力及偿债能力存在风险
高 High	2 财务活力及偿债能力存在风险
	3 强烈质疑未来财务存续能力

根据《联邦监管存款机构干预指引》的规定，监管者在划分干预等级时主要考虑如下几个因素：其一，假设银行处于不利的商业和经济环境中，根据银行的整体风险防火墙、资本和盈利状况判断的银行的脆弱程度。其二，如不采取有效的矫正措施，银行经营现状对其财务存续和清偿能力产生的威胁大小。其三，银行风险管理或者内部控制存在的缺陷以及该缺陷对银行存续能力或清偿能力的影响程度。其四，上述缺陷如果未能解决可能引发问题的严重程度。基于上述几个标准，监管者将问题银行划分为四个等级，分别采取不同的处置措施。

一般而言，当银行被评估为"高综合风险"，则银行将要破产。根据加拿大《联邦监管储蓄机构干预指引》（Guide to Intervention for Federally Regulated Deposit – Taking Institutions）的规定，当 OSFI 认为银行正在遭受非常严重的财务困难，以至于银行已经不能满足资本监管要求，短期内无能力恢复，并且银行法定的接管条件已经满足；同时，在前两种情形已经在短期内不可避免的情况下，银行不能做出一个可接受的经营计划时，OSFI 可以认定银行破产。

2. 银行破产清算程序的标准。根据加拿大《银行法》第 340 条的规定，银行破产清算程序适用《清算与重整法》（Wind – up and Reconstruction Act），加拿大《破产法》的破产程序不适用于银行。根据《清算与重整法》第 10 条的规定，当银行存在《银行法》第 648 条中规定的若干情形时可能被清算，[3]这些情形包括：银行不能支付其债务，或者监管者认为银行将没有能力支付其到期债务；监管者认为银行

---

〔1〕OSFI, Supervisory Framework, December 2010, p. 7. Avaialbel at: http://www.osfi – bsif.gc.ca/eng/fi – if/rai – eri/sp – ps/pages/sff.aspx#4.

〔2〕摘录自《监管框架》第 18 页，附录 E《综合风险评级与干预等级对应关系》（APPENDIX E – ALIGNMENT BETWEEN COMPOSITE RISK RATINGS AND INTERVENTION RATINGS）。

〔3〕Wind – up and Reconstruction Act, 10.1

的资产不足，难以为存款人和债权人提供足够的保护；银行的资本达到一定水平或正在削弱，将对存款人或债权人造成不利的影响；银行未能符合监管者根据《银行法》第485条发布的增加资本指令。上述的"银行不能支付其债务"即为普通破产法上的"现金流标准"，而关于"监管者认为"的表述是一种典型的监管性标准。因此，加拿大银行的破产同时适用现金流标准和监管性标准。

"监管者认为银行将没有能力支付其到期债务"与普通破产法上的"即将支付不能"不是同一概念。该标准特别强调银行的流动性水平低于特定监管要求，这种监管要求比普通破产法的"即将支付不能"更为严格。为保护存款人和债权人，银行的资产充足和资本应当满足一定的充足水平，该特定资产充足要求和资本充足要求是一种监管性标准，当银行不能符合该监管要求时，尽管其资产大于负债或其资本尚未耗尽，也有可能被强制清算。根据《加拿大银行法》第485条的规定，监管者有权对银行制定指引要求银行维持特定的资本充足水平，即使银行满足该指引要求，监管者仍然有权要求银行增加资本。如果银行没有遵守银行增加资本的指令，即为违反特定的合规性要求，亦有可能被破产清算。

六、比较分析

如果仔细观察一下美国、欧盟、英国和加拿大的最新立法成果，可以看出，在2008~2009年国际金融危机（以下简称"2008金融危机"）以后，发达经济体的银行破产标准有以下值得注意的发展趋势。

（一）行为评价的引入

迄今为止各国的普通破产标准，无论是流动性标准还是资产负债表标准，都属于财务评价标准。长期以来适用于银行破产的监管标准，例如被普遍采用的资本充足性标准，也属于财务评价标准。2008金融危机以来，银行破产的评价标准出现的一个新趋势，就是行为标准的引入。除了加拿大采用了以"重大行为"为核心的评价标准外，无论是美国的安全稳健标准，还是欧盟的合规性评价标准和英国的适当性评价标准，都将行为评价纳入了破产标准的视野。可以预见，财务评估和行为评价相结合的银行破产标准"升级版"，将会为越来越多的国家所采用。

以美国为例，美国在2008金融危机以后发展起来一套双重并行的破产风险评估体系，是先前流行的CAMELS评级体系的升级版。早先的CAMELS评级体系的特点是以资本为中心，以财务数据为依据，结合管理质量测试和风险预测进行分级评价，具有较强的稳定性和可操作性。但是，在金融危机的背景下，银行破产制度更加重视机构的风险管理能力和风险应对能力。经验证明，银行业的机构风险往往源于机构自身的运营行为。因此，自2010年以来，美国通过对FDIC规章制度的修改补充，在进一步完善资本测评标准的同时，建立了以安全稳健为准则的行为测评标准和压力测试规则，形成了新的破产风险评估体系。

在这一新的评估体系下，监管者同时使用资本水平标准和安全稳健原则测量银行的状况，凸显了如下特点：其一，早期干预措施适用资本水平标准。资本水平标准侧重对财务数据的定量分析，量化程度高，技术性强。该标准不仅有助于监管者及时识别银行的破产风险，采取纠正和补救措施，也在较大程度上压缩了监管者的主观判断空间，形成对监管者的督促，有助于遏制监管姑息，减少风险积累。其二，监管性破产处置同时适用安全稳健原则和资本水平标准。安全稳健原则侧重对行为的定性分析，以法律规则为依据并结合了财务标准、行业规范等多方面因素，涵盖面广，综合性强。监管者通过对原则的解释增强了标准的可操作性，有助于提高监管效率和遏制监管滥权。与此同时，安全稳健原则以适度的开放性赋予监管者较大的自由裁量权，有助于避免监管对象利用规则漏洞谋取监管套利。鉴于金融行业发展迅速，金融风险复杂多变，采用相对开放的标准有利于监管者更好地应对不断变化的市场风险。总之，在美国新的破产标准体系下，通过双重标准的协同作用，较好地平衡了监管姑息和监管滥权之间的矛盾，体现了注重风险防范和早期干预的破产处置理念。

在行为评价模式中，加拿大的立法成果较为成熟。作为在 1997~1998 年和 2008~2009 年两次全球金融风暴中少有的能够"独善其身"的西方国家之一，加拿大于 1999 年和 2010 年两次制定和修订了以行为监管为中心的《监管框架》。可以说，以"重大行为"为核心的综合风险评估是加拿大的银行破产风险识别体系的一大特色。该体系突破了美国"CAMELS 评级体系"以财务指标为核心的风险识别方法，直指银行风险的根源——银行的行为。加拿大的银行破产风险识别标准与银行的特殊性更为契合。首先，银行的破产风险归根到底来源于银行的行为，包括发展战略的制定失当、内部控制的操作失误、具体业务的开展失败等。根据行为识别风险的好处是能够从风险根源去测评和把握风险走向。其次，无论与资产负债表还是与利润表相关的财务数据，均是企业往期经营行为的反映。根据往期经营的结果数据识别风险，存在一定的滞后性。而加拿大模式的风险识别直接针对形成结果数据的银行经营行为，更具及时性。采用行为评价标准实际上给银行提出了更高的要求；如果银行的经营行为存在重大风险，尽管其具有较高的资本充足水平和利润水平，亦可能被破产清算。加拿大对银行实行比普通破产标准更为严格的监管标准，银行即使没有达到普通破产标准，仍有可能因为符合监管规定的特殊标准而破产。这种严格的破产标准有利于促使银行业机构提高风险防控能力，从而在整体上提高银行业的安全水平。加拿大在 2008 年金融危机中的出色表现，也许可以说明这一点。

（二）标准的复合化、综合化和技术化

自世纪之交以来的国际金融危机中出现了一种现象：许多问题银行的资本充足率已经达到甚至远远高于最低监管要求，但其实际持有的资本仍不足以吸收危机期间的损失，更不能充分反映银行在外部冲击下的应对能力和生存能力。所以，需要建立多重标准，以便多维度地评价银行的安全稳健性，进而从多方面促使银行提高抗风险能力。目前，一些国家和国际组织除了采用并完善了多要素组合的资本充足标准外，还追加了一些新的风险评估标准，如美国的安全稳健标准，欧盟的流动性标准和合规标准（"持续授权要求"标准），英国的"门槛条件"标准，加拿大的行为和风险评估标准以及资本、流动性和盈利相组合的抗风险能力标准。在新的标准体系下，监管者不仅要根据银行的财务指标评估银行的资本是否能够覆盖该银行所负担的风险，而且要根据银行的内部治理、风险管理和经营绩效来衡量银行是否能够有效地管控内部风险因素和应对外来风险冲击。如果一家银行的风险负担很高，或者风险管控能力很低，即便它当前的各项定量指标满足监管要求，仍可能被判断为存在破产风险。一般来说，定量化的资本充足率监管指标只能判断银行的资本在通常环境下吸收损失的能力，而不能说明银行在环境发生变化或者出现异常情况时的实际生存能力。而在危机时期和后危机时期，恶劣环境和突发事件的概率增大，仅仅一味地提高资本充足标准并非维护金融稳定的万全之策。

标准的多样化必然要求建立由分到合的综合化评价体系。目前，美国、欧盟、英国和加拿大都在不同程度上实现了从分项测评到整体评价的综合化体系建构。美国的"资本水平+安全稳健"二重组合，欧盟的"资本+流动性+合规性"三角框架，英国的"三种程序标准+门槛条件检验+风险测评"三层架构，加拿大的"九大概念"宝塔式构造，实可谓各具匠心、各有千秋。在这种评价体系下，不能仅仅着眼于各要素检测数据与监管指标的契合度，而且要分析相关要素之间的匹配度以及局部问题对整体风险的影响，从静态和动态、当前和未来、正常情景与异常情景等多种维度评测机构的风险水平和存续能力。例如，银行的财务状况和管理水平与银行的风险、规模、复杂性等因素的匹配度，未来的流动性支持与机构规模、复杂性和风险预测的匹配度，资本水平、风险管理与业务类型及风险预测的匹配度，整体净风险、资本充足状况和利润水平对负面环境下风险承受能力的实质性影响，都是需要在评价过程中予以高度关注的。

综合化评价是一项复杂的工程。在综合评估的情况下，测评维度的选取和多方面评估结果的整合是一大难题。因此，需要以追溯风险原因为路径，以风险概率和风险影响力为坐标，在定量检测和定性分析相结合的基础上，确定风险防范和困境处置的重点方向和关键靶标。尽管整合的难度较大，但无论是基于制度可操作性的考虑，还是基于规则的统一性、公平性和可预见性的考虑，都需要建立一套技术化、规范化的评估指标和评估流程。为此，欧盟、英国和加拿大分别推出了总体 SREP 评估、PRA 风险测评和综合风险评估的概念，以及相应的规章。此外，美国的压力测试制度也具有综合评估的性质。这些成果都带有尝试性，不仅还有自我提升的空间，而且大有相互学习借鉴的余地。

为了保证综合评价的客观性和准确性，充分的信息来源和监管部门的专业能力都是很重要的。无论是美国的FDIC，还是欧盟的主管部门和处置当局，或是英国的英格兰银行和金融服务管理局（现为审慎监管局和金融行为监管局），或是加拿大的金融机构监管局，都承担了对银行机构的经常性监管职能。它们可以借助日常监测所积累的信息，提高对机构风险评估的准确性。在多机构参与评估的体制下（如欧盟、英国），还需要建立机构之间的信息沟通和协调机制。

（三）评估的前瞻性

由于早期干预制度的建立，银行破产处置制度的首要任务不是消化破产事件的后果，而是预防破产事件的发生和制止破产风险的蔓延。因此，银行破产的观察对象不是静态的而是动态的，测定因素不是单一的而是复合的，识别方法不是封闭的而是开放的，评估结果不是笼统的而是类型化的。而且，引入早期干预的概念使银行破产处置的制度链条拉长，不同阶段的处置方案都与下一阶段相连接。因此，对问题银行的破产风险评估不仅要对当下状况作出判断，而且要对未来前景进行预测。欧盟《银行恢复与处置指令》和英国《2009年银行法》的"困境或困境之虞"标准中，就包含了前景预测。英国的PRA的风险测评和加拿大的综合风险评级中的生存力（viability）评价，也属于前瞻性判断。美国的FDIC银行压力测试框架，也明确提出了前瞻性原则，其采用的场景分析法、敏感度分析法、企业整体压力测试法和反向压力测试法，都属于预测性的方法。这些前瞻性判断，有助于监管机构采取具有时效性、针对性和节制性的风险处置措施，既可以提高机构拯救的效率，也可以避免救助资源的浪费。前瞻性风险评估的制度化和常态化，还有助于增强银行业对金融市场风险传递的预警能力，对新的破产标准体系的风险预防功能起到补充和完善的作用。

（四）政策性考量的影响

在当代银行业机构的濒危拯救中，公共救助资源的运用是一个普遍现象（无论这些资源是来自公共财政还是保险储备）。资源的储备是有限的，不加区别地过度救助不仅浪费资源而且会导致逆向选择和道德风险。尤其是在动用公共财政资源救助私人银行的情况下，其道德上的正当性更容易受到质疑。面对这种质疑，唯一可以成立的理由就是在系统性风险预期下的公共安全需求。对这种需求的判断是一种政策性考量。也就是说，只有当个别机构的破产可能引发系统性风险而使公共利益受到损害的时候，动用公共资源进行拯救才具有正当性。反之，如果一个机构的破产不具有这样的重要性，就不妨由其自力更生或者寻求市场资源获得拯救；如不能拯救，则可依法定程序予以清算。

在不同的银行业体制下，公共政策对银行破产处置的影响程度存在着一定的差异，从而对破产标准的制定和实施产生一定的影响。在实行单一银行制的美国，银行业以中小机构为主，加上存款保险制度对银行破产风险监管和处置的及时性，银行业机构破产的波及范围和系统性影响相对有限，一般不需要公共财政的援助。所以，美国的银行破产标准是由 FDIC 制定而非国会制定，其中较少引入公共政策考量。而在实行总分行制的欧盟、英国和加拿大，银行业以大型机构为主，分支机构的破产风险通常会经过一段时间的内部消化或积累，而一旦风险暴露，往往具有较大的波及面和较强的系统性影响，因而需要公共财政的介入。因此，它们的银行破产标准是由立法机构制定，其中的公共政策考量占有显著的地位。这一特点在欧盟的《银行恢复与处置指令》和英国的《2009 年银行法》表现得十分明显。以欧盟为例，其银行破产立法属于区域性国际法，其特点是专注于困境银行的监管处置，而司法破产仍适用各成员国的国内法。这种立法模式代表了银行破产法的再建主义趋势。与美国不同的是，欧盟的银行拯救资源不是来自银行业界筹集的保险基金，而是由纳税人贡献的公共财政。因此，欧盟的银行破产标准引入了政策性考量。这意味着，那些非公共利益所需的机构拯救，不适用欧盟法规定的监管部门主导下的恢复与处置机制。但是，对于个别机构困境拯救的政策性考量仍需要由各国监管机构依据当时本国的实际情况来确定。

（五）制度背景的影响

当前欧美的银行破产法改革都是以全球金融危机为背景。但不同的是，美国是危机的发源地，欧盟是危机的承受者。美国的金融体制是资本市场主导型，而此次金融危机正爆发自资本市场。所以，美国的银行风险管理和困境处置都需要重点应对来自资本市场的风险传递和系统性金融危机的冲击，而欧盟的银行风险防范和困境处置更侧重于银行业自身的行业规范和市场秩序。不过，在任何情况下，银行以资本、流动性和合规性为基础的抗风险能力提升，都是各国银行法应当高度关注和重点解决的核心课题。

从银行破产标准的规则体系看，欧盟和美国都包括立法和监管规章两个层次。但是，欧盟的规则体系以欧洲议会和欧洲理事会的立法文件为主要实施依据，而 EBA 制定的技术性文件则属于实施细则的性质。在美国，国会关于银行破产问题的立法基本上是纲领性和政策性的，而具体规则大都出自 FDIC 的规章制度。因此，欧盟的银行破产规则具有体系完整、逻辑清晰的成文法系风格。美国的银行破产规则在体系上比较繁杂和凌乱，但由于其"行业立法"的特色，规则的精细度较高。而且，相较于欧盟的监管当局，FDIC 有着更大的立法自主权和执法主动权。

英国和加拿大的银行破产处置制度属于从先期预防、早期干预、临危处置到后期清算的全流程设计，其权力机构以监管部门为主，司法机关为辅。与此相适应，其破产标准以监管标准贯穿始终，在末端吸收了普通破产标准。由此可见，英国、加拿大虽然与美国同属普通法系，但因为银行业实行总分行制，并没有将银行破产程序与司法破产程序完全分离。这意味着，在立法者的眼中，与大型银行博弈，监管部门难免有力不从心的时候，必要时尚需借助司法的权威。这一点在英国的

《2009年银行法》的"银行破产"和"银行接管"程序中表现得十分明显。此外，英国在2008年全球金融危机后的金融法改革期间，作为欧盟成员既参与了欧盟金融法改革，也分享了欧盟的改革经验。因此，将英国的立法成果与欧盟的立法成果做一个比较，既可以看到二者之间的共性，也可以看到英国立法的某些特色。

总之，上述欧美立法基本上代表了全球金融危机以后发达经济体银行破产立法的革新趋势。这一趋势还会继续演进，其后续成果仍值得关注。吸收国际上立法改革的经验，完善我国的银行风险处置和破产拯救的制度，是中国的银行法研究者不能回避的任务。

财产权现象的经验观察

国有企业改制中职工持股的规范研究 *

王卫国

前 言

国有企业职工持股是我国由计划经济向市场经济转变过程中,随着国有企业产权制度改革和国有经济战略性调整而出现的独特经济现象。国企职工持股始于20世纪80年代中期国有企业的股份制试点,在推行现代企业制度的过程中逐渐发展。长期以来,国企职工的实践主要依据的是国家的相关政策,而国家的相关政策又处在不断变化之中。这种情况是我国经济体制改革这一"前无古人"的历史变革所独有的"摸着石头过河"的渐进性和探索性所决定的。经过二十多年,随着中国特色社会主义市场经济体制的建立以及相关法律规章的完善,对于国企职工持股的历史经验和现实问题做一个较全面的总结分析的任务,已经摆在了我们面前。

本文分为三个部分。第一部分对我国改革开放以来国企职工持股的发展历程和国家出台的相关规范性文件进行梳理和描述,为总结我国国企改制中职工持股规范的经验提供实证基础。第二部分对我国以往的国企职工持股经验进行总结,概括出国企改制中职工持股的意义和存在的主要问题。第三部分就我国国企改制中职工持股的若干问题作出理论性分析,并在此基础上提出政策和立法建议。

一、国企改制职工持股的发展历程

二十多年来,国有企业职工持股的发展历程大致可分为以下五个阶段:

(一)第一阶段:职工持股试验期(1984~1995年)

这一阶段国有企业改革的重点之一是国有中小企业的改制。由于此时多数拟改制的国有中小企业无法寻找到合适的外部投资者,加之生产经营中资金短缺,本阶段职工持股的主要特点是以企业存量资产为基础,吸收职工现金投资入股,将原企业改造成公司制或股份合作制企业;职工持股额度不高,总体处于参股状态。大型国企的职工持股情况较少。

早在20世纪80年代初期,已有一些小型国有企业开始了股份制的尝试。1984~

---

* 本文成稿于2009年4月,未曾公开发表。

1986年间，北京、广州、上海等城市开始选择少数几个国有大中型企业进行股份制试点。1984年7月，北京天桥百货公司首次向社会公开发行股票，并形成了国家股（由原天桥商场资产构成）占50.97%，银行股占25.89%，企业参股占19.69%和职工个人股占3.46%的多元化股权结构。

1986年12月，国务院发布了《国务院关于深化企业改革增强企业活力的若干规定》（已失效），指出："各地可以选择少数有条件的全民所有制大中型企业，进行股份制试点。"据国家原经济体制改革委员会（以下简称"国家体改委"）的资料，到1988年底，全国已共有3800家股份制企业，其中800家由国有企业改制而来，60家发行了股票；其余3000家原是集体所有制企业。

1989~1991年，由于政治上和经济上的紧缩政策，企业股份制改革一度受到影响，但基本的发展趋势并未改变。截止到1991年年底，全国各类股份制试点企业3220家，其中有内部职工持股的2751家，占85%。在这些企业的总股本中，职工股的规模较小。

1992年邓小平同志南方谈话以后，企业股份制改革再掀高潮。此时，国家也开始以法规形式规范职工持股。1992年5月15日，原国家体改委、原国家计委、财政部、中国人民银行、原国务院生产办发布了《股份制企业试点办法》，其中就"股份制企业内部职工持股"规定了以下基本规则：①不向社会公开发行股票；②采用记名股权证形式，不印制股票；③企业内部职工持有的股权证，要严格限定在本股份制企业内部；④在转为向社会公开发行股票时，其内部职工持有的股权证，应换发成股票，并按规定进行转让和交易；⑤转化为有限责任公司的，内部职工所持股份可以转为"职工合股基金"，以"职工合股基金"组成的法人成为本有限责任公司的股东。原国家体改委还于同日发布了《股份有限公司规范意见》（已失效，下同），其中对股份有限公司的职工持股作出了规定。

1993年7月，原国家体改委进一步发布了《定向募集股份有限公司内部职工持股管理规定》。这份文件和《股份制企业试点法》采取的基本政策是有限度地允许职工持股。其限制主要为：①职工持股审批制。公司实行内部职工持股，中央企业、地方企业分别向（原）国家体改委或省级政府的体改部门报送有关文件，经批准后方可实施。②限制职工持股比例。定向募集公司的职工股总额不得超过公司股份总额的2.5%，社会募集公司的职工股不得超过向社会公众发行部分的10%。③限制职工股持股人员的范围。公司外的任何人不得购买和持有向内部职工募集的股份。④职工股采取股权证和持股卡的形式。股权证由证券经营机构集中托管。⑤限制职工股的转让。职工股在公司配售3年内不得转让，3年后也只能在内部职工之间转让，不得在社会上转让交易。⑥防止以职工股侵蚀公司利益。禁止将法人股转让给职工，禁止将公司财产以股份形式派送给职工。

1993年4月3日国务院办公厅转发原国家体改委、原国家经贸委、原国务院证券委《关于立即制止发行内部职工股不规范做法的意见》，针对一些企业在进行内部职工持股的定向募集股份有限公司试点中出现的超范围、超比例发行内部职工股，以法人名义购买股份后分发给个人，在报纸上公开发布招股说明书在全国范围内招股，内部职工股权证非法交易等不规范做法，提出了清理的要求。

1994年《公司法》施行后，各地在有限责任公司的框架内，以职工持股会的形式进行了企业改制。上海、陕西、浙江、甘肃、安徽、江苏、云南等地在20世纪90年代先后以地方性法规或政府规章的形式明确本地区企业实施员工持股制度可以或应当设立依托工会、以工会名义从事活动的职工持股会，管理职工股权。

（二）第二阶段：职工持股探索期（1996~1999年）

这一阶段的国企改革伴随着"国有经济战略性调整"的要求，改革力度很大。很多地方对一些国有企业尤其是中小型国有企业产权采取大部分或者完全出售的方式来推动国有经济战略性调整。政策允许职工包括经营者出资买断国有中小企业的存量净资产，然后将其改制为公司制企业或股份合作制企业；或由职工集资组成持股会，买断大中型国有企业的部分净资产，组成由国有企业法人股和职工持股会等组成的公司制企业。股份公司发行内部职工股热潮涌动，难以遏制。科技人员持股获得立法支持。

在这一阶段，除了部分地方就职工持股发布过一些地方性法规或规章外，国家没有出台关于职工持股的规定。对于实践中大量出现的职工持股，中央的态度是慎重的。

1996年12月26日证监会发布《关于股票发行工作若干规定的通知》，规定凡采取募集设立的股份公司，本公司职工可按不超过社会公众股10%的比例认购股票。1997年3月起，改制上市的股份公司竞相发行内部职工股，而且纷纷上攀10%的上限。1998年10月9日《中国人民银行关于对停止发行公司职工股的意见的函》指出，公司内部职工股存在着"发行范围难以控制、容易滋生腐败、与社会公众股同股不同价"等弊端，同意予以停止。11月25日，证监会发布《中国证监会关于停止发行公司职工股的通知》，规定股份有限公司公开发行股票一律不再发行公司职工股。但这一规定并未得到有效执行。

在科技领域，以激励为目的的科技人员持股制度正式出台。1996年5月15日，全国人大常委会颁布了《中华人民共和国促进科技成果转化法》，第30条第2款规定："采用股份形式的企业，可以对在科技成果的研究开发、实施转化中做出重要贡献的有关人员的报酬或者奖励，按照国家有关规定将其折算为股份或者出资比例。该持股人依据其所持股份或者出资比例分享收益。"1999年3月30日，国务院办公厅转发科技部等七部门共同制定的《关于促进科技成果转化的若干规定》，明确规定，"科研机构、高等学校转化职务科技成果，应当依法对研究开发该项科技成果的职务科技成果完成人和为成果转化做出重要贡献的其他人员给予奖励。其中……采用股份形式的企业实施转化的，也可以用不低于科技成果入股时作价金额 20% 的股份给予奖励，该持股人依据其所持股份分享收益"。

(三) 第三阶段：职工持股规范期（2000~2004 年）

这一阶段的国有企业改革呈现出逐步规范化的特点。首先，国有企业改革主导部门开始更加关注企业改革的效率和长远效果。职工持股的政策导向也因此而发生了一些积极的变化，其中尤以鼓励经营者和科技骨干持股的政策导向为典型。其次，对于上市公司中的职工持股问题，证券监督管理机构也出台相关规定，对职工持股问题进行了一定的规范。此外，国有企业的职工持股还呈现出普遍化和规模扩大的特点。大型国有企业对职工持股表现出积极姿态。

在这一阶段，国家有关部门对职工持股的规范力度开始加大。

2000 年 7 月 6 日，《民政部办公厅关于暂停对企业内部职工持股会进行社团法人登记的函》中明确，职工持股会不具有法人资格。同年 12 月 11 日，《中国证监会关于职工持股会及工会能否作为上市公司股东的复函》规定，职工持股会不能成为公司的股东。一直以来通过职工持股会方式操作的职工持股就此冷却下来。

2000 年 10 月，中共中央十五届五中全会通过的《中共中央关于制定国民经济和社会发展第十个五年计划的建议》提出，"建立健全收入分配的激励机制和约束机制。对企业领导人和科技骨干实行年薪制和股权、期权试点"。

2002 年 7 月 27 日，财政部发布《企业公司制改建有关国有资本管理与财务处理的暂行规定》，明确了公司制改建中的一些具体操作规则，如企业不得为个人认购股份垫付款项，也不得为个人贷款提供担保；尚未缴付认股资金的，不得参与分红；企业账面原有的应付福利费、职工教育经费余额不得转为职工个人投资；改建企业账面原有应付工资余额中欠发职工工资部分可以在扣除个人所得税后转为个人投资；可以将未退还的职工集资款转作个人投资。

2002 年 9 月 17 日，国务院办公厅转发财政部、科技部《关于国有高新技术企业开展股权激励试点工作指导意见》，就国有高新技术企业开展股权激励试点工作提出一系列的指导意见。主要有：①股权激励的对象是对试点企业的发展做出突出贡献的科技人员和经营管理人员。②试点企业股权激励方式包括奖励股权（份）、股权（份）出售、技术折股。③试点企业有关人员持有的股权（份）在规定的期限内不能转让。④试点企业实施股权激励前，必须进行资产评估，股权激励方案须经股东大会或董事会审议通过，再由试点企业提出申请，报主管财政部门、科技部门批准后实施。⑤主管财政、科技部门及试点企业，要严格按照本指导意见进行试点。严禁无偿量化、随意处置国有资产的行为。对弄虚作假、侵害国有资产权益的，要依法追究有关责任人的责任，对造成国有资产流失的要依法查处。

2003 年 2 月 24 日，国务院办公厅转发原国务院体改办等部门《关于深化转制科研机构产权制度改革若干意见》，鼓励科研机构转制企业的经营者和科技人员个人持股。其中规定,"鼓励社会法人资本、个人资本和外商资本等多种资本投资入股或受让股权,将转制科研机构改制成为多元股权的公司制企业。允许职工个人自愿投资入股;在公正、公平的条件下,鼓励经营管理人员和科技人员持有较大比重的股份","转制科研机构改制时,原则上不再新设职工集体股。由于历史原因已经设立的,要规范和完善管理办法"。

21世纪以来,国有企业整体上进入持续盈利的发展进程。一些大型国有企业开始寻求以职工持股方式向内部人员转移利润。2003年初,中国投资协会会长陈光健向国务院有关领导递交报告,反映山东鲁能集团通过电力系统职工持股大量侵蚀国有资产的问题。同年8月6日,国资委、发改委和财政部联合发出《暂停电力系统职工投资电力企业的紧急通知》(国资改革〔2003〕37号)。

2003年5月27日,国务院公布了《企业国有资产监督管理暂行条例》,明确了国有资产管理的原则、机构和机制,规定国资委有权制定企业国有资产监督管理的规章、制度,为加强国企改制中的国有资产监管提供了重要的法律基础。

2003年12月31日,国资委和财政部发布了《企业国有产权转让管理暂行办法》。该办法没有对国有资产转让的受让主体作出限定,并规定自然人可以成为受让方,而且未针对职工持股以及管理者持股作出专门规定,因而给"管理层收购"留有较宽松的空间。

2004年,在全国上下对"国有资产流失"问题争论日趋激烈的时候,国资委采取了相关的应对行动。3月,国资委纪委、监察部驻国资委监察局印发了《关于加强对国有企业改制及国有产权转让监督检查工作的意见》。8月至9月,国资委下发了《关于开展企业国有产权转让管理检查工作的通知》《关于开展国有企业规范改制检查工作的通知》《关于企业国有产权转让有关问题的通知》《关于做好企业国有产权交易信息统计试点工作的通知》等文件。其中,经营者持股成为重点检查和规范的对象。此外,国资委还连续出台了《中央企业经济责任审计管理暂行办法》《中央企业内部审计管理暂行办法》和《企业国有资本保值增值结果确认暂行办法》等一系列相关文件,加强对国有资产的保护。

(四) 第四阶段:职工持股调整期(2005~2007年)

随着新的国有资产监督管理体制的逐步到位,国企职工持股的问题再次成为无法回避并引起社会广泛关注的重大问题。国有资产监督管理机构成立后,在国有企业改制规范化方面开展了很多卓有成效的工作,但是,前些年国有企业改革过程中出现的不规范现象给全社会造成的消极印象并未消除。在舆论压力下,职工持股尤其是经营者持股受到抑制。

2005年4月11日,国资委和财政部发布《企业国有产权向管理层转让暂行规定》(已失效,下同),规定国有资产监督管理机构已经建立或政府已经明确国有资产保值增值行为主体和责任主体的地区或部门,可以探索中小型国有及国有控股企业国有产权向管理层转让（法律、法规和部门规章另有规定的除外）。但是，大型国有及国有控股企业及所属从事该大型企业主营业务的重要全资或控股企业的国有产权和上市公司的国有股权不向管理层转让。

2005年12月19日，国务院办公厅转发国资委《关于进一步规范国有企业改制工作的实施意见》，其中就"严格制订和审批企业改制方案"和"严格控制企业管理层通过增资扩股持股"作出了进一步的规定。其中规定，国有及国有控股大型企业实施改制，应严格控制管理层通过增资扩股以各种方式直接或间接持有本企业的股权。为探索实施激励与约束机制，经国有资产监督管理机构批准，凡通过公开招聘、企业内部竞争上岗等方式竞聘上岗或对企业发展作出重大贡献的管理层成员，可通过增资扩股持有本企业股权，但管理层的持股总量不得达到控股或相对控股数量。

2005年12月31日，根据《国务院关于推进资本市场改革开放和稳定发展的若干意见》（国发〔2004〕3号，已失效）提出的"建立健全上市公司高管人员的激励约束机制"的要求和国务院批转证监会《关于提高上市公司质量意见》（国发〔2005〕34号）提出的"上市公司要探索并规范激励机制，通过股权激励等多种方式，充分调动上市公司高级管理人员及员工的积极性"的意见，证监会发布了《上市公司股权激励管理办法（试行）》（已失效，下同），为促进上市公司建立、健全股权激励机制提供了具体的操作规范。

2006年1月27日，为指导国有控股的境外上市公司依法实施股权激励，建立中长期激励机制，国资委和财政部发布了《国有控股上市公司（境外）实施股权激励试行办法》，对股权激励计划的拟订、审核和管理作出了较详细的规定。

2006年3月，中国建设银行高调推出规模庞大的全球30万员工持股计划。按照同年7月宣布启动的第一期员工持股计划，中国建设银行员工将获得账面盈利高达17亿元的8亿股份。大型国企职工持股与国有资产的利益冲突以及与此相关的社会公平问题再次引起社会的关注和监管部门的重视。

2007年3月颁布的《物权法》第57条规定："履行国有财产管理、监督职责的机构及其工作人员，应当依法加强对国有财产的管理、监督，促进国有财产保值增值，防止国有财产损失；滥用职权，玩忽职守，造成国有财产损失的，应当依法承担法律责任。违反国有财产管理规定，在企业改制、合并分立、关联交易等过程中，低价转让、合谋私分、擅自担保或者以其他方式造成国有财产损失的，应当依法承担法律责任。"这可以说是为包括职工持股在内的国有企业改制，筑起了一道保护国有资产的"外围警戒线"。

（五）第五阶段：职工持股制度完善期（2008年以来）

在社会主义市场经济法律体系日益成熟和国企改革的制度需求日渐清晰的背景下，国资委本着深化国有企业股份制改革，完善公司法人治理结构，促进国有资本有进有退合理流动，规范国有企业改制和企业职工投资行为，防止国有资产流失，维护企业和职工合法权益,实现国有企业又好又快发展的指导思想,针对国企职工持股中的一些重点和难点问题,开始了从局部到全局的规范行动,以期逐步形成一套较为完善和稳定的制度。

2008年1月28日,经国务院同意,国务院国资委、发展改革委、财政部和原电监会联合印发了《关于规范电力系统职工投资发电企业的意见》,主要是针对电力系统的电网企业职工投资发电企业,以及发电企业职工投资"一厂多制"企业的行为作了限制。据此文件,电网企业管理层和关键岗位人员将不得持有本区域电网覆盖范围内发电企业股权,已经持有的,将限期进行清退和转让。这一文件,对解决业内争议已久的电网企业职工持股问题,起到了积极的作用。

2008年8月18日,国务院国资委发布了《中央企业资产损失责任追究暂行办法》,其中第22条规定了企业经营管理人员在资产转让、收购和改组改制过程中造成资产损失的责任。

2008年9月16日,在经过4个月的公开征求意见后,国务院国资委发布了旨在规范国有企业职工,尤其是管理层持股参与企业改制和投资的文件《关于规范国有企业职工持股、投资的意见》(国资发改革[2008]139号)。该意见就规范国企职工持股,提出了"区别对待,分类指导""规范操作,强化管理"和"维护企业职工合法权益,增强企业活力"三项基本原则。同时,对不同规模、类型的国有企业的员工持股,分为四类情况区别对待:①鼓励国有中小企业的职工自愿投资入股;②国有大中型企业主辅分离、辅业改制的,鼓励职工持有改制辅业企业股权,但国有企业主业职工不得持有辅业企业股权;③国有大型企业改制的,严格控制职工持有国有大型企业股权;④国有大型科研、设计、高新技术企业改制的,科技管理骨干经批准可以探索通过多种方式取得企业股权,符合条件的也可获得企业利润奖励,并在本企业改制时转为企业股权。该意见规定,职工入股以持有本企业股权为限,禁止持有各种关联企业的股权。并规定,国有企业不得为职工投资持股提供借款。这一文件的出台,对于深化国有企业股份制改革,完善公司法人治理结构,促进国有资本有进有退合理流动,规范国有企业改制和企业职工投资行为,防止国有资产流失,维护企业和职工合法权益,具有积极意义。它标志着国有企业职工持股的规范进入制度化建设的新阶段。

2009年1月13日,财政部发布《财政部关于金融类国有和国有控股企业负责人薪酬管理有关问题的通知》(财金[2009]2号),指出:2008年以来,受国际金融危机影响,国外金融企业普遍调低了负责人薪酬水平。目前,国内各金融企业正在着手清算2008年薪酬总额和拟定2009年薪酬计划,部分金融企业已主动调整了负责人薪酬。在当前特殊的形势下,国有及国有控股金融企业要带头保持员工队伍稳定,规范薪酬管理。该通知第4条规定:"各国有及国有控股金融企业根据有关规定暂时停止实施股权激励和员工持股计划。在国家对金融企业股权激励和员工持股政策公布之前，各国有及国有控股金融企业不得实施股权激励或员工持股计划。"

2009年3月13日，国务院发布《国务院关于同意支持中关村科技园区建设国家自主创新示范区的批复》，同意采取开展股权激励试点、深化科技金融改革创新等措施予以支持。其中指出，"在中关村科技园区范围内的高等院校、科研院所中，开展职务科技成果股权和分红权激励的试点。在中关村科技园区范围内的院所转制企业以及国有高新技术企业中进行股权和分红权激励改革，对做出突出贡献的科技人员和经营管理人员实施期权、技术入股、股权奖励、分红权等多种形式的激励"。

（六）小结

1999年以前，职工持股的政策法规随着国企改革的大潮，处于"摸着石头过河"的过程之中。在此期间，由于目标参数不确定，相关的制度建设缺乏清晰的思路，职工、企业和政府等相关各方的利益关系难以明确界定。1999年以后，特别是2003年国务院国有资产监督管理委员会成立以后，国企职工持股的规范工作结束了以往"政出多门"的局面，呈现出政策明朗化和规则统一化的发展趋势。

在国企改革艰难攻关的时期，国企职工主要扮演着改革成本分担者的角色，职工、企业、国家之间的利益关系也主要表现为改革成本分配的博弈。21世纪以来，随着国有企业的发展壮大，三者之间的利益关系转变为发展成果分享的博弈。在这场通常以职工和企业为一方、国家（政府）为另一方的利益格局中，前者处于进取态势，而国家只有不断地推进制度建设才能避免被动局面。

国企职工持股历来不是一个孤立的问题。国企改革的渐进性，决定了制度建设的试验性。有关国企职工持股的政策，必须与国有企业改革和发展的一定阶段相适应，而且必须与国有经济制度建设的整体推进相匹配。随着决策部门的思维重心由"企业改制"转为"国有资产管理"，有关国企职工持股的制度设计及其效果评价必将以当前和未来的战略目标和现实要求为依据。

二、国企改制职工持股的经验

（一）职工持股的意义

在以往的实践中，国企改制中的职工持股主要分为两种基本类型，一是职工普遍持股，二是经营者持股。前者的意义主要在于配合产权制度改革，后者的意义主要在于配合经营机制改革。

1. 职工普遍持股。第一，职工普遍持股是产权制度改革的产物。在国有企业产权多元化的过程中，实行职工持股的意义，首先是对国企职工原有地位的承认。发源于工业化国家的现代企业制度在产权安排上实行资本权力主导的原则，而员工与企业的关系则被定位于为雇佣契约。在中国，国企职工长期以来处于企业主人翁地位，这是企业产权改革不可忽略的事实。在企业股份化特别是引进外来投资的情况下，实行职工持股有利于维护职工的主人情感和减少改制的心理阻力。

第二，职工持股在应对企业困境和提高企业效益方面也发挥着一定的积极作用。20世纪80年代后期和90年代前期，中小型国有企业普遍身陷财务困境。经验表明，企业在改制过程中向职工发行股份不仅可以筹集资金，而且可以加强企业与职工之间的利益纽带，有助于团结职工共渡难关，实现企业振兴。

第三，在一些经营效益较好的国有企业，职工持股被当成了一种利益分配机制。这种利益分配，尽管带有调动职工积极性的意蕴，却不免包含着与国有资产分享收益的潜台词。一个比较典型的案例就是2002年伴随国家实行的"厂网分开"电力体制改革出现的大规模的电力职工持股。这种做法被认为造成了国有资产流失，不久即被中央相关部门叫停。

第四，21世纪以来，美国式的"员工持股计划"概念悄然登陆我国。在国有企业特别是大型国有企业经营效益良好的情况下，推行员工持股计划带有明显的福利分配性质。有评论者认为："目前我国实施了员工持股计划的企业往往变形为一种福利计划，一种企业发展成果的瓜分，一种管理层借员工持股计划而变相控制企业掠夺国有资产之实，或者是一种应付上级应付改制的权宜之计。"[1]

2. 经营者持股。经营者持股的表现形式，一是在职工普遍持股中的经营者持大股，二是公司为经营者制定专门的持股计划。无论哪一种形式，其基本出发点是将经营者持股作为一种激励机制，以达到改善企业经营机制、提高经营效率的目的。这种措施在开始时得到了政策上的鼓励。2002年8月21日财政部、科技部发布《关于国有高新技术企业开展股权激励试点工作的指导意见》，明确规定股权激励的对象是对试点企业的发展做出突出贡献的科技人员和经营管理人员。2003年2月24日国务院办公厅转发国务院体改办等部门《关于深化转制科研机构产权制度改革的若干意见》，鼓励科研机构转制企业的经营者和科技人员个人持股。理论界对经营者持股也给予了肯定性的论证。[2]

但是，后来的评价对经营者持股趋于保留。例如，2004年9月国资委研究室撰文指出：管理层收购作为国有中小企业改制的一种形式和调动企业经营管理者积极性的一种激励方式，需要具备相应的条件和环境。目前，我国社会主义市场经济体制还有待完善，国有资产价格缺乏合理有效的发现和形成机制；相关法律法规体系

---

[1] 张文兵："对员工持股计划的理解和思考"，载经济学家网：http://www.jjxj.com.cn/articles/2078.html，最后访问时间：2008年3月16日。

[2] 参见周放生："经营者持股的制度价值"，载《财政研究》2003年第1期；郭冰、余春宏："利益机制重构——经营者持股制度的理论分析"，载《财政研究》2003年第7期；冯子标："论经营者持股的理论依据"，载《中国流通经济》2002年第5期；姚立根："经营者持股效应的理论分析"，载《中国流通经济》2004年第9期；钟林："激励机制与国有企业经营者持股"，载《重型机械科技》2003年第1期；于东智、谷立日："上市公司管理层持股的激励效用及影响因素"，载《经济理论与经济管理》2001年第9期；朱秀英："经营者持股：国有企业改革的选择"，载《财贸经济杂志》2001年第5期；顾乃华、邱进："人力资本、经营者持股及治理结构"，载《兰州学刊》2002年第1期。

还不健全，收购缺乏必要的法律依据和政策规范；合理的融资渠道还很欠缺，管理层承担的收购风险与其享有的收益不对称；企业的内外监控机制还不健全，实施管理层收购有可能加剧内部人控制的现象；等等。在目前许多条件还不具备、不成熟的情况下急于搞管理层收购，容易造成国有资产流失，引发种种社会矛盾和问题。[1]

随后出台的相关规定也显示出"收"的倾向。2005年4月11日国资委和财政部发布的《企业国有产权向管理层转让暂行规定》，在允许探索中小型国有及国有控股企业国有产权向管理层转让的同时，禁止大型国有及国有控股企业及所属重要全资或控股企业的国有产权和上市公司的国有股权向管理层转让。2005年12月国资委《关于进一步规范国有企业改制工作的实施意见》，明确规定"严格控制企业管理层通过增资扩股持股"。2008年8月18日国资委《中央企业资产损失责任追究暂行办法》，将资产转让、收购和改组改制过程中"企业管理层转（受）让资产或者产权（股权）、主导制订改制方案、指定中介机构、确定转让、收购价格的"列为被禁止的行为，但并没有一概禁止管理层持股。

（二）职工持股存在的主要问题

国有企业职工持股是随着我国经济体制改革逐步推进的。由于经济改革涉及历史上和现实中各种不同的利益诉求和价值取向，情况复杂，把握困难，认识分歧，处理棘手。总的说来，存在着如下的普遍性问题：

1. 理论和政策层面的问题。

（1）理论研究不足，认识上存在重大分歧。目前，有关职工持股的研究虽然不少，但是存在着素材不全面、研究不深入等问题，至今尚无权威性的研究成果。对于职工持股的认识也见仁见智。赞成者主张将职工持股制度作为国有企业改革的战略选择，认为职工持股对于国有企业产权制度改革、企业内部机制健全及国有经济战略性调整均具有不可替代的积极作用。反对者则认为，国有企业实行职工持股制度不仅会产生新的不公平，而且将使国有企业难以推进市场机制，尤其是对职工观念和建立市场化的劳动用工制度造成障碍，对国有企业的改革并无实质助益。

上述现象，造成职工持股的实践缺乏明确的指导思想和政策界限，决策者疑虑重重，执行者步履维艰的后果，影响了职工持股制度的持续推进和健康发展。

（2）缺乏统一有效规范，职工持股操作难度大。相关部委如原国家体改委和原对外经贸部曾经出台过一些有关职工持股的规定，但是这些规定在20世纪90年代中期停止执行。一些地方曾制定过一些职工持股的行政性管理规范，但是这些规范多数为地方性规定，适用范围有限，且相关规定缺乏系统性和连续性。尤其是《中国

---

[1] 国务院国有资产管理委员会研究室："坚持国企改革方向 规范推进国企改制"，载《人民日报》2004年9月29日。

证监会关于职工持股会及工会能否作为上市公司股东的复函》和规范上市公司职工持股的相关规定出台,以及 2001 年后民政部门停止办理职工持股会法人登记手续以后,各地未根据这些变化情况作出新的规定,主管部门面也没有相关的规范性文件出台。因此,国有企业职工持股由于缺乏统一有效的规范性文件指导,职工持股操作难度大大增加,严重抑制了职工持股的发展。正是由于缺乏全国统一、规范的政策法律依据,不但使职工持股难以得到有效规范,而且也使已经持股的职工感到前景莫测,职工持股的积极作用难以发挥。

(3) 缺乏深入的调查研究,进一步规范思路不明。国企职工持股的法律规制,涉及物权法、合同法、公司法、证券法、国有资产管理法等多个法律部门,影响国家、职工、经营者、市场投资者和社会公众等多方利益群体。目前,对于国企职工持股中的利益冲突和多元利益诉求,现行规范的实施成效与不足,职工持股法律秩序的目标、原则和制度构架等基本问题,还缺乏系统和深入的研究。因此,在出台新的规范性文件时,由于没有明确的指导思想和行动纲领,难以形成决策面的广泛共识,也难以取得执行面的充分理解。

2. 实务层面的问题。在本课题调研过程中,企业和政府的人士提出了一些实务层面的问题。这些问题,有的反映出旧体制下的习惯性思维,多数则归因于制度的不完善。以下是对比较有代表性的一些问题的观察与分析:

(1) 职工持股中的非完全自愿问题。部分企业出现这一问题的原因一般有两种:一是客观原因,如在国有大中型企业主辅分离过程中,很多辅业单位由于没有足够现金支付职工经济补偿金,只好用公司的股权来折抵。二是主观原因,如部分企业从完成改制工作或者筹措资金的需要出发,强迫职工出资,而职工因考虑到岗位、收入等实际利益,被迫同意出资。因此,强调并切实保障职工出资完全出于自愿应是下一步规范职工持股必须坚持的一项原则。

(2) 职工持股平均化问题。这一问题主要发生在国有企业初次实施股份制改制过程中,因为虽然平均化不利于效率的提高,但是符合一些职工认同的所谓"公平原则",比较容易获得职工的认可。职工持股平均化随即产生的问题是职工持股范围过大,呈现出福利化的趋势。目前阶段,在一些效益较好的国有企业尤其是一些业务带有垄断性质的国有企业,实施平均持股的动机就是给职工发放福利。今后,在国有企业改制中不宜鼓励平均化持股的做法。

(3) 对三项制度改革和企业经营决策的影响问题。国有企业改革中最艰巨的一项任务就是劳动、人事、分配制度的改革,其中尤以建立市场化的劳动用工机制难度最大。由于观念的转变滞后于体制改革的规律,如果改制后的国有企业中职工持股人数过多或者持股比例过大,则明显不利于职工"国有身份"等习惯观念的转变,不利于企业三项制度改革。此外,如果职工持股比例较大,在一定程度上会对企业的经营决策,尤其是对企业的战略性决策产生消极影响。今后,应制定规范对国企改制中的职工持股设定上限,并在依法完善职工参与机制的同时,限制职工持股的表决权。

(4) 职工持股利益格局凝固化问题。多数有职工持股的企业都没有建立职工股的动态管理机制,股东固定化为具体的自然人(即老职工)。在人力资本较为密集的企业如高新技术企业中,其弊端尤为明显。如一些科研机构改制为企业后,退休职工可从企业获取高额分红,而很多在职骨干却因为没有股权而无法直接享受企业利润增长带来的好处,大大影响了他们的积极性。对这种情况,一方面应该承认老职工的合法既得利益,另一方面可以通过对新职工增发股份或者提供其他福利待遇来调动其积极性。在今后职工持股工作中,可以采取设置可回购股、岗位股(后文将详细讨论)等方式来避免职工持股格局的凝固化。

(5) 职工持股的载体问题。公司法对有限责任公司股东人数限制的规定,导致出资职工人数较多时的职工持股载体问题变得尤为突出。目前职工出资的载体有如下方式:①职工委托一名或多名代表人持股。此方式俗称"拖拉机",虽操作简便,但存在着代表人的道德风险难题。②通过信托投资公司出资。此方式较为规范,但是要支付一定成本,不一定适合小企业和盈利能力差的企业。③职工出资设立一个公司,再以公司名义向所在企业投资。此方式的最大的问题在于新设的公司完成出资任务后即沦为"空壳",徒增管理难度和运作成本。如果新设公司从事经营,势必依托所在企业,又难免形成利益输送,侵蚀国有资产。④职工集合出资后,委托工会法人代为出资。此方式简便且易控制,为很多职工持股企业所采纳,但是如果公司上市,则需进行清理。对已经形成的这类问题,可以从两个方面予以解决:一是通过特别立法确定职工股的特别股地位,使之不受公司法关于股东人数的限制;二是科学界定职工持股会的地位以及允许采用股权信托等办法,提供职工股权集体行使的适当方式。而根本的解决办法,则是尽可能避免采用职工普遍持股的做法。

(6) 持股比例及持股差距问题。职工持股占企业总股本的比例过小,不足以起到"联股联心"的作用;比例过大,又可能出现对经营决策的负面影响问题。此外,虽然对于鼓励经营者和业务骨干多持股、持大股的政策已有共识,但是在具体操作时,这种平衡比较难以把握。对于经营者和职工持股的差距比例在实践中多为5~10倍。一种意见认为,二者之间的差距过大,会造成新的"内部人控制";另一种意见则认为,在知识经济时代到来之际,这种差距还不够大,主张对经营者和骨干给予更大的持股份额,使人力资本的价值得到充分体现,并进一步密切其与企业的利益联系。解决这一问题的路径,首先是对职工普遍持股采取限制政策,并且将一般的职工持股计划与旨在激励科技人员和经营者的股权激励计划相区别,尽量避免采用将职工普遍持股与经营者持股合而为一的方案。其次,在经营者持股的情况下,可以通过设定为无表决权股以及强化公司法人治理的措施来克服"内部人控制"的弊端。

(7) 职工股的流通性问题。我国在证券市场建立初期，发行了大量内部职工股。1994年以后，按照证监会的规定，职工股配售比例为公众股的10%，纳入新股发行额度，并在配售6个月后上市。由于我国股票一级市场与二级市场之间存在着较大的价差，内部职工股往往在上市后被抛售。这就使职工股蒙上了浓厚的福利色彩，股权激励作用基本上流于空谈。而且，这种情况有违资本市场的机会均等原则，并滋生出很多腐败现象。有鉴于此，中国证监会在1998年和1999年两度发文，明令股份有限公司公开发行股票一律不再发行公司职工股。公司内部职工股的流动性问题成了我国股权激励尝试的障碍。从已有的经验和政策规定来看，将职工股与资本市场相隔离利大于弊，应予坚持。

(8) 职工持股的税收问题。长期以来，关于职工股收益的税收政策一直不完善。实施职工持股制度的目的之一，是由企业对职工单一的薪酬激励转变为薪酬激励与股权激励相结合。但薪酬可以在企业交纳所得税之前作为成本支付，而股权激励则只能在交纳企业所得税后作为分红支付。由于国家未制定职工持股的税收扶持政策，也未明确规定对职工股利收入是否征税，因此造成职工股权的收入预期值较低，职工持股的激励作用难以发挥。对此，国家可以在政策考量的基础上，制定职工持股的特殊税收政策。

总之，经过二十多年的探索和实践，职工持股已成为我国各地普遍推行并为大多数改制企业广泛采用的产权改革方式，并且已成为国有经济战略性调整的重要承载体。由于持股职工的群体庞大，关系到企业发展和职工切身利益，职工持股已成为国有企业的一个重大事项。一些中央部门和省、市政府都曾制定过相关行政规章对职工持股加以鼓励和规范。虽然对职工持股的争论至今仍未停止，职工持股的总体效果也需要经过时间的检验，但是从职工持股被广泛认可和在国企改革实践中广受关注的事实来看，其意义和合理性都值得认真总结和深入研究。我们应该对职工持股在深化国有企业改革、调动职工积极性、增强职工对公司的关切度和参与度、客观形成国有企业内部监督机制等方面的积极作用给予正面评价，同时认真研究其存在的问题，本着平衡各方利益、有利持续发展的方针，提出切实可行的解决办法，为深化国有企业改革和完善国有资产管理制度提供理论支持。

三、分析和建议

（一）国企职工持股的理论分析

1. 职工持股与企业产权制度。党的十五大以来，确立了按照"产权清晰，权责明确，政企分开，管理科学"的基本要求建立现代企业制度的目标。在国企改革中，实现产权清晰的途径，就是采用现代企业的产权构造模式。这种产权模式的基本要求，就是把投资者的财产所有权转换为股权和法人财产权，从而形成"投资者拥有企业，企业拥有财产"的现代产权结构。也就是说，现代企业是以"资本主权"为中心的制度安排。在这种制度安排中，劳动力没有产权地位。这是因为，在市场经济条件下，企业法人作为独立的民事主体，必须以自己名下的全部财产向市场承担民事责任。这意味着，企业的所有财产都应当成为法律上可被执行的责任财产。但是，与投资者投入的资金和有形财产不同，职工的劳动力不可能一次性投入企业，职工的人身及未来的劳动自由也不可能在企业破产时被出售变现。因此，一个满足市场经济要求的现代企业，不可能将职工界定为以劳动力出资的投资者，也不可能以产权为依据来界定劳动者在企业中的地位。

当然，由现代企业的产权概念并不必然地得出"企业只为投资者谋利益"的结论。目前，发达国家的企业制度已经抛弃了19世纪的"股东至上主义"，转而采用"企业社会责任"，即企业应当为包括投资者、职工、债权人、消费者、政府、社区等"利益相关者"谋取利益的新理论。根据这一理论，在现代企业中，职工尽管不享有产权地位，但作为企业最直接和重要的利益相关者，仍享有通过一定形式参与管理和分配的地位。

2. 职工持股与企业民主管理。第二次世界大战以后，西方国家出现了"工业民主运动"。例如，德国于1951年以法律形式确立了职工参与的共同决定制度，并以1976年《劳工共同决定法案》进一步规定有2000名以上职工的所有公司均应设立职工代表会，监事会（类似我国公司的董事会）中可以有半数职工代表。依据国际劳工组织（ILO）的界定，工业民主是一种增进劳动者参与企业管理决策之各项政策或措施的总称，其旨在除去由雇主或管理人员专断的旧式管理方式，从而让劳动者有机会发表意见或申诉，使劳动者的权益获得雇主或管理人员的尊重。实现工业民主一方面能保护和促进职工权益，另一方面能实现企业内的权利平衡，同时能缓和劳资关系并增加职工个人的成就感。

一些西方国家在实行雇员参与制时，根据法律的特别规定，允许职工购股和公司给职工送股，以加强企业与职工的利益连带关系，实现资本要素与劳动力要素的互济共存。但是，对于雇员参与制来说，职工持股只是一种辅助手段。由于存在着法律的强制性规定，雇员享有参与管理的权利，并不以持有公司股份为条件。

在我国，企业职工参与管理的制度由来已久。改革开放以来，职工的主人翁地位在宪法层面仍有着坚实的法律基础。在2005年修订后的《公司法》中，有"公司依照宪法和有关法律的规定，通过职工代表大会或者其他形式，实行民主管理"以及"公司研究决定改制以及经营方面的重大问题、制定重要的规章制度时，应当听取公司工会的意见，并通过职工代表大会或者其他形式听取职工的意见和建议"的规定。同时，《公司法》规定国有独资公司、两个以上的国有企业或者其他两个以上的国有投资主体投资设立的有限责任公司，其董事会成员中应当有公司职工代表；其他有限责任公司和股份有限公司的董事会成员中也可以有公司职工代表。而且，各种公司的监事会成员中，都必须有公司职工代表。

那么，职工持股对于企业民主管理有无意义？根据我们的调查，在存在着股份收益预期的情况下，国企职工对企业管理层决策的关注程度有一定提高。由此产生的效应有积极和消极的两个方面：一方面，职工对管理层的高风险决策和高消费行为的监督得到较明显加强。另一方面，由于专业知识上的差距以及对当期收益的偏好，职工股东的干涉往往对管理层有效决策和企业正常积累构成一种阻力。但是，依据《公司法》的规定，股东行使股权应当依照一定的程序，如股东大会程序或股东诉讼程序。实践中，如果严格依照法定程序，职工股权的监督作用实际上很难得以发挥；而要充分发挥其作用，则往往不得不突破程序限制。因此，如果法律或公司章程能够以适当的程序设计保证职工充分参与股东大会的重大决策和职工代表充分行使在董事会、监事会中的权利，企业民主管理的实现也可以不借助职工持股的形式。

3. 职工持股与职工分配权益。在现代企业中，职工在企业中的分配地位是通过劳动法和劳动合同来界定的。工资、社会保险以及各种形式的补偿金、奖励金和福利待遇，以及与此相配套的集体谈判制度，都体现了法律对职工参与分配权的承认和保障。除此之外，职工持股也不失为职工参与分配的一种方式。

美国的职工持股计划是典型的以分配为目的的制度安排。它最早于1956年出现在加利福尼亚，从70年代起获得联邦和各州法律的承认。依照职工持股计划，企业将自己的股票派发给职工，作为其报酬的一部分。职工持股通常采用延迟补偿计划的模式，即职工把获得的股票委托给信托基金持有，作为他们退休金的储备。但是，持股职工一般只能参与利润分享而很少参与企业管理。而且，职工持有的股票中有相当一部分是没有表决权的（即使是有表决权的股票，作为信托受益人的职工也无权行使表决权）。在美国，职工持股的意义不是参与管理，而是利润分享和福利保障。正因为如此，美国的职工持股计划主要是通过税法而不是公司法来规范的。

作为一种分配形式，职工持股与工资、奖金等固定收益的区别在于，前者与企业的经营业绩直接挂钩：企业利润越高，股权收益越多；反之则越少甚至没有。因此，股权式的分配形式具有加强内部凝聚力和激励的作用。

21世纪以来，福利性分配已经成为我国国有企业实行职工持股的主要动机。2005年《公司法》第143条规定股份有限公司可以为了"将股份奖励给本公司职工"而收购本公司股份，更是赋予分配型职工持股以宽松的法律空间。但是，中国的国有企业与美国的私人公司毕竟有着重大的区别。在中国，国有资产属于全民所有，大型国企又享受着国家在财政、资源、公共产品等诸多方面的优待。因此，国有企业的内部分配，必须遵循国家利益（社会利益）、集体利益（企业利益）和个人利益"三兼顾"的原则。国有资产及国有股份的公有性质、国有企业的社会职能以及国有企业利润的多重源泉，都决定了国有企业职工享受分配的方式应当在一定程度上有别于私营企业。当然，这种特殊性在不同类型的国有企业之间，有着程度上的不同。因此，不同的国有企业在职工持股问题上的自主空间也应有所差别。一般来说，处于竞争程度较高领域的中小国有企业，与处于竞争程度较低领域的大中型国有企业，特别是处于垄断地位的大型、特大型国有企业相比较，在实行职工持股上可以享有相对宽松的自主空间，而后者则应受到相对严格的管制。

4. 职工持股与企业法人治理。企业法人治理的基本目标在于改善管理者行为，减少代理人道德风险。职工持股在改善企业法人治理方面的作用，大体有两方面：一是有职工参与的监督机制对管理者行为的制约作用，二是管理者持股的激励作用。

关于第一个方面，如前所述，在职工普遍持股的情况下形成的群众性利益关切，对改善管理者行为的积极作用是有限的，而且常常有某些消极作用相伴随。职工参与和职工监督可以有多种可选择的形式，职工持股只是其中的一种，并且不一定是最有效的一种。所以，只有在对一个企业的治理机制加以整体规划和通盘考虑的基础上，才可以评定一项职工持股计划在改善企业法人治理方面的效用。无论如何，在实行国企职工持股审批制度的情况下，企业职工持股计划的论证必须包含该计划对企业法人治理的正面作用和负面作用的预测评估。

关于第二个方面，管理者持股的激励作用取决于持股人的忠诚度和勤勉度对于其远期利益预期的依赖程度。这要根据不同人才的价值创造能力和市场稀缺性，以及所在岗位在整个系统中的重要性来决定，切不可一概而论地认为经营者持股都具有可推广性（科技人才持股大体上也是如此）。所以，一项旨在对管理者和技术骨干进行激励的持股计划，应当立足本企业和相关人才市场的实际情况，针对不同类别的人才和不同类型的岗位，分别评估在股权激励计划下持股人忠诚度和勤勉度的可能增加值。

5. 职工持股与国有资产保护。职工持股与国有资产的关系，大体可分为以下四类：

第一，患难型。在国有企业困难时期，国企职工通过出资持股或者改制持股的方式，与国有资产同舟共济，共渡难关，甚至在一定程度上分担了国企改制的成本和风险。

第二，创业型。在改制企业的发展起步时期，企业通过职工持股，激励员工，凝聚人才，鼓励创新，提高效率，实现了职工股与国有股相得益彰，比翼齐飞。

第三，分享型。在国有企业事业兴盛时期，国企通过股权方式向职工分配企业发展带来的增量利润，并赋予职工对未来利润分配的积极预期。这种分配预期可以起到调动积极性和留住人才的作用。但是，在缺乏规范和制约的情况下，这种预期也可能导致职工分享意愿凝固化和不断膨胀的趋势，从而导致企业决策受职工分红需求的过分制约而影响长期性战略发展，以及由于国有资产收入因缺乏节制的职工分享而相对流失。

第四，侵蚀型。在少数国有企业，特别是大型企业和盈利企业，存在着以增加职工收入特别是增加经营者收入为目的而滥用职工持股侵蚀国有资产的情况。从侵蚀国有资产的手法看，比较典型的有：①在股份改制或者增资扩股过程中，人为低估企业资产的价值（贱卖），或者高估个人无形资产出资的价值（贵买），向职工转让或发行股份，使之非分地获取额外股权，实质上无偿取得本属于国家的资产份额。②在国有企业之外成立职工持股企业，通过包揽国有企业的购销业务或者其他重要业务，以贱买贵卖等不公平交易方式侵蚀国有企业的应得利润。③以"经营者持股""股权激励""员工持股计划"等名义，向经营者（或主要是经营者）派发股份或者以貌似公平的低价格转让股份，或者将高价从市场购回的股票以低价"奖励"给经营者或者主要是经营者的全体或部分员工。从侵蚀国有资产的结果看，主要有三种情形：①直接侵蚀国有企业中的国有股；②通过稀释国有股权的份额而间接侵占国有股；③通过截取国有企业应得收入或者对其加载成本负担而侵蚀国有资产收益。

大体上说，以上四种类型中，前两种属于友好关系，应当给予肯定和保护。第三种属于有摩擦的共存关系，需要通过规范和约束，扬其长而避其短。第四种属于利益冲突关系，应严加防范和禁止。

6. 职工持股与知识投资。在知识经济时代，知识投资的方式主要有两种：一种是知识成果的投资，如投资者将自己的专利、著作权或技术秘密转让给企业而取得企业的股权。一种是知识创造能力的投资，即所谓人力资本的投资。这是指投资者以取得当下或未来的股份为条件，承诺长期担任企业的技术研发或其他技术工作，为企业作出一定的技术贡献。目前，我国《公司法》已经肯定了前一种投资方式。[1]但对后一种出资方式，我国《公司法》并无规定。实践中有所谓"股票（股份）期权"的做法，实质上是公司承诺在期权人履行义务达到约定条件的情况下，于未来某一时间按期权成立时的股价向期权人出售公司股票（股份）。这种交易安排实质上是以公司股票的未来增值作为对期权人在这一期间对公司资产增值作出贡献的一种报偿，它不过是股票奖励的一种特殊形式。

在我国，曾经有国有高科技公司的技术人员因技术开发贡献而获得股份奖励，但后来被有关部门以"国有资产流失"为名而予以否定的案例。这说明，我国的立法机关和行政主管部门都还缺乏无形资产和人力资本的意识。中国经济发展的科技强国战略要求我们适应知识经济的时代潮流，高度重视人才和创新力的价值，以多种方式加强对科技人才的激励，其中包括股权形式的激励。可喜的是，迄今为止已经出台的规定显示，我国对企业科技人员持股和管理层持股的基本态度是肯定的。例如，国资委2008年9月16日《关于规范国有企业职工持股、投资的意见》作出了

---

[1]《公司法》第27条规定："股东可以用货币出资，也可以用实物、知识产权、土地使用权等可以用货币估价并可以依法转让的非货币财产作价出资；但是，法律、行政法规规定不得作为出资的财产除外。对作为出资的非货币财产应当评估作价，核实财产，不得高估或者低估作价。法律、行政法规对评估作价有规定的，从其规定。"

"国有大型科研、设计、高新技术企业改制,按照有关规定,对企业发展作出突出贡献或对企业中长期发展有直接作用的科技管理骨干,经批准可以探索通过多种方式取得企业股权,符合条件的也可获得企业利润奖励,并在本企业改制时转为股权"的规定。这是符合知识经济时代的发展趋势的。

(二) 国企职工持股的政策和立法建议

1. 历史形成的职工股权。20 世纪 80 年代以来,中央和地方政府对职工持股的基本态度是许可的,并且发布过一些规范性文件。对于历史上形成的职工股权,应该按不同情况区别对待。大体上说,可以分为三类:

第一类,在股份发行当时有法规依据或者政府批文的,应予以承认,但可以在保护既得利益的前提下予以适当调整,例如限制表决权、不允许转为流通股、不允许对外转让或者由企业回购。

第二类,股份发行时缺乏法规依据且未获政府批准,但未违反法律的,对善意出资的职工的应予以保护。对其所持股份,可以根据实际情况,以补办手续、新股置换等方式加以合法化,也可以由企业在持股人同意的情况下按现值予以回购。

第三类,违反发行时的法律和相关行政法规或管理规定的,需要加以清理。具体说,主要有以下几种情况:

(1) 20 世纪 80 年代股份制试点时期,根据当时的文件,只有成为股份制试点单位的国有企业可以发行职工股,而股份制试点单位是由政府指定的。因此,在此期间未获得政府认定的股份制试点单位资格的企业向职工发行的股份,原则上应为无效。

(2) 1992 年 5 月原国家体改委、原国家计委、财政部、中国人民银行、国务院生产办发布《股份制企业试点办法》后至 1994 年 7 月《公司法》施行前,国有企业职工持股应依据《股份制企业试点办法》的规定进行。以下情况应被认定为违反该办法规定:①未按规定获得批准的,无效;②职工股总额超过规定比例的(定向募集公司 1993 年 7 月以前为 20%,以后为 2.5%;社会募集公司为 10%),其超过部分无效;③持股人员超出规定范围的(公司法人股东单位的职工、公司非全资附属企业及联营单位的职工、公司关系单位的职工、公司外的党政机关干部、公司外的社会公众人士均不得购买和持有公司向内部职工募集的股份),其超范围部分无效;④以职工股侵蚀公司利益的(如将法人股转让给职工,将公司财产以股份形式派送给职工),无效;⑤职工股权转让违反规定的(职工股在公司配售 3 年内不得转让,3 年后只能在内部职工之间转让),其转让无效。有以上违法情形的,对无效股份的处理,原则上依照恢复原状的法理。其中,发行股份无效,注销股份,发行人返还股金;转让无效的,受让人返还股份,出让人返还价款。

(3) 1994 年《公司法》施行后,国有企业实行公司化改制,一些地方出现了以职工持股会等形式设立职工股权的做法,这些做法得到了地方政府以正式文件或其他方式的认可。其中,有些职工出资入股起到了帮助企业脱困的作用,一些企业以股份作为国企职工身份退出的替代补偿还起到了减轻财政负担的作用。这些职工持股,即使缺乏充分的法律依据,也应给予承认和保护。但是,在这一时期,也存在着一些企业经营者借改制之机,以经营者持股的形式,通过人为减少企业资产、夸大企业负债、虚假出资、抽逃出资等手段侵吞国有资产的情况。对这种行为,任何时候一旦发现,不但必须追回其非法取得的股权,而且必须对构成犯罪者追究刑事责任。

(4) 2000 年以来,国企职工持股逐步规范化。一方面,根据国务院办公厅转发的 2002 年 9 月《关于国有高新技术企业开展股权激励试点工作指导意见》和 2003 年 2 月《关于深化转制科研机构产权制度改革若干意见》,国有高新技术企业股权激励试点和科研机构转制企业的过程中的职工持股尤其是科技人员和经营者持股受到国家政策的鼓励。因此,依据这些文件的规定形成的职工股权应当受到法律的保护。另一方面,在此期间政府也发布了一些规范职工持股的文件,如 2002 年 7 月 27 日,财政部发布《企业公司制改建有关国有资本管理与财务处理的暂行规定》。根据这一规定,企业实行公司制改建时基于下列做法而持有的股权原则上应为无效:①将国有资本低价折股或者低价转让给经营者及其他职工个人的;②企业为个人认购股份垫付款项或者为个人贷款提供担保的;③内部职工(包括经营者)持有股份未缴付认股资金而参与分红,或者超过法律规定期限仍未缴付认股资金的;④将改建企业账面原有的应付福利费、职工教育经费余额转为职工个人投资的,或者将不属于欠发职工工资的应付工资余额转为个人投资的。在具体处理时,应区别具体情形,例如,通过企业垫款或者担保贷款而出资的,如果事后还清了欠款本息,可保留股权;在交清出资前参与分红的,可在退还所得红利后保留股权。

(5) 自 2003 年《关于规范国有企业改制工作的意见》和《企业国有产权转让管理暂行办法》,到 2004 年出台的一系列加强检查和审计的文件,再到 2005 年《企业国有产权向管理层转让暂行规定》和《关于进一步规范国有企业改制工作的实施意见》,国资委为加强国企改制中的国有资产保护,针对社会上争议较大的经营者持股,制定了明确具体的行为规范。因此,凡是在这些文件禁止或限制之列的经营者持股,都需要进行清理。例如,超越权限擅自决定企业改制的,弄虚作假造成国有资产流失的,以权谋私侵吞国有资产的,滥用职权"自卖自买"国有产权的,所取得的股权或者股权转让收益,应当予以收缴。又如,管理层在对企业业绩下降负有直接责任、转移资产、提供虚假信息等情况下受让企业的国有产权的,或者采取信托或委托等方式间接受让企业国有产权的,其所获股权应认定为无效。

(6) 根据 2008 年 1 月 28 日国资委、发改委、财政部和原电监会联合印发的《关于规范电力系统职工投资发电企业的意见》,电网企业管理层和关键岗位人员持有的本区域电网覆盖范围内发电企业的股权,应限期清退和转让。

(7) 根据 2008 年 9 月 16 日国资委《关于规范国有企业职工持股、投资的意见》，首先，国企中层以上管理人员直接或间接持有本企业所出资各级子企业、参股企业及本集团公司所出资其他企业股权的，自该意见印发后 1 年内应当转让所持股份，或者辞去所任职务。其次，国有企业为职工投资持股提供借款或垫付款项的，或者以国有产权或资产作标的物为职工融资提供保证、抵押、质押、贴现的，或者要求与本企业有业务往来的其他企业为职工投资提供借款或帮助融资的，应责令其限期清偿债务，或者以股权和其他财产向企业提供担保。最后，对于历史上使用工效挂钩和百元产值工资含量包干结余以全体职工名义投资形成的集体股权现象，应采取措施予以规范。具体规范办法，建议按照民法按份共有的原理，以工效工资或包干节余的合理分配方案为依据，确定职工个人在集体股权中的份额；集体股权的分红收益按个人份额分配；个人份额可以转让、继承；企业可以用现金或其他形式的对价收购职工集体股。

在以上的情形下，职工所获股权原则上应被认定为无效。在无效的情况下，有两种处理方式：一是恢复原状，即本人已交纳的出资，由企业返还本息；领取过的红利，原则上应当从还款中扣除。二是补正，即按照现行的政策和法规，制定新的持股方案，将原来的出资转换为合法的股份。前一种处理方式主要适用于管理层持股，后一种处理方式主要适用于职工普遍持股。

2. 职工普遍持股。如上所述，在国企改制的初期，职工普遍持股的意义主要在于凝聚职工情感、解决企业困境和国有产权退出时替代身份补偿。在后期，则主要成为一种利益分配机制。调查表明，实践中职工持股对改善企业法人治理和提高企业经营效率无明显的积极作用，有时还有消极作用。因此，对于今后改制的国有企业以及已经完成改制的国有企业来说，职工普遍持股不值得鼓励。由于职工参与管理已经成为法定制度，不需要借助职工的股东身份。职工的主人地位有劳动者在国家生活中当家做主的宪法地位作支撑，职工参与管理又有企业民主和公司社会责任的理论作支持，今后的立法应从完善职工代表大会制度、强化工会地位和完善法人治理结构等方面来保障职工的参与权。至于一般职工的福利分配，基本的价值取向当然是随着企业发展逐步提高广大职工的福利待遇，但是，这一目标完全可以在企业民主管理和集体合同制度的保障下，通过工资、奖金、社会保险和其他福利措施来实现，而不需要采用职工普遍持股这样一种法律基础较弱、操作难度较高、派生问题较多的做法。因此，今后应尽量避免采用职工普遍持股的做法。

对于改制企业以往实施职工普遍持股形成的股权，如果不属于依法应予清退的范围，但确实需要限制其影响，可以采用修改股份条件的办法，将其界定为无表决权股、可回购股或保障股（后文将详细讨论）。

3. 职工持股会。我国国企职工持股在发展过程中，曾出现职工以持股会形式集体持股的做法。职工持股会的形式多样，包括新设社会团体法人、依托工会设立非法人团体、设立企业法人等。在国企改制的早期,职工持股会曾风行一时。20世纪90年代,有些地方政府曾为此制定专门的试行办法,[1]也有中央部委明文鼓励企业成立职工持股会。[2]但是,进入21世纪以来,政府对职工持股会的态度转为限制。例如,2000年7月6日《民政部办公厅关于暂停对企业内部职工持股会进行社会团体法人登记的函》,同年12月11日《中国证监会关于职工持股会及工会能否作为上市公司股东的复函》,2001年6月14日《国家经济贸易委员会关于进一步规范债转股工作加强债转股企业改革管理的通知》,2002年12月11日《中国证监会关于职工持股会及工会能否作为上市公司股东的复函》,2008年1月28日国资委等《关于规范电力系统职工投资发电企业的意见》,以及一些地方政府的文件,[3]都对职工持股会在公司治理架构中的地位持否定意见。

从目前情况看,职工持股会遇到的一个主要障碍,就是主体资格问题。如果职工持股会要成为法人,首先必须具备的一个条件,就是拥有自己的独立财产。职工持股会的目的是代表职工行使他们在公司中的股权。因此,如何取得以及以何种方式持有公司的股权是一个必须解决的问题。如果采取将职工拥有的公司股权以投资形式转移给持股会的办法,则投资完成之后,持有公司股权的主体就变成持股会这个法人,而职工只能成为持股会中的股东,而不再是公司的股东,故不能以股东身份在公司中行使参与管理和监督的权利。而且,按照这种模式,在程序上必须首先完成职工取得公司股权的手续,包括个人股权的登记,然后才能办理职工股权向持股会法人转移的登记。而在大多数情况下,改制后的公司为有限责任公司。依照《公司法》的规定,有限责任公司的股东人数不能超过50人。实践中,有许多改制企业设立职工持股会的目的恰恰是规避这一限制。所以,在持股职工超过50人的情况下,除非另有特别法上的依据,上述程序的第一步是无法做到的。这样,持股会

---

[1] 参见《上海市关于公司设立职工持股会的试点办法》(沪体改委〔1994〕156号);《北京市现代企业制度试点企业职工持股会试行办法》(京体改发〔1996〕6号);《南宁市职工持股会管理试行办法的通知》(南府发〔1997〕40号);《浙江省企业职工持股会暂行办法》(浙经体改发〔1998〕92号);《云南省企业职工持股暂行规定》(云政发〔1998〕155号);《安徽省国有控股、参股公司内部职工持股试行办法》(皖政〔1999〕22号);《甘肃省股份制企业内部职工持股暂行办法》(甘政办发〔1999〕22号)。

[2] 参见《民政部、外经贸部、国家体改委、国家工商行政管理局关于外经贸试点企业内部职工持股会登记管理问题的暂行规定》(民社发〔1997〕28号,现已废止);《国家经济体制改革委员会关于积极稳妥地推进国有企业股份制改革的指导意见》(体改生〔1998〕28号);《铁道部关于积极稳妥地推进铁路建立现代企业制度的指导意见》(铁政法〔1999〕52号);建设部《关于进一步推进建设系统国有企业改革和发展的指导意见》(建法〔1999〕317号,现已废止);财政部《关于铁路施工企业动用历年百含结余处理意见的函》(财基字〔1999〕891号);《中华全国总工会、对外经济贸易合作部、国家工商行政管理总局关于外经贸试点企业内部职工持股会登记暂行办法》(总工发〔2001〕22号)。

[3] 参见云南省人民政府办公厅《转发国务院办公厅关于深化转制科研机构产权制度改革的若干意见的通知》(云政办发〔2003〕174号);辽宁省人民政府国有资产监督管理委员会《关于规范省直国有企业改制工作实施意见的通知》(辽政办发〔2005〕24号)。

基于职工股权投入而形成法人财产的设计，在现行法律框架下难以实现。

因此，职工持股会要成为法人，只能在公司法以外寻找法律基础。目前来看，要争取民政部为企业的职工持股会开启社会团体登记的大门还很困难。因为，根据 1998 年 10 月 25 日国务院颁布的《社会团体登记管理条例》第 3 条的规定，"企业事业单位内部经本单位批准成立、在本单位内部活动的团体"不属于本条例规定登记的范围。

至于将职工持股会设立为合伙或非法人团体的方案，也存在着一些问题。如果采用首先由职工取得企业的股份，然后组成合伙或非法人团体，则无法突破公司股东人数的法定限制。如果先以集资方式成立合伙或非法人团体，再以团体名义向公司出资取得股份，则职工个人的权益保障、团体的对外代表机构以及团体的诉讼地位问题，目前还缺乏坚实的法律基础。而且，这种方式同样也存在着职工不能直接依据股权参与企业管理的问题。只有在职工持股仅以福利分配为目的的情况下，这种方式才有一定的应用价值。

另一个思路就是不必将职工持股会定位于具有团体人格的民事主体，而仅仅将它看作是一个企业内部的管理组织。2001 年 4 月 28 日《国务院办公厅关于外经贸企业内部职工持股会法律地位问题的复函》提出：职工持股会是公司工会内设的专门从事本公司内部职工股的管理组织，不必作专门的登记。如果我们认为设立职工持股团体的需求仅在于便利职工股东在企业内部集体行使股权，而并无对外享有民事权利和承担民事义务的需要，这个意见是合理的。这既可以免去履行工商登记或社团登记的繁琐手续和成本，也可以为企业和职工在协商基础上本着自治原则量身订立持股会章程提供宽松的法律空间，从而更有利于职工股权的行使和保护。

建议将 2001 年 4 月 28 日《国务院办公厅关于外经贸企业内部职工持股会法律地位问题的复函》的上述意见作为职工持股会性质认定的依据，并发布规范性文件明确：企业成立职工持股会，由企业在股份发行计划中确定，并在与工会协商的基础上制定职工持股会章程。职工持股会可以设立为单独的内部组织，也可以设立为工会的下属机构。现有的职工持股会也可以按照这一规定予以规范。为了指导职工持股会的组建工作，国资委或省级地方政府可以下发《国有企业内部职工持股会示范章程》，供参考应用。

4. 科技人员和经营者持股。目前，应该把科技人员持股作为一种适应知识经济发展需要和配合国家人才强国战略的措施，加以肯定和推广。但是，科技人员持股的目的是对科技人才的创造性智力贡献的回报和激励，而不是实现企业民主管理。在企业管理构架中，也没有必要将科技人员设定为一个特殊的利益群体。因此，科技人员的股权性质和权利内容，具有一定的特殊性。例如，科技人员所持股份，重在鼓励持股人关心企业发展给自己带来的未来回报，因而在一定的期间内应限制其自由转让。

在现代企业中，经营者的经营管理活动也存在着较高的知识含量和智力创造性，而这些知识和智慧有时也构成企业财富创造的"软资源"。因此，在一定范围内，经营者可以与科技人员等同看待。但是，并不是所有的经营岗位都需要这样的资质，也不是所有的经营者都具有这样的能力。所以，不能一般地承认经营者持股的必要性，也不能提倡目前一些大企业采用的各级各类管理人员普遍持股的做法。例如，从事政工、安保和后勤保障的干部，以及车间、科室等以执行公司指令为主的基层管理人员，其知识和能力在财富创造中的直接贡献和创造性贡献较为有限，故无必要纳入持股计划的范围。

应该看到，股权激励与股权奖励是两个不同的概念。股权激励以承担特殊岗位或特殊任务的特殊人才为对象，以长期性投资回报为预期，而股权奖励以作出重大贡献的各类人员为对象，以一次性财产赠与为预期。前者主要依据于能力评估（或潜力评估），后者主要依据业绩评估。在国有企业，由于国有资产的公共性，国有企业不宜采用赠与性质的股权奖励措施。

5. 职工股的法律性质。在法理上，公司股份有普通股和特别股之分。职工股是公司成立后按照特殊条件对特定对象发行的股份，属于特别股的范畴。目前，我国《公司法》尚无特别股的规定，也没有职工股的规定。我国有关职工股的现行规定，均存在于《公司法》以外的特殊法律渊源。目前我国《公司法》关于股权和股东的规定，应当解释为针对普通股而言的。因此，可以通过特别立法，对职工股作出特殊规定。一旦有特殊规定，则按照"特别法优先于普通法"的原则，职工股可不受《公司法》的限制。例如，《公司法》第24条"有限责任公司由五十个以下股东出资设立"的规定中的"股东"，解释上应为普通股的股东。因此，这一人数限制可以不对国企改制发行特别股构成障碍。《公司法》第131条规定："国务院可以对公司发行本法规定以外的其他种类的股份，另行作出规定。"据此，建议国务院制定行政法规，对职工股的特别股性质作出明确界定，并就相关的登记公示问题作出特别规定。

6. 职工股的发行程序。

（1）发行计划。发行职工股必须制定发行计划。发行计划应当对发行的目的、范围、额度、股价、出资方式、发行条件和发行程序等要素作出明确界定。

实现国有资产保值增值是国有企业运行的一个基本目标。职工股权的意义，是通过股权收益的激励调动职工的积极性和聪明才智，使企业做大做强，并且在国有资产增值的同时实现个人增收。所以，发行职工股应当以能够给国有资产的保值增值带来增量利益为约束条件，并且以仅仅分享增量利益而不减少存量利益为限度。假设一个国有企业的国有资产年增长率为15%，而实施职工持股计划后的预期年增长率为20%，则其中5%的增量收益就是职工股与国有股的分配空间。倘若我们以其中的2.5%作为职工股的可得收益，则可以计算出职工股在企业总股本中所占的比例，进而确定职工股的发行总额，同时以此为约束条件计算出单位股权的股价。为了充分保护国有资产,国资委可以参照原国家体改委 1992 年 5 月《股份有限公司规范意见》和 1993 年 7 月《定向募集股份有限公司内部职工持股管理规定》的经验,规定企业内部职工股总额的上限。这个上限,可以根据企业的类型和规模来确定。建议总的上限为:中小企业不超过国有股总额 5%,大型企业不超过 2%,具体上限可以由地方政府和行业主管部门确定。在限额内,可以一次发行,也可以多次发行。

在确定发行总额以后,需要进一步确定发行范围,即哪些人可以享有购股权。一般来说,如果发行范围较宽,则人均持股量相对较少,对持股人的激励力度就会偏低;反之,则对持股人的激励度较高,但激励面过窄可能导致整体实施效果的下降。所以,应适当地确定发行范围,并且应根据不同激励对象的预期贡献来确定不同的发行额度。公司应当在持股计划中确定持股人的资格条件和购股限额。

股价和出资方式也涉及国有资产的保护。股价应在资产评估的基础上确定。资产评估不能仅仅依据资产负债表,而且应当考虑企业的赢利能力和成长性。出资方式可以是现金,也可以是实物、知识产权或专有技术。职工股应实行实缴制,但可以规定在一定期限内(不超过 2 年)分次缴清。分期缴付时应有最低首付额,并且未实缴部分不得行使股权。职工交纳股本,不得以公司财产垫付,也不许由公司为职工贷款提供任何形式的担保。职工可以用自己对公司享有的已生效债权(例如,未领取的应付工资、奖金),以抵销方式履行出资义务,但不得以尚未实际发生的未来预期收益作为出资。

(2)审批制度。从 1992 年 5 月原国家体改委《股份有限公司规范意见》到 2003 年 11 月国务院办公厅转发原国资委《关于规范国有企业改制工作的意见》,均对国有企业发行职工股实行审批制。2003 年 5 月国务院发布的《企业国有资产监督管理暂行条例》第 20 条规定:"国有资产监督管理机构负责指导国有及国有控股企业建立现代企业制度,审核批准其所出资企业中的国有独资企业、国有独资公司的重组、股份制改造方案和所出资企业中的国有独资公司的章程。"据此,凡是国有企业,无论是国有独资、国有控股还是国有参股的企业,在实施职工持股计划前,必须将股权发行计划报国资管理部门审核批准。

7. 职工股的特殊条件。设定适当的持股条件,是平衡股权激励与国有资产保值增值这两大目标的重要手段。总的说来,职工股权的基本内容是收益权。收益权的基本含义是分红权和公司解散时的剩余分配权。职工股一般不宜包括新股发行时的优先认购权和公司上市时转换为流通股票的权利。国有企业可以根据职工持股计划的目的和公司的实际情况,确定股权的特殊发行条件。以下是建议选择采用的特殊发行条件,这些条件可以单独采用,也可以并用。

(1)无表决权股。在职工持股计划定位于收益权激励,或者公司已经有比较完善的职工参与决策和管理的机制的,可以将职工股设定为无表决权股。无表决权股东不参加公司股东大会,或者只列席股东大会而不参加表决。无表决权股按参加分配方式可以分为两种：一是固定收益股，即通常说的优先股。这种股份享受固定的股息，其收益不受公司经营情况影响（即丰年不增收，歉年不减收）。这种分配方式可用于在职工普遍持股的情况下避免持股人因过分追求股权收益而不适当地影响公司的投资决策和积累。二是分红股，即与普通股同等享受收益分配，其收益与公司经营业绩挂钩，可用于对科技人员和经营者的股权激励。

（2）限制流通股。股份发行条件中可以规定，职工股在发行以后一定年限内不得转让。也可以规定在发行后或者禁止转让期届满后仅可在内部职工之间转让，或者仅可在内部特定范围的职工之间转让，或者规定仅可转让给公司。也可以规定职工股转让须经公司同意，并且/或者公司享有同等条件下的优先受让权。也可以规定职工股转让必须具备的特定事由，如离职、退休、死亡等。

（3）可回购股。股份发行条件中可以规定在一定期限届满或者特定事由发生时公司以现金回购股份。也可以规定职工享有请求公司回购的权利。回购请求权可以不附条件，也可以附条件（如公司连续3年不分红或者分红低于法定或约定的利率）。公司回购的价格，可以是购股款的本息（利息标准可为银行利率或约定利率），也可以是经过评估的股份现值。

（4）岗位股。股份发行条件可规定与岗位挂钩的个人配股额，当持股人脱离岗位时（正常调离公司和退休的可除外），应当向公司退回股份或者按约定价格将所持股份转让给该岗位的新任者。退回股份时，公司应退给本金，并在前期未分红或分工累计低于银行存款利息的情况下补给利息差额。

（5）保障股。股份发行条件可以将职工股份以信托方式委托给一个机构，信托人将股份红利存入持股人的个人账户。职工在退休后定期从该账户领取生活费。保障股可以实行固定红利；固定红利适用"丰年不增，歉年后补"的原则，以保证职工有稳定的保障性收入。

8. 股权激励计划。所谓股权激励，是指职业经理人通过一定形式获取公司一部分股权的长期性激励制度。它使经理人能够以股东身份参与决策、分享利润、承担风险，从而勤勉尽责地为公司的长期发展服务。在国际上，股权激励计划是上市公司比较普遍的做法。一般认为，股权激励计划可以把职业经理人、股东的长远利益和公司的长期发展结合在一起，在一定程度上能够防止经理人的短期行为和"内部人控制"等侵害股东利益的情况发生。股权激励机制的重要形式之一是股票期权计划。在美国，它曾是硅谷地区快速成长的创业科技公司造就富翁的摇钱树。微软、谷歌都曾经通过股票期权制造了大量亿万富翁。不过，美国投资大师巴菲特持有反对观点，他认为过于优厚的股权激励会造就"贪心的CEO和公司高层管理人士"，还会制造更多的公司丑闻。管理层为了使自身利益最大化，不惜虚增利润掩盖亏损，并利用一般股东与管理层之间的信息不对称进行内幕交易，导致投资者受损。例如，美国安然等大公司倒闭，就与管理层持有大量股票期权有关。2008年全球金融海啸，也在一定程度上与金融机构管理层在股权激励下过度的金融创新和业务扩张有关。

根据证监会 2005 年 12 月发布的《上市公司股权激励管理办法（试行）》，我国上市公司股权激励的形式有限制性股票和股票期权两种。其中，限制性股票是指激励对象按照股权激励计划规定的获授股票的业绩条件和禁售期限等，从上市公司获得的一定数量的本公司股票。股票期权是指上市公司授予激励对象在未来一定期限内以预先确定的价格和条件购买本公司一定数量股份的权利，激励对象可以依其获授的股票期权在规定的期间内以预先确定的价格和条件购买上市公司一定数量的股份。该办法规定，上市公司全部有效的股权激励计划所涉及的标的股票总数累计不得超过公司股本总额的 10%。

根据国外的经验教训和我国的实际情况，建议制定法规，对我国国有企业的股权激励作以下限制：①股权激励仅适用于上市公司，非上市公司不得实施股权激励计划。②上市公司的股权激励，应当严格执行《上市公司股权激励管理办法（试行）》等规范性文件。③国有控股的上市公司的股权激励计划，在报证监会备案前，应当首先得到国资委批准。④国有控股的上市公司的股权激励总数，每次不得超过公司股本总额 2.5%，两次计划的间隔时间不得少于 5 年，股权激励累计额不得超过公司股本总额的 10%。

2009 年 1 月 13 日，在国际金融危机的背景下，财政部发布了《财政部关于金融类国有和国有控股企业负责人薪酬管理有关问题的通知》，其第 4 条规定："各国有及国有控股金融企业根据有关规定暂时停止实施股权激励和员工持股计划。在国家对金融企业股权激励和员工持股政策公布之前，各国有及国有控股金融企业不得实施股权激励或员工持股计划。"这是正确的。建议国务院发出通知，对全部国有控股的上市公司都照此办理。

9. 股权信托。迄今为止的国内研究成果，都肯定了职工股权通过信托方式由受托人持有和行使权利的做法。担任受托人的，可以是基金类的组织，也可以是信托投资类的金融机构，也可以是工会。一般来说，前两类具有较强的理财能力，适合担任保障型持股计划的股权管理者，而后者较适合担任分配型持股计划的管理者。当然，持股职工也可以采用信托方式委托自然人（职工、律师等）担任其股份受托人。在股权信托中，受益人通常是持股人，也可以是持股人（委托人）指定的其他人（如亲属）。

信托制度是一种用途多样、便捷可靠的财产法制度。我国《信托法》自 2001 年颁布以来，实践中应用较少，主要原因是此种制度源自英美法系，受大陆法系思维方式训练的法律职业者不大容易理解和掌握，因而给交易当事人造成了某种程度的不确定预期。如果主管部门能在总结实践经验的基础上，设计出比较适合国有企业职工持股实际需要的股权信托模式加以推广，则不仅有利于职工持股的开展，也有利于信托制度在我国的推行。

历史上形成的集体股，如果不能或者不需要分配给个人，可以在确定受益人范围及各自受益份额的基础上，以信托方式予以维持。以职工持股会方式管理的职工股，在持股人自愿的前提下，也可以转变为信托方式。

10. **关联企业职工持股**。2008年9月16日国资委《关于规范国有企业职工持股、投资的意见》明令禁止国企职工持有各种关联企业的股权，这是正确的。实践中，企业之间的关联关系是多种多样的，有的是通过产权纽带，有的是通过交易纽带，还有的是通过管理纽带。从法律上讲，一个企业的雇员投资别的企业而持有该企业的股权是不受法律禁止的。但是，如果一个公司的雇员因为持有与本公司有关联关系的他公司股权而产生利益冲突，使他有可能基于这种利益冲突而损害本公司或者他公司的利益，则根据诚信原则，法律可以根据实际情况，或禁止这种持股关系，或禁止这种致害行为。

在国有资产领域，国企职工对关联企业持股的情形，大体上有以下几种：①母公司职工持有子公司的股份；②子公司职工持有母公司的股份；③同属于一母公司的两家子公司，其中一家公司的职工持有另一公司的股份，或者两家公司的职工相互持有对方公司的股份；④一公司对他公司的债务或债权占本公司自有资本的50%以上，或者一公司对他公司的借贷资金提供的担保占他公司借贷资金总额的10%以上，其中一家公司的职工持有另一公司的股份，或者两家公司的职工相互持有对方公司的股份；⑤一公司的原材料、零配件供应或者产品销售为他公司所控制，或者其购销合同的价格等交易条件是由他公司决定，其中一家公司的职工持有另一公司的股份，或者两家公司的职工相互持有对方公司的股份；⑥两公司共同对第三家公司有投资关系或者其他控制关系或交易关系，其中一家公司的职工持有另一公司的股份，或者两家公司的职工相互持有对方公司的股份；⑦一公司的董事会成员或高级管理人员的一半以上为他公司所委派，或者其董事长、执行董事、总经理为他公司委派，其中一家公司的职工持有另一公司的股份，或者两家公司的职工相互持有对方公司的股份；⑧一公司与他公司之间存在其他足以引起利益冲突的经济关系，其中一家公司的职工持有另一公司的股份，或者两家公司的职工相互持有对方公司的股份。在以上任何一种情形下，只要持股人具有国企职工身份，而且被持有的股份不是通过资本市场向社会公开发行的股份，无论该股份的发行是基于企业内部的持股计划还是集资计划，都在禁止之列。

以上所说的"股份"，包括内部发行的股份或公司从市场购回的流通股票。至于个人从股市上自行购入的上市公司流通股，原则上不受上述措施的规制。

11. **企业上市前已有职工股的处理**。国有企业在上市以前对内发行的职工股，如果在上市时转换为普通的流通股票，存在着一些弊端：一是不符合职工股设立的初衷；二是对资本市场的投资者不公平；三是容易形成企业在上市前突击发行职工股的冲动。因此，禁止职工股转为上市公司流通股份的政策是正确的。但是，对于已经形成的职工股权如何处理值得斟酌。如果简单地强制退股,可能损害职工利益,引起矛盾,还可能造成制约国企上市的内部阻力。

建议采用多种方式解决这一问题。如果不强制退股,可以采用将上市前的职工股转换为上市公司的限制流通的特别股。这些特别股可以是无表决权的固定收益股,也可以是无表决权并且可回购的分红股,或者转换为保障股。在实际操作中,还可以采用部分退股加部分转换为特别股的办法,以及几种不同类别的特别股按比例搭配的办法。

12. 职工持股的税收优惠。对于国企职工持股,应分别不同情况,采取鼓励、允许、限制和禁止的政策。对于应予鼓励的职工持股,例如高新技术企业的科技人员持股,应当从税收政策上给予支持。建议国家税务总局借鉴国外较为成熟的鼓励员工持股的税收优惠政策,制定适合我国国情的税收优惠政策,鼓励员工持股。例如,允许职工股红利部分在税前扣除,免征或减征职工股股利收入的所得税等。

结 论

国有企业改革二十多年来,我们在职工持股问题上已经有了比较丰富的经验积累和制度积累。重要的是,国有企业的改革和发展已经走出困难与困惑的艰难时期,步入了健康持续发展的新阶段。目前,我国的社会主义市场经济法制建设的基本方向、基本政策和基本制度已经明朗。现在是全面完善具有中国特色的国有企业法律制度的时候了。只要我们本着"尊重历史、立足现实、着眼未来"的态度,在明确指导原则、把握基本政策的基础上,吸收科学研究成果,借鉴国外经验,汇聚国人智慧,总结和整合已有的制度资源,进行创造性构建,就一定能够给"国有企业职工持股的规范"这一历时多年悬而未决的问题,画上一个圆满的句号。

权利转换：三权分置下
宅基地盘活的路径和法理阐释

李凤章[*]

  自中央提出宅基地"三权分置"改革方案以来，学者间对于分置的权利类型和分置方式，分歧很大。在宅基地使用权本身禁止转让的前提下，不少学者主张，应采取由宅基地使用权人设定次级用益物权的方式，实现宅基地的流转。笔者认为此种模式并不可取，而应该采取权利转换模式，即借鉴国有划拨土地使用权转换为出让土地使用权的制度，由宅基地使用权人和集体签订集体建设用地使用权出让合同，将有身份限制的宅基地使用权升级为去身份的集体建设用地使用权后依法转让；或者宅基地使用权人、集体和第三人签订三方协议，宅基地使用权人退出宅基地，集体将一定期限的建设用地使用权出让给第三人，第三人向集体缴纳出让金，同时向原宅基地使用权人兼房屋所有权人支付房屋价款或者宅基地退回的补偿，并取得房屋所有权和对土地的集体建设用地使用权。

一、宅基地流转不应采取单纯设立次级用益物权的方式

  如果不考虑宅基地使用权本身的脆弱性，宅基地使用权人设定次级用益物权，在法理上并非不可。毕竟，既然我们认为宅基地使用权是用益物权，用益物权人除占有、使用和收益的权利外，还享有处分权。当然，这种处分权并不是对用益物权客体的处分权，而仅是权利处分权。[1]在德国物权法上，视为用益物权之地上权，可以依法予以转让，可以设定下级地上权（Untererbbaurecht），即在地上权上所设定的地上权。其如同土地本身，可以设定负担，但不得越出地上权人之权限范围。[2]但问题在于，德国物权法上地上权人设定次级地上权，是以土地所有权和地上权的可转让为前提的，而我国的土地所有权和宅基地使用权却是禁止转让的。这一根本

---

[*] 李凤章，法学博士，现任上海大学法学院教授，博士生导师，上海大学伟长学者。本文未曾公开发表。

[1] 参见房绍坤："民法典物权编用益物权的立法建议"，载《清华法学》2018年第2期。

[2] [德] 鲍尔、施蒂尔纳：《德国物权法》（上册），张双根译，法律出版社2004年版，第652~653页。

条件的不同，就意味着不能简单地从概念出发，而要从整个制度体系层面，分析设定次级用益物权模式可能带来的影响，在此基础上再判断其是否具备可行性。

（一）逸出保障功能，改变了宅基地使用权的本质属性

宅基地的功能被定位于对村民的居住保障，因此，"宅基地使用权刻有'人役权'性质的烙印"，[1]以权利主体具备集体成员的身份为权利存续的前提，并禁止其转让。但将宅基地交付集体外第三人使用，为其设定次级用益物权，同样也超出了保障的范围，背离了宅基地使用权的保障属性。正如韩松指出，"宅基地使用权的客体为集体成员的住宅建设用地，属于生活资料，并非经营性开发用地和生产资料，这是宅基地使用权在客体方面的重要属性"，"如果离开了集体成员家庭因生活需要建造住宅这一用途，宅基地就不成其为宅基地，宅基地使用权也就不再是宅基地使用权了"。[2]宅基地使用权人以获取租金收益为目的，显然超出了宅基地用于自身居住保障的需要，并且对于无偿自集体取得，且按照集体的规定只用于自住而不得处分的宅基地而言，在未向集体经济组织支付对价和未经集体经济组织同意的情况下擅自处分，也损害了集体经济组织的利益，造成集体资产的流失。

相反，如果是村民退回宅基地，再由集体向房屋受让人出让集体建设用地使用权，原村民和房屋受让人都是从集体直接获得的权利，二者地位平等。第三人取得建设用地使用权后，可以依法转让，即使该土地上的使用权流转多次，权利人和最初的宅基地使用权人之间，都是平等的，都只服从于集体的管理和国家的法律。但是，如果采取设定次级用益物权的模式，则原宅基地使用权人，始终横亘在集体和具体的次级用益物权人之间，对次级用益物权人保持一定的控制，并且收取一定的租金。这种租金的收取权以及由此形成的纵向资源控制结构，不仅超出了村民居住保障的需要，对于渴望获得资源利用的平等权利的集体外第三人来说，也不尽公平。对于外来人口较多的村庄，会人为地形成村民与外来人口的利益矛盾和阶层对立，不利于社会稳定。

（二）不利于未来集体土地有偿使用制度的实施

村民无偿使用宅基地的理由是其享有一定面积标准内的居住保障资格。超出这一资格权范围，包括将宅基地交给第三人使用，或者自用超过了规定的面积标准，集体都可以向其收取一定的使用费。否则，对于那些遵纪守法、严格按照资格权范围占地的村民是不公平的。因此，现在很多地方正在探索宅基地的有偿使用，对于村民占有宅基地超出标准面积，或者对没有宅基地资格而受让宅基地的第三人，征收土地使用费。这也为集体实现土地所有权，筹集公共资金，更好地从事集体公共

---

[1] 温世扬、韩富营："从'人役权'到'地上权'——宅基地使用权制度的再塑造"，载《华中师范大学学报（人文社会科学版）》2019年第2期。

[2] 韩松："宅基地立法政策与宅基地使用权制度改革"，载《法学研究》2019年第6期。

建设提供了途径。在宅基地使用权人只能为他人设定次级用益物权从而形成纵向三重权利结构的模式下，就面临着使用权人和次级用益物权人如何缴纳使用费的问题。如果法律没有明确规定，谁先承担了缴费义务，谁就可能承担超出份额或者不当缴纳的风险，面对这一风险，最好的选择就是推诿给另一个权利人，自己承担剩余的风险，或者在双方达成一致的情况下才缴费。在集体和土地权利人之间就形成了一种类似于"囚徒困境"的博弈，"每个对局人都有一个支配策略，即不管其他参与人选择什么策略，对局人自己只要选择背叛策略，总会使他们的境况变得更好"。[1]这就制造了一种推诿激励，严重降低了征收效率。所以，在土地租税缴纳方面，一般是法律明确规定基础性财产权人为缴纳义务人，在个人所有权体系下，为所有权人；在个人只能享有使用权条件下，为宅基地或者建设用地使用权人。其缴纳义务不得因约定由承租权人或者次级用益物权人缴纳而免除。只在所有权人或者在我国背景下的宅基地使用权人拒不缴纳的情况下，公共机构才责令承租权人或者次级用益物权人代缴，并在租金中扣除代缴费用。[2]

　　实际上，土地权利的复杂结构，在历史上常常被作为规避土地租税的手段。中国历史上有所谓一田三主制度："大租主仅有徵租之权，而无所有权，业主有土地所有权，缴租而不纳粮，至于佃户，因粪土银关系，有永佃权……此制行之较久，致拖欠税银而无从催徵，亦一大弊也。"[3]对此，黄仁宇深刻地指出，"一田三主充分暴露了税收管理上的无能。……实际上，纳税人和征税人是在玩捉迷藏"，并且举例说明，1572年左右，漳州府制定一个方案，其原则是要求一块纳税田土只有一个业主，那种奇特的契约关系及税收管理体系必须废除。[4]

　　未来，如果对宅基地进行有偿使用，确保有偿使用费征收最有力的措施是，在使用人拒不缴纳的情况下，集体可以解除合同，收回土地。但纵向的交易结构，却使得占有人不是宅基地使用权人，因此不必缴纳。而宅基地使用权人作为缴纳义务人，却远离不动产，在其拒不缴纳的情况下，集体也无法收回土地。因为宅基地使用权人拒不缴纳有偿使用费而剥夺第三人的土地占有，既不公平，执行起来也有很大的难度。当然，集体可以向法院起诉要求偿还拖欠的使用费，但在第三人善意信赖的情况下，收回土地的可能性几乎不存在，从而对拖欠使用费的宅基地使用权人难以形成有效的制约。

---

〔1〕［美］埃莉诺·奥斯特罗姆：《公共事务的治理之道：集体行动制度的演进》，余逊达、陈旭东译，上海译文出版社2012年，第5页。

〔2〕陈登原：《中国田赋史》，河南人民出版社2017年版，第262页。

〔3〕马大英等编：《田赋史（下）》，正中书局1944年版，第210页。

〔4〕［美］黄仁宇：《十六世纪明代中国之财政与税收》，生活·读书·新知三联书店2015年版，第230页。

(三) 第三人取得的土地难以实现规模利用

宅基地向集体外的流转，意味着其逸出了保障功能，而相应地成为资本投入的对象。此时，原有宅基地的开发利用强度必然要求大幅提高，这不仅是资本逐利经营的需要，也是集体提高土地利用效率、降低公共服务和管理成本的需要。这就要求改变宅基地碎片化的现状，将宅基地整合成更大的建设用地，在此基础上进行科学规划和规模开发。如果允许宅基地使用权转让，通过市场，受让人可以不断地取得土地使用权，并将不同的宅基地合并成一宗土地，以从事较大规模的建设。但在宅基地使用权人只能设定次级用益物权的背景下，不但受让人取得次级用益物权要和不同的小块宅基地使用权人协商，缔约成本较大，而且由于和不同的宅基地使用权人设定不同的次级用益物权，次级用益物权期限的长短和时间起点都可能不一样，这导致第三人取得的零碎土地无法合并成新的宗地，第三人进行大规模的建设变得非常困难。我们固然可以说国家征收集体土地然后出让使用权给开发商的模式导致了土地财政，但毋庸置疑，这一模式是将碎片化的农村宅基地合并成大宗土地，实现大规模建设的重要途径。相反，如果我们放弃了国家或者集体征收再予出让的模式，又堵死了通过市场化受让宅基地使用权实现零碎化土地合并的可能，只剩下已经碎片化的宅基地，再以设定次级用益物权的方式流转，只能使宅基地更加零碎化，农村的集中居住和城镇化将会更加困难。

(四) 第三人的土地权利难以稳定

第一，宅基地超面积无法确权登记的情形广泛存在，严重影响其后设定的次级用益物权的稳定。有学者就中西部某县进行的调查研究显示，该县宅基地超面积现象普遍，超面积8.63万户，占总户数的81%；"一户多宅"现象较多，共8700户，占总户数的8.16%。[1]江西省余江县在实施宅基地相关制度改革前，全县7.3万农户中，一户多宅2.9万户。[2]连宅基地资源极为短缺以至于已经十余年不再新分配宅基地的上海，竟然也一边是无地者无法分得宅基地，另一方面却是原有宅基地使用人超占多占严重。松江叶榭镇村民建房占用宅基地范围超出解算范围线的占比为27.43%；石湖荡镇村民建房占用宅基地范围超出解算范围线的占比为36.95%；新浜镇村民建房占用宅基地范围超出解算范围线的占比为8.96%。可见，宅基地超占现象极为普遍，超占问题较为严重。对于这些超占者，在房屋存续期间收回宅基地几乎是不可能的，目前的方法要么是不予登记确权，要么是只登记确权审批面积，对于超占面积进行记载但不赋权。而无论是全部未确权登记还是仅仅对超占部分未

---

[1] 夏柱智："土地制度改革背景下的宅基地有偿使用制度探索"，载《北京工业大学学报（社会科学版）》2018年第1期。

[2] 张乃贵："完善'一户一宅'的'余江样板'——江西省余江县宅基地制度改革的启示与建议"，载《中国土地》2017年第11期。

确权登记，都会为此后的次级用益物权的稳定留下极大隐患。

第二，宅基地使用权因主体身份丧失而消灭，导致第三人的次级用益物权随之消灭。宅基地使用权以农户为主体，如果户的成员全部死亡或者丧失集体成员资格，宅基地使用权消灭，只不过在房屋存续期间，因为继承人可以继承房屋，继承人仍可以继续使用宅基地。这种继续使用的权利，可以理解为房屋存续期间的法定承租权，其依附于地上物而存在，随地上物的灭失而灭失，但绝非独立的宅基地使用权。一旦房屋灭失，集体可以收回宅基地。这种不确定性，使得在宅基地使用权人为第三人设定一定期限的次级用益物权后，作为次级用益物权基础的宅基地使用权却可能随时消灭，从而使第三人取得的次级用益物权也不得不归于消灭。第三人次级用益物权的存续期限根本无法得到保障。

第三，围绕土地利用是否违约的争议增加，导致第三人的权利因合同解除而消灭。一般来说，土地的具体利用，"具有参与权的人愈多，给行事者带来的成本也愈大"，[1]"如果产权为许多人拥有，那么即使排他成本以及控制成本较低，契约成本也将很高"。[2]设定次级用益物权的模式，实际上采纳了剩余权的层级配置结构。所有权人将宅基地使用权划拨给农户，农户只能按照法律的规定为自身住宅目的使用土地，一旦身份丧失、擅自改变用途、土地闲置或者违反法律规定的其他义务，所有权人就可以收回宅基地使用权，土地所有权人拥有让渡宅基地使用权后的剩余权。因此，所有权人对宅基地使用权人的土地利用，拥有着一系列的控制和干预。而宅基地使用权人在为第三人设定次级用益物权时，第三人获得的是更小、限制更多的占有使用权利。其不仅要遵循所有权人设定的限制，也要遵守宅基地使用权人设定的限制，其土地利用的自由更为有限。在此背景下，如果第三人取得的只是年限较短的承租权，一般不会发生问题。一来承租人不承担对土地设施的投资和改良义务，相反，其投资和改良必须获得出租人的同意。二来出租期限不超过20年，且租金可以不断调整。但是当第三人取得次级用益物权，目的在于对土地利用进行设施上投资的时候，就涉及其利用是否符合规定或合同约定的问题。如果严格按照规定和合同约定进行建设，则对于合同未曾规定的使用方式，第三人不得利用，这就严格限制了享有次级用益物权的第三人根据实际情况的变化，及时调整土地利用方式的自由。而且也增加了就新的利用是否符合合同约定而发生争议的风险。在租金方面，如果租期一般较短，租金分期缴纳，并且合同约定了租金的调整方法，则货币贬值等背景下资产的增值收益，由宅基地使用权人享有，宅基地使用权人可以根据货币贬值情形和土地市场情形决定租金的调整，宅基地使用权人一般不会因为租金问题

---

〔1〕［美］A. 爱伦·斯密德：《财产、权力和公共选择——对法和经济学的进一步思考》，黄祖辉等译，上海三联书店、上海人民出版社1999年版，第11页。

〔2〕［美］A. 爱伦·斯密德：《财产、权力和公共选择——对法和经济学的进一步思考》，黄祖辉等译，上海三联书店、上海人民出版社1999年版，第139页。

毁约。但如果次级用益物权人一次性缴纳全部的次级用益物权的价金,则宅基地使用权人无法分享土地的增值,但同时,其又有按照合同监督次级用益物权人利用的权利,其就有动机以土地利用方面的违约为借口,主张合同的解除以及宅基地的收回,这加大了次级用益物权人和宅基地使用权人之间发生争议的风险,增加了权利的成本。[1]因此,一般来说,设定次级用益物权,相对于土地使用权的转让来说,法律结构上要复杂得多,交易成本相对要高很多。正因此,转让应该是常态,设定次级用益物权仅是特殊情形。在德国,遑论次级用益物权,即使地上权也是有限的,德国"地上权也大多由公法机关授予,实际生活中远远没有拥有土地所有权的自有房常见"。[2]

（五）无法获得承包地三权分置的经验支持

有人或许会指出,宅基地三权分置应该和承包地的三权分置采取同样的结构。修改后的《农村土地承包法》第36条规定:"承包方可以自主决定依法采取出租（转包）、入股或者其他方式向他人流转土地经营权,并向发包方备案。"既然承包经营权人可以设定作为次级用益物权的经营权,宅基地使用权人当然也可以设定作为次级用益物权的使用权。但其实二者并不具有可比性。

第一,承包经营权的身份性较弱,承包经营权规定了固定的期限,并且到期后可以再续延30年。更重要的是,《农村土地承包法》第27条在继续规定"承包期内,发包方不得收回承包地"的同时,又规定"承包农户进城落户的,引导支持其按照自愿有偿原则依法在本集体经济组织内转让土地承包经营权或者将承包地交回发包方,也可以鼓励其流转土地经营权"。承包经营权已经不受权利人身份变化的影响,稳定性大大增强。

第二,从权利产生的角度来说,承包经营权一开始就以合同为基础。村民取得承包经营权是有对价的,从最初的农业税、"三提五统",到现在保持耕地用途等。而宅基地使用权则是集体的无偿分配,集体和宅基地使用权人之间并不存在所谓"合同"关系。

二、宅基地使用权向集体建设用地使用权的转换

（一）德清、义乌等地的制度改革是权利转换模式的实践证明

第一,允许宅基地使用权人向外流转一定期限的土地使用权,不以受让人属于本集体成员为限。《德清县农村宅基地管理办法（试行）》（以下简称《德清办法》

---

[1] 据作者在广东南海调研时当地一位国土局工作人员的介绍,土地一旦涨价,已出售房屋的农民毁约现象十分常见。这一点,从近年因房价上涨而导致大量的农民房买卖合同纠纷就可见一斑。

[2] [德] M. 沃尔夫:《物权法》,吴越、李大雪译,法律出版社2004年版,第63页。

第40条规定，资格权人[1]将宅基地使用权转让的，应当设定宅基地使用权和房屋使用权转让年限；其设定的宅基地使用权和房屋使用权应当一致，且转让年限不得低于5年，最高年限不超过30年。第38条规定，资格权人将依法取得的宅基地使用权抵押的，在抵押权实现时，其宅基地使用权[2]和房屋使用权年限按30年设定。《义乌市农村宅基地使用权流转暂行办法》（以下简称《义乌办法》）第7条规定，允许其农村宅基地使用权在本市行政区域范围内跨集体经济组织转让。跨集体经济组织转让实行宅基地所有权、资格权和使用权相分离，转让后使用年限最高为70年，使用期届满后受让人可优先续期，并实现有偿使用。以上规定均明确承认不具备宅基地资格权的第三人，也可以取得对宅基地一定年限的使用权，从而实现了宅基地的流转。

第二，集体外第三人享有的对宅基地的使用权，并非物权法和土地管理法意义上的宅基地使用权，而是集体建设地使用权。现有实证法意义上的宅基地使用权，有三个本质性特征，即主体局限于集体成员，没有期限限制和禁止转让。但在《德清办法》和《义乌办法》中，第三人取得的对宅基地的使用权，身份上突破了集体成员的限制，时间上有限制，并且该权利本身可以依法自由处分。就期限来说，德清并没有明确区分资格权人即物权法意义上的宅基地使用权人向本集体内部成员和集体外成员转让一定期限内的土地使用权，但其最高年限不得高于30年。而义乌对于集体内部转让没有限制，但对于集体外转让则规定：跨集体经济组织转让实行宅基地所有权、资格权和使用权相分离，转让后使用年限最高为70年，使用期届满后受让人可优先续期，并实现有偿使用。但无论如何，不具备资格权的集体外主体取得的对宅基地的使用权，必须是有期限的，权利人并且可以依法自由处分。《德清办法》第47条明确规定，经登记的宅基地使用权（此处指的是第三人对宅基地的使用权）和房屋使用权可以抵押、出租和再转让，但抵押、出租和再转让的期限不得超过使用权到期年限。

第三，取得对宅基地的使用权的集体外第三人，必须和集体签订合同，并向集体缴纳费用。《德清办法》第41条第4项规定了农村宅基地使用权流转应当经本村股份经济合作社[3]审核同意。第42条规定了宅基地使用权流转应当经过审批，具体审批程序包括：①村股份经济合作社社员会议或社员代表会议民主决策；②村民委员会审核；③所在地镇人民政府（街道办事处）批准。第44条规定，资格权人将

---

[1] 此处即指具备资格权、依法取得宅基地使用权的人。

[2] 此处第三人对宅基地的使用权，并非村民的宅基地使用权，其不具有身份性，并且由于其向集体缴纳了收益或类似于出金性质的费用，并且和集体签订有土地使用权合同，本质上是集体的建设用地使用权。只不过由于是设立在原有的宅基地上，上述办法仍称之为宅基地的使用权。显然，从概念定义的角度是不规范的，容易和资格权人享有的带有身份性的宅基地使用权相混淆。

[3] 即股份制改革后的集体经济组织。

宅基地使用权出租、转让的，应当向村股份经济合作社缴纳土地增值收益调节金。土地增值收益调节金按合同价款的1%~3%的比例交纳，各村收取比例由村股份经济合作社在民主决策的基础上自行确定。可见，虽然《德清办法》的条文中规定的是宅基地使用权人转让一定期限内的宅基地使用权，但实质上这同一般意义上的物权转让截然不同。本质上是村民的宅基地退出和村集体对第三人的土地使用权出让相结合。相应地，利益也在村民和集体之间进行分割。这一点，观诸《义乌办法》更为明显。《义乌办法》第16条规定，跨集体经济组织转让的，受让人应与村级组织签订宅基地有偿使用合同，并按不低于农村宅基地基准地价的20%一次性缴纳土地所有权收益。这已是典型的土地使用权"出让"。

第四，第三人取得土地使用权，为什么要和作为土地所有权人的集体签订合同，并缴纳土地收益调节金或者土地所有权人收益呢？前文已指出，宅基地使用权以身份为前提，身份丧失的，宅基地使用权也消灭。这一权利的内在规定性就在于其为无偿取得，因此禁止流转而只允许用于村民自身的居住保障就成为对权利处分的限制。这一权利内涵是集体作为土地所有权人在分配宅基地时明确的，也构成了对集体土地所有权的约束。如果超过了这一约束，就必须另外获得集体的同意，并支付相应的对价。集体的重新赋权成为对该宅基地权利去身份化的重要途径。通过和集体签订合同，获得其重新赋权的同意，村民或者第三人就取得了不依赖于身份，有一定期限的对宅基地的使用权。尽管该使用权针对的是宅基地，但就其权利性质而言，早已不再是实证法意义上的宅基地使用权，而是与出让的国有建设用地使用权类似的集体出让建设用地使用权。

至此，德清和义乌宅基地三权分置的改革逻辑就很清楚了。所谓三权分置下宅基地的流转，并非宅基地使用权人以自己的宅基地使用权为基础，独立自主地为他人设定次级的用益物权，而是宅基地使用权人、集体和第三人签订合同，宅基地使用权人在一定期限内退出宅基地，集体则将该期限内的建设用地使用权出让给第三人。同时，集体为原宅基地使用权人保留第三人建设用地使用权消灭后恢复土地占有，重新确认宅基地使用权的资格。第三人取得的建设用地使用权非以宅基地使用权为基础，而是以集体土地所有权为基础。不是宅基地使用权人设定次级用益物权，而是借助于宅基地使用权人退出宅基地，集体土地所有权人在消灭带有身份性的宅基地使用权之后，为第三人设定一个不受身份影响的集体建设用地使用权。本质上是集体土地上物权类型的转换，与国有土地的划拨转出让是一个道理。

其实，上述宅基地上权利转换的做法，在别的地方早已不乏案例。早在2013年，成都市温江区作为全国的宅基地改革试点单位，就在幸福村探索了宅基地"小证"换集体建设用地"大证"抵押融资的改革。其主要内容就是把个人的宅基地使用权转换成集体的建设用地使用权,从而实现土地资源的流转。[1]《成都市农村房屋抵押融资管理办法(试行)》第5条也规定,抵押人办理土地性质为宅基地使用权的农村房屋抵押时,应将该房屋所占用范围内的宅基地使用权变更为集体建设用地使用权,向集体土地所有权人申请办理集体建设用地使用权的出让,承诺今后不再申请宅基地,并在国土资源管理部门办理集体建设用地使用权登记手续。办理集体建设用地使用权出让的土地价款,由农村集体经济组织按照集体建设用地使用权基准地价的一定比例合理确定。《铜陵市农村房屋抵押融资管理办法》第5条也规定,抵押人办理农村房屋抵押应同时具备的条件之一是,宅基地上的房屋应先将该房屋占用范围内的宅基地使用权变更为集体建设用地使用权,并承诺今后不再申请宅基地。类似的还有《厦门市农村房屋抵押备案管理暂行办法》等,所有这些地方规范性文件,均强调宅基地使用权抵押处分时,应首先办理宅基地使用权向集体建设用地使用权的转化。

(二)权利转换模式遵循的恰是中国土地权利变迁的制度逻辑

"只能设定次级用益物权"模式,一方面将集体土地所有权视为民法意义上的所有权,把宅基地使用权视为用益物权,坚持的是大陆法系的法解释学立场;另一方面,却又不得不坚持集体土地所有权和宅基地使用权禁止转让这一中国特色的制度约束,从而背离了大陆法系的民法传统。这也暴露了传统法解释学在解释宅基地三权分置问题上的矛盾和无力。法解释学、规范法学实际上是一门以特定法秩序为基础及界限,借以探求法律问题之答案的学问。[2]解释学,是以既有的较为稳固的法秩序为条件,不断地通过解释,将新的问题及其解决方案,纳入既有的法秩序框架。但对于中国这样的转型社会,仅仅从权利解释的角度去进行逻辑推论,恐怕力有未逮,可能还需要从土地赋权的角度去理解和推动制度发展。

实际上,宅基地的流转采取转换为集体出让建设用地使用权的模式,很大程度上是在现有土地财产权框架下,用国有土地使用权出让模式对农村土地权利进行改造,从而实现城乡土地并轨。正如宋志红所云,宅基地使用权的转权入市通道与城镇划拨土地上公房入市的通道具有共同的原理,都是通过内含的补办出让手续的方式将福利配置的非市场化土地权利转变为市场化的土地权利,从而实现土地资源的开放利用。[3]

1. 公有制条件下土地市场化赋权的规范路径:出让土地使用权。我国1982年《宪法》第10条第4款规定,任何组织或者个人不得侵占、买卖、出租或者以其他

---

〔1〕 祝卫东、师高康、彭力:"破解农村产权改革困局的温江探索",载《农村工作通讯》2016年第19期。

〔2〕 [德]卡尔·拉伦茨:《法学方法论》,陈爱娥译,商务印书馆2003年版,第2页。

〔3〕 宋志红:"乡村振兴背景下的宅基地权利制度重构",载《法学研究》2019年第3期。

形式非法转让土地。土地的使用权可以依照法律的规定转让。但土地使用权的规范化建构在国有土地和集体土地上采取了不同的路径。农地的承包经营权,从最初的集体内部管理到农户获得合同保障的债权,最后强化为独立的物权,其内部的法理和制度构建规则并不明晰,而且一直被局限在集体内部使用。宅基地也一直无偿地分配给村民使用,未能摆脱对占有事实和主体身份的依赖,观念性的市场化权利构建进展缓慢。这就注定了农村土地权利体系的不规范、模糊和封闭,也正因此,农村土地权利的市场化举步维艰。相反,国有土地借助于土地出让制度,很快就建立了完整的国有土地使用权出让制度体系。[1]这一出让绝非一般意义上的用益物权设定,因为自1982年《宪法》规定土地所有权不得买卖、抵押之后,土地所有权就丧失了财产属性,而使用权则成为土地的基础权利,使用权出让成为公有制下土地所有权实现的基本方式。并且国有土地使用权的出让一开始就采取了招拍挂的竞价方式,这种市场导向尽管被诟病形成了今天的土地财政,但毋庸置疑的是,它促进了国有土地市场的形成。今天,和房屋所有权相并列构成中国百姓土地权利基础的,无疑是国有出让建设用地使用权。尤其是原《物权法》第149条明确了住宅类出让建设用地使用权到期后可以自动续期,意味着在立法上赋予了一种无期限、可自由转让的出让建设用地使用权,成为中国百姓最主要的土地财产权类型。由此,"出让"成为国家对社会成员赋予土地上市场化财产权的法定方式。这构成了几十年来土地制度改革形成的"事实的秩序结构",对此,实务法学不应违反。[2]

2. 以出让模式对存量土地市场化赋权的情形之一:国有划拨土地的使用权出让。在土地有偿出让制度建立之前,国有土地都是无偿划拨使用。实施出让制度之后,土地使用人对于这些作为存量土地的划拨土地享有划拨土地使用权,以区别于出让土地使用权。划拨土地使用权以特定的主体身份为前提。按照《城市房地产管理法》第24条的规定,能够使用划拨土地的,只能是国家机关用地、军事用地;城市基础设施用地和公益事业用地;国家重点扶持的能源、交通、水利等项目用地等。但这只是新增划拨用地必须满足的条件。实践中还有大量的存量划拨土地,主要是国有企业用地。这部分土地因为国有企业的偿债或者其他融资需要,不可避免地要进入市场转让。而受让方一般并不具备上述取得划拨用地的条件。对此,根据《城市房地产管理法》第40条的规定,以划拨方式取得土地使用权的,转让房地产时,如果受让人不具备要求划拨供地的资格,则划拨土地使用权必须变性为出让土地使用权,变性的方式就是受让人和国家签订出让合同,补交出让金。这一做法的本质,就是以出让土地使用权的方式对存量的划拨土地使用权进行改造,将局限于特定主体、

---

〔1〕 关于土地使用权出让的具体分析,可参见李凤章、崔延蓉:"土地使用权'出让'流变考",载《产权法治研究》2017年第1期。

〔2〕 陈爱娥:"事物本质在行政法上之适用",载《中国法律评论》2019年第3期。

没有固定期限限制、也不得流转的国有划拨土地使用权,转化为以出让合同为基础、有偿使用、有固定期限、可以自由流转的出让土地使用权,从而实现国有土地的权利化和市场化。

3. 以出让模式对存量土地市场化赋权的情形之二:集体对经营性建设用地使用权的出让。一旦施行某种法律体系……无论它的结构具有多么的偶然性……这个体系将在很大程度上决定着未来描述的结果。[1]法律中的概念工具创造着自己的现实。[2]当国有土地首先借助使用权出让制度建立起土地上的出让土地使用权,实现国有土地的市场化和权利化,并且造就了中国繁荣的房地产市场和土地财政之后,这一概念话语和制度结构对于集体土地的权利化和市场化,也很自然产生了路径引导作用。

对于宅基地之外的集体土地,政策早已规定了集体可以出让土地使用权。2014年中共中央、国务院印发《关于全面深化农村改革加快推进农业现代化的若干意见》,强调要"引导和规范农村集体经营性建设用地入市。在符合规划和用途管制的前提下,允许农村集体经营性建设用地出让、租赁、入股,实行与国有土地同等入市、同权同价"。新修改通过的《土地管理法》第63条也规定:土地利用总体规划、城乡规划确定为工业、商业等经营性用途,并经依法登记的集体经营性建设用地,土地所有权人可以通过出让、出租等方式交由单位或个人使用……由此,政策和法律均明确赋予了集体出让土地使用权的能力。

三、宅基地使用权转换为出让建设用地使用权的制度优势

(一)通过出让合同,第三人获得了规范的建设用地使用权,也涤除了土地上的身份限制

宅基地使用权并非依市场机制形成的权利,而是集体以划拨方式为其成员创设的一种人役性建设用地使用权。为了实现上述宅基地使用权的去身份化和可转让,就必须对土地使用权进行升级,而升级的重要方式,就是使用人支付对价,相应地获得更多的土地使用权的权能,包括最重要的处分权能。而出让无疑是对土地使用权进行规范性明确和身份涤除的重要方式。出让合同,既明确了使用权支付的对价,从而去除了使用权本身的身份限制,也明确了权利人的权利内涵,国家或者集体并且承诺遵守合同义务,不单方面解除或者撕毁合同,从而担保了使用权的稳定。这就使得出让方式所形成的土地使用权成为明晰、确定和自由的基础性土地权利。这

---

[1] [荷]扬·斯密茨:《法学的观点与方法》,魏磊杰、吴雅婷译,法律出版社2017年版,第20页。

[2] [荷]扬·斯密茨:《法学的观点与方法》,魏磊杰、吴雅婷译,法律出版社2017年版,第77页。

种出让首先从国有增量用地中展开，继而不断扩展到已有的存量国有划拨土地，现在，这种制度惯性也很容易地扩展到集体土地上去。王文指出，如果（集体）土地使用者欲转让土地使用权，则必须在符合规划和用途管制的前提下，征得土地所有权人同意并支付土地出让金及交纳相关税费，补办出让手续。否则，将不具备转让条件。[1]（原）国土资源部总规划师胡存智也认为，依法通过划拨方式确定给用地者使用的集体建设用地使用权，不得入市进行转让、出租、抵押等。如需开发或参与市场活动，需向集体经济组织补交出让金或租金后，方可转为出让或出租土地使用权入市流转。[2]

（二）集体出让，相对村民设定次级用益物权来说，可以更有效地保障权利稳定

虽然相对于国家出让，集体出让在确定性上会有逊色，其无法解决集体自身实际上并非土地所有权人因此无权出让所导致的无效，以及集体出让的程序瑕疵例如未经一定比例的村民决议通过等导致的无效等情形，但集体的出让，相对于村民转让来说，仍然具有明显的权利确定优势。参照国有土地划拨转出让的做法，宅基地流转时，集体和第三人签订了出让合同，第三人向集体缴纳了出让金。这样，即使村民反悔，因为第三人是从集体取得土地使用权，村民也没有理由收回土地，从而在一定程度上保障了第三人权利的稳定。

同时，相对于原来的无偿分配，集体的出让也具有明显的保障权利稳定的优势。分配只是集体权利行使的单方行为，并不构成对权利人的允诺。而出让则建立在双方协议基础之上，出让人明确作出了权利设定的允诺并担保其效力。出让合同明确规定了集体作为出让方的义务及相应的违约金条款，这种违约责任对出让方的约束更加明确具体。

（三）集体出让可以有效地避免土地碎片化，实现对土地的整治和水电道路等公共设施的配套建设

碎片化的宅基地，不但面积小，而且缺乏整治和基础设施的配套建设。虽然上级政府可以为村庄做好规划，但如果国家或者集体要对碎片化的宅基地进行整治并建设必要的基础设施，则国家或集体必须拥有对土地的权利。在国家征收模式下，国家取得对土地的所有权，进行土地整治或者基础设施建设。如果放弃了国家征收这一模式，则只有集体才能也才愿意承担这种公益性的土地整治和基础设施配套建设的任务。碎片化宅基地的使用权人或者其受让人，是很难承担这一任务的。这不

---

[1] 王文："农村集体经营性建设用地使用权权益及其价值研究"，载《中国土地科学》2015年第7期。

[2] 胡存智："从产权制度设计和流转管理推进集体建设用地改革"，载《国土资源导刊》2009年第3期。

仅因为其由于搭便车的心理而一般不愿意承担此类公益性工作,也因为这种整治和配套建设需要依赖土地的一定规模面积。在宅基地流转中,如果第三人要对较大面积的宗地取得统一、较长期限的用益物权,没有集体对碎片化宅基地的整合以及此后的统一出让,是不可能的。

(四)集体出让有利于进一步做实集体土地所有权,实现集体和国家对土地出让收益的分享

韩松指出,按照"三权分置"政策,宅基地的财产价值和使用效益的提高应当属于落实宅基地所有权的范畴。[1]集体获得宅基地流转的收益,既是集体土地所有权的体现,也是集体承担公共服务和管理责任的必然要求。

第一,宅基地使用权人无权独享宅基地流转收益。宅基地使用权由集体无偿分配给成员,用于成员的居住保障,成员转让宅基地使用权,说明其不再需要该保障。如果其获得了全部转让收益,而集体却要承担外部人进入后增加的管理成本;其他村民需要居住保障且具备宅基地资格,却因为已经无地可分而无法获得宅基地,这对于集体以及集体的其他成员,都是不公平的。我们固然要保护村民的宅基地使用权,但保护的只是宅基地使用权人享有宅基地使用权本身应具有的权能,如果违反宅基地使用权设立的初衷,片面增加宅基地使用权人的权能,减损所有权人的利益,则缺乏合理性。

第二,集体承担着管理和提供公共服务的职能,需要借助土地所有权而筹集资金。取消农业税和"三提五统"之后,集体丧失了资金来源,只能依赖于一事一议,由村民讨论决策进行临时性筹资的公共建设,集体本身缺乏属于自己的固定资金来源,公共事业开展面临困难。而集体土地是集体能够用来筹集资金的重要来源。如果说,集体成员因为有宅基地资格权,因此可以要求土地使用费的豁免,集体外的第三人,却不存在使用费豁免的理由。目前的问题是,集体采取何种方式向第三人收取费用。一般来说,主要有两种方式:一种是财产税或者有偿使用费的方式,由使用土地的权利人按年缴纳。这种方式对于使用人的资金负担较小,对于集体来说,也有一个稳定的现金流,但征收起来有一定难度,很大程度上要取得被征收人对征收的配合,而且当期的收入较低。第二种方式,就是第三人在取得土地使用权之时,一次性缴纳未来一定期限内的全部费用,即出让金。这种方式对于使用人的资金负担较重,实际上是一次性趸交权利期限内的全部使用费,并且承受未来权利价值变动的风险和收益。对于集体来说,虽然可以在短期内筹集到较大数额的资金,但也可能在未来缺乏稳定的现金流,而且也会由于出让价款的定价机制出现定价错误。当然,在征收能力上,由于权利出让金是使用人获得权利的前提条件,使用人只有在支付出让金之后才取得土地使用权,因此不需要集体强制征收,对征收能力的依

---

[1] 韩松:"宅基地立法政策与宅基地使用权制度改革",载《法学研究》2019年第6期。

赖较低。二者可以说是各有利弊，取决于农村集体的具体取舍。但相对来说，征收有偿使用费对于农民集体的要求更高，实际上要建立一套新的本质上是税收的征收系统，这涉及对于集体性质的重新定位，涉及征管机制的构建，涉及国家是否以及如何分享，涉及对拒不缴纳者的法律惩罚，等等，是一个复杂的法治系统工程，至少在短期内有相当难度。而集体土地出让金则有现成的制度资源可以利用。正因此，借鉴国有划拨土地使用权的转让制度，在宅基地使用权人即集体划拨土地使用权人转让时，由集体、宅基地使用权人、第三人联合签订契约，第三人向集体缴纳土地出让金或者土地收益，取得一定期限的集体出让建设用地使用权，就成为目前最务实的操作。

第三，通过集体的出让，国家可以有效分享集体土地的收益。农村集体的运转和农村公共设施的建设很大程度上依赖国家的财政拨款，国家当然也有权要求分享集体土地的收益。由于缺乏物业税，当第三人取得集体土地的使用权时，国家无法向该第三人收取税金。如果只允许宅基地使用权人设定次级用益物权于第三人，则因为未发生权利转让，只能按照一次性收取租金方式，收取增值税。对此，《国家税务总局关于营改增试点若干征管问题的公告》（国家税务总局公告［2016］53号，部分失效）第2条规定："其他个人采取一次性收取租金的形式出租不动产，取得的租金收入可在租金对应的租赁期内平均分摊，分摊后的月租金收入不超过3万元的，可享受小微企业免征增值税优惠政策。"据此，几乎所有的宅基地使用权人设定次级用益物权均无需纳税。而且即使允许征收，面对具体的农户或者农民个人，国家的征收难度也可想而知。而如果是集体出让土地，国家对集体出让金收益的分享却相对容易实现。财政部和（原）国土资源部2016年发布有《农村集体经营性建设用地土地增值收益调节金征收使用管理暂行办法》，对入市或再转让农村集体经营性建设用地土地增值收益的20%~50%征收收益调节金，即为明证。《中华人民共和国土地增值税法（征求意见稿）》第10条规定，出让集体土地使用权、……或以集体土地使用权……作价出资、入股，扣除项目金额无法确定的，可按照转移房地产收入的一定比例征收土地增值税。这些规定均确定了集体土地使用权出让收益的纳税，从而为国家分享集体土地收益提供了法律依据。

（五）现有宅基地"资格权"和土地管理法的规定，是"权利转换"逻辑的体现

在宅基地使用权人只能设定次级用益物权流转宅基地的模式下，三权分置中的所谓宅基地资格权，就是宅基地使用权人在为第三人设定次级用益物权之后的剩余权。"资格权"实际上是一种狭义的"控制权"。其权能表现为宅基地（住房）使用

权到期收回权;宅基地(住房)使用权流转期限内的使用监督权。[1]但如此表述却不符合大陆法系的思维方式,因此,在法学者看来,资格权概念并无必要。如刘国栋认为,农户资格权并非一项成员权,它就是宅基地使用权本身,只不过它所表征的是设立了次级使用权后的宅基地使用权,农户资格权形象地展示了派生次级使用权后宅基地使用权的状态,但是从立法上看,将农户资格权引入到民法典物权编并没有实际意义,反而会戕害既有的物权法体系。[2]席志国也认为,将来在正式立法中不宜使用"资格权"这一用语,而应仍然维持原来的"宅基地使用权",以免发生不必要的混乱。[3]

但如果采纳了权利转换模式,宅基地使用权人和集体以及第三人签订契约,在第三人权利存续期间,宅基地使用权人自愿将宅基地退回集体,就丧失了宅基地使用权。但是,其只是在这一期间内丧失,并且因为这一丧失出于宅基地使用权人的自愿,并且其为该退出获得了补偿,在其退出宅基地而第三人取得建设用地使用权期间,原宅基地使用权人无权要求再次分配宅基地或者其他替代补偿。但在其同意退出的期限结束即第三人建设用地使用权到期后,原宅基地使用权人即恢复要求集体再次向其分配宅基地的资格。当然,由于中间的时间跨度较长,在第三人建设用地使用权期限届满之后,原来宅基地使用权人,即作为农户的成员,是否还具备居住保障的资格权,需要集体重新审定。而且,随着时间的经过,在集体土地总量限定的条件下,人口数量会发生变化,用于村民居住的宅基地面积会发生变化,这就决定了留给集体无偿分配的宅基地其实是一个变量。从农户角度说,即使农户作为"户"还存在,其户内的人口数量也可能发生变化,导致"户"应分的宅基地面积也会发生变化,要求集体将原宅基地归还给原享有宅基地使用权的农户,是不现实的。例如,《上海市农村村民住房建设管理办法》(上海市政府第16号令),除了在第14条严格限制宅基地的申请主体是本市农业户口外,还在第33条规定了宅基地的面积根据户内人数加以分配,5人户及5人户以下的宅基地面积不超过140平方米,建筑占地面积不超过90平方米,等等。并且规定,对于宅基地原址翻建或者易地重建的,也要按照这一标准执行。经济不够发达的湖南新晃侗族自治县也有类似规定,《新晃侗族自治县农村村民建房管理办法》第5条规定,符合下列条件之一的,可以申请

---

[1] 韩立达、王艳西、韩冬:"农村宅基地'三权分置':内在要求、权利性质与实现形式",载《农业经济问题》2018年第7期。

[2] 刘国栋:"论宅基地三权分置政策中农户资格权的法律表达",载《法律科学(西北政法大学学报)》2019年第1期。

[3] 席志国:"民法典编纂视域中宅基地'三权分置'探究",载《行政管理改革》2018年第4期。宋志红也认为,在实行宅基地"三权分置"时,由于农户并不丧失其宅基地使用权,只是将其宅基地使用权中一定期限内的部分权能让渡出去,期限届满后其宅基地使用权仍回复至圆满状态,因此既不需要也不适宜为农户享有的宅基地权利另赋名称,宜继续使用"宅基地使用权"这一法定名称。参见宋志红:"宅基地'三权分置'的法律内涵和制度设计",载《法学评论》2018年第4期。

在本集体土地上新建、改建、扩建住房：①无房户；②原住宅人均建筑面积低于15m²，确需建房的；③家庭常住人口中有子女已领取结婚证书，而原住房建筑面积低于人均40m²（农村独生子女按2人计算使用面积），确需分户新建房屋的（分户的父母身边至少有一个子女）……可见，户内人数是决定宅基地面积的主要因素。可以说，户成员是否符合农民身份、其户内人数多少，都是随时间而变化的，这也就决定了，宅基地即使保留原址不变，其面积也会发生变化，这是宅基地用作村民居住福利保障的性质决定的。认为宅基地使用权人在第三人权利期限结束后，会自动恢复对原有宅基地的权利，实在是误解了宅基地使用权的性质，也不符合宅基地利用的实践。相反，村民在第三人权利存续期间，丧失宅基地使用权，而只保留资格权，在第三人权利到期后，具备资格的村民有权要求重新分配宅基地，恰恰是逻辑自洽的。

而且，从国家立法角度来看，此次《土地管理法》修改，对于宅基地使用权，并没有允许其转让，而是在第62条，强调"国家允许进城落户的农村村民依法自愿有偿退出宅基地，鼓励农村集体经济组织及其成员盘活利用闲置宅基地和闲置住宅"。[1]一方面是鼓励退出，当然，对这一退出，集体会给予补偿，这既包括地上物的补偿，也包括对退出这一行为的补偿。另一方面，又强调鼓励集体经济组织和其成员积极盘活宅基地和闲置住宅。如果将宅基地的流转，解释为宅基地使用权人自身设定用益物权，又何必强调集体经济组织作为盘活的主体？这一条再辅以第63条允许集体出让建设用地使用权的规定，制度逻辑上恰恰印证了宅基地使用权人退出宅基地，在此基础上集体向第三人出让建设用地使用权这一权利转换模式。

结　语

总之，在坚持宅基地使用权既有规范属性的前提下，宅基地流转应采取权利转换的方式，允许集体对本质上只是作为集体公益用地的宅基地，在宅基地使用权人不再需要，一定期限内自动退出的条件下，放弃该土地的公益性质，将建设用地使用权出让给集体外第三人以获取出让金。由于其权利转换的前提是宅基地使用权人的自愿退出，这一模式并不会侵害宅基地使用权人的利益，同时，也因为集体掌握了出让的权利，其所有权得以有效实现，同时又盘活了宅基地，应该说，是目前较为妥实的选择。

---

[1] 根据《宪法》第10条和《土地管理法》第11条的规定，集体是土地所有权人，集体经济组织只是土地所有权的行使者，但目前二者的使用并不存在清楚的界限，很多时候把集体经济组织视为集体的一个组织化形态。

论《民法典》背景下
人格标志强制商业化的救济权

陈龙江 *

引言

人格标志（Persönlichkeitsmerkmale）是指自然人的姓名、肖像、声音等可据以识别出该自然人的人格权客体。人格标志首先属于人格权的客体，因此，决定商业利用人格标志的权利首先且当然归属于自然人。德国通过联邦法院（BGH）的判例，针对姓名、肖像等人格标志构造出一种兼具精神成分和财产成分的人格权，其精神成分保护人格利益，其财产成分保护经济利益，且财产成分可继承，可称为人格标志经济利益保护的一元论权利模式。[1] 美国法院则通过一系列判例发展出独立于美国法上的隐私权（保护精神利益，大抵相当于大陆法上的人格权）的公开权（the Right of Publicity，保护人格标志上的经济利益），其是一种可转让、可许可使用、可继承的财产权，可称为人格标志经济利益保护的二元论权利模式。[2]

根据可考察到的案例，从《最高人民法院公报》1987 年第 1 期公布的"卓小红诉孙德西、重庆市乳品公司侵犯肖像权纠纷案"开始，我国法院逐渐认可人格标志上的经济利益归属于自然人和应受保护。[3] 2021 年 1 月 1 日开始施行的《民法典》第 993 条（人格权使用许可规则）、第 1012 条（姓名权）和第 1018 条第 1 款（肖像权）明文确认自然人享有许可他人使用其姓名、肖像等人格标志的权能，并将其规定于第四编人格权之中，作为姓名权和肖像权的权能，乃立法上的突破和进步，宜

---

* 陈龙江，法学博士，现为海南大学法学院副教授。本文部分内容原载于本人 2011 年出版的《人格标志上经济利益的民法保护：学说考察与理论探讨》一书，此次根据《民法典》等新规定、新文献和新案例修订增补而成本文。

[1] 具里程碑意义的是德国联邦最高法院 1999 年作出的"Marlene Dietrich"案判决。Vgl. BGHZ 143，214 – Marlene Dietrich.

[2] 美国联邦第二巡回法院 1953 年在海伦案（Haelan Laboratories Inc. v. Topps Chewing Gum Inc.）中创立了公开权，202 F. 2d 866 (2nd Cir. 1953)。美国联邦最高法院 1977 年在查西尼（Zacchini v. Scripps-Howard Broasting Co.）案中承认公开权，433 US 562 (1977)。

[3] 2011 年 7 月之前具代表性的一些突破判决，可参见陈龙江：《人格标志上经济利益的民法保护：学说考察与理论探讨》，法律出版社 2011 年版，第 297~314 页。

解释为《民法典》对人格标志上经济利益保护的法律认可，亦可进一步解释为立法者采取德国法上一元论人格权权利构造模式，符合我国通说对一元论权利模式的支持[1]。值得注意的是，在《最高人民法院公报》2020 年第 2 期公布的"周星驰诉中建荣真无锡建材科技有限公司肖像权、姓名权纠纷案"中，[2]判决裁判理由部分显然是基于一元论人格权权利模式展开论述的，这或可代表最高人民法院的态度。一元论和二元论均认可人格标志上存在一种区别于人格利益保护的财产权性质的权能，自比较法上观察，其权利构造在调整人格标志的商业利用上各有优劣。自维持人格权与财产权的区分及人格权概念的纯粹性出发，笔者赞成二元论权利模式，提出了"人格标志财产权"的概念以保护人格标志上的经济利益，[3]但同时认同德国判例及学说关于人格标志的商业利用应受到人格利益保护之限制的立场，主张人格标志财产权是一种与人格利益相连结的特殊财产权。[4]

人格标志强制商业化或人格权强制商业化（Zwangskommerzialisierung der Persönlichkeitsrechte）[5]是指，未经允许将自然人的姓名、肖像、声音等人格标志用于商业广告，作为商标、商号等商业利用行为。人格标志强制商业化首先侵害了姓名权、肖像权、声音权等人格权（即侵害自主决定是否将自己的人格标志投入商业使用的人格利益），往往也侵害了权利人在人格标志上应当享有的经济利益。因此，在强制商业化的情形，对人格权的侵害和对具有财产权性质的人格标志财产权的侵害通常是结合在一起的，民法对该情形被侵害的精神利益和经济利益均应予以保护。

在人格标志强制商业化情形下，被利用人主张精神利益尤其是主张经济利益保护的权利基础是什么？在《民法典》框架之内，受害人主张救济的请求权基础为何？损害赔偿或补偿数额如何计算？这些请求权的相互关系如何？受害人缺乏商业利用其人格标志的意愿对这些救济权的发生有无影响？自然人死后发生的人格标志强制商业利用，又该如何救济？这些与实务密切相关的理论问题，在我国既有人格标志经济利益保护的研究中尚缺乏足够的关注和探讨，有研究的必要。

---

[1] 关于我国通说支持一元论，《民法典》系采取一元论权利模式，亦可参见程啸："论《民法典》对人格权中经济利益的保护"，载《新疆师范大学学报（哲学社会科学版）》2020 年第 6 期。

[2] 上海市第一中级人民法院（2017）沪 01 民初 1211 号民事判决。

[3] 概念构造之说明，请参见陈龙江：《人格标志上经济利益的民法保护：学说考察与理论探讨》，法律出版社 2011 年版，第 227~239 页。

[4] 详请参见陈龙江：《人格标志上经济利益的民法保护：学说考察与理论探讨》，法律出版社 2011 年版，第 247~261 页。持同一观点者参见王卫国："现代财产法的理论建构"，载《中国社会科学》2012 年第 1 期。不同的是，该文主张采用的概念为"人格标志利用权"（可具体化为姓名利用权、肖像利用权、声音利用权等）。

[5] 根据本文的观点，人格标志强制商业化必然同时侵犯姓名权、肖像权或一般人格权所保护之人格标志商业化自主决定利益，构成人格权之侵害，因此，人格标志的强制商业化同时也是"人格权的强制商业化"。

一、侵权法上的防御请求权：妨害除去请求权与妨害防止请求权

未经许可商业利用自然人的姓名、肖像、声音等人格标志的行为，既侵害了人格标志财产权，也侵害了姓名权、肖像权或一般人格权所保护的人格标志商业利用自主决定利益，因而同时构成人格权侵害。这意味着，逻辑上被利用人既可基于人格标志财产权或人格权财产成分，也可以基于人格权来禁止加害人的侵害行为。对于被利用人本人而言，基于人格标志财产权的这种防卫请求权通常为基于人格权的防卫请求权所覆盖或吸收，是隐而不现的。因此，被侵害人通常只需要基于姓名权、肖像权或一般人格权受到侵害，主张妨害除去请求权，[1]在有继续受侵害之虞时，主张妨害防止请求权，[2]这两种人格权请求权性质上作为绝对权上的请求权，均不以加害人过错及发生损害为前提。[3]

对于第三人的侵权行为，人格标志财产权的继承人可以基于其继承的人格标志财产权主张妨害除去和妨害防止请求权。

相关权利人亦可基于死后人格保护来制止第三人的侵权行为。但此时应区分死后人格保护上的"直接说"和"间接说"而论。其一，根据"直接说"，死后人格保护的保护对象是自然人死后继续存在的精神利益。[4]笔者以为，不论是否存在对死者人格的严重侵害，未经许可的死者人格标志商业利用行为均会侵害到死者须值保护的死后精神利益。[5]因此，死者人格保护的代为行使权人，即死者生前指定的人，或其未为指定时的死者近亲属，可代表死者针对第三人之侵权行为主张妨害除去和妨害防止请求权。值得注意的是，人格标志财产权的继承人和死者人格保护的代为行使人未必一致，此时将出现死者人格权和死者人格标志财产权分属不同主体行使的现象。二者对第三人擅自商业利用死者人格标志之侵权行为，均可各自主张侵权法上的妨害除去或妨害防止请求权。其二，根据"间接说"，死后人格保护的客体为近亲属的精神利益，即近亲属对死者的追思利益。在死者人格标志强制商业情形，死者近亲属的追思利益受到侵害时，可主张侵权法上的妨害除去和妨害防止请

---

[1] 法律依据是《民法典》第120条结合第179条第1款第1项、第2项规定的"停止侵害""排除妨碍"责任方式。笔者认为，停止侵害与排除妨碍应合并解释为妨害除去。但《民法典》第120条欠缺具体构成要件，属于不完全法条，不是独立的请求权基础。关于请求权基础的含义及判定，请参阅王泽鉴：《民法思维：请求权基础理论体系》，北京大学出版社2009年版，第41、46～48页。

[2] 法律依据是《民法典》第120条结合第179条第1款第3项规定的"消除危险"责任方式。

[3] 王泽鉴：《人格权法：法释义学、比较法、案例研究》，北京大学出版社2013年版，第387页；程啸：《侵权责任法》，法律出版社2021年版，第160～161页。

[4] 此说也称为"继续作用说（Fortwirkungstheorie）"，是德国联邦法院（BGH）1968年在"Mephisto"案判决中确立的裁判立场，参见BGHZ, 50, 133 - Mephisto.

[5] 详可参见陈龙江：《人格标志上经济利益的民法保护：学说考察与理论探讨》，法律出版社2011年版，第256～258页。

求权。《民法典》颁布之前，间接说是我国通说，解释上原《最高人民法院关于确定民事侵权精神损害赔偿责任若干问题的解释》（2001年）第3条、第7条采取的也是间接说立场。[1]《民法典》在法律层面上第一次规定了死后人格保护，其第994条规定："死者的姓名、肖像、名誉、荣誉、隐私、遗体等受到侵害的，其配偶、子女、父母有权依法请求行为人承担民事责任；死者没有配偶、子女且父母已经死亡的，其他近亲属有权依法请求行为人承担民事责任。"该条未明确死后人格保护的客体是死者人格利益还是近亲属人格利益。最高人民法院关于《民法典》的释义认为，该条采取的是人格权延伸保护说。[2]笔者以为，自所保护的人格利益归属的角度而言，所谓人格权延伸保护说似乎仍应归为直接说，并无独立存在的价值。直接说即死者人格利益保护说更符合死者人格保护的本质，也更具有说服力。[3]因此，用直接说去解释《民法典》第994条是更可取的立场。

《民法典》第993条规定，"民事主体可以将自己的姓名、名称、肖像等许可他人使用，但是依照法律规定或者根据其性质不得许可的除外"。据此，应解释为《民法典》不仅认可自然人对其姓名、肖像等人格标志的使用享有一项绝对权和支配权性质的财产权，而且，可根据该项财产权为第三人设立具有物权性效力的使用许可（Lizenz/license），被许可人据此可获得一项绝对权性质的使用权。[4]被许可使用的人格标志未经允许被他人商业利用损及被许可人利益的，获得物权性效力使用许可的被许可人可以基于其取得的使用权，主张妨害除去请求权和妨害防止请求权[5]。

二、财产损害赔偿或补偿请求权：经济利益的救济

针对人格标志上的经济利益认可某种财产权——人格标志财产权、德国法人格权财产成分或美国法公开权，其最大价值在于，赋予权利人以保护人格标志经济利益的权利基础，约束或对抗未经许可的人格标志强制商业化行为，并且，间接地达到强化人格保护的目的。

---

[1] 同此结论者，参见张红："死者人格精神利益保护：案例比较与法官造法"，载《法商研究》2010年第4期。

[2] 参见最高人民法院民法典贯彻实施工作领导小组主编：《中华人民共和国民法典人格权编理解与适用》，人民法院出版社2020年版，第62~63页。

[3] 详可参见陈龙江：《人格标志上经济利益的民法保护：学说考察与理论探讨》，法律出版社2011年版，第252~255页。

[4] 详可参见陈龙江：《人格标志上经济利益的民法保护：学说考察与理论探讨》，法律出版社2011年版，第273~276页。

[5] 法律依据是《民法典》第120条结合第179条第1款第1项、第2项、第3项规定的"停止侵害""排除妨碍""消除危险"责任方式。比较法上可以参照的是，德国《著作权法》第97条第1款规定的侵害著作权使用权时的妨害除去请求权和妨害防止请求权。

（一）损害赔偿请求权

人格标志财产权（人格权财产成分）作为一种绝对权，对其的侵害可引起侵权损害赔偿请求权。它的请求权基础是我国《民法典》第1165条第1款。该损害赔偿请求权适用过错责任原则，以加害人存在故意或过失为要件。原则上，未经权利人允许商业利用他人人格标志的，即可认定存在过错。因为，人格标志具有一定经济价值，他人不得擅自对之进行商业利用而受益，加害人不得主张其不知而无过失。以下仅探讨个别的重要问题。

1. 损害计算方法。

（1）德国司法实务：三种损害计算方法。在人格标志的强制商业化的情形，很难确定和证明所受的具体损害。[1]德国司法实务上主张，可转用针对知识产权侵权而发展出来的三种损害计算方法：具体损害计算法、合理的许可费计算法以及加害人获利计算法。[2]但是，德国司法实务常用的则是"合理的许可费计算法"，即由加害人向受害人赔偿，受害人许可商业利用时通常可获得的合理的许可费。[3]这个计算方法是较为实用的，已为我国法院裁判所运用，[4]也得到学者积极倡导。[5]

（2）我国《民法典》第1182条：可根据侵权损害赔偿请求权剥夺加害人获利。《民法典》第1182条规定："侵害他人人身权益造成财产损失的，按照被侵权人因此受到的损失或者侵权人因此获得的利益赔偿；被侵权人因此受到的损失以及侵权人因此获得的利益难以确定，被侵权人和侵权人就赔偿数额协商不一致，向人民法院提起诉讼的，由人民法院根据实际情况确定赔偿数额。"该条是对《侵权责任法》第20条的修改完善。它们的主要区别在于第1182条不再强调先以所受损害来赔偿，而是将所受损害和侵权人因此获得的利益这两个赔偿标准进行并列。[6]

《民法典》第1182条所称"财产损失"，首先是指侵害人身权而引起的附带财产损害，例如医药费、误工费、名誉损害带来的业务收入下降、消除侵害所支出的成本等。但是，该"财产损失"是否也包括人格标志上经济利益之损失，则有待解释。如前所述，《民法典》第993条应解释为确认自然人对其姓名、肖像等人格标志的使用享有一项绝对权和支配权性质的财产权，据此，第1182条中的"财产损失"解释

---

[1] Kötz/Wagner, Deliktsrecht, 11. Aufl., München 2010, S. 168, Rn. 419.

[2] BGH 143, 214, 232 - Marlene Dietrich = GRUR 2000, 709; BGH NJW 2000, 2201 - Blauer Engel.

[3] 具有开创意义的是保罗·达尔克（Paul Dahlke）判决。详可参见陈龙江：《人格标志上经济利益的民法保护：学说考察与理论探讨》，法律出版社2011年版，第34～37页。

[4] 参见"张柏芝诉江苏东洋之花化妆品有限责任公司等肖像权纠纷案"，安徽省合肥高新技术产业开发区人民法院（2003）合高新民一初字第137号民事判决。

[5] 参见黄芬："人格权侵权中的许可使用费赔偿研究"，载《社会科学》2020年第1期。

[6] 参见最高人民法院民法典贯彻实施工作领导小组主编：《中华人民共和国民法典侵权责任编理解与适用》，人民法院出版社2020年版，第168页。

上尚包括人格标志上经济利益的损失，尤其是权利人本应获得的商业利用许可费上的损失。值得注意的是，第1182条所谓"侵害他人人身权益"包括侵害身份权益之情形。但是，身份权益不具有财产价值，部分人格权（在一元论人格权模式之下），例如生命权、健康权、名誉权本身也不具有财产价值，何来"侵权人因此获得利益"，甚有疑问。未经许可的人格标志商业利用行为在侵害姓名、肖像、声音等人格标志上的人格利益之同时，也侵害到人格标志上的经济利益，加害人因此获利的，其典型地属于《民法典》第1182条关于获益赔偿的规范对象，应无疑义。[1]据此，人格标志强制商业化的损害赔偿数额根据第1182条适用如下计算法：可选择适用具体损害计算法或加害人获利计算法；具体损害或获利数额难以确定又不能通过被侵权人和侵权人协商确定的，可由人民法院根据实际情况确定数额。关于实际损失的计算，实际上可以采用"合理的许可费计算法"，这也是《侵权责任法》实施之前，我国个别法院在人格标志商业利用诉讼中的做法。[2]

获益赔偿和由法院确定损害数额的赔偿数额计算法，原本规定于我国《著作权法》（2010年修正）第49条[《著作权法》（2001年修正）第48条、《著作权法》（2020年修订）第54条]和《专利法》（2008年修正）第65条[《专利法》（2020年修正）第71条]。《侵权责任法》第20条将此种损害数额计算法转用到"人身权益"侵害引起的财产损害赔偿上，是侵权责任法的突破和创新。著作权和专利权侵权的损害赔偿计算，在"实际损害计算法"外尚运用前述二法，主要是考虑到知识产权的易受侵害性和赔偿数额计算和举证上的困难。人格标志财产权也具有类似于知识产权的易受侵害性和损害数额计算上的困难，就此而言，转用知识产权的损害赔偿计算法有其合理性。

在未经许可的人格标志商业利用之情形下，加害人之获利通常大于其本应支付的合理许可费。因此，仅根据侵权损害赔偿请求权或不当得利返还请求权，让加害人对权利人承担数额上相当于合理许可费的金钱债务，不足以有效阻吓加害人的侵权行为。除了补偿损失之外，遏制不法行为是侵权行为法的另一功能，[3]对获利剥夺的顾虑正好提供了阻吓侵权行为的利益机制。如何摆脱侵权法等额赔偿的传统规则限制，针对以获利为目的或高发性的特定侵权行为类型，引入获利剥夺等惩罚性

---

〔1〕同此观点者，有学者认为，《侵权责任法草案（三审稿）》第20条（其在获益剥夺之规定上，与后来颁布的《侵权责任法》第20条完全相同）所规定之获益赔偿，"适用于所有具有财产性的各项人身权被侵犯的情形"，参见孙良国："人身权侵权获益赔偿的构成要件及其适用——兼评《侵权责任法草案（三审稿）》第20条"，载《法学》2009年第12期。

〔2〕代表性判决有"张柏芝诉江苏东洋之花化妆品有限责任公司和付大勇肖像权纠纷案"，安徽省合肥高新技术产业开发区人民法院（2003）合高新民一初字第137号民事判决。

〔3〕参见王卫国："侵权行为法的若干基本问题"，载王卫国：《过错责任原则：第三次勃兴》，中国法制出版社2000年版，第231页。

赔偿机制,以强化其遏制功能,将是现代侵权法理论的重要发展方向之一。就此而言,《侵权责任法》第 20 条及《民法典》第 1182 条在侵权损害赔偿请求权[1]中引入获利剥夺功能之立法创新是否合理姑且不论,其对于阻吓和预防人格标志强制商业化行为的确具有较大实务价值。

《民法典》第 1182 条规定的"获益赔偿"实质上构成一种"获利剥夺",带有惩罚性损害赔偿的性质,功能上相当于下文将论及的,《德国民法典》上的"基于无因管理的获利返还请求权"。其不同于后者之处在于:该条并未明确规定获益赔偿以加害人故意侵权为主观要件,而后者之适用以加害人故意为条件。考虑到惩罚性损害赔偿原则上应限于故意侵权,以体现法律对过失和故意的区别对待,《侵权责任法》第 20 条及《民法典》第 1182 条未将加害人故意作为获益返还的构成要件,值得商榷。[2]

2. 争议问题:商业化意愿与损害赔偿请求权。德国司法实务上最具争议的问题在于:如果原告表示自己根本不愿意被告将其姓名、肖像等人格标志用于系争商业利用场合,原告是否能够主张侵权损害赔偿请求权?

德国联邦法院原先的基本立场是,原告本来会同意未经允许的商业利用行为,是产生损害赔偿请求权的条件。[3]法国法院的判决也有持同样的立场。[4]但是,2006 年德国联邦法院第一民事判决委员会(I. Zivilsenat)在"Oskar Lafontaine"案判决中,明确否定了先前的立场。该判决明确主张:在未经许可商业利用肖像的情形,(以过错为条件的)损害赔偿请求权和(不问过错的)不当得利返还请求权的发生,不以肖像权人原本是否愿意和是否能够为了报酬而同意该无权商业利用为前提;因为,这些金钱请求权不是在虚构被利用人的许可,毋宁是对非法侵犯专属于被利用人的处分权能之行为的补偿。[5]对此问题,部分德国学者赞成德国联邦法院的新

---

[1] 关于《侵权责任法》第 20 条及《民法典》第 1182 条规定的获利剥夺请求权的性质存在争议,有不当得利返还请求权说、无因管理请求权说、独立请求权说等。笔者认为,自法条文义解释而言,立法者系将其作为侵权损害赔偿请求权进行规定。赞同侵权损害赔偿请求权说者,参见王叶刚:"论人格权擅自商业化利用中的获利赔偿请求权",载《法学评论》2016 年第 4 期。

[2] 同此者,参见孙良国:"人身权侵权获益赔偿的构成要件及其适用——兼评《侵权责任法草案(三审稿)》第 20 条",载《法学》2009 年第 12 期;岳业鹏:"论人格权财产利益的法律保护——以《侵权责任法》第 20 条为中心",载《法学家》2018 年第 3 期。

[3] 这是德国联邦法院在"Paul Dahlke"和"Herrenreiter"案判决中确立的立场,并得到许多后续判决的支持。详可参见陈龙江:《人格标志上经济利益的民法保护:学说考察与理论探讨》,法律出版社 2011 年版,第 34~37 页。

[4] CA Paris 20. 6. 2001, CCE 2002, comm., No. 49, P. 35:"如果一个人一方面声称那些有争议的相片歪曲了他,因此他根本不会同意对公开相片,另一方面声称他遭受了经济损失,那将是自相矛盾的,因为此种损失只有在他同意公开肖像时才会发生。"See Beverley - Smith, Ohly and Lucas - Schloetter, *Privacy, Property and Personality: Civil Law Perspectives on Commercial Appropriation*, Cambridge 2005, p. 190.

[5] Vgl. BGH, Urteil von 26. 10. 2006 = JZ 2007, 475, 476.

立场,理由之一是,根据合理的许可费计算损害赔偿的方法,并不以被害人主观上愿意授予加害人一个使用许可为条件,因为许可合同仅是一种假设工具。[1]德国通说则赞同德国联邦法院的先前立场,指出:损害赔偿请求权和不当得利返还请求权不同,损害赔偿是要赔偿受害人财产的损失,而不是回复侵害人财产的不当增加。[2]

笔者以为,该问题应该在两个层面上予以考虑。首先,解释人格标志财产权之发生机理的"自治说"不可取,应采纳"市场说",即商业化意愿不是人格标志财产权或人格权财产成分发生的前提。[3]因此,不能在这个层面上基于原告商业利用意愿的缺乏而否定损害赔偿请求权。其次,在损害赔偿构成要件层面上,德国通说的观点[4]可资赞同,即如果原告根本不愿意商业利用其人格标志,则不存在《德国民法典》第252条规定的"所失利益"(entgegangener Gewinn)损害,[5]也就不能主张商业利用许可费上的损害赔偿。综上所述,在我国,权利人反对系争场合的人格标志商业利用的,不能主张损害赔偿请求权。

有疑问的是,未经许可商业利用死者人格标志的,且该商业利用违反死者生前意愿的,人格标志财产权(人格权财产成分)的继承人可否主张损害赔偿请求权。答案应是肯定的,首先,如同死者生存期间的商业化意愿不影响人格标志财产权的

---

[1] See Beverley - Smith, Ohly and Lucas - Schloetter, Privacy, *Property and Personality*: *Civil Law Perspectives on Commercial Appropriation*, Cambridge 2005, p. 143.

[2] Vgl. MünchKommBGB/Rixecker, 4. Aufl., § 12 Anh. RdNr. 207.

[3] 根据人格权财产成分或人格标志财产权的发生,是否以自然人具有商业利用其人格标志的意愿为前提,德国学界存在"自治说"及"市场说"两种不同观点。"自治说"主张正是自然人商业利用人格标志的意愿才导致人格权的客体转化为财产权客体,从而导致人格权精神成分向人格权财产成分的转化,从而发生人格权财产成分, Vgl. Helle, Privatautonomie und kommerzielles Persönlichkeitsrecht - Abschied von der „Herrenreiter - Doktrin" des BGH?, JZ 2007, 444. 相反,"市场说"主张,人格标志作为具有经济价值的财产,不取决于人格标志主体对其的商业利用意愿之有无, Vgl. Schlechtriem, Bereicherung aus fremden Persönlichkeitsrecht, in: Festschrift für Wolfgang Hefermehl, München, 1976, S. 445, 464; MünchKomm - Schwerdtner, §12, Rdnr. 279; Bötticher, Zur Ausrichtung der Sanktion nach dem Schutzzweck der verletzten Privatrechtsnorm, AcP 158 (1958/1959), 384, 403 ff; Dasch, Die Einwilligung zum Eingriff in das Recht am eignen Bild, München 1990, S. 23; Götting, Persönlichkeitsrechte als Vermögensrechte, Tübingen 1995, S. 53; Beuthien/Schmölz, Persönlichkeitsschutz durch Persönlichkeitsgüterrecht, München 1999, S. 41 - 42.

[4] Vgl. Canaris, Gewinnabschöpfung bei Verletzung des allgemeinen Persönlichkeitsrechts, in: Festschrift für Erwin Deutsch, 1999, S. 89; Schlechtriem, Bereicherung aus fremden Persönlichkeitsrecht, in: Festschrift für Wolfgang Hefermehl, München, 1976, S. 456; Ullmann, Persönlichkeitsrechte in Lizenz?, AfP 1999, 209, 212.

[5] Beuthien/Schmölz, Persönlichkeitsschutz durch Persönlichkeitsgüterrecht, München 1999, S.39, 43, 64; Ehmann, Zum kommerziellen Interesse an Politikerpersönlichkeiten, AfP 2007, 81, 83. 类似的理由, Vgl. Canaris, Gewinnabschöpfung bei Verletzung des allgemeinen Persönlichkeitsrechts, in: Festschrift für Erwin Deutsch, 1999, S. 89; Ullmann, Persönlichkeitsrechte in Lizenz?, AfP 1999, 209, 212; Balthasar, Eingriffskondition und Lizenzbereitschaft bei der unerlaubten Nutzung von Persönlichkeitsmerkmalen in Werbung und Berichterstattung, ZUM 2005, 874, 878.

发生一样，死者反对系争场合死后商业利用的生前意愿，也不导致被继承的人格标志财产权的消灭，因为，该权利的存在系来自法律的认可，与死者意愿无关。其次，死者生前意愿尽管约束人格标志财产权继承人的主动商业利用行为，但是，不影响在未经许可的死后人格标志商业利用场合，由继承人主张人格标志财产利益上的救济，这也是德国联邦法院在"Marlene Dietrich"案判决中的态度。[1]这在结果上有利于通过财产损害赔偿请求权来加强死者人格保护。

（二）不当得利返还请求权

较之损害赔偿请求权，不当得利返还请求权是更有意义的救济方法。该请求权不以得利人的行为具有过错、不法性为要件。[2]这在原告因不能证明被告的过错，因而无法主张损害赔偿请求权的情形下，不当得利返还请求权在诉讼中的价值就表现出来了。按照德国法院的判决以及德国学者的观点，通过不当得利返还请求权，原告可以获得的也是相当于合理许可费的赔偿。[3]

关于不当得利，《民法典》第122条规定："因他人没有法律根据，取得不当利益，受损失的人有权请求其返还不当利益。"第985条进一步规定构成不当得利的除外情形。这两条未如《德国民法典》第812条第1句那样明确区分给付型不当得利和非给付型不当得利。但是，解释上，《民法典》第122条、第985条所称"没有法律根据"的具体形态既包括给付行为，也包括非给付行为（包括自然事件、得利人的行为如侵权行为、受损人的行为如清偿他人债务等），应认为包含了给付型不当得利和非给付型不当得利，[4]因此非给付型不当得利中的权益侵害不当得利亦属于《民法典》规定的不当得利类型之一。在我国，不当得利返还请求权在原告无法证明被告的过错，以及难以证明自己所受损害及其数额时，其相对于侵权损害赔偿请求权的实用价值至为明显。因此，应允许受害人根据《民法典》第985条行使不当得利返还请求权，请求加害人支付一笔数额上相当于合理许可费的金额。[5]

与损害赔偿请求权一样，争议的问题在于：不当得利返还请求权的发生，是否取决于原告本会同意被告未经许可的商业利用行为？和对待损害赔偿请求权的立场类似，德国联邦法院原先在"骑士（Herrenreiter）"案判决[6]中主张，不当得利返

---

[1] BGH, Urteil vom 1. 12. 1999 – Marlene Dietrich = NJW 2000, 2199.

[2] 参见王泽鉴：《不当得利》，北京大学出版社2015年版，第148页。

[3] 同此者，参见王泽鉴："人格权保护的课题与展望——人格权的性质及构造：精神利益与财产利益的保护"，载《人大法律评论》2009年第1期。

[4] 同此观点者，参见最高人民法院民法典贯彻实施工作领导小组主编：《中华人民共和国民法典合同编理解与适用》，人民法院出版社2020年版，第2800页。

[5] 类似主张可参见刘力、何建："人格权损害赔偿制度的司法运用与完善——以'周星驰肖像权、姓名权'纠纷案为例"，载《法律适用》2020年第4期。

[6] BGHZ 26, 349 – Herrenreiter.

还请求权取决于原告本来会同意该商业利用行为。[1]这样，特别是在商业利用具有贬低人格的情节的情形下（如德国联邦法院"骑士（Herrenreiter）"案判决），法院将不会支持不当得利返还请求权。[2]该立场随后经常获得德国联邦法院和各级法院的遵从。[3]但是，德国通说反对这种对不当得利返还请求权的限制条件，主要有如下三个理由：[4]其一，这样的限制条件与不当得利法的功能不符，因侵犯所生的不当得利返还请求权（Eingriffskondiktion），其目的不在于补偿权利人财产的减少，而在于剥夺侵权人财产的增加；其二，为"合理的许可费"而假设的许可合同仅仅是一种计算方法，并不要求权利人主观上会同意利用许可；其三，出于人格权的易受侵害性，法律政策上也要求通过有效的制裁对之进行保护。德国联邦法院充分考虑了学界的反对意见，在 2006 年的"Oskar Lafontaine"案判决已明确抛弃其先前立场。[5]

首先，与损害赔偿请求权面临的问题类似，原告商业化意愿的缺乏不影响人格标志财产权之存在，不能因权利人商业化意愿的缺乏而从根本上否定不当得利返还请求权的发生条件。其次，这个问题还涉及对不当得利返还请求权的功能和构成要件的理解。不当得利返还请求权的功能在于"剥夺无正当理由的财产利益"，[6]即在于除去得利人无法律原因而受的利益，而非在于赔偿受损人所受的损害。[7]德国通说正确地指出，发生侵犯型不当得利返还请求权的前提是，被侵犯的权利须具有归属权能（Zuweisungsgehalt），亦即，权利人在该权利上享有排他性地积极利用该权利

---

[1] Vgl. Götting, Persönlichkeitsrechte als Vermögensrechte, Tübingen 1995, S. 50, 53.

[2] See Beverley – Smith, Ohly and Lucas – Schloetter, *Privacy, Property and Personality*: *Civil Law Perspectives on Commercial Appropriation*, Cambridge 2005, p. 143.

[3] Siehe etwa BGH vom 17. 11. 1960, GRUR 1961, 138 – Familie Schölermann; BGH vom 26. 6. 1979, GRUR 1979, 732 – Fussballtor; BGH vom 14. 4. 1992, ZIP 1992, 857 – Joachim Fuchsberger; OLG München vom 14. 9. 1961, UFITA 38 (1962), 186 – Filmmusik; KG vom 17. 5. 1968, Schulze KGZ 49 – Pin-up – Magazin; KG vom 8. 4. 1969, Schulze KGZ 51 – Wunder der Liebe; OLG Hamburg vom 9. 9. 1972, UFITA 67 (1973), 235 – Der nackte Affe; OLG München vom 15. 3. 1982, Schulze OLGZ 270 – Paul Breitner; OLG Hamburg vom 8. 4. 1982, AfP 1982, 282 – Tagesschausprecher; OLG München vom 17. 12. 1984, ZUM 1985, 327 – Herrenmagazin; OLG München vom 10. 5. 1985, ZUM 1985, 452 – Sammelbilder; OLG Frankfurt vom 21. 1. 1988, NJW 1989, 402 – Boris Becker; OLG Oldenburg vom 14. 11. 1988, NJW 1989, 400 – Oben – ohne – Aufnahme; OLG Frankfurt vom 12. 7. 1991, NJW 1992, 411; LG Köln vom 5. 6. 1991, NJW 1992, 443. 转引自，Götting, Persönlichkeitsrechte als Vermögensrechte, Tübingen 1995, S. 51, Fn. 189.

[4] 详可参见陈龙江：《人格标志上经济利益的民法保护：学说考察与理论探讨》，法律出版社 2011 年版，第 41~43 页。

[5] Vgl. BGH, Urteil von 26. 10. 2006 = JZ 2007, 475, 476.

[6] 参见[德]迪特尔·施瓦布：《民法导论》，郑冲译，法律出版社 2006 年版，第 286 页。

[7] 参见王泽鉴：《不当得利》，北京大学出版社 2015 年版，第 3~4 页。

获取经济利益的权能。[1]在因侵犯行为所生的不当得利返还请求权之情形下，判断得利人的获利是否有法律上的原因，要看被侵害的权利有无归属内容（Zuweisungsgehalt），即是否侵害了专属于被侵害权利的权益。人格标志财产权具有许可他人商业利用的财产权权能。未经许可商业利用他人的人格标志的，侵害人节省了本应支付给权利人的许可费，属于无法律原因而获得财产上的利益，应当返还给权利人。至于权利人（原告）是否同意和接受这种侵害行为，对于不当得利返还请求权的成立不产生影响。[2]

即使第三人未经许可的死者人格标志商业利用违反了死者生前意愿，借鉴德国联邦法院"Marlene Dietrich"案判决的正确立场，人格标志财产权的继承人仍可主张不当得利返还请求权。[3]其理由与前述损害赔偿请求权情形类似。

三、精神损害赔偿请求权：精神利益的救济

关于人格标志商业利用的情形，人格标志的主体在人格标志上享有何种人格利益或精神利益，德国法和美国法的认识不一。其中，美国法倾向于认为对姓名、肖像等人格标志的商业利用情形，如果不存在侵害隐私、名誉等精神利益，那么商业利用仅涉及该人格标志所指代的人的经济利益。相反，德国法从人格权保护的角度出发，认为对人格标志的商业利用本身就会涉及人格标志所指代的人的某种精神利益，而不取决于该利用是否结合了其他情形，从而涉及名誉、隐私或其他人格利益。也就是说，德国法的理论认为，每个人根据人格权都享有一种是否使用和以什么方式商业利用其人格标志的自主决定权。[4]这种自主决定上的利益，本身构成了一种应当受到人格权保护的人格利益。笔者认为，德国法将个人人格标志商业利用上的自主决定利益上升为一种人格利益，这种做法尽管存在将人的尊严推到极致的倾向，却是值得赞同的。因为，即使是无孔不入的商业触角，也必须在人的尊严面前止步。个人在其人格标志商业利用上享有的人格利益，实质上是一种关于如何通过人格标志展示和塑造个人人格形象的自主决定型精神利益，可被称为人格标志上的"人格自治"利益；具体而言，它是自主决定是否和在何种条件下商业利用自己的姓名、

---

[1] Vgl. Medicus/Lorenz, Schuldrecht II, Besonderer Teil, 15. Aufl., München 2010, S. 411, Rn. 1205. 同此观点者，参见王泽鉴：《不当得利》，北京大学出版社2015年版，第141、144、179页；黄立：《民法债编总论》，中国政法大学出版社2002年版，第205页。

[2] Vgl. MünchKommBGB/Rixecker, 4. Aufl., § 12 Anh. RdNr. 226；王泽鉴：《债法原理（第二册，不当得利）》，中国政法大学2002年版，第141页，第174~175页。

[3] BGH, Urteil vom 1. 12. 1999 - Marlene Dietrich = NJW 2000, 2199.

[4] 相关判决可参见：BGHZ 30, 7 - Catarina Valente；BGHZ 35, 363 - Ginsengwurzel；BGHZ 143, 114, 214 - Marlene Dietrich；BGHZ 169, 340.

肖像、声音等人格标志的精神利益。[1]

因此，人格标志上的经济利益和精神利益总是紧密地结合在一起的。人格标志的强制商业化总是会同时侵犯到权利人自主决定是否和以何种方式商业利用其人格标志的自主决定型精神利益。[2]此外，未经许可的人格标志商业利用有时也会严重侵害到权利人的名誉，或者以一种人格贬损的方式让其感到耻辱，造成精神痛苦。例如，擅自将某人的肖像用于色情服务广告；擅自将秉持禁烟主义的人的姓名或肖像用于香烟广告；或者擅自使用个人的姓名或肖像，用于广告推介劣质商品。在上述情形中，都存在主张精神损害赔偿的可能。

在我国，根据《民法典》第1183条第1款的规定，[3]发生精神损害赔偿请求权的条件是加害行为造成他人严重精神损害。据此，在未经允许的人格标志强制商业化情形下，应当考虑，除了权利人自主决定是否商业利用其人格标志的自主决定型精神利益被侵害之外，是否尚有其他人格利益（例如，名誉和隐私）受到侵害，以确定是否存在严重的精神损害。根据《最高人民法院关于确定民事侵权精神损害赔偿责任若干问题的解释》（2020年修正）第5条的规定，精神损害的赔偿数额根据三大因素确定。其一，人格权受侵害程度，具体包括：侵权人的过错程度，法律另有规定的除外；侵权行为的目的、方式、场合等具体情节；侵权行为所造成的后果。其二，侵权人的获利情况。其三，经济状况，包括侵权人承担责任的经济能力和受理诉讼法院所在地的平均生活水平。

有争议的是，在严重的人格权侵害情形，原告通常是反对被告将其人格标志商业利用于系争场合的，那么，原告此时可否既基于精神利益损害主张精神损害赔偿请求权，又基于人格标志经济利益损害而主张侵权损害赔偿请求权、不当得利返还请求权或基于不真正无因管理的获利返还请求权？在著名的"骑士（Herrenreiter）"判决中，德国联邦法院将侵权损害赔偿请求权或不当得利返还请求权与精神损害赔偿请求权相对立，认为在当事人缺乏商业化意愿的前提下，不能发生前两项请求权，原告只能获得精神损害赔偿。这在结果上只会导致，对人格标志强制商业化的法律制裁不足。如前所述，人格标志财产权（人格权财产成分）的发生不取决于个人商业利用其人格标志的意愿，因此，人格权（或者人格权的精神成分）和人格标志财产权（或者人格权的财产成分）是共存关系。既然一个行为同时侵犯了人格标志上精神利益和经济利益，就应当允许受害人同时主张二者的救济，二者不是互相排斥

---

[1] 参见陈龙江：《人格标志上经济利益的民法保护：学说考察与理论探讨》，法律出版社2011年版，第225页。

[2] Schwab/Löhnig, Einführung in das Zivilrecht, 18. Aufl., Heidelberg 2010, S. 167, Rn. 373.

[3] 该款规定："侵害自然人人身权益造成严重精神损害的，被侵权人有权请求精神损害赔偿。"

关系。[1]唯一需要注意的是,具体的财产损害赔偿请求权或补偿请求权的构成要件是否因受害人商业化意愿的缺乏而未获得充分。如上分析,如果严重的人格侵害导致受害人根本不愿意其人格标志被用于系争场合,原告尽管不能基于侵权损害赔偿请求权主张合理许可费上的"所失利益"赔偿,但是,仍得产生不当得利返还请求权和基于不真正无因管理的获利返还请求权,后两项请求权当然可以和精神损害赔偿请求权共存,由原告同时主张。

在未经许可商业利用死者人格标志之场合,应区分死者人格保护上的"死者人格利益保护说"(直接说)和"近亲属利益保护说"(间接说)予以探讨。[2]根据直接说,死后人格保护中不复存在死者的精神损害赔偿请求权,死后人格保护的代为行使人不能主张该项请求权,但是,如果死后人格标志强制商业化行为同时严重侵害到作为人格标志财产权继承人的近亲属自身的人格权,如名誉权、隐私权,且符合精神损害赔偿条件,该继承人可以同时主张人格标志经济利益损害上的侵权损害赔偿请求权或不当得利返还请求权和精神损害赔偿请求权。根据间接说,死后人格保护中受保护者为近亲属对死者的追思利益,该利益因死者人格标志的强制商业化而遭受严重侵害的,作为人格标志财产权之继承人的近亲属可以同时主张精神利益损害赔偿请求权[3]和经济利益赔偿或补偿请求权。

四、民事救济权之间的相互关系

第一,在未经许可的人格标志商业利用情形,侵权法上的防御请求权(妨害除去请求权与妨害防止请求权),与救济人格标志上经济利益的侵权损害赔偿请求权或不当得利返还请求权,以及与精神损害赔偿请求权之间,构成请求权聚合,可由被害人同时主张。因为,前者目的在于消除或防止对权利本身的侵害,后两者是对财产利益或精神利益受侵害或变动之后果的赔偿或回复,功能和法律效果不同,是互相补充而非竞合关系。

---

[1] Vgl. Götting, Persönlichkeitsrechte als Vermögensrechte, Tübingen 1995, S. 282 – 283; Canaris, Gewinnabschöpfung bei Verletzung des allgemeinen Persönlichkeitsrechts, in: Festschrift für Erwin Deutsch, Köln 1999, S. 98 – 99; Beuthien/Schmölz, Persönlichkeitsschutz durch Persönlichkeitsgüterrecht, München 1999, S. 67; Ullmann, Persönlichkeitsrechte in Lizenz?, AfP 1999, 209, 214(主张不当得利返还请求权与精神损害赔偿请求权可共存); Siemes, Gewinnabschöpfung bei Zwangskommerzialisierung der Persönlichkeit durch die Presse, AcP, 201 (2001), 202, 230; Balthasar, Eingriffskondition und Lizenzbereitschaft bei der unerlaubten Nutzung von Persönlichkeitsmerkmalen in Werbung und Berichterstattung, ZUM 2005, 874, 878.

[2] 关于"直接说"和"间接说"的不同构造方式、差异和优劣,详可参见陈龙江:《人格标志上经济利益的民法保护:学说考察与理论探讨》,法律出版社2011年版,第250~258页。

[3] 根据《最高人民法院关于确定民事侵权精神损害赔偿责任若干问题的解释》(2001年)第3条第1项和第8条第2款之规定,"以侮辱、诽谤、贬损、丑化或者违反社会公共利益、社会公德的其他方式,侵害死者姓名、肖像、名誉、荣誉",其近亲属遭受精神痛苦,且"因侵权致人精神损害,造成严重后果的",近亲属可获得精神损害赔偿。

第二，加害人主观上构成故意的，在我国现行民法上，可同时发生侵权损害赔偿请求权（其根据《民法典》第1182条亦可具有获利剥夺之功能）和不当得利返还请求权，这些请求权指向同一救济目标，构成请求权竞合，受害人仅能择一行使。

第三，如前所述，在发生严重人格侵害之情形，财产损害赔偿或补偿请求权与精神损害赔偿请求权之间，可构成请求权聚合。[1]此时，在理论上尚需回答的问题是，我国《民法典》第1182条规定的获利剥夺损害赔偿请求权，与《最高人民法院关于确定民事侵权精神损害赔偿责任若干问题的解释》（2020年修正）第5条第4项规定的加害人获利作为精神损害赔偿数额的衡量因素之间，是否构成双重的获利剥夺，从而对加害人不公。出于补偿功能（Ausgleichfunktion）和抚慰功能（Genugtuungsfunktion），精神损害赔偿金的数额原本主要取决于人格权受侵害的程度，[2]既然借由获利剥夺而实现的侵害预防功能已为前述获利剥夺请求权所承担，则不必再将加害人获利作为确定精神损害赔偿数额的依据。[3]相反，如果受害人仅主张精神损害赔偿，或者其所主张的人格标志经济利益损害赔偿或补偿请求权本身不具有获利剥夺效果（例如不当得利返还请求权），或者获利剥夺性质的请求权未得到法院认可的，则仍应将加害人获利作为确定精神损害赔偿数额的衡量因素，以实现阻吓侵权的目的。

五、民事救济权的行使限制

（一）言论自由和艺术自由

在人格标志未经允许被商业利用的场合，人格标志上的精神利益连同经济利益，可能受到宪法保护的言论自由（《宪法》第35条）和艺术自由（《宪法》第47条）的限制。[4]《民法典》第999条规定：“为公共利益实施新闻报道、舆论监督等行为的，可以合理使用民事主体的姓名、名称、肖像、个人信息等；使用不合理侵害民事主体人格权的，应当依法承担民事责任。"在《民法典》颁行之前，我国法院有判

---

[1] 关于同时支持精神损害赔偿及经济利益损害赔偿的实务案例，可参见"上诉人四川西婵整形美容医院有限公司与被上诉人林心如人格权纠纷案"，四川省高级人民法院（2015）川民终字第501号民事判决。

[2] Vgl. Siemes, Gewinnabschöpfung bei Zwangskommerzialisierung der Persönlichkeit durch die Presse, AcP 201 (2001), 208-210.

[3] 同此者，参见 Siemes, Gewinnabschöpfung bei Zwangskommerzialisierung der Persönlichkeit durch die Presse, AcP 201 (2001), 230.

[4] Vgl. Beuthien/Schmölz, Persönlichkeitsschutz durch Persönlichkeitsgüterrecht, München 1999, S. 63; Siemes, Gewinnabschöpfung bei Zwangskommerzialisierung der Persönlichkeit durch die Presse, AcP 201 (2001), 224-225（主张受到言论自由限制）；Ehmann, Die Nutzung des kommerziellen Wertes von Politikern zu Werbzwecken, AfP 2005, 237, 238.

决已认定,个人使用其肖像的自主决定权应让位于为公共利益实施的新闻报道。[1]人格标志商业利用场合可能发生对立利益之间的利益衡量,首先需要确定是否存在保护该场合被涉之人格利益的需要,如果该人格利益让位于更优先的利益或价值,位阶上逊于人格利益的经济利益同样也是不受保护的。但是,在个案利益衡量中,如果媒体报道主要是为了满足大众的好奇心和对轰动事件的兴趣,亦即满足消遣需要,因此是旨在追求商业利益,而不是客观地谈论涉及公共利益的事件,那么,个人的人格利益和(连带地)人格标志上的经济利益,应优先于言论自由受到保护。[2]

(二)法律的禁止性规定和善良风俗

不无争议的是,如果权利人对其人格标志在特定情形商业利用的主动许可,将因违反法律的禁止性规定[3]或善良风俗[4]而无效,那么,针对此情形下的人格标志强制商业利用,权利人可否主张人格标志经济利益救济上的财产赔偿或补偿请求权?

德国通说[5]对此持否定意见,尤其是否定此情形不当得利返还请求权的发生。其理由是,人格标志的某种利用行为因违反法律或者善良风俗而为法律所不许时,权利人在该人格标志上即不具有值得保护的财产归属权能(geschützter Zuweisungsgehalt),[6]亦即,不具有值得保护的经济利益。但是,德国学界也有反对观点指出,不当得利返还请求权的发生,不取决于(假设上的)权利人的主动许可是否为法律所允许,而是取决于,权利人根据被侵犯的权利,是否享有有偿许可他人利用的抽象法律权能。[7]对此,德国联邦法院的一个商标侵权判决可资参考。被告是一家超市,其在无过错情形下出售了"香奈儿5号"冒牌香水;原告是该品牌的商标权人,

---

[1] 参见昆明市中级人民法院(2008)昆民三终字第941号民事判决书。

[2] Vgl. Siemes, Gewinnabschöpfung bei Zwangskommerzialisierung der Persönlichkeit durch die Presse, AcP 201 (2001), 212, 225.

[3] 参见《德国民法典》第134条、我国《民法典》第153条第1款。

[4] 参见《德国民法典》第138条第1款、我国《民法典》第153条第2款。

[5] Vgl. Kleinheyer, Rechtsgutsverwendung und Bereicherungsausgleich, JZ 1970, 471, 476; Schlechtriem, Bereicherung aus fremden Persönlichkeitsrecht, in: Festschrift für Wolfgang Hefermehl, München 1976, S. 464; Staudinger/Lorenz (1986), Vor § 812, Rn. 36; Siemes, Gewinnabschöpfung bei Zwangskommerzialisierung der Persönlichkeit durch die Presse, AcP, 201 (2001), 222 – 224. 关于上述主张是德国通说,系参见如下文献的说明: Larenz/Canaris, Lehrbuch des Schuldrechts, 2. B, BT, 2. Hb, 13. Aufl., München, 1994, § 69 I. 1. e), S. 172; Beuthien/Schmölz, Persönlichkeitsschutz durch Persönlichkeitsgüterrecht, München 1999, S. 44-45.

[6] Schlechtriem, Bereicherung aus fremden Persönlichkeitsrecht, in: Festschrift für Wolfgang Hefermehl, München 1976, S. 464.

[7] Vgl. Larenz/Canaris, Lehrbuch des Schuldrechts, 2. B, BT, 2. Hb, 13. Aufl., München 1994, § 69 I. 1. e), S. 172.

法院（在未明确考虑这里探讨之问题的情况下）根据《德国民法典》第812条第1款和第818条第2款，允许原告基于权益侵害不当得利返还请求权，要求被告返还数额上相当于合理商标使用许可费的金额，尽管即使存在原告对被告的商标利用授权，该授权也将因涉及仿冒行为而违反德国《反不正当竞争法》第3条关于禁止误导的规定，从而无效。[1]拉伦兹和长纳里斯（Larenz/Canaris）正确地指出，在该案中，被告在非法的商标侵权之外，还额外地违反了反不正当竞争法的禁令，相反，原告根本没有参与此事。[2]

笔者以为，在我国，对如上争议问题的回答，应当区分两个层面的问题：一是人格标志本身因违反法律或善良风俗而未被法秩序认可为一种财产；二是系争商业利用行为本身违反了法律或善良风俗。如果是前者，例如淫秽图片（为色情产业法律政策所允许的除外）因违反法律的禁止性规定或善良风俗而无法成为受法律保护的财产权客体的，肖像人基于该图片自始就不享有经济上的收益权能，在他人未经其许可商业利用该图片的场合，自然不发生侵权损害赔偿请求权、不当得利返还请求权或基于不真正无因管理的获利返还请求权。该情形类似于受害人不能基于性自主权侵害主张经济利益损害赔偿或不当得利返还请求权。[3]此时，受害人只能主张侵权法上的妨害防止请求权或精神损害赔偿请求权。当然，在社会道德戒律逐渐放宽，社会日益尊重个人自治和个人对其人格标志的商业利用的现代社会，因违法或违反善良风俗无法获得财产权客体地位的人格标志，仅在较少的情形下才存在。相反，在后一情形，人格标志本身的经济价值不因违反法律或善良风俗而为法秩序拒绝保护，仅仅是人格标志强制商业化行为自身违反法律或善良风俗，从而受害人原本也无法有效地授权他人实施此种商业利用行为的，则不妨碍其侵权损害赔偿请求权、不当得利返还请求权的发生。个人肖像未经许可被他人用于法律禁止的色情广告或用于毒品推销的，即为此情形之适例。具有可类比性的情形是，受害人的汽车被犯罪分子盗窃后用于犯罪活动，此时，受害人当然可以基于所有权侵害主张损害赔偿请求权或不当得利返还请求权。违反法律禁止性规定或善良风俗的法律行为之所以无效，仅是为了防止该行为所涉公共利益受到侵害，而不是要同时否定对该行为中被擅自利用的财产权的法律保护，因为，毕竟受害人本身没有主动实施该不当行为，从而自己违反法律的禁止性规定或善良风俗，最终导致其财产利益不受保护。否则，这在结果上只会放纵侵权行为。有观点尚主张，在此情形下，其人格标志未

---

[1] Vgl. Larenz/Canaris, Lehrbuch des Schuldrechts, 2. B, BT, 2. Hb, 13. Aufl., München 1994, § 69 I. 1. e), S. 172.

[2] Vgl. Larenz/Canaris, Lehrbuch des Schuldrechts, 2. B, BT, 2. Hb, 13. Aufl., München 1994, § 69 I. 1. e), S. 172. 同此观点者，Beuthien/Schmölz, Persönlichkeitsschutz durch Persönlichkeitsgüterrecht, München 1999, S. 44.

[3] MünchKommBGB/Rixecker, 5. Aufl., § 12 Anh. RdNr. 234.

经许可被利用者亦可主张基于不真正无因管理的获利返还请求权。[1]笔者以为，该观点值得商榷，应区分如下两种情况而予以不同处理：其一，只要人格标志强制商业利用行为因为违反法律禁止性规定或善良风俗，其收益依法应当被国家没收的，即表明该收益不具有合法性，那么即使是受害人也无权获得该收益。其二，法律未明文规定由国家没收该收益，因此管理人（加害人）仍可保有该收益的，受害人则可基于不真正无因管理主张获利返还请求权。

综上所述，德国学界反对通说之观点可资赞同。亦即，只要人格标志的经济利益本身不因违反法律禁令或善良风俗而不受法秩序认可，仅是人格标志强制商业利用行为自身构成法律禁令或善良风俗之违反，从而导致被利用人原本也无法有效地主动授权加害人实施该商业利用行为的，不妨碍其主张损害赔偿请求权、不当得利返还请求权或基于不真正无因管理的获利返还请求权。但是，被利用人主张基于不真正无因管理的获利返还请求权的前提是，法律未明文规定，加害人的获利因违反法律禁令或善良风俗而应收归国家所有。

结 论

第一，《民法典》第993条、第1012条和第1018条第1款应解释为，其认可自然人的姓名、肖像、声音等人格标志上的经济利益应受保护，自然人对其人格标志享有一项绝对权和支配权性质的财产权，该权利可在一元论或二元论的人格权模式之下获得构造。我国通说赞成德国法一元论的人格权权利构造方式，主张姓名权、肖像权、声音权等标表性人格标志上发生的人格权兼具精神成分和财产成分，其中财产成分作为一项财产权能，对人格标志上的经济利益进行调整和保护。对我国《民法典》不妨解释为采取了一元论人格权权利模式。

第二，在自然人人格标志强制商业利用情形，受害人首先可以主张侵权法上的防御请求权，即妨害除去与妨害防止请求权。人格标志的强制商业利用同时侵害了人格标志上的精神利益（人格自治利益）和财产利益，因此在符合精神损害赔偿的法定条件时，受害人有权同时主张精神损害赔偿请求权和财产损害或补偿请求权。受害人根据《民法典》第1165条主张侵权损害赔偿请求权时，第1182条提供了剥夺加害人获利的法律依据，但应将该获利剥夺请求权的适用限制在加害人存在主观故意的侵权情形。受害人亦可根据《民法典》第985条主张不当得利返还请求权，请求返还如同人格标志合理使用许可费一样的金额。受害人缺乏商业利用其人格标志的意愿不影响不当得利返还请求权的发生。

第三，人格标志上财产利益的救济权应受到我国《宪法》所保障的言论自由和艺术自由这些公民基本权的合理限制，限制与否应通过个案中的利益衡量进行判断，

---

[1] Beuthien/Schmölz, Persönlichkeitsschutz durch Persönlichkeitsgüterrecht, München 1999, S. 66–67.

《民法典》第999条对基于言论自由的人格权保护限制提供了具体裁判规则。关于在自然人许可他人商业利用其人格标志的许可将因违反法律的强制性规定或善良风俗而无效的情形，面对人格标志的强制商业利用该自然人可否主张财产利益救济的问题，应区分不同情况进行处理：如果人格标志本身因违反法律的强制性规定或善良风俗，不能被法律秩序认定为一种财产，则侵权损害赔偿请求权和不当得利返还请求权均不能发生；相反，如果人格标志的财产地位不受影响，仅是人格标志强制商业利用行为自身构成法律禁令或善良风俗之违反，从而导致被利用人原本也无法有效地主动授权加害人实施该商业利用行为，则不妨碍其主张损害赔偿请求权或不当得利返还请求权。

第四，《民法典》第994条对死后人格利益的保护宜解释为采直接说立场，发生死后人格标志强制商业化的，由死者的配偶、子女、父母或在没有上述近亲属时由其他近亲属代死者主张妨害除去请求权或妨害防止请求权，但不发生死者精神损害赔偿问题。人格标志上的财产权能可继承，其因死后人格标志强制商业化遭受侵害的，继承人可通过侵权损害赔偿请求权或不当得利返还请求权获得救济。

侵权归责理论及其应用

侵权责任法的行为评价理论*

王卫国

对《民法典》侵权责任编的适用，要把握侵权法的知识体系和科学原理，不能局限于"法条解释学"甚至"立法过程解释学"。

一、侵权责任的基本要素

适用《民法典》侵权责任编要把握四个基本概念：损害，行为，归责，赔偿。

损害和行为是事实要素，归责和赔偿是规范要素。归责对应行为，赔偿对应损害。在确定存在损害的情况下，行为人是否承担赔偿责任，要取决于对加害行为的评价。

早期的古代侵权法只有两个要素——损害和赔偿，即"有损害即有责任"。罗马法创立过错责任，在侵权法的规范体系中注入了行为和归责，实行"有过错即有责任"，要求将侵权责任建立在行为评价的基础上，借以宣示法律规范的道德理性，彰显团体生活中的正义价值。从此以后，归责原则和归责方法就成了侵权法发展的一个中心话题。

二、侵权归责制度的历史演进

近代民法的过错责任强调的是责任限制，即"无过错即无责任"，目的是实现法律对个人的人格尊重和自由保护。传统民法的责任限制工具有三个，一是过错，二是因果关系，三是抗辩事由。其中，过错是最常用最有效的工具。近代民法的过错归责采用主观标准，即根据行为人的主观意志状态，分为故意和过失，其判断依据是损害的可预见性和行为的可选择性。也就是说，行为人在不可预见或者不能选择的情况下致人损害，属于意外事件或不可抗力。在自由资本主义时期，这种基于个人本位和自由主义的过错责任，在经济上降低了工业化的风险成本，但造成了受害者难以得到救济的不公平现象，由此加剧了社会矛盾。20世纪的民法社会化改革对偏重责任限制的过错归责制度进行了改造，产生了原因主义的客观归责方式，包括

---

* 本文为演讲稿，成稿于2020年12月，属首次公开发表。

无过错责任和过错推定。客观归责也属于行为评价的范畴，只是评价的标准和方法有所不同。

20 世纪工业社会产生的客观归责制度，本质上是一种风险分配理论。其理论依据实际上是一种基于矫正正义的法律政策，即对不幸而弱势的事故受害者给予倾斜式救济。也就是说，让工业事故风险因素的导入者、受益者和控制者——工业资本家来承担责任，进而通过保险以及公共资源的辅助作用来分散风险，实现损害赔偿的社会化。

20 世纪的民法社会化运动给侵权法带来了两个重大变化：一个是民法侵权责任在立法体系上的二分化，即分为普通侵权责任和特殊侵权责任；一个是归责方式的客观化。

三、侵权法二分体系与侵权责任类型化

侵权法二分体系的好处是，通过普通侵权责任的规则，使侵权法对社会生活中的损害事件、权利冲突事件和权利滥用事件保持了广泛的覆盖能力。同时，通过特殊侵权责任的规定，使社会生活中发生概率较高的特殊损害事件的处理规则保持相对的稳定性，从而使人们对具体情况下的行为后果有了明确的预期。行为预期的精确化，也有利于维护行为自由的空间。

普通侵权责任适用民法的概括式责任条款，如《法国民法典》第 1382 条，我国《民法典》第 1165 条。20 世纪以来，社会变革和技术革命使民事主体的利益保护需求不断增加，例如对知识财产的保护需求，对个人名誉、个人隐私、个人信息等人格利益的保护需求，新型交易方式中的损失风险的承担（例如网上消费和手机移动支付中的财产损失风险），都要求侵权法的救济功能够随时到场。因此，成文法系国家在民法典中设立了一般侵权责任条款，使之充当"万能钥匙"的角色。而新型的侵权责任成熟以后，如果需要，也可以纳入特殊侵权责任，形成侵权行为的类型化。我国的医疗损害责任进入法典便是一例。

以往有一种看法，认为普通侵权责任与特殊侵权责任的区别在于前者实行过错责任原则，后者实行无过错责任原则。现在看来也不尽然。我国《民法典》的特殊侵权责任，实际上是类型化的侵权责任。我国《民法典》的类型化侵权责任可以分为两类：一类是针对特殊侵权损害的（第七编第四章～第十章），其归责对象是行为人，其归责依据不是过错而是因果关系（第 1166 条），属于原因责任的范畴。现代原因责任的理论基础是风险分配理论，其评价标准大体有三种：一是风险因素引入说，即谁将风险因素引入社会，谁承担责任；二是风险因素受益说，即谁因风险因素受益，谁承担责任；三是风险因素控制说，即谁最有机会和能力控制风险，谁承担责任。原因行为符合其中一条标准的，即可令其承担责任。

类型化侵权责任的第二类是针对特定民事关系主体的。这就是《民法典》第七

编第三章的规定。其中主要是监护人、雇主、网络服务者、场所经营者、教育机构等特定主体对他人侵权致人损害所承担的替代责任。对责任人来说，这也属于无过错责任。这种责任的评价依据是特定的法律关系或管理职责。这通常是在直接行为人无力承担责任的情况下基于法律政策作出风险分配。其理论根据也是基于风险预防的考量。也就是说，让这些人承担责任有助于促使他们采取措施防止损害发生。

侵权责任类型化的好处首先是便于诉源治理，即发生损害时当事人可以"对号入座"，找到答案，无需诉讼就解决问题。其次，侵权责任类型化省去了过错判断推理和政策考量的探讨论证过程，也便于法官特别是基层法官准确适用法律，解决纠纷。

四、过错标准客观化

归责方式客观化的方式，除了前面所说的无过错责任（或可称作严格责任、原因责任或者风险责任），便是过错标准的客观化。其标志就是"注意义务"标准的采用。其基本步骤是，首先确定被告人为避免损害发生所应尽到的谨慎和勤勉义务，其次确定行为人是否违反注意义务。确定注意义务是关键的步骤。实践中，注意义务的标准越高，行为被认定为过错的概率越大。对于标准高低的把握，法官有一定的自由裁量空间。但这种自由裁量不是主观地任性，而是要依据法律和社会生活中公认的行为准则，以及根据公序良俗、诚实信用原则和公平考量的政策权衡。

所以，在侵权责任的归责过程中，注意义务标准是一种行为评价工具。在使用这种工具时，法官要认真把握当事人"应有行为"的界限。这种界限的把握，不仅要依据社会公众对正义的认知，即所谓"社会认同"，还要依据所建立的义务标准对人们将来行为的影响，即所谓"行为制导"。行为制导不仅要考虑如何避免损害发生，而且要考虑避险的成本。如果注意标准过高，搞得人们处处谨小慎微乃至无所作为，甚至引发滥用侵权诉讼的道德风险，那也是不符合社会利益的。

在侵权法领域中，传统的侵权行为一般都是普遍禁止的违法行为，例如伤害人身、毁坏财产等，只要没有正当防卫、紧急避险等法定的抗辩事由，都属于违反不得侵害他人权利的法律。这些行为的主观方面通常被评价为故意。在这类事件中，即使受害人有欠缺保护自己之注意的过失，故意侵权人一般应承担全部责任。这个规则在英国判例法上被表述为"故意加害他人者无权对他的受害人吹毛求疵"。

还有一类侵权事件是在合法的民事活动中发生的，但是在行为过程中，行为人有疏于避免致人损害的过失。例如道路交通事故，一般来说开车上路本身并不违法，但司机在行车过程中由于违反安全行驶所必要的注意而造成事故发生，就属于过失。自工业革命以来，过失侵权诉讼的应用范围一直在不断扩展。例如，随着现代服务业的发展，"职业过失责任"已成为一个常见的侵权类型。职业经理人、律师、会计师、建筑师、医师、美容师等专业服务业者在执业过程中违反勤勉尽责义务、保密义务等职业行为准则，都要承担侵权赔偿责任。

过失比较也是在当事人之间分配责任的一种归责工具。在双方均有过失的情况下，要按过失程度和原因力大小分配责任。认定原因力大小的方法，可以采用"机会标准"，也就是说，对于损害的发生，当事人避免的机会越大，原因力越强，反之，机会越小则原因力越弱。一般来说，在双方均为过失的情况下，原因力大小与过失程度是成正比的。实践中，原因力较强的一方，往往也是过错程度较高的一方，因而也是责任较大的一方。

总的来说，从结果归责发展到行为归责，实现了以行为评价为归责依据的制度变革；进一步，行为归责又从主观归责发展到客观归责，形成了过错标准客观化和侵权责任类型化的制度改进。这是侵权法历史发展的一个基本脉络。21世纪的侵权法，将沿着从个人本位主义向社会本位主义转变的历史轨迹继续发展，以回应法律秩序面临的种种社会利益关切和集体安全挑战。在这方面，中国有着强大的制度优势和文化优势。我们期待着通过坚持不懈的法律实践和理论研究，为人类做出更大的贡献。

论上市公司董监高信息披露行政责任的制度改进

王 琦[*]

有关上市公司董监高义务和责任的法律制度，在设计和适用中都应当考虑到妥善衡平的问题。目前，我国关于上市公司董监高信息披露行政责任的规则设计和执法现状都表明，该制度在"责任推定"的精神主导下，对董监高责任的判定较为严格，故对其衡平机制似应给予更多关注和考量。在此过程中，相关规则和执法实践中对董监高义务本身考量的模糊之处值得重新检视，董监高的信息披露保证责任与勤勉义务关系需要进一步明确，围绕董监高人员各自义务的具体理念的制度设计也有待提升。同时，考虑激活相关既有行为准则，以细化董监高责任认定时的考量因素，并有效落实相关行为准则，也是制度改进中不可忽视的课题。

一、制度改进的现实需求

"董监高"是我国《公司法》中"董事、监事、高级管理人员"的习惯性合称，我国《公司法》系将"董监高"视为掌握公司经营权的人员并在此基础上设立法律规范。长期以来，如何解决"所有权和经营权分离"之下产生的相关问题，都是公司治理中的关注要点；在此问题中，如何界定公司经营者的义务范围以及如何追究其责任又是其中的重点。从思维传统上看，英美法习惯用"信义法"的精神解释经营者与公司的关系；大陆法则往往以"委任关系"为通说。[1]二者中，英美"信义法"的思维传统更显悠久，其在经营者义务和公司治理理论方面的贡献也相对突出，故常作为我国的借鉴对象。

英美公司法关于董事义务的理论和判例虽纷繁复杂，但其中有一条逻辑明显而清晰：即董事义务和责任需要妥善地衡平。简言之，也就是法律对于董事义务和责任既不能施加得过轻，也不能施加得过重。从英美董事义务制度的发展历程来看，扎根于信义义务（fiduciary duties）的思考方式虽然没有根本上的变化，但随着相关制度和判例的不断演进，董事义务已不是传统意义上的信义义务类型，我们也能够

---

[*] 王琦，法学硕士，现为北京市金杜律师事务所律师。本文未曾公开发表。

[1] 朱慈蕴：《公司法原论》，清华大学出版社2011年版，第325页。

明显地察觉出其不断扩大的倾向。[1]并且，随着公司法研究的不断深入，董事负有的各项具体义务也从判例法积累的规则中被类型化地抽象出来。目前，除了传统的忠实义务（the duty of loyalty）和注意义务（duty of care）以外，如信息披露义务（the duty of disclosure）[2]和其他特别注意义务等也被纳入董事义务的范围。但无论如何，董事的义务和责任需要妥当地加以衡平这一精神，仍然没有足够的理由可被推翻。尤其是真正在衡量要不要实现董事责任的救济时，美国法院有其一贯坚持的商业判断规则（business judgment rule）；英国法院虽然没有明确地承认过这一观点，但早在20世纪70年代发生的判例即表明，英国的司法者也并非完全不作类似的考虑。[3]

上述情况表明，在真正要对可能违反董事义务的行为施以不利法律后果时，需要经过慎重考虑、作出适度的判断。

不过，前述特点基本集中于我国语境下的"民事责任"领域。在兼具公法与私法特性的证券法领域中，其对待董事责任的态度似乎有比较大的不同。比如，美国、日本等立法对上市公司董事等有关人士信息披露真实性的"保证责任"采取了"过错推定"的归责原则。简言之，就是对于上市公司虚假陈述的情况，先推定董事等有关人士负有过错，再由其自行证明其没有过错；同时，再规定一些可供有关人士抗辩的情形。根据侵权法原理，过错推定责任是介于过错责任与严格责任之间的一种"中间责任"，这种归责方式明显有利于原告，是对侵权人责任的加重。[4]所以，似乎在证券法领域内，有关公司经营者责任的衡平问题已存在一定的倾斜。

就我国情况而言，我国《证券法》同样规定上市公司董监高对信息披露的真实性负有"保证责任"。前述过错推定的做法被我国吸收到了证券虚假陈述的民事赔偿领域；同时，在行政责任方面，中国证券监督管理委员会在其《上市公司信息披露管理办法》（以下简称《信披办法》）中也规定了"责任推定"的原则，并在其《信息披露违法行为行政责任认定规则》（以下简称《认定规则》）中继续沿用此原则，也规定了一些减免责条款。

与民事领域的"过错推定"不同的是，民事责任中所推定的"过错"可能是责任成立的要件之一；而上述相关行政责任的推定则是直接推定责任本身。即董监高

---

[1] A. Dignam and J. Lowry, *Company Law*, 7th edn, Oxford University Press 2012, p. 331.

[2] [美]伯纳德·S. 布莱克："外部董事的核心信义义务"，载[美]弗兰克·H. 伊斯特布鲁克等：《公司法的逻辑》，黄辉译，法律出版社2016年版，第364~372页。

[3] "It would be wrong for the court to substitute its opinion for that of the management, or indeed to question the correctness of the management's decision, on such a question, if bona fide arrived at. There is no appeal on merits from management decisions to courts of law; nor will courts of law assume to act as a kind of supervisory board over decisions within the powers of management honestly arrived at." Howard Smith v Ampol Petroleum Ltd [1974] AC 821 (Lord Wilberforce).

[4] 杨立新：《侵权责任法》，北京大学出版社2014年版，第54~55页。

不能证明自身已尽相关义务的，则应当承担行政责任。因此，"行政责任推定"在实践运行中的表现主要就是（相较于一般行政执法案件）案件举证责任分配的不同。一般情况下，行政机关如拟对某行为人施以行政处罚，则行政机关自身要负有对处罚事实的证明责任；但在上述推定的情况下，却需由行为人"自证清白"。并且，我国执法机构在实践中衡量董监高是否能"自证清白"的考虑标准也相对较严，当事人"自证清白"的标准需要达到"主动发现、及时制止、坚决揭露"的程度。〔1〕两相结合，我国采取的行政责任推定原则和执法中对是否能"自证清白"的衡量范围，使董监高在信息披露违法发生时的减免责抗辩空间较为狭小。由此导致的结果是，实践中，一旦执法机构在稽查执法程序中考虑将个案中的董监高人员纳入为信息披露违法行为承担责任的主体范围，那么基本上在《行政处罚事先告知书》作出后，担责的认定就几成定局；尤其是涉及年度报告等定期报告的违法案件时，时任全体董监高人员经常是"无一幸免"。〔2〕

对于这种上市公司董监高信息披露行政责任追究过严的现象，学界与实务界的讨论声音一直没有停止。曾经有专家指出，"世界上其他法域，几乎没有像我国这样因信息披露违法大面积、高频次处罚上市公司董事、高管的，尤其是处罚外部董事与独立董事。个中缘由，值得研究，我们的执法效果，也值得认真评估"。前述董事责任需要衡平的一个重要原因，就是如果给公司经营者施加过重的责任，那么就可能导致很少有人愿意从事此行业，进而公司制度本身都可能受到损害。〔3〕而现状恰恰是，在责任推定、减免责理由极为有限的基础上，2019年底修改的《证券法》又将董监高的信息披露违法责任大幅加重；而一旦被调查、处罚，此类人员还会面临着包括任职资格影响在内的、多方面的制裁后果。所以，实务中一个常见的现象是，在很多涉嫌信息披露违法的案件开始启动调查时，（尽管被处罚后其任职资格势必受到影响）一些董监高人员便马上开始筹划辞职。本文认为，上述这些现象，正是董监高责任的衡平考虑所担心的，也应是值得反思和探讨的。

因此，基于行政执法中存在的上述现象以及实践效果情况，我国关于董监高信息披露行政责任的制度有必要进行一定的改进或是细化，使其能够真正实现对信息披露违法的主要责任人员进行制裁的目的，同时在考量更多因素的情况下，对没有明显违反董监高义务的人员给予一定的制衡机会，形成一套责任区分明确、既可制裁违法又不过度追责的制度。本文认为，如拟达成这一制度设计的目的，应当考虑回归到"董事义务"本身去寻求答案，检视相关立法及执法实践中的衡量标准是否

---

〔1〕 中国证券监督管理委员会行政处罚委员会编：《证券期货行政处罚案例解析（第二辑）》，法律出版社2019年版，第154页。

〔2〕 参见魏顼瑶："2016年发行人上市公司虚假陈述行政处罚案例综述"，载彭冰主编：《规训资本市场：证券违法行为处罚研究（2016）》，法律出版社2018年版，第62~73页。

〔3〕 施天涛：《公司法论》，法律出版社2014年版，第414~415页。

符合"董事义务"思维。并且,也应当着眼于我国已建立的大量相关行为准则,丰富董监高信息披露行政责任认定过程中的考察维度,在责任规范中对相应的行为规范进行"激活",使董监高的信息披露行政责任成为真正"有义务的责任",使关于上市公司董监高的证券行政执法真正达到其监管目的。

二、规则与实践情况检视:"董事义务"思维的模糊与重新重视

如回归到"董事义务"思维去检视我国关于上市公司董监高信息披露行政责任的相关制度和执法实践情况,可以发现其中存在两个问题:一是对具体董监高义务的概念存在混用和界分不清的现象;二是相关规则的设置和执法实践中的考量标准与董监高义务存在"脱节"的情况。本文以下将分而述之。

(一)问题之一:概念的混用与义务的界分不清

在我国,董监高对信息披露的"保证责任"究竟是一种基于什么义务的责任,实在法中给出的是一个比较模糊的答案。《证券法》除了在其第82条第3款提及这种"保证责任"之外,全文均未提及上市公司董监高对信息披露负有何等类型的"董事义务";在中国证监会相关规章中,《信披办法》使用的语词是"勤勉尽责"义务;《认定规则》的用语是"忠实、勤勉义务",而且还要求没有"过错"。在执法实践中,"忠实、勤勉义务""注意义务""勤勉尽责义务""过错"等语词交替出现。由此可见,相关规则和执法思路似乎认为这些概念都是与信息披露的"保证责任"相对应的义务,且其中也未对"董监高"各自的义务以及责任认定过程中把握的宽严标准进行区分。本文认为,上述相关概念在适用过程中确有模糊之处,这也会在某种程度上影响上市公司董监高信息披露行政责任体系的设计。其中值得厘清的问题主要有如下两处:

1. 上述提到的相关概念均有其各自的明确所指,不应成为可以相互替代的概念。对董监高义务的理解模糊,以及因之发生的实务上大量问题,我国学者已经提出过不少意见。回归到英美法中"董事义务"的本源,公司董事大抵对公司负有忠实以及能够胜任董事工作的义务。[1]对公司负有的忠实义务,体现在董事应当为了公司的整体利益行事,不能从事自我交易(self-dealing)、侵夺公司机会(corporate opportunities)等行为。[2]能够胜任董事的工作,要求董事在工作中尽到注意义务、掌

---

[1] "At the most abstract and general level, company law imposes on directors the duties to be loyal to the company and to be competent when acting as a director." See Item Software (UK) Ltd v Fassihi [2004] EWCA Civ 1244 (Arden LJ) and D. Kershaw, *Company Law in Context: Text and Materials*, 2nd edn, Oxford University Press 2012, p.315.

[2] See D. Kershaw, "Lost in Translation: Corporate Opportunities in Comparative Perspective", (2005) 25, *Oxford Journal of Legal Studies*, 603.

握熟练的技能并且勤勉行事（the duty of care, skill and diligence）。[1]至于"过错"，可能作为衡量董事是否尽到义务进而判断其是否应承担责任中的一个环节。这其中的前一种义务，大抵可对应由我国《公司法》第147条原则性规定、第148条具体列举的"忠实义务"，后一种义务，大抵可对应我国《公司法》第147条原则性规定的"勤勉义务"。[2]所以，即使在我国现行法的框架下，忠实义务与勤勉义务也是两项各有具体所指的义务，而不是单一的一个"忠实勤勉义务"的概念。因而，在相关证券法领域的规则和执法实践中，自也不存在可以并用、甚至混用的理由。

2. 对"董监高"各自的义务不加以区分，认为可以按照相同的标准衡量各类人员责任的思维，似也缺乏充分的论证过程。如前所述，"董监高"是我国《公司法》中"董事、监事、高级管理人员"统合在一起的称呼。严格说来，这些人员对公司都负有什么义务以及所负义务程度如何，似不是能够一概而论的问题，也是受法律继受和现实选择两方面影响的问题。在英美公司法中，很难说有经过严格论证的"监事义务"或者"高管义务"的说法。因为在所有权与经营权分离的理念之下，英美公司法主要考虑的是"两权分立"下的公司治理问题，大多数公司采取的也是"股东会－董事会"的治理结构（而不是像我国一样采取"股东会－董事会－监事会"的结构），董事会规模有大有小，承担的作用也可能不完全相同；[3]同时，彼之规则似乎在义务层面也并没有特别强调高管。从思维传统上看，造成上述现象的重要原因，系因董事义务是从信义义务发展起来的，而高管与公司之间更多是一种雇佣合同的关系，二者在制度来源上即存在差别。

我国相关法律制度难言存在与之类似的"信义法"传统；但在此基础上，不仅在公司治理层面要求设立监事、将董事和高管作出明确区分，而且在很多（尤其是受到特别监管的）公司中本来已经有监事的情况下，还要求其设立本来在英美公司法中承担监督职能的外部董事或独立董事。种种因素加诸在一起，将这些人员各自的职能、应对公司承担的义务及其范围界分清楚，本就极其不易；如再笼统地用"忠实、勤勉义务"加诸在所有人员之上，就可能会更加难辨。换言之，我们当然可以认为我国公司的董事、监事、高管都需要负有与英美法上"董事义务"相类似的义务：因为我国公司的董事本身就承担英美法上董事的职能；我国公司的监事和独立董事从监督作用的角度也可以认为与英美法中的外部董事或者董事会中承担监督职能的机构或董事类型类似；我国公司的高管因为行使管理权也需承担与英美法下董事相类似的义务。但是，如果因为上述这种职能上的类似就按照完全相同的标准

---

[1] See A. Dignam and J. Lowry, *Company Law*, 7th edn, Oxford University Press 2012, p. 359.

[2] 王军：《中国公司法》，高等教育出版社2015年版，第328～330、352～355页。

[3] See L. Enriques, H. Hansmann and R. Kraakman, "The Basic Governance Structure: The Interests of Shareholders as a Class", in R. Kraakman and others (eds), *The Anatomy of Corporate Law: A Comparative and Functional Approach*, 2nd edn, Oxford University Press 2009, pp. 67–73.

衡量"董监高"三类人的责任，则确实缺乏必要的论证过程。其中一个可能的反例是，在基本法层面，我国《公司法》第 148 条规定的忠实义务，就只包括"董事、高级管理人员"而不包括监事；那么，作为特别法的证券法领域，又缘何认为"董监高"三类人可以按照相同的标准衡量其履职情况？

（二）问题之二：对"董事义务"思维的不尽重视

如前所述，相关规则和执法实践思路可能存在的另一个问题，是对"董事义务"思维的不够重视。该等结论的得出主要是基于以下两点观察：

1. 信息披露的"保证责任"与"忠实义务"关联度不大。某种程度上，声明在认定上市公司董监高信息披露行政责任过程中考察"忠实义务"，似有一定误读之处。如前所述，对忠实义务的大致理解，是公司经营者应该为了公司的利益行事。从这个角度观察，对信息披露的"保证责任"好像和忠实义务有关；因为董监高人员未能保证信息披露的真实、准确、完整，当然对公司的利益不利。但是，上述考虑忽略了忠实义务的另一端，也就是董监高到底从中获得了什么利益，或者董监高的行为与公司之间是否存在利益冲突。

本文认为，"为了公司利益行事"，只是忠实义务的表达方式之一。从忠实义务作为信义义务的内在精神来看，该等义务的本质目的是防止委托人与受信人之间的利益冲突。私法上，关于违反此义务的信义救济（fiduciary remedies）方式一般是受信人返还因利益冲突取得的获利。[1] 所以，违反忠实义务的典型情况，是前述那些自我交易、侵夺公司利益等情形，因为在这种情况下，公司经营者的个人利益与公司的利益发生了冲突，并且取得了其因利益冲突而不应当保有的财产。[2] 而信息披露问题，则与此关联程度不高。因为董监高没有发现信息披露中的虚假内容，很难说是与公司之间发生了利益冲突，更难说他们因为这种利益冲突而获取了不该保有的利益。也许一些具有控制地位的人员，因为协助（或者自身就是）大股东进行关联交易、占用资金等行为而违反了忠实义务；但值得注意的是，这些行为并不是信息披露本身。

所以，既然董监高没有发现信息披露中存在的问题和忠实义务的关联度不大，就很难界定为是违反了忠实义务的行为。那么，如果还声明将"忠实义务"作为信息披露"保证责任"中的一种重要描述，可能恰恰说明对于"保证责任"之上的义务来源并未作较为深入的考虑。

2. 一些法定列举的减免责理由和执法实践中常用的减免责理由与"董监高义

---

[1] P. Miller, "Justifying Fiduciary Remedies", 2013, 63, *University of Toronto Law Journal*, 572.

[2] "The most general formulation of corporate law's attempted solution to the problem of managerial accountability is the fiduciary duty of loyalty: the corporation's directors …owe a duty of undivided loyalty to their corporations, and they may not to use corporate assets, or deal with the corporation, as to benefit themselves at the expense of the corporation and its shareholders." Item Software (UK) Ltd v Fassihi [2004] EWCA Civ 1244 (Arden LJ).

务"的关系不大。关于董监高信息披露行政责任的具体减免责事由，基本由中国证监会的《认定规则》予以规定。《认定规则》中规定得最明确，也是执法实践中最常见的三点免责理由，一是反对意见记入会议记录并投反对票；二是向监管机构报告；三是因客观原因（实践中常见为身体健康等原因）无法正常履职。[1] 如前所述，董监高的义务是其对公司负有的义务，而公司利益一般又认为是股东的整体利益。[2] 所以理论上讲，当执法机构对信息披露违法案件进行执法时，其对于董监高的制裁所要实现的可能是两类目标：一是代表公司股东的整体利益，惩治董监高不履行对公司义务的行为；二是代表市场，维护市场中信息公开的透明度，并为这些董监高不履行义务的行为给其他投资者带来的损害讨回公道。如以此思路来看，上述三点免责理由其实系基于不同的思路形成，而并不都与董监高的义务有关。

其中，表达反对意见并在公司会议投反对票，应当是一个不存在什么争议的选项。从结果上看，董事在这种情形中既发现了公司信息披露的不真实，又明确表达了意见，也行使了他该行使的职权，并没有违反其义务的迹象，这是基于董监高义务形成的免责理由。但是，向监管机构报告，确实难言与董监高履行对公司的义务之间存在足够的关联程度，该点免责理由主要体现出的可能是监管需要。与之类似的是，因为身体健康等原因无法实际履职的免责理由，体现出的可能更是监管需要。因为如果一名人员长期任职，但却没有能力实际履行董监高职务，这恰恰应当是没有妥善履行义务的表现，不应当反而构成免责的理由；最符合董监高义务思维的做法，也许应当是暂且将其职务做一定的置换，从而保证每一名董监高人员都具备履职能力，方为妥当。所以，该条款描述的情形，应当也不是因为已经履行了义务而得以免责的情形。

至于《认定规则》中规定的减责情形，也大部分与董监高的义务本身关联不大。[3] 在明确列举的五项减轻责任情形中，有两条仍与"向监管机构报告"有关，

---

[1]《认定规则》第21条规定："认定为不予行政处罚的考虑情形：（一）当事人对认定的信息披露违法事项提出具体异议记载于董事会、监事会、公司办公会会议记录等，并在上述会议中投反对票的；（二）当事人在信息披露违法事实所涉及期间，由于不可抗力、失去人身自由等无法正常履行职责的；（三）对公司信息披露违法行为不负有主要责任的人员在公司信息披露违法行为发生后及时向公司和证券交易所、证券监管机构报告的；（四）其他需要考虑的情形。"其中第2项规定，从中国证监会公开发布的《行政处罚决定书》情况来看，在执法中很少使用。执法中能够见到的一个免责理由，是当事人因为身体原因（比如有严重疾病等）无法实际履职。

[2] See A. Dignam and J. Lowry, *Company Law*, 7th edn, Oxford University Press 2012, p.351.

[3]《认定规则》第20条规定："认定从轻或者减轻处罚的考虑情形：（一）未直接参与信息披露违法行为；（二）在信息披露违法行为被发现前，及时主动要求公司采取纠正措施或者向证券监管机构报告；（三）在获悉公司信息披露违法后，向公司有关主管人员或者公司上级主管提出质疑并采取了适当措施；（四）配合证券监管机构调查且有立功表现；（五）受他人胁迫参与信息披露违法行为；（六）其他需要考虑的情形。"

另有一条是"配合证券监管机构调查且有立功表现";和上述理由一样,这三条也很难与履行董监高义务的行为建立比较直接的联系。剩下两条"未直接参与信息披露违法行为"和"受他人胁迫参与信息披露违法行为",也似乎与董监高应当尽到如何的义务发现、防止信息披露违法的发生关系不大,更适合理解为在判断董监高有没有违法的"实行行为",以及为什么从事了这种"实行行为"。从另一个方面来看,《认定规则》关于"不得单独作为不予处罚情形认定"的规定,反而大部分与董监高的义务有关。[1] 其中是否直接从事经营管理,体现的是董监高人员本负有的职责;是否有相关职业背景,体现的是注意能力;任职时间长短,体现的是应对他施加何种注意程度标准;是否相信专家报告,在美国《1933 年证券法》中也有相关参酌因素。

因此,从上述两点观察中可以基本得出的结论是:在我国对董监高信息披露责任采取"责任推定"原则、相关减免责条款才是体现董监高信息披露责任认定之实质思路的情况下,这些参考因素虽然冠有"董监高义务"之名,但实则和董监高义务之间的关联程度值得考虑。这也许可以显示出的是,在判断董监高信息披露的行政违法责任时,相关规则和执法实践思路对于董监高义务本身的考虑可能不尽重视。

(三) 重新聚焦董监高义务

中国证监会曾指出,"是否勤勉尽责是上市公司信息披露违法案件中区分董事责任及情节轻重的核心要素……对于如何界定勤勉尽责,并无明确规定,监管部门在执法实践中对勤勉尽责的标准进行了探索和阐释,并逐渐达成共识:主动发现、坚决制止、及时揭露是衡量董事、监事和高级管理人员是否履行忠实义务和勤勉义务的基本标准"。[2] 但如前所述,董监高对信息披露的"保证责任"与"忠实义务"的关联不大,应当是履行勤勉义务的一方面表现。"主动发现、坚决制止、及时揭露",也不都与董监高义务有关,难言都可以当作考察"是否履行忠实义务和勤勉义务"的要素。并且,如果一定都要在结果上发现信息披露违法,也把这种标准当作"董事、监事和高级管理人员"责任的共同衡量标准,那么实际上,这可能与"董监高义务"本身是比较脱离的。本文完全不反对基于监管政策考虑,在认定董监高信息披露违法责任时多一些董监高义务之外的考量因素。但无论如何,既然是认定董监高的责任,那么真正考察董监高是不是违反了其所负义务,应当是必须要做的一个环节。

所以,对董监高义务本身应该采取怎样的态度,当是我国上市公司董监高信息

---

[1] 《认定规则》第 22 条规定:"任何下列情形,不得单独作为不予处罚情形认定:(一)不直接从事经营管理;(二)能力不足、无相关职业背景;(三)任职时间短、不了解情况;(四)相信专业机构或者专业人员出具的意见和报告;(五)受到股东、实际控制人控制或者其他外部干预。"

[2] 中国证券监督管理委员会行政处罚委员会编:《证券期货行政处罚案例解析(第二辑)》,法律出版社 2019 年版,第 153~154 页。

披露行政责任制度所面临的一项基础性,也是最关键的问题。该等问题不仅与我国应当围绕着怎样的理念构建相关责任认定体系有关,也是关乎执法科学性的重要指引。本文认为,在框架性建议上,相关问题的解决可能需要从如下方面入手:

1. 先由法律明确,上市公司董监高对于信息披露的保证责任之基础,是其所负有的勤勉义务;如果上市公司出现信息披露违法,那么这类人员可以主要围绕其为何不违反勤勉义务的问题提出答辩;相关衡量标准,也应当真正采取对勤勉义务的衡量标准。

2. 应当考虑董事、监事、高级管理人员应负勤勉义务程度的区分问题。如前所述,我们固然可以认为这些群体对公司都负有忠实、勤勉义务,也有观点认为对于外部董事的勤勉程度要求还应当更高;[1]但无论如何,在执法现实中确实不应对不同人员的所负义务程度一概不加区分。本文理解,对于这些人员的勤勉程度区分,可以从他们各自的行为准则中寻求答案。因为在衡量责任时,需要衡量他们是否存在对义务的违反;那么在义务范围和大致内容具备相对细致规定的情况下,自然也可以"反推"对其各自责任的考量因素。

3. 在考量因素中明确哪些是基于董监高的义务产生的,哪些是基于监管政策产生的;并且,对于董监高义务的考虑因素所占的"权重",应当给予相对合理的分配。本文认为,将基于不同的思维产生的考量因素区分清楚,不仅是一种形式需要,更是相关规则更加科学、完善的内在需要。否则,这类规则在适用过程中也会使各方面都感到惶惑。

三、评价体系的建构方向:考虑激活上市公司董监高的各项行为准则

必须承认,董监高义务虽然在目前的法学研究中已经被加以归类总结,也形成了一些较为固定的判断标准,但这种义务界限仍然存在天然的模糊性,具体的责任衡量也需要一定的灵活性。这也是在依赖成文条款的情况下,对董监高义务和责任规范的最大障碍。[2]所以,在董监高义务和责任的条文化过程中,抽象出基本原则、尽量详尽地指出既有规则以及为法律适用机构留下继续发展的空间,是这项工作需要并重的要素。在前述我国现行制度体系中,基本原则的抽象和法律适用机构发展余地的因素都具备,独缺的是对董监高义务范围的尽量详尽描述。本文认为,对此问题,我国其实也存在非常优良的规则范本,例如证券交易所和上市公司协会等机构颁行的上市公司董监高的相关行为准则。经检索,行为准则主要包括(或包含于)下述规定,在综合考虑相关行为准则的基础上,我们或许可以从中提炼、建构出尽

---

[1] 傅穹、曹理:"独立董事勤勉义务边界与免责路径",载《社会科学》2011 年第 12 期。

[2] D. Kershaw, *Company Law in Context: Text and Materials*, 2nd edn, Oxford University Press 2012, p. 313.

量详尽的上市公司董监高信息披露违法行政责任评价体系；证券交易所制定的《股票上市规则》；证券交易所制定的《上市公司规范运作指引》；证券交易所制定的《上市公司董事选任与行为指引》；证券交易所制定的有关独立董事年报期间履职的《上市公司定期报告工作备忘录》；上市公司协会制定的《上市公司治理准则》；上市公司协会制定的《上市公司独立董事履职指引》等。

（一）董监高人员的大体义务范围和要求程度

如果通读前述（或散见其中的）关于上市公司董监高的行为准则，可以发现的是，关于董监高义务和责任的阐述，这些规定是比较明晰、科学的。最为重要的是，这些规定明确地说明了董监高对信息披露的保证责任来源于勤勉义务，并相对明确地界分清楚了董事、独董、监事、高级管理人员各自应承担的义务及大体要求程度。这些界分可以用以下图表加以显示：

董监高义务的现行规定

董事：	高管：
董事应当遵守法律法规及公司章程有关规定，<u>忠实、勤勉、谨慎履职</u>，并履行其作出的承诺。《上市公司治理准则》	高级管理人员应当遵守法律法规和公司章程，忠实、勤勉、谨慎地履行职责。《上市公司治理准则》
可以申请免责： （一）相关行为人隐瞒事实，董事善尽职守未能发现； （二）董事已及时提出异议并记录在册； （三）已报告违法违规行为。 《董事选任与行为指引》	
独立董事： 上市公司独立董事负有《公司法》《证券法》《上市公司治理准则》及其他法律、行政法规、部门规章与公司章程要求董事的<u>一般</u>义务。 《上市公司独立董事履职指引》	**监事：** 董事会的人员和结构应当确保监事会能够独立有效地履行职责。监事应当具有相应的专业知识或者工作经验，具有有效履职能力。 《上市公司治理准则》

中心：忠实义务与勤勉义务

如上图所示，在这些行为准则中，大体都使用了"忠实义务"和"勤勉义务"的语词对任职要求进行了概括。在上海证券交易所《上市公司董事选任与行为指引》中，将董事应负有的义务整合、划分在"董事的忠实义务"和"董事的勤勉义务"两章内容中，而并无其他。与本文前述的精神相同，"董事的忠实义务"集中于董事与公司间利益冲突的禁止规范，如遵循上市公司利益优先原则、不得为本人和近亲属寻求属于上市公司的商业机会、关联董事回避表决、不得泄露重大信息等。而关于董事对信息披露应负的义务，则明确规定于"董事的勤勉义务"一章第36条中，即明确"董事应积极配合上市公司信息披露工作，保证上市公司信息披露的真实、准确、完整、公平、及时、有效"是其履行勤勉义务的一部分。

对于董事、独董、监事、高管的义务标准，这些行为准则也进行了一定的界分。董事应当负有忠实义务和勤勉义务自不待言，值得关注的是这些行为准则中的责任条款。例如，在上海证券交易所《上市公司董事选任与行为指引》中规定的董事免责条款中，规定了"相关行为人隐瞒相关事实，董事善尽职守未能发现的"情形可以免责，这是将董事责任回归到董事义务本身的恰当体现。对于独立董事，这些行为准则除了一致性地规定独立董事负有法律赋予董事的一般义务，也就是忠实义务和勤勉义务之外，还规定了独立董事的特别职权。比如，重大交易的事先认可权、聘用或解聘会计师事务所的提议权和事先认可权、独立聘请外部机构进行审计和咨询的权利等。对于高管人员，这些行为准则虽然也用忠实、勤勉的原则施以任职要求，但是未规定高管的此类义务等同于董事；对于比照董事的参照规定，被更多提及的也是决策程序上的参照执行。至于监事，虽然我国《公司法》规定监事也应当对公司负有忠实、勤勉义务，但是这些行为准则中更多是强调监事会和监事应当切实履行监督职权，监事"应当具有相应的专业知识或经验，具备有效的履职能力"。

由上述这些行为准则可以看出，在我国现行的上市公司董监高行为准则层面，关于"董监高"负担的大致义务范围以及这几类人员中负担义务程度的排序问题，其实是可以被解决的。在上市公司董监高对信息披露的责任层面，这些规定明确指出了这种责任是来源于勤勉义务，而非其他，故在免责时也应重点考虑行为人是否已尽勤勉义务。在董事、独董、监事、高管的义务标准层面，这些行为规范确立的规则是，董事的勤勉标准应当作为一个"标尺"，按照对勤勉义务标准的通常理解对待。独董也负有董事的一般义务，但同时又被赋予了独董特别职权，多数独董也是因为具有某一方面的专业能力才得以任职的，所以理论上，对独董勤勉义务的标准应当高于董事。但是，独董又同时应当享有更多的豁免理由，比如其已行使了特别职权等，以及在规则技术上可以适当降低一些他们对公司相关信息的信赖标准，等等。对高管虽然也有勤勉义务的一般规定，但更多是对于董事的义务的比照，故其勤勉标准应低于董事。就监事，这些行为准则并没有明确地用董事的勤勉义务标准加以对待，而是强调其应确保履行监督职权，故其义务范围应当小于上述人员。通过全面观察这些行为规范，可能得出的结论是，在勤勉义务标准上，董事/独董＞高管＞监事。

（二）履职表现评价的参考因素

再进一步而言，这些行为准则中由于相对详尽地规范了上市公司董监高履职的具体行为，所以对于他们的履职表现是否优良，可以综合形成一种多维度的判断体系。

如下图所示，这些判断因素可以按照勤勉（或注意）能力和勤勉程度划分。在勤勉能力方面，可以分为专业背景能力和发现问题能力。其中，专业背景能力主要指有关人士对于案涉的信息披露工作以及信息披露所涉具体事项的专业能力。实践中常被忽视的一个因素是，尽管上市公司董监高的任职本身有业务能力和培训的要求，但是具体信息披露违法案件中所涉及的事项（比如涉及的具体业务），有可能是董监高人员本身并不熟悉的，而这种不熟悉又不是不合理的。那么在这种情况下，对其履职表现的判断也许就应有所不同考虑。另一个比较重要的能力维度是发现问题能力，也就是在个案中是否有其他足够具有影响力的因素干扰了董监高人员的判断，例如履职时间长短、具体负责领域、中介是否具有过错以及案涉行为是否被刻意隐瞒等。在前述《认定规则》中，这些因素都不是免责理由，相关行为准则中也明确规定了，"不参与、不了解"等不能作为董监高主张免除责任的理由。但如果这些因素累加起来，尤其是加之刻意隐瞒因素的干扰，也许在判断时应当认为可以引发从"量到质"的变化。在勤勉程度方面，又可分为对信息披露文件的注意程度、对信息披露所涉事项的注意程度以及综合的注意程度。其中，对于信息披露文件的注意程度，指针对个案涉及的信息披露报告，相关人士是否履行了行为准则规定的应履行审议等程序的形式工作，是否对该工作投入了适当关注，意见是否独立和明确，是否仅依靠中介机构意见作判断，存在质疑后是否及时异议等因素。事项的注意程度，系指相关人士对于信息披露所涉的事项是否足够了解和关注。而综合的注意程度，是指行为人履职的一贯表现，是否一贯符合其行为准则。

董监高履职表现评价参考因素解析

```
关于信息披露
关于法律财务        专业背景能力 ──┐                ┌── 文件的注意程度 ── 审议形式因素
关于案涉事项                      │                │                   关注投入因素
受训义务的履行                    │                │                   意见明确因素
                                 勤勉能力 ── 履职表现 ── 勤勉程度       意见独立因素
履职时间因素                      │                │                   专家信赖因素
分管职务因素                      │                │                   异议提示因素
中介过错因素        发现问题能力 ──┘                ├── 事项的注意程度 ── 投入时间因素
隐瞒程度因素                                       └── 综合的注意程度 ── 亲自履职因素
                                                                      公司关注因素
```

这些因素也许对于个案中信息披露违法的个人责任判断不是都应当起到重要作用，但是应当看到的是，通过以上这些行为规范界定的董监高人员在信息披露中的具体职责，应当可以大致勾画出董监高人员在信息披露事项上应负的义务范围。

（三）评价体系的构建方向

基于前述内容，本文认为，我国关于上市公司董监高的诸多行为准则，能够为董监高人员义务范围的界定、不同人员之间要求程度的排序以及对其履职表现的评价因素等问题提供较为充分的范本。那么，如果我们试图要把上市公司董监高对信息披露的行政责任与其义务联系起来，所做的一项重要工作便应是在判定责任时足够充分地考量这些行为规范对上市公司董监高的要求，以及他们遵守这些行为准则的情况。如同前文反复谈及的，上市公司的董监高人员虽然对于上市公司的信息披露负有"保证责任"，但我们应当理解，这种"保证"是其在履行勤勉义务之上的"保证"；换言之，应当属于他们在尽到勤勉义务情况下的个人判断。如果已经尽到了勤勉义务，但是结果上没有起到保证的效果，那么这应当是一种结果不利，但是行为人并没有违反义务的行为，自然也不能轻易施以责任。所以，在此基础之上，结合本文前述观点，本文认为我国上市公司董监高信息披露行政责任体系的改进可以围绕以下方向思考。

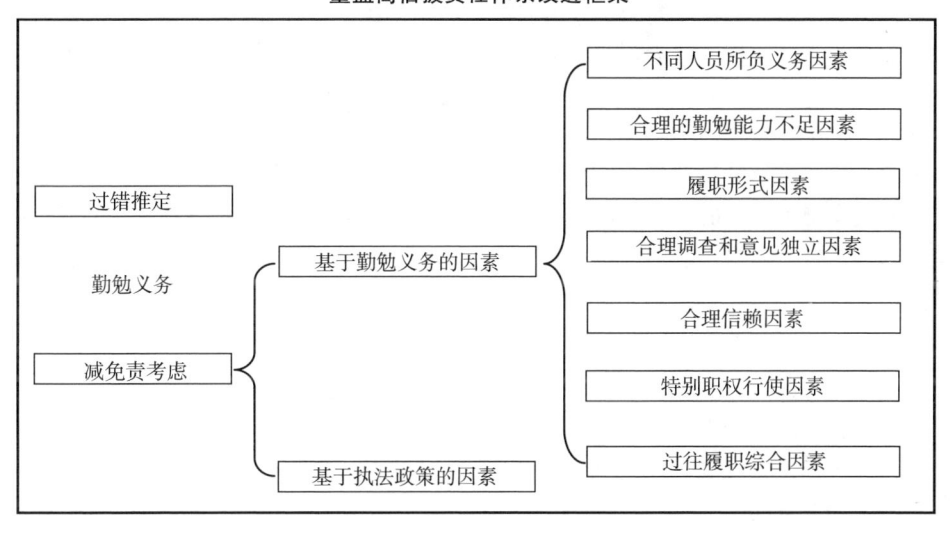

董监高信披责任体系改进框架

```
                                        ┌── 不同人员所负义务因素
                                        │
                                        ├── 合理的勤勉能力不足因素
                                        │
                     ┌── 基于勤勉义务的因素 ──┼── 履职形式因素
  过错推定           │                    │
                    │                    ├── 合理调查和意见独立因素
  勤勉义务 ──────────┤                    │
                    │                    ├── 合理信赖因素
  减免责考虑         │                    │
                    │                    ├── 特别职权行使因素
                    │                    │
                     └── 基于执法政策的因素  └── 过往履职综合因素
```

如上图所示，首先，在更高位阶的法律中，应当确认上市公司董监高对信息披露的保证责任是基于违反勤勉义务发生。在不改变过错推定原则的前提下，强调围绕勤勉义务本身设计相关减免责的考虑因素，因为在过错推定前提下，这几乎就成了判断董监高责任的唯一因素。其次，明确这些减免责因素是基于两方面考虑形成的，一方面是勤勉义务本身，一方面是基于执法政策的考虑。在基于勤勉义务的因素中，首先应当根据人员所处职务不同划分出其应当适用哪一档判断标准；而后，从该人员是否具备合理的勤勉能力不足理由，是否按照行为准则规定的形式对案涉事项履行职务,对案涉事项是否进行过合理调查并且是否基于独立判断作出独立意见,对专家意见是否有足够合理的理由信赖以及是否有合理理由认为信息披露事项与公司情形相符,负有特别职权的人士在存在怀疑时是否行使了特别职权等因素进行判断。除此之外,该等人员的过往综合履职表现,也应当作为考量因素之一。在案件存在这些因素的前提下,可以考虑将这些因素划分不同的权重,并在综合看待的基础上进行"评分"。当然,我们可以出于监管政策考虑,规定哪些情形虽然与履行义务无关但仍可以减免责;不过,既然这是因为违反勤勉义务而引发的责任,那么勤勉义务本身的考察自然应当是其中的重点,应当被分配到合理的"权重"。由此也可以看出的是,在前述这些行为准则提供的范本框架下,对于是否已尽勤勉义务的界分,不能说是完全无章可循的。

需要进一步指出的是,基于监管政策考虑而在衡量上市公司董监高的信息披露违法行政责任时增加一些考量因素,是完全合理的。只是,需要注意的问题是,如果(无论通过什么方式)促使上市公司的董监高切实履行其义务是监管的重要目标之一,那么非因董监高义务形成的因素也应当争取与董监高的义务存在一定关联,或者以没有严重违反董监高的义务为前提。例如,我国《证券法》在2019年底修改时增加了关于董监高的"异议权"制度。[1]基于前述,在现行规则中,在相关公司会议上投反对票或书面记录反对意见的董监高人员已经可以免责。"异议权"的规定上在此又进了一步,即董监高人员对证券上市文件和定期报告的异议还可以公开提出,给予市场更充分的信息进行判断、参考。但是,这种因"异议"的豁免,也应当明确是在与董监高的义务究竟存在何种联系下的"异议"以及"豁免";否则,董监高人员如果只是为了拿到"护身符"而"异议"或反对,那与此制度的初衷也是背离的。

(四)激活上市公司董监高行为准则的重要意义

以上这种思考,很大程度上是基于要对现有董监高行为准则进行激活的考虑。换言之,我们应当考虑,如何让这些行为准则真正与上市公司董监高可能承担的责任联系在一起,让其成为真正有责任的义务,也使董监高的信息披露责任真正成为一种有义务的责任。

再进一步而言,打击信息披露违法和先通过一定的方式确保董监高人员严格按照行为准则行事,哪一个对于监管目标来说更重要?如果这名人员不是主要参与人员的话,本文的倾向是后者。对于信息披露违法的制裁,是违法情况出现时执法机构应当履行的职责;但世界各国的证券监管经验都证明,直接的制裁后果无法完全

---

[1]《证券法》第82条第4款规定:"董事、监事和高级管理人员无法保证证券发行文件和定期报告内容的真实性、准确性、完整性或者有异议的,应当在书面确认意见中发表意见并陈述理由,发行人应当披露。发行人不予披露的,董事、监事和高级管理人员可以直接申请披露。"

消除信息披露违法的现象。而董监高人员对行为准则的遵守，亦是对信息披露真实、准确的内在保障。中国证监会曾多次在处罚决定书中强调，"上市公司信息披露的真实、准确、完整，有赖于全体董监高的勤勉尽责"。这种对于信息披露违法在内因上的考虑，是完全正确的；只是，对这种内因的规制除了法律制裁以外，可能还有更多的方式同样可以达致目的。所以，也许"守法"本身不是值得额外"鼓励"的事情，但如果法律的实施有可能让法律的管制对象察觉到，他们的义务与责任是不完全衔接的，他们可能是"守法无用"的，那么其可能就更没有足够的动力去"守法"。在上市公司信息披露的事项上，如果让董监高认为"守法无用"，那么信息披露的合法合规性可能就失去了重要的内部制衡。或许我们无法通过任何一项制度彻底消除信息披露违法，但如果我们的责任体系可以真正让董监高觉得"守法有用"，使其行为规范得到真正落实，那么这种结果应当与有效制裁违法行为一样，是非常大的一种监管成就。

结　论

董监高义务的内涵与外延，是个仍处于演进过程、又长期争论不休的问题。对董监高义务本身的问题进行深入的"技术"探讨，是本文难以承担的任务。而且，对于董监高义务本身的探讨已经是一个旷日持久的话题，待这个问题形成完全的共识后再探讨上市公司董监高的信息披露责任问题，也是不现实的。所以本文思考的一个前提性基础，是尽量在我国既有的制度框架下，借助实在法中已有的规范，重新思考关于上市公司董监高信息披露行政责任制度体系。

在论述我国上市公司董监高信息披露的责任制度存在改进需要的基础上，本文简要探讨了两个方面的问题：一是从观察董监高义务的基本概念和我国关于上市公司董监高信息披露免责条款的角度，探讨目前董监高义务本身并没有得到充分重视的问题，认为相关规则需要通过明确信息披露的"保证责任"系基于勤勉义务发生，并在现有规则基础上围绕勤勉义务本身设计规则。二是通过梳理我国关于上市公司董监高行为准则的现行规范，指出关于董监高人员的义务界限在我国实在法上不是无章可循。通过这些行为准则，可以大体构筑出董监高人员在信息披露方面履职表现的评价体系；进而，可以在相关减免责条款中、在区分清楚基于董监高义务和监管政策发生的考量因素基础上，构建更多元维度的责任判断体系。

此外，这种建立在上市公司董监高行为准则之上的改进方向，有利于诸多义务条款本身的激活，也有利于使上市公司董监高循章守制的监管目标落实，能够为我国上市公司信息披露的透明度问题提供内在保障。本文相信，惩罚向诱惑屈服而不遵守规则的人，与尽量通过综合的方式使大多数人无论出于什么动机仍遵守规则，都应当是我们期待实现的目标。

论证券虚假陈述侵权责任中交易因果关系的认定

肖 强[*]

引 言

作为证券欺诈行为的典型表现，信息披露违法行为一直是证券监管机构打击和查处的重点。在新《证券法》创新证券纠纷诉讼机制、证券监管机构从严查处财务造假等信息披露违法行为的背景下，上市公司及相关责任主体因涉嫌虚假陈述行为被提起巨额索赔的法律风险陡然增加。

《最高人民法院关于审理证券市场因虚假陈述引发的民事赔偿案件的若干规定》（以下简称《虚假陈述若干规定》），是人民法院审理证券虚假陈述民事赔偿案件的基本裁判依据。《虚假陈述若干规定》以诱多型虚假陈述为基本理论模型，并采用"推定信赖"原则确定证券虚假陈述与投资者投资差额损失之间的因果关系。

然而，《虚假陈述若干规定》既未将诱空型虚假陈述纳入调整范围，又未明确区分交易因果关系与损失因果关系，面对不同类型的虚假陈述行为、瞬息万变的证券资本市场和投资者策略各异的交易行为，《虚假陈述若干规定》关于证券虚假陈述因果关系认定的笼统规定难以解决司法实践中产生的诸多问题。

近年来，就因果关系的认定问题，频繁出现同案不同判的情形，这不仅引发了学术界广泛的研究和探讨，各地法院也在司法实践中对一些较为宽泛、模糊的规定进行了反思和修正。因此，交易因果关系的认定规则亟待被重新审视。

一、交易因果关系认定的理论基础

证券虚假陈述行为，究其本质，是一种侵权行为。侵权行为的成立，须权利系"因"加害人的行为而受侵害，而损害系"因"权利受侵害而发生。[1]这种分析和判断何种损害应由侵权行为人负责的思考方法和理论架构被称为"双重因果关系理论"或"因果关系二分理论"。

---

[*] 肖强，法学硕士，现为北京市中伦律师事务所律师。本文未曾公开发表。

[1] 参见王泽鉴：《侵权行为》，北京大学出版社2016年版，第229页。

（一）区分交易因果关系与损失因果关系的理论依据

将虚假陈述侵权责任中的因果关系区分为交易因果关系和损失因果关系，是以英美法系侵权法理论中事实上的因果关系与法律上的因果关系的区分为依据的。[1]

1. 事实上的因果关系与法律上的因果关系的二分理论。在英美法系侵权法中，当原告要求被告承担侵权损害赔偿责任之时，需要证明两点：其一，被告的行为事实上造成了原告损害，即事实上的因果关系；其二，原告遭受的损害在法律上不是被告侵权行为对原告所导致的一项过于遥远的结果，以致被告无须为此负责，即法律上的因果关系。[2]

总体而言，法律上的因果关系是为了克服事实上的因果关系可能造成的过度归责问题而设立的"闸门"，其功能与过错要件有异曲同工之处。事实上的因果关系在事实联系层面寻因，其关注的是如何确定侵权行为是否成立；法律上的因果关系则在法律政策层面归责，其关注的是如何合理分散和转移侵权行为所造成的损害。因果关系的二分理论将事实评价与规范评价相结合，清晰地展现了侵权责任中因果关系认定的思维过程。

2. 交易因果关系与损失因果关系的二分理论。根据事实上的因果关系与法律上的因果关系的二分理论，证券虚假陈述民事侵权责任中的因果关系也可以区分为两个层次，即事实联系层面的交易因果关系和法律政策层面的损失因果关系。所谓交易因果关系，是指投资者的投资决策和交易行为是因为信赖虚假陈述行为而作出；所谓损失因果关系，是指投资者的投资损失是由虚假陈述行为所导致。[3]

交易因果关系与损失因果关系的区分及两者之间的联系，与事实上的因果关系与法律上的因果关系的区分及其联系在形式逻辑和内容实质等方面是基本一致的。但是，证券虚假陈述侵权一般发生在非"面对面"交易的场景中，而主观上的投资决策又难以外化为客观证据，故交易因果关系的认定相较于事实上的因果关系的认定而言，还存在较强的特殊性。并且，与认定事实上的因果关系与法律上的因果关系时适用不同的认定规则一样，交易因果关系和损失因果关系的具体认定规则也并不相同。因此，本文将以证券虚假陈述民事赔偿诉讼中交易因果关系的认定标准作为主要研究对象。

---

〔1〕参见郭锋："证券市场虚假陈述及其民事赔偿责任——兼评最高法院关于虚假陈述民事赔偿的司法解释"，载《法学家》2003年第2期。

〔2〕参见程啸：《证券市场虚假陈述侵权损害赔偿责任》，人民法院出版社2004年版，第150页。

〔3〕参见陈洁：《证券欺诈侵权损害赔偿研究》，北京大学出版社2002年版，第105页；David L. Ratner, Securities Regulation, West Group, 1998, p. 145, 转引自盛焕炜、朱川："证券虚假陈述民事赔偿因果关系论"，载《法学》2003年第6期；马其家："美国证券法上虚假陈述民事赔偿因果关系的认定及启示"，载《法律适用》2006年第3期；罗斌："美国证券诉讼因果关系证明责任探析"，载《法律适用》2010年第12期。

(二) 交易因果关系认定的理论沿革

1933年之前,美国没有联邦层面的证券法,各州的证券业完全由其自行立法管理。[1] 美国国会在1933年通过了《证券法》,在1934年通过了《证券交易法》,然而,这两部法律并未对交易因果关系的认定作出明确的规定。

1. "合理信赖"和"重大性"概念的引入。由于美国成文法并未就原告证明交易因果关系成立的证明方法和证明标准作出明确规定,为减轻投资者沉重的举证责任,美国判例法引入了"合理信赖"和"重大性"两个概念。

在美国侵权法上,交易因果关系的证明通常被转化为对信赖关系的证明,即通过引入合理信赖的概念,将投资者的投资决策行为与信息披露义务人的虚假陈述行为相关联。不过,证券虚假陈述作为一种滥用优势资源和地位的欺诈行为,投资者想要完成这种合理信赖关系的证明是非常困难的。为此,美国判例法又引入了信息重大性概念,来判断合理信赖的存在。

当美国法院以合理信赖的证明替代交易因果关系的证明,并从投资者投资决策的视角来认定信息重大性时,投资者的举证负担被大大减轻,但如何证明合理信赖的存在,仍然是投资者索赔时面临的主要障碍。如何有效证明合理信赖的存在,或者说如何平衡原告与被告之间关于"存在合理信赖"的举证责任,就成为合理认定交易因果关系是否成立的关键。

2. "推定信赖"原则与"欺诈市场理论"。原告想要证明合理信赖的存在是很困难的,"推定信赖"正是为解决这一问题而对传统侵权法理论的发展,如同过错推定对过错责任原则的发展。

1972年,美国联邦最高法院在 Affiliated Ute Citizens of Utah v. United States 案中提出,如果被告负有披露重大信息的义务,原告就无须就信赖关系进行证明,当一位理性投资人在作出投资决策时,未予披露的信息是重要的事实本身,就已足够认定交易因果关系。[2] 应当认为,该判决实际上是通过信息重大性标准确立了证券虚假陈述案件交易因果关系认定的"推定信赖"原则。1988年,美国联邦最高法院在 Basic, Inc. v. Levinson 案中正式采纳了"欺诈市场理论"。

"欺诈市场理论"的主要内容是,当被告有虚假陈述行为,而原告遭受了损失时,只要原告能够证明他有权信赖自己买进或卖出的证券的市场价格的真实性,就满足了证明自己是受到欺骗而实施了交易行为,他所受损害与虚假陈述之间存在因果关系的举证责任。[3]

---

〔1〕参见蓝寿荣:"金融创新与法律规制——美国证券立法演进的回顾与思考",载《南京财经大学学报》2008年第6期。

〔2〕参见最高人民法院民事审判第二庭编著:《最高人民法院关于审理证券市场虚假陈述案件司法解释的理解与适用》,人民法院出版社2015年版,第246页。

〔3〕参见焦津洪:"'欺诈市场理论'研究",载《中国法学》2003年第2期。

"欺诈市场理论"解释交易因果关系的基本逻辑是,在一个有效的证券市场中,投资者是因信赖市场定价的公正性和整体性才进行交易的,而市场的价格将客观地反映虚假陈述的信息,因此投资者以正常方式作出的投资决策是基于对市场定价的信赖,即是基于对虚假陈述的信赖。[1]这一理论的核心在于,将证券价格作为虚假陈述与原告信赖之间因果关系链条中的一个环节。

综上所述,美国法上证券虚假陈述侵权责任中交易因果关系的认定规则经历了一个逐步完善的发展过程。由于投资者很难举证证明交易因果关系的存在,美国判例法将对"交易因果关系成立"的证明转化为对"存在合理信赖"的证明,并通过引入信息重大性的概念来减轻投资者的举证责任。此后,美国判例法又通过信息重大性标准提出了证券虚假陈述侵权责任中交易因果关系认定的"推定信赖"原则,并最终确立了以"有效资本市场假说"为基础的"欺诈市场理论"。

二、我国司法实践中交易因果关系认定的现状

根据"欺诈市场理论"与"推定信赖"原则,在证券交易所完成的股票交易可以形成一个有效市场使得信息在证券价格中反映,在满足特定条件的情况下,可推定投资者对虚假陈述行为存在合理信赖,即推定交易因果关系成立。

(一) 我国司法解释的相关规定及其评价

《虚假陈述若干规定》是目前我国司法实践中认定证券虚假陈述侵权责任中因果关系的主要法律依据。《虚假陈述若干规定》第18条和第19条分别规定了认定虚假陈述与损害结果之间存在或不存在因果关系的条件和情形。

1. 确立因果关系举证责任倒置原则。《虚假陈述若干规定》充分借鉴了"欺诈市场理论"及"推定信赖"原则的合理内核,确立了因果关系认定的举证责任倒置原则,即推定在虚假陈述对市场产生影响的时段内(实施日到揭示日)进行相关股票交易的投资者,是基于对虚假陈述的信赖而进行的交易,由此产生的损失与该虚假陈述之间存在因果关系。

根据《虚假陈述若干规定》第17条和第18条的规定,推定虚假陈述因果关系成立的要件为:①存在虚假陈述行为;②虚假陈述具有重大性;③投资者投资的是与虚假陈述直接关联的证券;④投资者在实施日至揭示日之间买入证券,并在揭示日及以后因卖出或者持有该证券而产生亏损。第19条则采取了"可抗辩的推定信赖"的立场,列举了五项推翻"推定信赖"的抗辩理由,规定被告可以提出反证,以证明投资者的损失与虚假陈述之间不存在因果关系。

2. 未明确区分交易因果关系和损失因果关系。《虚假陈述若干规定》并未明确区分交易因果关系和损失因果关系,而是概括地规定了虚假陈述与投资损失之间存

---

[1] 参见盛焕炜、朱川:"证券虚假陈述民事赔偿因果关系论",载《法学》2003年第6期。

在因果关系的构成要件。

对此，有学者持赞同态度，认为《虚假陈述若干规定》省略了交易因果关系与损失因果关系的区分，有利于法院从欺诈行为、交易损失等客观方面去认定或推定因果关系的存在，有利于保护处于弱势地位的投资者。[1]但也有学者提出批评，认为《虚假陈述若干规定》混淆了交易因果关系与损失因果关系，且仅以时间限定作为因果关系认定的标准稍显武断，完全剥夺了法官依据具体情形的自由裁量权，反而不利于投资者的保护。[2]

事实上，虽然《虚假陈述若干规定》未明确区分交易因果关系与损失因果关系，但并不意味着最高人民法院忽略或取消了两者的区别，《虚假陈述若干规定》第19条规定的交易因果关系不成立的法定情形其实正是针对双重因果关系所表述，也可以解释为隐含了对两种因果关系的区分。

3. 未能全面列举因果关系不成立的相关情形。《虚假陈述若干规定》没有明确被告为推翻推定交易因果关系所提出的抗辩事由的一般标准，第19条也未能对被告可能提出的合理抗辩事由进行全面、明确的列举，因此，有必要对推翻推定交易因果关系的具体抗辩事由进行分析。

例如，被告是否可以通过证明虚假陈述不具有重大性、虚假陈述属于对投资者交易决策影响相反的诱多型或诱空型虚假陈述来推翻交易因果关系成立的推定，被告是否可以通过分析原告的交易行为发生的时点、交易模式的特点或证明原告的投资决策主要是根据虚假陈述行为以外的其他因素而作出来推翻交易因果关系成立的推定，被告是否能够以作为机构投资者的原告未尽到合理的谨慎与注意义务为由推翻交易因果关系成立的推定，等等。

(二) 我国司法裁判否定交易因果关系的认定情况

基于《虚假陈述若干规定》对交易因果关系采取推定成立的认定原则，各地人民法院一般是在否定交易因果关系成立时，才会对交易因果关系进行分析认定。并且，主要是通过考量虚假陈述是否具有重大性、虚假陈述系诱多或诱空以及投资者的交易时点等因素，来推翻交易因果关系的成立推定。

1. 根据虚假陈述是否具有重大性否定交易因果关系。虚假陈述具有重大性是推定投资者对虚假陈述行为产生信赖的重要前提，重大性问题此前主要通过人民法院受理证券虚假陈述民事赔偿案件的前置程序解决。根据《虚假陈述若干规定》第17条关于虚假陈述行为的定义，应当认为"对重大事件作出虚假陈述"系推定因果关

---

[1] 参见郭锋："证券市场虚假陈述及其民事赔偿责任——兼评最高法院关于虚假陈述民事赔偿的司法解释"，载《法学家》2003年第2期；罗斌："美国证券诉讼因果关系证明责任探析"，载《法律适用》2010年第12期。

[2] 参见石一峰："违反信息披露义务责任中的交易因果关系认定"，载《政治与法律》2015年第9期。

系成立的要件之一。因此，如果被告可以举证证明虚假陈述不具有重大性，则应当认定投资者的投资决策与虚假陈述之间不存在交易因果关系。

例如，在"马小萍与江苏友利投资控股股份有限公司虚假陈述责任纠纷上诉案"中，江苏省高级人民法院认为，案涉信息披露违法行为不会导致友利控股财务指标失真，也并未导致友利控股股票价格及成交量发生明显变化，故相关违法行为不满足重大性要求，不构成证券虚假陈述，进而认定投资者的投资决策和投资损失与案涉信息披露违法行为不具有因果关系。

2. 根据虚假陈述的诱多或诱空性质否定交易因果关系。所谓诱多型虚假陈述通常指信息披露义务人对披露的事实采用虚夸、利好的方式进行公布，从而引诱投资人作出积极投资的决定；而所谓诱空型虚假陈述，则是与诱多型虚假陈述相对而言，通常是指信息披露义务人披露虚构的利空消息、隐瞒或迟延披露利好消息，使股价在信息披露日后下跌或减小上涨幅度。[1]

正是诱空型虚假陈述的这种特征，使得投资者通常不会因该类虚假陈述的实施而作出积极买入证券的投资决策，而《虚假陈述若干规定》系以诱多型虚假陈述为调整对象，很多法院以案涉虚假陈述为诱空型虚假陈述为由，否定投资者的投资交易与虚假陈述行为存在交易因果关系。

需要注意的是，交易因果关系并非只存在于诱多型虚假陈述中，其也存在于诱空型虚假陈述中。投资者的投资决策既包括买入证券的决策，也包括卖出证券的决策，投资者在诱空型虚假陈述实施后作出的卖出证券的投资决策，与该虚假陈述之间也有可能存在交易因果关系。

3. 根据投资者的交易行为发生的时点否定交易因果关系。根据以往的司法实践，人民法院通常直接根据《虚假陈述若干规定》第18条规定的交易时点认定因果关系的存在。然而，在"林超英诉宝安鸿基地产集团股份有限公司证券虚假陈述责任纠纷案"的再审程序中，最高人民法院突破性地认为，"林超英在虚假陈述实施日甚至揭露日之后其仍在进行买入卖出行为，应当认定其交易决定并未受本案诉争的虚假陈述行为的影响，故不产生交易因果关系"。

根据最高人民法院在该案中的认定，如果投资者在揭示日后仍然买入股票，则应认为投资者的整体投资决策、全部投资行为并未受虚假陈述行为的影响。最高人民法院一改此前对投资者在揭示日前后的投资行为分别认定是否存在交易因果关系的做法，转而根据投资者的交易模式或交易情况对交易因果关系是否存在进行整体性的认定。

---

〔1〕参见贾纬："证券市场侵权民事责任之完善"，载《法律适用》2014年第7期；最高人民法院民事审判第二庭编著：《最高人民法院关于审理证券市场虚假陈述案件司法解释的理解与适用》，人民法院出版社2015年版，第236~237页。

三、推翻交易因果关系成立推定的抗辩事由

推定交易因果关系成立的条件与推翻该推定的抗辩事由反映了交易因果关系认定的一体两面，合理确定推翻推定交易因果关系的抗辩事由，对于交易因果关系的认定具有重要意义。《虚假陈述若干规定》第 19 条采取了"可抗辩的推定信赖"的立场，但是，由于该条文并未囊括被告可能提出的全部抗辩事由，也并未规定抗辩事由的兜底条款，因此，被告如果提出司法解释规定之外的抗辩事由，就可能被法院以欠缺明确的法律依据为由而不予支持。因此，明确抗辩事由对合理认定交易因果关系、平衡原告和被告之间的利益均具有重要意义。

《虚假陈述若干规定》第 19 条从交易因果关系的角度规定了多种认定因果关系不存在的情形，其中，投资者明知虚假陈述而进行投资交易意味着合理信赖自始不存在，而投资者因恶意或人为操纵市场、内幕交易而进行投资显然表明虚假陈述对其投资决策没有影响。因此，本文主要从虚假陈述是否具有重大性、虚假陈述系诱多或诱空、投资者的交易行为的时点、交易模式的特点、投资者因其他因素作出投资决策以及机构投资者未尽合理的谨慎和注意义务等角度对抗辩事由展开分析和论证。

（一）虚假陈述不具有重大性之抗辩

重大性标准实际上是在投资者的信息需求和披露信息的成本之间确定了一个平衡点。如果虚假陈述不具有重大性，则投资者投资决策与虚假陈述之间就不存在交易因果关系。司法实践中，法院一般会从两个角度认定虚假陈述是否具有重大性：一是从对投资者投资决策的影响方面认定，即如果虚假陈述行为不会实质性地影响投资者的投资判断，那么该虚假陈述就不具备重大性，具体表现为行政违法行为不会导致财务数据失真或相关影响已被消除等；二是从对证券市场价格的影响方面认定，即如果虚假陈述行为不会对相关股票的价格与成交量产生实质性的影响，那么该虚假陈述就不具备重大性。

值得注意的是，《九民纪要》第 85 条规定，"虚假陈述已经被监管部门行政处罚的，应当认定是具有重大性的违法行为"。对此，笔者理解为，上述规定强调的应该是被处罚的行政违法行为的重大性，即人民法院在民事审判中不应挑战行政违法行为的重大性认定。但是，行政责任与民事责任在构成要件、法益保护和认定标准等方面均有差异，被处罚的行政违法行为是否当然影响投资者的投资决策和证券交易价格，人民法院在民事审判中依然有权且应当根据具体案情进行审查判断。值得注意的是，一旦新出台或修改后的司法解释正式取消证券诉讼前置程序，重大性问题必将再次成为此类案件的核心争议焦点。

（二）虚假陈述系诱多、诱空或中性之抗辩

《虚假陈述若干规定》第 18 条和第 19 条规定了诱多型虚假陈述因果关系的认定

标准，但并未就诱空型虚假陈述因果关系的认定问题作出规定。诱空型虚假陈述的行为方式与诱多型虚假陈述存在显著的区别，并且诱空型虚假陈述对股价走向和投资者投资决策的影响过程几乎完全相反。

对于诱空型虚假陈述来讲，虚假陈述行为实施后，通常会引起市场低迷情绪并看空，导致原本稳定的股价开始偏离真实价值向下运行或者本应上涨而稳定不变，但当利空消息被揭穿或者所隐瞒的利好消息被释放，股价会大幅上涨，直至基准日时恢复到真实价值附近。[1]投资者交易行为与诱空型虚假陈述之间的交易因果关系表现为：当虚假陈述发生后，投资者信赖该信息而作出错误判断，在股价下跌时以低价卖出证券。[2]因此，在诱空型虚假陈述中，虚假陈述不会诱导投资者作出买入股票的决策，如果原告系在实施日至揭示日期间买入股票，则被告可以据此主张原告的投资决策并未受到虚假陈述行为的影响，原告的投资决策与被告的虚假陈述之间不存在交易因果关系。

除了诱多型虚假陈述和诱空型虚假陈述之外，还有一类信息披露违法行为在性质上属于中性，即该类信息不影响投资者判断，或者影响不大。例如，上市公司对外一笔投资达到披露标准而未及时披露，而客观上无法准确判断该对外投资对上市公司系明显利好还是利空。应当认为，此类信息披露违法行为一般不会对股票价格或投资者的投资决策产生实质性影响，投资者的交易行为与此类违法行为之间也往往不存在交易因果关系。需要说明的是，由于此类违法行为在性质上属于中性，因而，从对投资者判断影响不大的角度，也可以认定该类虚假陈述也不符合虚假陈述的重大性要求。

（三）投资者交易行为发生的时点之抗辩

根据《虚假陈述若干规定》第19条的规定，在诱多型虚假陈述中，被告可以通过举证证明投资者在虚假陈述揭示日之前已经卖出证券，或投资者是在虚假陈述揭示日及以后进行投资，来推翻交易因果关系的成立推定。

需要分析的是，在诱空型虚假陈述中，如何运用"投资决策影响"标准确定推翻交易因果关系成立推定的交易时点。司法解释的主要起草者提出，被告"如果举证证明投资人存在以下情形的，人民法院应认定诱空型虚假陈述与损害结果之间不存在因果关系：①在虚假陈述揭露日或者更正日之前已如数买入了证券；②在虚假陈述揭露日或者更正日及以后卖出的证券……"[3]

笔者认为，上述建议具有合理性，在诱空型虚假陈述中，如果投资者在揭示日

---

[1] 参见冯果："诱空型证券虚假陈述损害赔偿民事责任之认定——评张翰冰诉山东京博控股股份有限公司证券虚假陈述责任纠纷案"，载《法律适用》2016年第13期。

[2] 参见贾纬："证券市场虚假陈述民事案件的赔偿范围"，载《人民司法》2002年第11期。

[3] 贾纬："证券市场侵权民事责任之完善"，载《法律适用》2014年第7期。

之前如数买回此前卖出的证券，则表明其并非因为信赖虚假陈述而卖出证券；对于投资者在揭示日后卖出的证券，由于虚假陈述行为已经被揭示，应认定其卖出行为与虚假陈述并无交易因果关系。

（四）投资者交易模式的特点之抗辩

投资者的客观交易行为往往能够反映投资者的主观投资心态，如果投资者的交易模式表明虚假陈述行为没有对投资者的投资决策产生影响，则交易因果关系也就不能成立。

根据最高人民法院在宝安鸿基案再审裁定中所持观点，如果在虚假陈述实施日后，投资者既买入股票，又卖出股票，尤其是在揭露日后仍然买入股票，则应认为投资者的投资决策并未受虚假陈述行为的影响，即投资者的这一行为构成投资者并未信赖虚假陈述行为的"反证"，证明投资者的投资决策与虚假陈述行为之间没有交易因果关系。

这一认定的合理性在于，诱多型虚假陈述不会诱导投资者作出卖出股票的决策，而虚假陈述被揭示会提示投资者重新判断股票价值，如果投资者在实施日至揭示日期间既有买入，又有卖出，并且在虚假陈述被揭示后仍然买入股票，则表明虚假陈述行为对于投资者的投资决策来说是不重要的，或者说投资者在作出投资决策时并不在意虚假陈述的存在。因此，被告可以根据上述交易行为特点主张原告并非因为信赖虚假陈述而作出投资决策，进而推翻交易因果关系成立的推定。

（五）投资者主要是受虚假陈述之外其他因素的影响而作出投资决策之抗辩

投资者的投资决策往往受到多种因素的影响，如果虚假陈述行为不是投资者作出投资决策过程中起主导性或支配性作用的原因，即投资者主要是因为受到虚假陈述以外的其他因素影响而作出投资决策，则不应认定投资决策与虚假陈述之间具有交易因果关系。此处所称的其他因素主要是指证券市场或相关行业的系统性因素和与个股相关的虚假陈述以外的其他因素。

1. 投资决策主要受证券市场或相关行业的系统性因素影响之抗辩。所谓系统性因素，指的是能够影响整个市场或者市场某个特定领域的重大事件，系统性因素往往具有公开性、重大性，能够对市场造成持续深远的影响，而且为绝大多数投资者所明知。例如，2014年下半年到2015年上半年的我国A股市场的牛市就属于能够影响整个市场的系统性因素，诸多投资者的买入决策并非基于对个股的价值判断，而是受到整体投机性氛围的影响而作出的投资决策。

举例来说，投资者以北大医药未及时披露股权代持事项被行政处罚为由提起证券虚假陈述民事赔偿诉讼。重庆市高级人民法院判决认为，北大医药未及时披露股权代持事项，构成虚假陈述，但其性质属于诱空型虚假陈述，不会诱导投资者买入股票，而且原告买入股票主要发生在 2014 年下半年北大医药发布一系列重大利好消息和中国 A 股牛市开始后，表明原告买入股票并非受到案涉虚假陈述的影响，因此，原告的投资损失与被告的虚假陈述之间没有因果关系，法院最终判决驳回原告全部诉讼请求。

2. 投资决策主要受与个股相关的虚假陈述以外的其他因素影响之抗辩。除了证券市场或相关行业的系统性因素之外，与个股相关的虚假陈述以外的其他因素也会对投资者的投资决策产生重大影响。被告如果能够证明原告根本就不是因为信赖虚假陈述而是基于与个股相关的虚假陈述以外的其他原因交易股票，那么就可以推翻推定成立的交易因果关系。

从时间维度来看，虚假陈述行为对投资者投资决策的影响会随着时间的推移而逐渐淡化，如果原告在诱多型虚假陈述行为实施后的相当长一段时间没有买入股票，而是在个股出现虚假陈述以外其他重大利好因素的情况下买入股票，则应当认为虚假陈述行为并未对投资者的投资决策产生实质性、支配性的影响，原告的投资决策主要是受与其交易行为更为接近的其他重大利好因素影响，与被告的虚假陈述之间不存在交易因果关系。

从原因力来看，即使虚假陈述行为与个股虚假陈述以外的其他因素在时间上相伴发生，但如果其他因素对投资者作出投资决策起到了主导作用，那么也应当认为投资决策与虚假陈述之间不存在交易因果关系。

（六）机构投资者未尽合理的谨慎和注意义务之抗辩

《虚假陈述若干规定》在条文设计时，没有注意到投资主体区分保护的问题，以至于在银广夏虚假陈述纠纷案和东方电子虚假陈述纠纷案中均出现了机构投资者等同于自然人投资主体向虚假陈述行为人主张民事赔偿的情形。[1]

在"大成基金管理有限公司与广夏（银川）实业股份有限公司虚假陈述责任纠纷上诉案"和"广州科技风险投资有限公司诉烟台东方电子信息产业股份有限公司虚假陈述责任纠纷案"中，宁夏回族自治区高级人民法院和青岛市中级人民法院均以机构投资主体没有证明自己在作出投资决策前尽到了审慎注意义务为由，认定其投资决策及投资损失与虚假陈述行为之间不存在因果关系。

笔者认为，机构投资者只有充分证明自己是尽到审慎注意义务的善意投资人的前提下，才能适用信赖推定原则推定交易因果关系成立。否则，被告可以以原告未尽到合理的审慎注意义务为由，主张原告未对虚假陈述产生合理信赖，原告的投资决策与虚假陈述之间不存在交易因果关系。

上述的审慎注意义务，对外可以表现为机构投资者对所投资的上市公司公开文件的分析报告、对上市公司或同类行业经营前景的评估报告以及对上市公司的实地

---

[1] 参见贾纬："证券市场侵权民事责任之完善"，载《法律适用》2014 年第 7 期。

走访、考察报告等；对内可以表现为按照法定的营业范围经营、按照相关法律法规和公司章程的规定履行了相应的审批、讨论、决策程序等。

结　论

及时总结、检讨我国证券虚假陈述民事赔偿制度的利弊得失，对于构建和完善我国证券侵权民事赔偿制度具有重要意义。《虚假陈述若干规定》未能明确区分交易因果关系与损失因果关系，导致交易因果关系长期未能得到司法实践的普遍承认。我国应采取交易因果关系与损失因果关系二分的观点，在适用"推定信赖"原则推定交易因果关系成立的基础上，进一步明确推翻上述成立推定的抗辩事由。概括而言，被告可以主张的推翻交易因果关系成立推定的具体抗辩事由主要包括以下几种情况：一是虚假陈述不具有重大性；二是虚假陈述属于对投资者交易决策影响相反的诱多型或诱空型虚假陈述，或虚假陈述属于对投资者投资决策没有影响的中性虚假陈述；三是投资者交易行为发生的时点不在虚假陈述影响的时间范围内；四是投资者交易模式的特点表明其投资决策未受到虚假陈述影响；五是投资者因受到虚假陈述之外的其他因素影响而作出投资决策；六是机构投资者在作出投资决策时未尽到审慎注意义务；七是投资者本身系明知虚假陈述或因内幕交易、操纵市场而作出投资决策等。

保险近因适用之实证分析

刘俊杰 *

引 言

保险近因的适用就是根据近因标准来确定保险因果关系，又称近因原则。最早在立法中明确规定近因原则的是英国《1906 年海上保险法》。该法第 55 条第 1 款规定："根据本法规定，除保单另有约定外，保险人对由其承保危险近因造成的损失，承担赔偿责任；但对非由其承保危险近因造成的损失，概不承担责任。"[1] 美国保险法也有类似的规定，如美国《加州保险法》第 530 条"近因与远因"规定如下："承保危险为损失发生之近因，非承保危险为损失发生之远因者，保险人应负赔偿责任；但保险人对于承保危险为远因之损失，则不负赔偿责任。"[2] 由此，根据近因原则，保险人应当对承保风险为近因造成的损失承担保险责任。

保险法中的近因包括承保风险、除外风险（保单责任免除风险）以及未承保风险（保单未明确的风险，既不是承保风险，又不是除外风险）。[3] 而保险人的责任也会因致损原因的类型不同而有所区别。由此，近因原则的适用必须考虑以下问题：承保损失是否由承保风险造成；致损原因是单一原因还是多个原因；如果多个原因造成了承保风险，那么多个原因的发生方式如何；等等。

单一原因导致承保损失时近因的适用比较简单，该原因属于承保风险的，保险人承担赔付责任；反之，该原因属于除外风险或者未承保风险的，保险人不承担赔付责任。难题在于多个原因导致承保损失的时候，各种情况错综复杂交织在一起，或呈链状，或呈网状，很难区分到底哪一个是损失的近因，此时一套系统、完善、合理的近因适用规则就显得尤其重要。

---

* 刘俊杰，法学硕士，中国广核集团公司律师。本文未曾公开发表。

[1] 李玉泉：《保险法》，法律出版社 2003 年版，第 94 页。英国《1906 年海上保险法》第 55 条 1 款规定的原文是："Subject to the provisions of this Act, and unless the policy otherwise provides, the insurer is liable for any loss proximately caused by a peril insured against, but, subject as aforesaid, he is not liable for any loss which is not proximately caused by a peril insured against." 参见陈欣：《保险法》，北京大学出版社 2000 年版，第 335 页。

[2] 参见《美国加州保险法》（上册），施文森译，保险事业发展中心编印 2000 年版。

[3] 齐瑞宗、肖志立编著：《美国保险法律与实务》，法律出版社 2005 年版，第 110 页。

在众多近因的探求模式中，笔者认为以纵横两个方向为主线，结合保险案例进行实证分析，方能呈现出保险近因适用的清晰脉络。所谓纵向，是指造成损失的数个原因在时间上先后发生的情形，横向是指造成损失的数个原因在时间上同时发生的情形。在纵横两个方向上又可分别依据各个原因的不同类型而做不同分析。[1]笔者之所以从纵横两个方向分析保险近因的适用，理由有二：一是可以全面地覆盖近因适用之各种情形而又避免重复；二是可以构建近因适用规则之清晰、合理的逻辑体系。下面分别从纵向、横向以及近因适用的限制三个方面进行讨论。

一、保险近因适用之纵向分析

保险近因适用的纵向分析是指，造成承保损失的数个原因在时间上先后发生时，根据该原因是属于承保风险、除外风险或者未承保风险而做出保险责任之判断。数个原因在时间上先后发生的，存在两种情况：一是多个原因连续发生导致承保损失；二是多个原因间断发生导致承保损失。下面分别分析：

（一）多个原因连续发生导致承保损失

多个原因连续发生造成承保损失的，在因果关系链条上，各原因随最初原因不可避免地顺序发生，[2]后因与前因之间存在合理的因果关系，每一个后因都是前因合理的、自然的延伸。

1. 多个原因连续发生，承保风险是前因。多个原因连续发生，承保风险是前因的，如果后因也是承保风险，则无需探求近因，保险人当然赔付；若后因是除外风险或者未承保风险，由于后因是前因的自然、合理延续，不具有独立性和支配性，故而前因是近因，保险人应当赔付。

例如，被保险人投保了意外伤害保险。在保险期间内被保险人从马背上意外跌落，并因此患病死亡。被保险人所患疾病可能是从马背摔落直接导致的，也可能是其摔下马背之后身体比较衰弱更容易患病的缘故。但无论怎样，疾病是从马背摔落这一意外事件的自然的、合理的结果，符合事件的一般发展过程，疾病这一介入因素不具有有效性和支配性，原先的因果关系链条并未被打断。[3]因此死亡的近因是从马上摔落这一意外事件，保险人应当承担责任。

再如，被保险人购买了一份保险，保单载明承保意外事故导致的死亡，但是疾病造成的死亡除外。被保险人因为一次意外的腿部刮伤而感染了脓毒，几天后脓毒发展成了败血症，尽管医生努力救治，二十天后被保险人还是死于败血性伤寒。该

---

〔1〕 梁鹏："保险法近因论"，载《环球法律评论》2006年第5期。

〔2〕 陈欣：《保险法》，北京大学出版社2000年版，第147页。

〔3〕 E. R. Hardy Ivamy, *General Principles of Insurance Law*, 5th Edition, London Butterworths, 1986, p. 385.

案中，法官认为保险人应当承担保险责任。因为在腿部被刮伤时（意外事故发生时），细菌已经进入被保险人的体内，在当时的情况下以及医疗条件下，被保险人的死亡是不可避免的。[1]这种情况下，被保险人腿部受伤、感染脓毒、感染败血症、死于伤寒等数个事件形成了一条完整的因果关系链，其中腿部的刮伤是能动的、具有支配性的有效原因，后来虽然又介入了脓毒、败血症以及伤寒等数个原因，但感染疾病只是刮伤的自然的、合理的结果，其并未打断因果关系的连续性，因而不是死亡的近因。

综上所述，在以上案例中，虽然保单项下的损失并不是前因直接造成的，然而整个因果关系链条没有被介入原因打断，在先的承保风险可以通过一系列自然连续的事件最终导致承保损失的发生，因而真正的因果关系存在于处于因果关系链条两端的承保风险与承保损失之间，即使后因属于除外风险或者未承保风险，保险人依然应当承担责任。

2. 多个原因连续发生，除外风险或者未承保风险是前因。多个原因连续发生，除外风险或者未承保风险是前因的，不论后因为何种风险，以除外风险为近因，保险人不承担责任。对此，克拉克论述道："如果例外事故不可避免地在一连串因果关系中既引起风险又引起损失，那么密切原因就是该例外原因。"[2]我国学者也认为，"不保危险先发生，保险危险后发生，如果保险危险是不保危险的结果，保险人则不承担赔偿责任"。[3]

例如，一位农夫存在视力和听力上的缺陷，当他试图穿越铁路时，撞上了迎面疾驶而来的列车而死亡。对于普通人来讲，在当时的情况下应该能够注意到危险的存在而避免事故的发生。然而当时的情况下，农夫的身体缺陷（除外风险）必然会导致事故（承保风险）的发生。因此农夫虽然死于意外事故，但其死亡的近因却是身体缺陷，保险人不承担责任。[4]

在 Leyland 一案中，"爱卡利亚号"被鱼雷击中（除外风险），船身被炸开两个大洞，并涌入大量海水，最终"爱卡利亚号"沉没了。该船的水险保单承保了海上险，但把"一切敌对行为或类似战争行为的后果"作为除外责任。被保险人主张，船舶的沉没是海水的作用（承保风险）造成的，保险人应当赔偿损失。但是上议院认为，海水进入（承保风险）是船舶被鱼雷击中（除外风险）所不可避免的结果，鱼雷才

---

[1]［英］克拉克（Malcolm A. Clarke）:《保险合同法》，何美欢、吴志攀译，北京大学出版社2002年版，第691页。

[2]［英］克拉克（Malcolm A. Clarke）:《保险合同法》，何美欢、吴志攀译，北京大学出版社2002年版，第689页。

[3] 李玉泉:《保险法》，法律出版社2003年版，第96页。

[4] E. R. Hardy Ivamy, *General Principles of Insurance Law*, 5th Edition, London Butterworths, 1986, p. 391.

是损害的近因,因此拒绝了被保险人的请求。[1]

(二) 多个原因间断发生导致承保损失

多个原因间断发生,是指前后发生的因果关系链条被介入因素所打断,新的干预因素介入原先的因果关系链中,改变了事件的正常发展过程,打乱了事物的一般发展规律。新的干预因素不是之前承保风险的自然的、合理的结果,而是具有现实性、支配性和有效性的独立原因。此时,新干预因素取代了前因成为损失的近因,而作为前因的承保风险由于被新干预因素所取代而成为远因。[2]此时保险人责任的判断需依新干预因素的性质而定,若新的独立原因是承保风险,保险人应承担保险责任,反之,新的干预因素是除外风险或者未承保风险的,保险人不承担保险责任。[3]

例如,被保险人因铁路事故(承保事故)而导致身体虚弱,之后在过马路时又由于身体虚弱无法及时躲避疾驰而来的公共汽车而被碾轧致死。这里被保险人的死亡原因并不是先前的铁路事故(承保事故),而是后来发生的新的独立原因——马路交通事故。[4]此时保险人的责任需视情况而定,该事故属于承保风险的,保险人承担保险责任;反之,该事故是除外风险或者未承保风险的,保险人不承担保险责任。

在 Lawrence v. Accidental Ins Co. Ltd. 一案中,死者投保了事故伤害致死险,但是排除突发病造成伤害致死的情况。死者在站台候车时突然发病并跌落到站台下面,被驶过的火车轧死。本案中,法院认定被保险人死亡的近因是跌落站台(承保风险),而不是突然发病(除外风险)。理由是:被保险人虽然发病,但跌落站台并不是发病的必然结果,他也可能倒向相反的方向,这样事故就不会发生。但是被保险人确实跌到了站台下面,那么当时的情况下,被保险人的受伤或死亡就是不可避免的。[5]该案中,承保风险(后因)并不是除外风险(前因)的必然结果,因此除外风险与死亡结果之间的因果关系被承保风险(事故)所打断,承保风险成为新的独立原因介入其中,并导致了死亡结果的发生,因此保险人应当承担保险责任。

---

〔1〕 [英]克拉克(Malcolm A. Clarke):《保险合同法》,何美欢、吴志攀译,北京大学出版社2002年版,第685页。

〔2〕 E. R. Hardy Ivamy, *General Principles of Insurance Law*, 5th Edition, London Butterworths, 1986, pp. 386 – 387.

〔3〕 许崇苗、李利:《中国保险法原理与适用》,法律出版社2006年版,第96页。

〔4〕 E. R. Hardy Ivamy, *General Principles of Insurance Law*, 5th Edition, London Butterworths, 1986, pp. 387 – 388.

〔5〕 [英]克拉克(Malcolm A. Clarke):《保险合同法》,何美欢、吴志攀译,北京大学出版社2002年版,第685页。

二、保险近因适用之横向分析

多个原因在时间上不是先后发生，而是同时发生并导致承保损失的，这些原因在横向上形成平行关系，此时需对保险近因的适用作横向分析。

（一）数个原因同时发生并相互依存

数个原因同时发生并相互依存是指，数个原因同时发生，相互依赖，共同作用导致承保损失，缺少任何一个原因，其他原因都不会单独造成损失。

1. 数个原因类型相同。数个原因都是承保风险的，各原因都是近因，保险人承担当然的赔付责任；数个原因都是除外风险或者都是未承保风险的，保险人不承担赔付责任，这里无需寻找近因。

2. 数个原因中既有承保风险，又有除外风险。承保风险和除外风险同时发生并相互依存导致承保损失的，通常以除外风险作为损失的近因，保险人不承担赔付责任，此乃保险法上"不包括占优势"原则，即"承保灾害和不承保灾害竞合造成损害者……唯'明显之包括灾害'和'明显之不包括灾害'相冲突时，可知当事人有意以'不包括灾害'之效力排除'包括灾害'所具有者，因此若损害结果之发生由包括之灾害和明文规定之不包括灾害竞合而引起，且两者皆为适当条件时，保险人不负保险赔付责任"。[1]

在著名的 Wayne Tank 案件中，被保险人要安装一套机械设备。设备运行之前先进行预热，因无人照看，设备中的一段管线由于用途不适合而熔化起火。根据保单载明，管线不适于所需用途是除外责任，被保险人的疏忽是承保风险。该案中，管线质量原因和被保险人的疏忽同时发生并相互依存，缺少任何一个原因，都不会发生火灾。最后法院判定按照除外论处，因为保险合同的除外界定了保险人的责任范围，既然保险人将其列为除外，就意味着保险人不愿意对这样的风险承担责任，因此正如丹宁法官所说，"既然他们已自愿作了规定，要想执行这一规定只有完全赦免他们"。[2]

3. 数个原因中既有承保风险，又有未承保风险。数个原因中既有承保风险，又有未承保风险，二者相互依存共同造成承保损失的，承保风险为近因，保险人应承担全部责任。[3]

在 Reischer v. Borwick 一案中，船只投保了与任何物体的碰撞险，但在承保风险和除外责任中都没有提及海上或海水风险。在多瑙河流域，船只被沉树撞破并且开

---

[1] 江朝国：《保险法基础理论》，中国政法大学出版社2002年版，第350页。

[2] [英] 克拉克（Malcolm A. Clarke）：《保险合同法》，何美欢、吴志攀译，北京大学出版社2002年版，第690页。

[3] 陈欣：《保险法》，北京大学出版社2000年版，第147页。

始下沉，之后船长勉强将洞堵上。如果停泊在静水中，并且用抽水机抽水，船只可能不会沉没。但是在被拖去修理的过程中，额外的水压导致一个木塞脱出，河水势不可挡涌进船内，最终船只沉没了。该案中，船只沉没是由碰撞和后来修理途中海水从破损之处灌入两个原因共同造成的，两个原因相互依存，缺少其中任何一个，损失都不可能发生。Lindley法官认为，在该案中，用精确的语言来表述这两个原因的作用力是一件非常困难的事，因为是它们共同的作用导致了损失的发生，但是应该认为，碰撞才是导致损失的近因，[1]因为即使没有被拖去修理，船只也可能因水势变得凶猛而沉没，这时候船沉没的唯一原因就是其先期受损。因此该案中，碰撞虽不是引起损失的唯一原因，但却是密切起因。[2]

又如，在Alpha Kilimanjaro案中，该船向安兴保险公司投保，保单载明船员的疏忽属于承保风险，但并未说明船舶的自然损耗是属于承保风险还是除外风险。船舶的吸入阀内有海水吸滤盒过滤杂质，吸滤盒因海水侵蚀而停止工作（属于自然损耗），同时船员也忘记了关闭阀门，结果轮机舱进水导致船舶沉没。此案中，承保损失是由海水侵蚀（未承保风险）和船员疏忽（承保风险）共同作用导致，缺少任何一个原因，损失都不会发生。Sheller法官认为，若造成损失的两个原因中只有一个是保单承保的，而另一个没有被明确地排除在外时，承保风险为近因。这里，损失的近因是船员的疏忽，保险人应当承担责任。[3]

（二）数个原因同时发生并相互独立

数个原因同时发生并相互独立是指，数个原因同时发生导致承保损失，但每个原因相互独立，并且都可以单独引起损失。

1. 数个原因类型相同。数个原因同时发生、相互独立造成承保损失，若数个原因都是承保风险，则多个原因均是近因，保险人应负全部赔付责任。如果数个原因都是除外风险或者是未承保风险，则各原因都不是近因，保险人不承担赔付责任，此为通说。

2. 数个原因中既有承保风险，又有除外风险或者未承保风险。数个独立原因导致承保损失，其中既有承保风险，又有除外风险或者未承保风险的，一般认为，保险人只对承保风险造成的损失部分负责。对此，克拉克认为，"有两个共同的密切起因，一个是风险，另一个是例外，如果二者相互独立，即任何一个都可单独引起损失，那么被保险人只能就可归于被承保风险的损失部分获赔

---

[1] E. R. Hardy Ivamy, *General Principles of Insurance Law*, 5th Edition, London Butterworths, 1986, p. 389.

[2] [英]克拉克（Malcolm A. Clarke）：《保险合同法》，何美欢、吴志攀译，北京大学出版社2002年版，第686页。

[3] Geoff Famsuorth, "Co - proximate Causes and a Kenyan Fishing Vessel", www.msj.com.au. 转引自梁鹏："保险法近因论"，载《环球法律评论》2006年第5期。

偿"。[1]在同样情况下，挪威海上保险法的分摊机制亦主张按承保风险所造成的损失比例进行赔付。[2]

在一个案例中，工厂的损失由暴乱（承保风险）和生产终止引起的温度变化（除外风险）共同引起，但是二者独立发生作用，各自独立引起部分损失。最后法院判定被保险人只能就暴乱单独引起的部分损失获得赔偿。[3]

再如，汽车因为发动机故障而自燃，同时，又遭遇冰雹袭击。后因及时救助，车辆未发生全损。该车辆投保了机动车辆险，但没有附加自燃损失险。[4]本案中，车辆的损失是自燃和冰雹共同作用的结果，其中自燃和冰雹分别单独造成了车辆的部分损失，所以虽然自燃不属于承保的范围，但对于冰雹造成的损失，保险公司仍应承担赔付责任。

上述规则的前提是承保风险造成的损失部分能够清晰可辨，然而问题在于，承保风险造成的损失不能从总损失中分离时，责任应当如何分配。由于各个原因对损失的发生均独立发生了作用，因此，全赔或者全部不赔，对保险人和被保险人都不公平。对此，有观点认为，可以按照损失原因的平均数分配责任，"例如，事故有三个，其中一个是保险事故，两个是除外责任事故，则保险人应赔偿三分之一的损失"。[5]笔者认为，这种观点相对全赔或者全不赔更为客观，对保险人和被保险人都有利。但是单纯按照原因的数量分摊责任似乎过于绝对。比较妥当的做法是结合个案具体事实，考量各原因对于损失发生的原因力之大小，作出适当判断。

三、保险近因适用之限制分析

近因的适用规则使近因原则由抽象到具体，极大地增强了近因原则的可操作性。然而上述规则只是寻求近因的一般方法，在具体的案件中，近因还可能受到种种限制，从而影响到保险人责任的确定。

（一）法官的自由裁量限制

如上所述，多个原因造成承保损失的，根据原因是先后发生还是同时发生，近因适用的规则会有所不同，在这里法官的自由裁量非常重要。如果法官认为某个先前原因在后因出现之前就已经发生并且结束了，或者该原因一直持续并且与后来的原因同时发生作用，那么法官就可以根据上述判断进一步判定应采用何种近因规则

---

[1]［英］克拉克（Malcolm A. Clarke）：《保险合同法》，何美欢、吴志攀译，北京大学出版社2002年版，第690页。

[2]梁鹏："保险法近因论"，载《环球法律评论》2006年第5期。

[3]［英］克拉克（Malcolm A. Clarke）：《保险合同法》，何美欢、吴志攀译，北京大学出版社2002年版，第690页。

[4]张洪涛、郑功成主编：《保险学》，中国人民大学出版社2000年版，第157页。

[5]覃有土主编：《保险法概论》，北京大学出版社2001年版，第263～264页。

决定保险人的责任。

"Miss Jay Jay（珍珍小姐）"的案例充分说明了这一点。本案中，一艘叫"Miss Jay Jay"的游艇由于设计上的缺陷而缺乏适航性（未承保风险），并进一步造成了船只防水性的丧失（承保风险），最终导致了船只的损坏。对于本案事实的解释，法官们产生了不同的理解。一是穆斯蒂莱法官定的因果关系链条。他认为本案中存在一个因果关系链：非适航性－恶劣天气－船只丧失防水性－保险标的损坏。其中最初的非适航性是一个单一的事件，它是存在于船只设计和建造中的瑕疵，在恶劣天气出现之前就已经发生并且结束。因此损失的密切原因不是设计和建造瑕疵，因为它并非不可避免地带来损失，瑕疵有可能在损失发生之前得到修正。损失的密切原因应当是海上风险。二是劳敦法官的理解。他认为船只的非适航性是一个持续的状态，从最初到后来船只受损，该原因一直存在，并与后来的海上风险共同发生作用，造成损失。由此，船只的损失存在两个有效原因：船只的非适航性和海上风险。如果非适航性是保单列明的除外，那么根据近因适用规则，损失的近因就是该除外原因，保险人不承担责任。上诉法院最终确认了穆斯蒂莱法官的判决，判定损失的密切起因是承保风险，保险人承担赔偿责任。[1]

（二）保险合同的措辞限制

寻找保险近因的特点就在于寻找保险合同的含义，可以说因果关系的规则是建立在保险合同当事人的意图基础之上的。因此当事人可以通过合同条款来扩张或限制风险范围。

1. 含有"由……直接或间接引起"的措辞。在保险合同中，保险人可以在除外条款中使用类似"由……直接或间接引起"的措辞来扩展除外风险的定义，以限制保险人的责任。

近因是造成承保损失的密切起因，许多情况下，直接原因就是近因。但是保险人可以在保险合同中列明，"由某一原因直接或间接引起的损害结果"属于除外责任。例如，在 Oei v. Foster 一案中，保单中明确排出了"由于拥有、占有土地或建筑物……而直接或间接引起的损害"。被保险人和妻子居住在借来的房子里。一日，被保险人的妻子出门时，忘记了锅里还在加工的肥肉，结果肥肉起火造成了房屋损坏。法官认为火灾的密切起因是被保险人的妻子外出办事忘记关火的行为，火灾不是居住的直接结果。[2]如果没有上述合同的措辞，依据保险近因的一般规则，保险人就

---

〔1〕 [英] 克拉克（Malcolm A. Clarke）：《保险合同法》，何美欢、吴志攀译，北京大学出版社2002年版，第692页。

〔2〕 [英] 克拉克（Malcolm A. Clarke）：《保险合同法》，何美欢、吴志攀译，北京大学出版社2002年版，第694页。

免不了要承担责任。但是法官认为房屋的损失是由于居住而间接引起的,[1]因此,根据保单的除外规定,保险人不承担保险责任。在这里,保险人通过保险合同的措辞,扩大了除外责任的含义,实际上也就是缩小了自己的责任范围。

2. 含有"唯一原因"的措辞。在保险合同中,保险人还可以在风险条款中通过含有类似"唯一原因或独立起因"的措辞来缩小承保风险的范围。类似"唯一原因或独立起因"的措辞,既可以避免共同原因带来的近因辨认难题,更重要的是,还可以限制保险人的责任。

在 Jason v. British Traders' Ins Co. Ltd. 一案中,因为一次车祸,被保险人患上了冠状动脉栓塞。经确认,由于被保险人在事故发生前已经患有动脉疾病,所以才会出现目前的状况。法官认为本案中存在两个相互依存的原因:鉴于被保险人当时的动脉状况,事故的发生会不可避免地造成动脉栓塞,因此损害的发生是两个原因共同作用的结果。但是由于保单明确排除了"事故前存在的生理缺陷直接或间接引起的死亡、伤害或能力丧失",因此,法院对案件的解释是:动脉疾病是栓塞的另一个原因,事故不是能力丧失的独立的、唯一的起因,保险人不承担责任。[2]

由此,在保险合同中列明承保风险是损失的唯一原因的,这种条款可以极大地限制保险人的责任。因为多个原因造成承保损失的,很少有原因能够独立地发挥作用,保险人总能找到其不是唯一原因的理由。实践中遇到此类问题,对于引起损害的多个因素,应具体区分原因和条件,以求对上述条款进行反限制。[3]此外,保险合同是格式合同,法院应本着不利于保险人的原则解决争议,以平衡合同双方的利益。

(三)保险责任期间的限制

在有些保险合同中,保险责任期间与合同生效的时间并不完全一致,而是在合同生效一段时间之后才开始,例如人寿保险合同中的自杀条款、健康保险合同中的观望期条款等。[4]

有关自杀风险的免责期限一般由法律直接规定,期限通常为 2 年。例如美国田纳西州的法律规定,自保单签发之日起 2 年内,被保险人在神志清醒或神志不清的

---

[1] [英]克拉克(Malcolm A. Clarke):《保险合同法》,何美欢、吴志攀译,北京大学出版社 2002 年版,第 694 页。

[2] [英]克拉克(Malcolm A. Clarke):《保险合同法》,何美欢、吴志攀译,北京大学出版社 2002 年版,第 694~695 页。

[3] 在 Jason v. British Traders' Ins Co. Ltd. 一案中,如果被保险人的动脉疾病只是损害发生的一个条件,不是原因,则损害发生的唯一原因就是事故,被保险人应当承担责任。

[4] 林宝清编著:《保险法原理与案例》,清华大学出版社 2006 年版,第 107 页。

状况下自杀身亡的,保险公司可以免除责任。[1]我国《保险法》第 44 条也有规定:"以死亡为给付保险金条件的合同,被保险人自杀的,除本条第二款规定外,保险人不承担给付保险金的责任……以死亡为给付保险金条件的合同,自成立之日起满二年后,如果被保险人自杀的,保险人可以按照合同给付保险金。"[2]而在寿险和健康保险合同中,一般也会规定,在保险合同生效一段时间之后,保险人才对被保险人因疾病发生的医疗费用承担给付责任,目的是防止被保险人带病投保。

由此,依据上述保险合同中的规定,在保险人的非责任期间内,即使承保损失的近因是承保风险,保险人也不承担保险责任。因此,某种程度上,承保损失的近因还要受到保险责任期间的限制,其目的在于拦截道德上的风险,防止被保险人以自杀为手段谋取保险金,或者带病参保,损害参保团体中其他投保人的利益。

结　论

保险近因的适用应以普通人的常识观念为指导,这一标准与英美法上"理性人"标准和大陆法上"最优观察者"标准是一致的。笔者结合大量经典判例,以实证分析的方法对保险近因的适用规则进行了梳理分析。经过分析,笔者得出结论,近因规则的适用旨在公平、客观地分析案件事实,既限制了保险人的责任,也对被保险人有利,旨在求得双方利益的平衡。

英美是保险强国,经过近百年的发展,已经积累和发展了丰富的近因适用规则。我们在保险实践中遇到的问题是他们曾经经历并解决过的。又由于保险法的技术性和国际性,因此在我国保险实践中借鉴英美成熟的近因规则已成为必然。然而相对于近因理论来说,保险近因规则的适用更多地体现了法官的自由裁量和实证分析,这与英美判例法的传统是分不开的。作为大陆法系国家,笔者以为,我国在引进近因原则的过程中,应当注重以下几点:

第一,应结合我国实际情况和固有的法律传统灵活借鉴。我国属大陆法系,本无"近因"概念,一般是在"法律原因"的概念之下讨论行为人的责任问题。但无论是"近因"还是"法律原因",都只是对因果关系概念的近似表达,无法涵盖因果关系的全部特征。因此在方法上,重要的是汲取近因理论之精髓,避免概念化倾向。对于保险近因理论及适用规则,关键是要把握其本质,而不仅仅是拘泥于其"形似"。保险近因问题,本质上乃是如何客观、公正地确定保险责任归属的问题,此乃其精神所在,应作为司法实践中法官判案的指导思想。据此,司法实践中,法官应把握两个基本立场:实事求是的立场和法律政策的立场。既要客观把握保险事故之

---

[1] [美]廖里尔·L.克劳福特:《人寿与健康保险》,周伏平等译,经济科学出版社 2000 年版,第 404~405 页。转引自林宝清编著:《保险法原理与案例》,清华大学出版社 2006 年版,第 107 页。

[2] 陈欣:《保险法》,北京大学出版社 2000 年版,第 290 页。

间的真实联系，又要公正评价相关事实在法律上的原因力。当然前提是要考虑保险合同之条款。

第二，对被保险人不能保护过度，必须兼顾保险人的利益。相比强大的保险人来讲，被保险人处于弱势地位。各国保险法也多从保护社会公众利益出发，对保险组织从各方面加以监管和控制，这一点也体现在英美法系法官的判决中。在自由裁量权限内，法官往往会出于同情之心作出"仁慈"的判决。然而保险近因原则的本质在于合理客观地分配责任，如果一味地偏袒被保险一方，过度保护其"利益"，最终将导致保险人无法生存，保险的功能无法实现，而保险消费者的利益也将得不到保障。

第三，各级人民法院应尽早携手编纂典型判例作为司法实践之参考。在英美法上，近因规则更多表现为判例和法官的实证分析。因此，编纂有关近因原则的保险判例，包括目前国际上公认的一些经典判例，将对司法实践具有重大现实意义。

银行法实施的问题与对策

第三方支付市场的法律秩序研究 *

王卫国

一、第三方支付的特点

(一) 第三方支付的概念和模式

1. 第三方支付的概念。所谓第三方支付，是指非金融机构作为第三方，为收款人与付款人之间的货币资金转移提供的中介服务。第三方支付与商业银行支付业务的区别在于，第三方支付本身并不是交易双方账户的管理者，而是在交易双方账户之间建立支付渠道并完成资金转移过程的服务商。从根本上说，第三方支付的作用是解决支付效率和支付成本问题。从业务内容看，线下银行卡收单、网上支付、移动支付、预付卡等都属于第三方支付的范畴。[1]

根据中国人民银行《关于中国支付体系发展（2011－2015年）的指导意见》（银发〔2012〕4号），在我国支付体系中，现有的非现金支付工具系列是一个以票据和银行卡为主体，以互联网支付、移动支付等电子支付为补充的构架；而未来的发展目标是"完善以票据和银行卡为主体，以电子支付方式为发展方向，适应多种经济活动需要的支付工具体系"。由此可见，互联网支付市场与银行卡支付市场是相互区别又有一定联系的两个支付市场。

网络第三方支付服务属于互联网支付方式中的一种。"互联网支付是指通过计算机、手机等设备，依托互联网发起支付指令、转移货币资金的服务。"[2]网络第三方支付服务是指第三方中介机构提供的线上资金转移服务。以下为行文方便，并参照国内文献的惯例，将网络第三方支付服务简称为第三方支付。

2. 第三方支付的模式。目前第三方支付主要有两种服务模式：一是没有内部交易功能的银行网关代理，即第三方支付网关模式，其代表是首信易支付；二是有内部交易功能的电子商务交易平台支付模式，其代表是支付宝。后一种模式的特点是，

---

* 本文成稿于2015年12月，未曾公开发表。

〔1〕万虹、安琪："互联网时代第三方支付发展状况及创新之路三大趋势：兼论银联商务创新发展与立足利器"，载《金融纵横》2014年第10期。

〔2〕中国人民银行等10部委《关于促进互联网金融健康发展的指导意见》（银发〔2015〕221号）第7条。

平台为交易双方开立账户,商业银行也是通过平台建立支付网关,网上支付指令通过银行网关最终进入平台的后台处理系统,进行最终的资金处理。[1]随着电子商务和互联网金融的发展,第三方支付形成了支付网关和第三方担保两种模式。支付网关是由网络支付企业向各电子商务企业和个人同时提供多家商业银行的支付服务。该支付模式借助网络的优势提高了支付效率,但是由于网络非实名制带来的虚拟性问题,交易双方的诚信问题制约着该模式的广泛应用。第三方担保则是由交易双方之外的独立第三方进行担保,交易所涉及的款项在一定的时间内由第三方保管。这种模式可以解决网络非实名制环境下的交易诚信问题,降低交易风险。第三方担保模式为高效率的网络交易增添了安全性,使其得到了广泛的应用。而这种模式的首创者支付宝更是成为国内网络支付行业的引领者和最大的第三方支付平台。目前,第三方担保模式已经成为我国第三方支付行业的主流。[2]国内文献关于第三方支付的讨论大都聚焦于第三方担保模式,本文亦从此例。

第三方支付的积极意义在于,它为开展 B2B、B2C、甚至 C2C 交易等电子商务服务和其他增值服务提供了支持。"在第三方参与服务过程中,采用了在网站与银行之间的二次结算,第三方支付平台不是单纯地作为联接各银行支付网关的通道,而是作为中立的第三方机构,保留商户和消费者的有效交易信息,为维护双方的合法权益提供有力的保障。通过第三方清算保证模式,最大限度地避免了拒付和欺诈行为的发生,创造出良好的、使买卖双方彼此信任的交易环境。""以支付宝为代表的第三方支付是'信用缺位'条件下的'补位产物'。传统的银行支付方式只具备资金的传递功能,不能对交易双方进行约束和监督;支付手段也比较单一。交易双方只能通过指定银行的界面直接进行资金的划拨,或者采用汇款方式;交易也基本全部采用款到发货的形式。在整个交易过程中,无论是货物质量方面、交易诚信方面、退换要求方面等环节都无法得到可靠的保证;交易欺诈行为也广泛存在。第三方支付实现了真正意义上的网上交易和网上支付,在商家与商家之间、商家与消费者之间架起了一座桥梁。第三方支付有效地避免了交易构成中的退换货、诚信等方面的危险,较好地解决了长期困扰电子商务的诚信、物流、现金流问题。"[3]

但是,第三方支付也并非完美无缺。近年来,越来越多的研究者已经注意到第三方支付存在的问题和风险,包括涉及金融法律秩序和金融安全的问题与风险。例如,第三方支付平台的法律地位和责任归属问题,支付安全问题,沉淀资金问题,消费者保护问题,信用卡非法套现风险,资金跨境转移风险,洗钱等金融犯罪风险,

---

[1] 参见杨国明、李保华:"第三方支付法律问题刍议",载《金融经济(理论版)》2006 年第 4 期。

[2] 参见林楚填:"网络支付主流模式及安全技术分析",载《电脑知识与技术》2011 年第 20 期。

[3] 杨国明、李保华:"第三方支付法律问题刍议",载《金融经济(理论版)》2006 年第 4 期。

等等。[1]在政府方面，有关部门也一再指出第三方支付存在的问题和风险。2009年3月，（原）银监会向各大银行下发了《关于"支付宝"业务的风险提示》，指出了"支付宝"的五大风险：第三方支付机构信用风险、网络黑客盗用资金风险、信用卡非法套现风险、发生洗钱等犯罪行为风险以及法律风险。[2] 2010年6月，央行有关部门负责人指出了第三方支付领域暴露出的一些风险隐患：客户备付金的权益保障问题、预付卡发行和受理业务中的违规问题、反洗钱义务的履行问题、支付服务相关的信息系统安全问题，以及违反市场竞争规则、无序从事支付服务问题等。"这些问题仅仅依靠市场的力量难以解决，必须通过必要的法规制度和监管措施及时加以预防和纠正。"[3] 2015年12月，央行有关负责人将当前第三方支付机构的主要问题和风险概括为："一是客户身份识别机制不够完善，为欺诈、套现、洗钱等风险提供了可乘之机；二是以支付账户为基础的跨市场业务快速发展，沉淀了大量客户资金，加大了资金流动性管理压力和跨市场交易风险；三是风险意识相对较弱，在客户资金安全和信息安全保障机制等方面存在欠缺；四是客户权益保护亟待加强，存在夸大宣传、虚假承诺、消费者维权难等问题。"[4]当然，任何新生事物都有一个成长过程。第三方支付也好，P2P、众筹和其他互联网金融业态也好，都需要在发展中不断规范，在规范中健康发展。我们要按照党中央、国务院的决策部署，遵循"鼓励

---

[1] 参见杨国明、李保华："第三方支付法律问题刍议"，载《金融经济（理论版）》2006年第4期；中国人民银行海口中心支行课题组："第三方支付沉淀资金问题及监管"，载《南方金融》2007年第9期；张碧倩："电子支付中第三方支付平台相关法律问题的思考"，载《商业文化（学术版）》2009年第7期；陈丹粉："第三方支付平台法律问题研究"，载《时代金融》2011年第8期；魏曼曼："第三方电子支付法律问题研究"，载《法制与社会》2011年第15期；尹潞玫："电子商务中第三方支付模式及问题研究"，载《时代金融》2011年第29期；张朝俊："从电子货币角度讨论第三方支付沉淀资金的法律问题"，载《成都行政学院学报》2012年第2期；万李霞、旷洁玉："第三方支付平台备付金法律监管问题研究——以《支付机构客户备付金存管暂行办法（征求意见稿）》为视角"，载《商场现代化》2012年第20期；吕卓："网络第三方支付的风险防范法律问题探析"，载《法制博览》2013年第6期；朱玛："第三方支付机构沉淀资金的权属争议及法律监管：兼谈'余额宝'的创新与风险"，载《武汉金融》2013年第12期；丁皓、贺卓媛："我国互联网第三方支付平台沉淀资金的监管"，载《商业会计》2014年第4期；陈骁："互联网第三方支付沉淀资金的法律规制"，载《海南广播电视大学学报》2014年第4期；梁骁："我国第三方支付业务非法网络交易风险分析及监管政策建议"，载《甘肃金融》2015年第2期；王琛："第三方支付的主要盈利模式及存在的风险分析：以支付宝为例"，载《商业文化》2015年第18期。

[2] "支付宝存在五大风险"，载新浪财经：http://finance.sina.com.cn/stock/t/20090408/08252776089.shtml，最后访问时间：2015年12月20日。

[3] "中国人民银行有关部门负责人就《非金融机构支付服务管理办法》有关问题答记者问"，载中国人民银行官网：http://www.pbc.gov.cn/bangongting/135485/135491/135597/1004657/index.html，最后访问时间：2015年12月20日。

[4] "人民银行有关负责人就《非银行支付机构网络支付业务管理办法》答记者问"，载中国人民银行官网：http://www.pbc.gov.cn/zhifujiesuansi/128525/128527/2996377/index.html，最后访问时间：2015年12月20日。

创新、防范风险、趋利避害、健康发展"的总体要求，发现问题，识别风险，制定规则，维护秩序，为金融创新提供有效的法律保障。

(二) 第三方支付的性质

关于第三方支付的性质，一般将其定位于信用中介服务和支付托管服务。例如，有学者认为："随着行业的不断扩张与深化，在提供传统线上支付服务的基础上，新兴的第三方支付服务逐渐深入到如移动支付、预付卡的发行与受理、POS收单等线下支付领域，多方面丰富了人们的支付渠道。因此，第三方支付服务可描述为一种信用中介服务、一种支付托管行为，其运作实质是通过在买卖双方之间设立一个中间过渡账户，使汇款资金实现可控性停顿。这种第三方中介的形式以及先发货后付款的流程设计，突破了制约网上支付服务发展的瓶颈：一方面解决了电子商务小额支付下由于银行卡不一致所导致的货款转账不便的问题，另一方面也大大降低了由于信息不对称所导致的互联网交易的欺诈风险，充分保障了消费者的合法权益，促进了支付行业的健康发展。"[1]以支付宝为例，其为交易者提供"代收代付的中介服务"和"第三方担保服务"的交易流程如下图：[2]

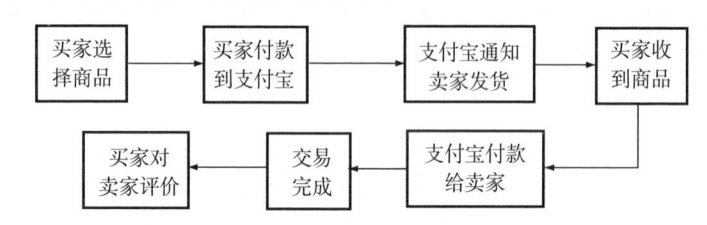

买家选择商品 → 买家付款到支付宝 → 支付宝通知卖家发货 → 买家收到商品 → 支付宝付款给卖家 → 交易完成 → 买家对卖家评价

由此可见，网络第三方支付有一个重要特点：通过支付宝向商家支付现金时，货款不是立刻到达商家账户，而由支付宝作为信用担保，暂时替买卖双方保管货款，只有用户收到商品，并在自己的支付宝账户中确认收货，认可交易后，货款才被转到商家的支付宝账户中。[3]因此，第三方支付机构利用在线交易平台在收款人和付款人之间设立了一个由其掌控的过渡账户，使收支款项在支付平台上实现可控性停顿。随着交易量的增大，必然有大量的资金沉淀于这个账户上。由此形成了第三方支付流程中的一个特殊事物——客户备付金。

所谓客户备付金，又称作"沉淀资金"，指支付机构为办理客户委托的支付业务而实际收到的预收待付货币资金。客户备付金的来源主要有二：一是在途资金，二是支付工具吸附资金。所谓在途资金，是指买家为购买已经选定的商品而委托第三

---

[1] 任曙明、张静、赵立强："第三方支付产业的内涵、特征与分类"，载《商业研究》2013年第3期。

[2] 金莎莎："电子商务下的第三方支付服务新模式"，载《新西部（下半月）》2008年第7期。

[3] 金莎莎："电子商务下的第三方支付服务新模式"，载《新西部（下半月）》2008年第7期。

方支付平台临时保管,以便在收货后由第三方平台支付给卖家的资金。在早期的电商交易中,买家常常是在下单时将货款从自己的银行账户转入第三方支付机构账户,收货后再由第三方支付机构转入商户的银行账户。"基于第三方支付机构支付流程的独特性,其在途资金也呈现出不同特点。传统银行支付系统中,在途资金的产生来自于银行业务处理的异步以及周转环节,实际上可以通过一定的手段尽量避免;而在第三方支付系统中,为保证交易安全,资金无论如何都会在支付机构作一定时间的停留而成为在途资金。因此,传统意义上的在途资金属于'预收待付'但未实际收到的资金,并不符合客户备付金的概念。只有第三方支付意义上的在途资金,才是在线支付沉淀资金形成的微观基础,构成沉淀资金形成的主要原因。"[1]也就是说,成为客户备付金的在途资金,是一定会进入第三方支付机构的账户并在一段时间停留的资金。所谓支付工具吸附资金,是客户为了在将来选购商品后能快捷地完成支付而预存于第三方平台的资金。也就是说,第三方支付机构提供在线账户充值服务,买方先向支付机构的银行账户内转账,在未来的电商交易中作为电子钱包使用。这种变相的吸储业务是第三方支付机构沉淀资金的另一重要来源。

在获得大量资金沉淀后,第三方支付机构不断开发新的金融服务产品,以增加"电子钱包"的用途和使用频度:除了购买商品,还可以用于各种在线或线下的消费,如购买机票、预订酒店、用餐、缴费、打车等,甚至还可用于投资。于是,第三方支付平台俨然成了附着在银行支付系统上的"另类银行"——吸收存款,并使之成为客户消费的资金集散地。在此基础上,第三方支付机构利用自己掌握的客户信息和影响客户的能力,不断地吸引各种商业机构与之"结盟"。更有甚者,有的甚至自己投资设立基金,建立资金直通管道,将平台的沉淀资金变成自己吸收投资的"资金仓库"。阿里巴巴"淘宝网——支付宝——余额宝——天弘基金"的步步"创新",提供了一个突破现存金融体制,完成从商业服务到金融服务、从网络服务到网络集资"三级跳"的交易集成。与传统银行不同的是,银行吸收存款但不鼓励储户花钱,而第三方支付机构吸收存款却鼓励储户花钱(源源不断的花钱又带来进一步源源不断的存钱)。银行给储户支付利息,第三方支付机构不给利息。银行把存款用于信用创造,向各行各业供给信贷资金,而第三方支付平台让存款为自家的电商平台和结盟商圈创造利润,壮大自己的商业王国。前者推动了生产,后者拉动了消费。当然,消费的增长也在一定程度上提升了对银行卡的需求。可以说,在依法合规的秩序下,彼此分工,相互推动,各尽其能,互利共赢,形成不同金融业态之间的合作关系,是值得欢迎的。

---

〔1〕 朱玛:"第三方支付机构沉淀资金的权属争议及法律监管——兼谈'余额宝'的创新与风险",载《武汉金融》2013年第12期。

(三) 第三方支付的行业定位

第三方支付的行业定位，是制定有关监管规则和法律规范的重要依据。根据目前监管部门的有关规定，可以确定第三方支付有两点行业定位：非金融机构支付服务和互联网支付。

1. 非金融机构支付服务。目前，我国监管部门对第三方支付的基本定位是非金融机构支付服务。"近年来，随着支付服务需求日益多样化、差异化和个性化，非金融机构越来越多地从信息服务逐步参与到支付服务中来，通过产品创新、细分客户群体，推动了互联网支付、移动支付、数字电视支付等新兴电子支付快速发展，提高了支付服务效率和质量，促进了支付服务市场竞争。非金融机构也因此成为中国除中央银行、银行机构和清算机构等传统支付服务组织之外的新兴力量。但非金融机构支付服务的运行也存在一些新的问题和风险，例如资金风险、运营风险、道德风险等。"[1]

在银行业支付清算产业的沃土上蓬勃生长的第三方支付行业，进一步细化了我国货币支付市场服务生产建设和国民生活的职能，拓宽了支付中介服务的市场空间，为拉动消费和带动就业发挥了积极的作用。第三方支付服务产业是货币支付流通这个"大循环系统"中的"毛细血管"，它们可以把金融服务的供给输送到社会中广泛而细微的需求环节。可以说，第三方支付是我国银行业支付市场的扩展和延伸。

但是，需要明确的是，第三方支付这些"毛细血管"在银行业支付系统这个"大循环系统"中处于"供给末梢"的位置，它们不能进入作为支付系统基础和主干的银行卡清算产业，也不能影响支付系统的整体运行秩序和运行安全。为此，监管部门先后发布了一系列的文件，对第三方支付行业加以规范。首先，为了加强对第三方支付的管理，保障支付系统的运行秩序，央行于2010年发布了《非金融机构支付服务管理办法》，明确了第三方支付行业的服务范围仅限于网络支付、预付卡的发行与受理、银行卡收单和中国人民银行确定的其他支付服务。很明显，在银行卡支付市场中，第三方支付只能参与收单市场，不能进入发卡市场，更不得涉足银行卡组织。其次，为了防范第三方支付的风险，保障支付系统的运行安全，央行于2012年和2013年进一步发布了《支付机构预付卡业务管理办法》和《支付机构客户备付金存管办法》。在此基础上，（原）银监会和央行于2014年发布了《中国银监会、中国人民银行关于加强商业银行与第三方支付机构合作业务管理的通知》，针对第三方支付的主要风险因素，规定了一系列旨在保障客户资金和银行账户安全，促进支付行业健康发展的规则和措施。2015年12月28日，央行发布《非银行支付机构网络支付业务管理办法》，对第三方支付的客户管理、风险管理与客户权益保护、监督管

---

[1] 中国人民银行支付结算司：“中国零售支付服务发展与展望”，载中国人民银行官网：http://www.pbc.gov.cn/zhifujiesuansi/128525/128531/2876980/index.html，最后访问时间：2015年12月20日。

理以及法律责任等重要问题作了进一步的具体规定，为第三方支付的健康发展提供了更有针对性和实效性的行为规范。

在对非金融支付服务实行法律规制和监管上，是有国际经验可供借鉴的。国际上，非金融机构支付服务市场发展较早、较快的一些国家，政府对这类市场的监管逐步从偏向于"自律的放任自流"向"强制的监督管理"转变。美国、欧盟等多数经济体从维护客户合法权益角度出发，要求具有资质的机构有序、规范从事支付服务，具体措施包括实行有针对性的业务许可、设置必要的准入门槛、建立检查和报告制度、通过资产担保等方式保护客户权益、加强机构终止退出及撤销等管理。[1]在美国，非金融支付行业被称为货币服务行业（Money Services Business）。按照2001年《统一货币服务法案》的规定，从事货币服务的非银行机构必须获得专项业务经营许可，并符合关于投资主体、营业场所、资金实力、财务状况、从业经验等相关资质要求。货币服务机构应保持交易资金的高度流动性和安全性等，不得从事类似银行的存贷款业务，不得擅自留存、使用客户交易资金。"9·11"事件后发布的《爱国者法案》进一步规定货币服务提供商必须在财政部的金融犯罪执行网络注册，并且每2年续注一次。货币服务提供商必须接受联邦和州两级的反洗钱监管，提交全部代理人名单，并根据法律履行客户身份识别、大额现金交易报告、可疑交易报告、冻结特定资产和交易记录保存等各类反洗钱义务。美国最大的网络支付服务提供商PayPal曾因未获许可从事货币转移业务、违反《爱国者法案》转移犯罪资金等行为多次受到州和联邦监管当局的调查。[2]在欧盟，《电子货币指令》《内部市场支付服务指令》等法律对从事电子货币发行与清算的机构实行业务许可制度，确保只有遵守审慎监管原则的机构才能从事此类业务。例如，PayPal一类的第三方网上支付公司只有在取得银行经营执照或者电子货币公司的经营执照后才能开展业务，并且在电子货币的发行、交易清算与赎回等方面要受到相关法律的制约和相关机构的监管。欧盟还对第三方支付机构经营范围和资金管理进行了严格的限制。[3]总的来

---

[1] 参见巴曙松、杨彪："第三方支付国际监管研究及借鉴"，载《财政研究》2012年第4期；"中国人民银行有关部门负责人就《非金融机构支付服务管理办法》有关问题答记者问"，载中国人民银行官网：http://www.pbc.gov.cn/bangongting/135485/135491/135597/1004657/index.html，最后访问时间：2015年12月20日。

[2] 参见梁骁："我国第三方支付业务非法网络交易风险分析及监管政策建议"，载《甘肃金融》2015年第2期。

[3] 欧盟规定，支付机构应严格区分自有资金和客户资金，并对客户资金提供保险或类似保证；电子货币机构提供支付服务时，用于活期存款及具备足够流动性的投资总额不得超过自有资金的20倍。与之类似，英国的《金融服务与市场法》要求对从事电子支付服务的机构实行业务许可，并且电子货币机构必须用符合规定的流动资产为客户预付价值提供担保，且客户预付价值总额不得高于其自有资金的8倍。参见"中国人民银行有关部门负责人就《非金融机构支付服务管理办法》有关问题答记者问"，载中国人民银行官网：http://www.pbc.gov.cn/bangongting/135485/135491/135597/1004657/index.html，最后访问时间：2015年12月20日。

说,在对第三方支付机构的监管上,欧盟主要有四个方面的要求:一是对资本金的要求,即电子支付机构必须具备 100 万欧元以上的初始资本金,并保证持续拥有足额的自有资金。二是对投资活动的要求,规定第三方支付机构沉淀资金为负债性质,其投资项目应以高流动性和低风险为主要领域,投资额也必须控制在一定范围和比例内。三是对业务风险管理的要求,鉴于电子货币机构存在金融与非金融风险,因此内控必须稳健,管理必须审慎。四是记录和报告制度,规定电子货币机构应将定期提交财务审计报告,并有义务随时就股权结构、组织形式的变更、业务范围的调整、模式的改变等提交报告,同时在一定时间跨度内保留交易记录。[1] 总之,"美国和欧盟对电子货币的监管有许多共同之处:一是需要经过相关机构审批获取营业执照或许可证明,二是实行审慎的监管防止经营风险,三是限制将客户资金进行投资确保资金安全,四是要符合反洗钱等相关法律规定"。[2]

2. 互联网支付。我国监管部门对第三方支付的另一个定位是互联网支付。互联网支付是互联网金融业态的一个种类。2015 年央行等 10 部委经党中央、国务院同意,发布了《关于促进互联网金融健康发展的指导意见》,将互联网金融定义为"传统金融机构与互联网企业利用互联网技术和信息通信技术实现资金融通、支付、投资和信息中介服务的新型金融业务模式"。将互联网金融定义为相对于传统金融的一类金融模式,是我国立法的创举,体现了中国经济在互联网时代的创新活力。《关于促进互联网金融健康发展的指导意见》将第三方支付纳入互联网支付的范畴,体现了鼓励和促进其健康发展的政策取向。

《关于促进互联网金融健康发展的指导意见》按照对互联网金融"鼓励创新、防范风险、趋利避害、健康发展"的总体要求,明确规定,"互联网支付应始终坚持服务电子商务发展和为社会提供小额、快捷、便民小微支付服务的宗旨。银行业金融机构和第三方支付机构从事互联网支付,应遵守现行法律法规和监管规定"。由此可见,首先,互联网支付的经营主体包括银行业金融机构和第三方支付机构。其次,无论是银行业金融机构还是第三方支付机构,都必须始终坚持两条业务准则,一是"服务电子商务发展",二是"提供小额、快捷、便民小微支付"。这两条准则也是对互联网支付业务范围的限定。在此基础上,《关于促进互联网金融健康发展的指导意见》进一步对第三方支付作出专门规定,"第三方支付机构与其他机构开展合作的,应清晰界定各方的权利义务关系,建立有效的风险隔离机制和客户权益保障机制。要向客户充分披露服务信息,清晰地提示业务风险,不得夸大支付服务中介的性质和职能"。《关于促进互联网金融健康发展的指导意见》出台后,央行很快发布了《非银行支付机构网络支付业务管理办法(征求意见稿)》,向社会公开征求意见,并

---

[1] 参见容玲:"第三方支付平台竞争策略与产业规制研究",复旦大学 2012 年博士学位论文。
[2] 容玲:"第三方支付平台竞争策略与产业规制研究",复旦大学 2012 年博士学位论文。

于年底前正式发布了《非银行支付机构网络支付业务管理办法》,这标志着,第三方支付行业彻底告别"野蛮生长"时期,走上了规范运行、健康发展的道路。

(四)互联网支付市场的发展趋势

1. 当前的交易规模和市场秩序。据 iResearch 艾瑞咨询统计,[1] 中国第三方互联网支付市场交易规模,2013 年达 53 729.8 亿,同比增长 46.8%;2014 年达到 80 767 亿,同比增速 50.3%;2015 年前三季度达到 83 193.2 亿,同比增速 45.2%;预计 2018 年将达到 22 万亿。2015 年第三季度第三方互联网支付交易规模市场份额中,支付宝占比 47.6%,财付通占比 20.1%,银联商务占比 11.1%,快钱占比 7.0%,汇付天下占比 4.9%,易宝占比 3.4%,环迅占比 1.9%,京东支付占比 1.8%。其中,支付宝的市场份额比 2014 年的 49.6% 下降了 2 个百分点。2015 年第三季度中国第三方互联网支付市场交易规模结构中,网络购物占比 23.9%,基金占比 20.5%,航旅占比 10.9%,电信缴费占比 3.8%,电商 B2B 占比 5.8%,网络游戏占比 2.3%。其中,与 2014 年第四季度相比较,网络购物下降 7.5 点,电商 B2B 下降 1.6 点,基金上升 5.8 点。[2]

速途研究院的分析师认为,近几年,互联网金融的快速崛起,使得低成本支付模式在金融市场掀起了巨浪,第三方支付机构的支付业务规模获得了快速增长,其简单便捷的支付模式越来越受到用户的青睐。在发展的浪潮中,不少第三方支付企业已经在支付的大市场走出自己的特色,其中以支付宝和微信支付的发展最为迅速,所占市场份额最大。伴随我国电子商务环境的不断优越,支付场景的不断丰富,以及金融创新的活跃,第三方支付的市场规模还将会进一步扩大。[3]

自 2011 年 5 月央行发放第一批第三方支付牌照以后,大量非金融机构涌入支付市场。截至 2014 年 7 月,央行分五批共发放 269 家支付牌照,其中从事线下收单业务的企业达 84 家。中国第三方支付市场在规模快速增长的同时,利益格局也处于调整过程之中,价格竞争有可能使得支付市场成为"红海市场"。[4] 在此之后,央行并

---

[1] 数据来源:艾瑞咨询网:http://www.iresearch.com.cn/View/225451.html;http://www.iresearch.com.cn/view/247141.html;http://www.iresearch.com.cn/data/256673.html,最后访问时间:2015 年 12 月 20 日。

[2] 2014Q4 中国第三方互联网支付交易规模结构中,网络购物占比 31.4%,基金占比 14.7%,航空旅行占比 10.6%,电信缴费占比 4.3%,电商 B2B 占比 7.4%,网络游戏占比 2.4%,其他占比 29.2%。数据来源:艾瑞咨询网:http://www.iresearch.com.cn/View/225451.html;http://www.iresearch.com.cn/view/247141.html;http://www.iresearch.com.cn/data/256673.html,最后访问时间:2015 年 12 月 20 日。

[3] 速途研究院:"2015 年 Q3 第三方支付市场分析报告",http://www.sootoo.com/content/657747.shtml,最后访问时间:2015 年 12 月 20 日。

[4] 万虹、安琪:"互联网时代第三方支付发展状况及创新之路三大趋势:兼论银联商务创新发展与立足利器",载《金融纵横》2014 年第 10 期。

没有再发新牌照。2014年9月，央行出手整顿第三方支付市场，下发针对汇付天下、富友、易宝和随行付4家第三方支付公司的处罚意见，要求其退出部分省市的现有收单业务。另一方面，第三方支付企业自身发展也遭遇瓶颈。全国政协委员、建行信用卡中心原总经理赵宇梓曾在两会提案中指出，国内获牌的第三方支付机构已成为收单市场的重要参与方，但其经营业务在未报监管批准的情况下，已延伸至存款、理财、信贷、国际结算等传统银行业务。由于第三方支付机构准入门槛过低，管理水平与银行业管理要求相距甚远，存在较大风险隐患。[1]

2. 未来的发展趋势。对第三方支付市场的未来发展趋势，可以从竞争态势和发展前景两个方面进行分析预测。

（1）竞争态势分析。关于第三方支付市场的竞争态势，有研究报告指出，未来第三方支付市场竞争将更激烈，行业集中程度加强；线上线下融合趋势明显，O2O模式是未来企业布局的主要战略；跨境支付成为未来发展的机会；移动支付成为第三方支付巨头争夺的焦点。[2]

目前，在第三方支付市场的竞争格局中形成了四大方阵。首先，随着京东收购网银在线，万达收购快钱，它们与最大的第三方支付企业——基于阿里电商兴起的支付宝，组成了大型电商公司方阵。其次，其他大型互联网公司方阵，如腾讯和百度：腾讯旗下有财付通和微信支付，是仅次于支付宝的第三方支付，擅长于为网络游戏、O2O等提供支付服务，百度旗下的百度钱包和百付宝靠着巨大流量也拥有不少用户。再其次，手机和操作系统公司方阵，如苹果推出ApplePay，谷歌推出Googlewallet，小米推出小米钱包和小米支付，都是依托已有领地进军支付市场的翘楚。最后，传统卡组织和通讯企业方阵，如银联旗下的银联商务和各地银联组织，它们依靠POS支付年代积累的优势，占据了较大的市场份额；移动、联通和中国电信依靠庞大的用户和线下直营店队伍，也有希望从支付市场的蛋糕中切下一刀。[3]

互联网金融市场在激烈竞争中出现的最新动向是综合化集团经营。以蚂蚁金服为代表的新型小微金融服务集团已经将阿里巴巴旗下的第三方支付与移动支付、P2P、O2O、小额贷款、网络银行、在线理财、网络保险等平台组合成互联网金融服务集群，雄心勃勃地展开新的市场布局，恰如蚂蚁金服掌门人井贤栋的岁末豪言："'互联网金融'或者'金融互联网'都将是过渡性词汇，我们未来面对的，是一个

---

〔1〕"2015年我国第三方支付行业分析"，载中国报告大厅：http://www.chinabgao.com/freereport/65379.html，最后访问时间：2015年12月20日。

〔2〕"2015年我国第三方支付行业分析"，载中国报告大厅：http://www.chinabgao.com/freereport/65379.html，最后访问时间：2015年12月20日。

〔3〕参见王超："2015：巨头的第三方支付卡位战"，载《金卡工程》2015年第4期。

'新金融'时代。"[1]

(2) 发展前景预测。关于第三方支付市场的发展前景,中国人民银行支付结算司在 2015 年 5 月的报告中有以下五点预测:[2]

第一,支付的价值将超越支付本身。传统支付的作用,是交易双方最终完成交易而进行的付款人对收款人的货币债权转移。在互联网时代,支付的目的虽然没有实质改变,但支付活动所能够掌握的客户信息、交易信息等各类信息大大增加,使得支付的价值不再局限于支付本身,支付的基础功能被急剧放大。通过对这些数据信息的收集、整理、分析,能够对客户信用、行为、爱好等进行全面了解和掌握,从而为其他业务提供必要的基础性支撑,为支付服务提供者有针对性地营销客户、维护客户、推销产品和服务等提供有效保障。能够充分利用为电子商务平台提供的支付服务等各类功能,重视对可以获取数据的挖掘和利用,才是银行电子商务平台真正价值所在。

第二,支付的变革将有助于改善银行服务。从支付角度看,非金融支付服务机构的诞生和发展,值得银行这一传统支付服务提供者深刻反思。在支付服务领域,技术进步带来的长尾理论的实践。支付服务是银行中间业务的重要组成部分,是其他各类业务的基础。在互联网时代,技术进步使得银行有能力和条件,去看到原来难以顾及的更多客户的支付服务需要。市场细分、客户细分、服务细分变得更有条件。因此,不同规模的银行可以根据自身战略定位,提供更加差异化的支付服务和其他金融服务。同时,这种差异化服务的实现,将有助于普惠金融体系的完善。另一方面,总体上看,在银行支付服务的差异化进程中,非金融支付服务机构还将处于补充地位,二者是竞争与合作关系。未来支付服务市场的主导者还将是银行。

第三,无卡化趋势将进一步加快。随着互联网时代来临,银行卡为主要表现形式的卡基支付工具正在走向顶峰。尽管新兴的网络支付还难以完全摆脱银行卡独立存在,但其依赖性正随着无卡支付的发展而降低。支付工具的多样化和无卡化趋势,可能需要支付服务提供者将其注意力转移到账户服务本身,并由此去考虑业务创新、

---

[1] "蚂蚁金服井贤栋:'互联网金融'只是过渡性词汇",载《财经天下》周刊 2015 年 12 月 22 日,转自新浪科技网:http://tech.sina.com.cn/i/2015-12-22/doc-ifxmxftp5769771.shtml,最后访问时间:2015 年 12 月 20 日。

[2] 支付结算司:"互联网时代的支付变革",载中国人民银行官网:http://www.pbc.gov.cn/zhifujiesuansi/128525/128531/2811423/index.html,最后访问时间:2015 年 12 月 20 日。

产品创新和安全机制。人们热议中的"金融脱媒",[1]就互联网支付而言,将是一个十分漫长的过程。因为无论哪一种支付工具和支付方式,最初和最终的资金转移都必须通过银行才能完成。当然,非金融支付服务机构通过提供支付账户服务,在有限范围内和一定程度上还是实现了支付"脱媒"。正因如此,才形成了支付机构与银行在支付市场的竞争。

第四,移动支付将主导未来零售电子支付发展方向。随着移动通信终端设备和移动通信技术的发展,从模拟终端到数字终端,再到现在的智能终端,以及智能终端升级换代和移动终端的普及,其发展速度远远超乎人们的想象。面对互联网时代人们生活的碎片化,随机性交易不断增加,也只有移动支付能够满足这种特殊条件下的支付需要。随着现代移动通信技术和移动互联网发展,移动支付的基础将越加牢固。同时,移动支付所能带来的价值附加,将远甚于互联网支付。

第五,安全与便捷的矛盾将更加突出。安全性和便利性是人们支付活动中特别关注的两大问题。至少从目前来看,银行和非金融支付服务机构面对其产品设计和创新,在理念上存在较大差异。银行考虑的因素中,安全性是首要的,并且这一理念对产品设计、推出的速度以及客户体验等产生了一定影响。而非金融支付服务机构首先考虑的是便捷性和客户体验等因素,因此对市场反应速度较快,并且其产品容易被客户接受。互联网时代,大家对便捷要求更高,但对安全顾虑也更多了。如何处理好这二者之间的关系是支付服务提供者无法回避的难题。在二者之间尽力寻找一个平衡点的同时,支付服务提供者需要特别关注的是对风险控制和风险补偿机制的建设。关键是有能力去管理风险,特别是对客户资金风险、信息风险、信用风险的管理。

二、第三方支付的秩序规范

(一)立法概况

第三方支付作为我国货币支付市场的一种新型的业态,本质上属于金融服务的范畴,具有与金融系统的关联性、自身的风险性以及风险向金融系统的传导性。因此,除了要求第三方支付遵守金融业尤其是货币支付行业的共同行为规范外,还需

---

[1] 金融脱媒,是指随着直接融资(即依托股票、债券、投资基金等金融工具的融资)的发展,资金的供给通过一些新的机构或新的手段绕开商业银行这个媒介体系,输送到需求单位,也被称为资金的体外循环,实际上就是资金融通的去中介化,包括存款的去中介化和贷款的去中介化。这种现象最早出现在具有发达资本市场的美国。随着以资本市场为中心的新金融商品的开发和需求的创造,特别是随着资本需求的超强劲增长,证券市场的功能日趋凸现,而银行的媒介作用则趋于萎缩。从1929年以后,美国出台利率管制的Q条例,导致银行利润下降和市场萎缩,致使美国在20世纪60年代出现了所谓"银行脱媒"现象。1980年以后,美国陆续颁布《存款机构放松管制的货币控制法》等法律,修正直至废除了Q条例。但金融脱媒的格局已经形成。到1997年,在全美金融机构资产总值中,存款类机构的资产占比从1960年的57.9%下降到23%,而基金和投资类机构的资产占比则从1960年的12.6%上升到25.9%。

要针对其特殊性制定特别的制度和规则。鉴于第三方支付的创新性和成长性，相关的特别立法需要一个经验积累的过程。因此，目前将这方面的立法放在部门规章的层级，是比较稳妥的选择。迄今为止，央行出台关于第三方支付的专门规范，大体可以分为以下两个阶段：

1. 第一阶段：2010 年～2014 年。这一阶段发布的规范性文件主要有：中国人民银行《非金融机构支付服务管理办法》（央行〔2010〕第 2 号令，以下简称《央行 2 号令》）、中国人民银行《支付机构预付卡业务管理办法》（央行公告〔2012〕第 12 号）、中国人民银行《支付机构客户备付金存管办法》（央行公告〔2013〕第 6 号）和《中国银监会、中国人民银行关于加强商业银行与第三方支付机构合作业务管理的通知》（银监发〔2014〕第 10 号）。

2. 第二阶段：2015 年以后。2015 年，央行第 10 部委联合发布《关于促进互联网金融健康发展的指导意见》，确定了我国现阶段互联网金融立法的基本指导思想和制度框架。其中，互联网支付被列为监管对象之首。可以说，此后的互联网第三方支付立法必须以此为依据，其他的第三方支付立法也必须以此为参照。2015 年 12 月 28 日，中国人民银行发布了《非银行支付机构网络支付业务管理办法》（央行公告〔2015〕第 43 号，以下简称《管理办法》）。由此开启了新一轮的第三方支付立法。

以下就上述规范文件中的若干重要规定做一综合评述。

（二）规范对象

1. 支付服务行为。《央行 2 号令》第 1 条明确规定，该规章的立法目的是"促进支付服务市场健康发展，规范非金融机构支付服务行为，防范支付风险，保护当事人的合法权益"，其规范对象为特定的市场行为——支付服务行为，即非金融机构在收付款人之间作为中介机构提供该规章列明的货币资金转移服务的行为。理解这一规定，需要明确三点：其一，行为主体是作为中介机构的非金融机构。其二，受管理的行为属于货币资金转移服务，根据第 2 条的规定，具体包括：①网络支付；②预付卡的发行与受理；③银行卡收单；④央行确定的其他支付服务。这里的所谓网络支付，是指依托公共网络或专用网络在收付款人之间转移货币资金的行为，包括货币汇兑、互联网支付、移动电话支付、固定电话支付、数字电视支付等。所谓预付卡，是指以营利为目的发行的、在发行机构之外购买商品或服务的预付价值，包括采取磁条、芯片等技术以卡片、密码等形式发行的预付卡。所谓银行卡收单，是指通过销售点（POS）终端等为银行卡特约商户代收货币资金的行为。其三，该等行为的服务对象是收款人和付款人，除经特别许可外，不包括银行业金融机构之间的收付款交易。

《管理办法》第 2 条第 1、3、4 款规定，"支付机构从事网络支付业务，适用本办法"，"本办法所称网络支付业务，是指收款人或付款人通过计算机、移动终端等电子设备，依托公共网络信息系统远程发起支付指令，且付款人电子设备不与收款人特定专属设备交互，由支付机构为收付款人提供货币资金转移服务的活动"，"本办法所称收款人特定专属设备，是指专门用于交易收款，在交易过程中与支付机构业务系统交互并参与生成、传输、处理支付指令的电子设备"。

需要注意的是，《管理办法》第 2 条规定的"网络支付服务"只是银行 2 号令第 2 条规定的"非金融机构支付服务"四种服务方式中的第一种。《管理办法》第 2 条对"货币资金转移服务"的界定，采用了概括的方式，没有对具体的支付形式进行列举。鉴于银行 2 号令是《管理办法》的立法依据，《央行 2 号令》的列举规定对《管理办法》的概括规定有解释作用。

2. 支付机构。《央行 2 号令》第 3 条规定，非金融机构提供支付服务，应当依据本办法规定取得《支付业务许可证》，成为支付机构。支付机构受央行监管。未经央行批准，任何非金融机构和个人不得从事或变相从事支付业务。这意味着，支付机构分为两类：一类是持有金融机构牌照从事支付业务的机构，另一类是没有金融机构牌照但获得支付业务许可的机构。后者由于没有金融机构牌照，只能从事支付中介业务，因而不能自行存管客户资金，更无权支配客户资金。所以，《央行 2 号令》第 4 条第 1 款规定："支付机构之间的货币资金转移应当委托银行业金融机构办理，不得通过支付机构相互存放货币资金或委托其他支付机构等形式办理。"也就是说，非金融机构的支付业务机构不得自己设立和控制用于存放客户资金的"资金池"。

《管理办法》第 2 条第 2 款规定："本办法所称支付机构是指依法取得《支付业务许可证》，获准办理互联网支付、移动电话支付、固定电话支付、数字电视支付等网络支付业务的非银行机构。"《支付业务许可证》的颁发和管理是由《央行 2 号令》规定的，《管理办法》对此没有规定。所以，支付机构的范围和资质认定，应适用《央行 2 号令》的规定。

（三）市场准入

根据《央行 2 号令》，第三方支付机构的市场准入实行核准许可制。非金融机构要从事支付业务，必须向央行申请取得《支付业务许可证》。申请经申请人所在地副省级城市中心支行以上的人行分支机构审查后，上报央行批准。核准许可的规定包括实体规定和程序规定。

1. 实体规定。准入申请获得许可必须具备的实质条件，包括申请人条件和主要出资人条件。

第一，申请人条件。第 8 条规定了申请人应当具备的 9 项条件：①在中华人民共和国境内依法设立的有限责任公司或股份有限公司，且为非金融机构法人；②有符合本办法规定的注册资本最低限额；③有符合本办法规定的出资人；④有 5 名以上熟悉支付业务的高级管理人员；⑤有符合要求的反洗钱措施；⑥有符合要求的支付业务设施；⑦有健全的组织机构、内部控制制度和风险管理措施；⑧有符合要求的营业场所和安全保障措施；⑨申请人及其高级管理人员最近 3 年内未因利用支付业务实施违法犯罪活动或为违法犯罪活动办理支付业务等受过处罚。同时，申请人的注册资本必须为实缴货币资本，并按照从事业务的地域范围达到第 9 条规定的法定最低限额，即在全国范围内从事支付业务的为 1 亿元，省（自治区、直辖市）范围的为 3000 万元。

第二，出资人条件。第 10 条规定，拥有申请人实际控制权的出资人和持有申请人 10% 以上股权的出资人应当符合以下条件：①为依法设立的有限责任公司或股份有限公司；②截至申请日，连续为金融机构提供信息处理支持服务 2 年以上，或连续为电子商务活动提供信息处理支持服务 2 年以上；③截至申请日，连续盈利 2 年以上；④最近 3 年内未因利用支付业务实施违法犯罪活动或为违法犯罪活动办理支付业务等受过处罚。

2. 程序规定。第一，按照第 11 条的规定，申请人应当按照规定提交一系列的文件，包括书面申请；营业执照复印件；公司章程；验资证明；经会计师事务所审计的财务会计报告；支付业务可行性研究报告；反洗钱措施验收材料；技术安全检测认证证明；高级管理人员的履历材料；申请人及其高级管理人员的无犯罪记录证明材料；主要出资人的相关材料；申请资料真实性声明。

第二，按照第 12 条的规定，申请人应当在收到受理通知后按规定公告下列事项：①申请人的注册资本及股权结构；②主要出资人的名单、持股比例及其财务状况；③拟申请的支付业务；④申请人的营业场所；⑤支付业务设施的技术安全检测认证证明。

第三，按照第 13 条的规定，申请受理机构审查合格后报央行批准，颁发《支付业务许可证》并予以公告。《支付业务许可证》自颁发之日起有效期 5 年，期满可续展。

3. 法人变更、市场退出。第 14 条规定，支付机构法人变更应当报请央行同意。支付机构终止支付业务应当向所在地人行分支机构报批。

（四）监督管理

1. 合规管理。《央行 2 号令》第 17~22 条从以下七个方面强调了对支付机构合规经营的要求：一是禁止超出核准的业务范围从事经营活动。例如，仅核准从事网络支付业务的，不得开展银行卡收单业务。二是禁止转让、出租、出借《支付业务许可证》。三是审慎经营义务，包括制订支付业务办法及客户权益保障措施，建立健全风险管理和内部控制制度，并报当地监管机构备案。四是收费项目和收费标准的报批义务和公开披露义务。五是业务数据报送义务，即向当地监管机构报送支付业务统计报表和财务会计报告等资料。六是制定支付服务标准合同的义务，要求公开披露和报送当地监管机构备案。七是设立分支机构的备案义务。

《管理办法》还强化了支付机构的客户管理义务。首先，第 6 条规定了客户身份识别制度，要求支付机构遵循"了解你的客户"原则，建立健全客户身份识别机制。

具体要求包括对客户的支付账户实行实名制管理，登记并验证客户身份信息，建立客户唯一识别编码，采取身份识别措施，禁止开立匿名、假名支付账户，等等。其次，第7条规定了服务协议制度，要求支付机构与客户签订服务协议，约定双方责任、权利和义务，明确业务规则、收费标准和差错争议及投诉等服务流程，以及客户损失责任划分和赔付规则等内容。同时，要求支付机构确保协议内容清晰易懂，并以显著方式提示客户注意与其有重大利害关系的事项。在客户开立支付账户的情况下，还必须确认客户对支付账户相关规定充分知晓。最后，第16条规定了客户信息记录制度，要求客户的网络支付业务操作须在确认客户身份及真实意愿后办理，并在至少5年内完整保存操作记录。

2. 客户备付金管理。如前所述，客户备付金是第三方支付的重要风险因素，应该成为重点监管事项。为此，《央行2号令》作了以下几方面的规定：

第一，明确了客户准备金的归属。第24条规定，支付机构接受的客户备付金不属于支付机构的自有财产，支付机构只能根据客户发起的支付指令转移备付金。禁止支付机构以任何形式挪用客户备付金。从法律上讲，支付机构接受客户备付金，不是客户向支付机构付款。因此，第23条禁止支付机构按接受的客户备付金金额开具发票。同时，要求支付机构在客户发起的支付指令中同时记载收付款双方及其开户银行或支付机构的名称。

第二，建立了备付金存管制度。第26条规定，接受客户备付金的支付机构应当在商业银行开立备付金专用存款账户，并且只能在一家商业银行的一个分支机构开立一个备付金专用存款账户；其分公司不得单独开立备付金专用存款账户。

第三，建立了商业银行对备付金存管的监督机制。首先，第26条规定，支付机构要与商业银行的法人机构或授权的分支机构签订备付金存管协议，明确双方的权利、义务和责任。其次，第28条规定，支付机构调整备付金账户头寸时要由存管银行进行复核。最后，第29条规定，存管银行要对客户备付金的使用情况进行监督，对支付机构违规使用客户备用金的申请或指令有义务予以拒绝并向当地监管机构报告。

第四，建立了机构资本与备付金余额比例挂钩制度。第30条规定，支付机构的实缴货币资本与客户备付金日均余额的比例不得低于10%。

在以上规定的基础上，央行《支付机构客户备付金存管办法》从三个方面进一步完善了客户备付金存管制度。一是创立了"备付金银行"制度，细化了备付金银行的一系列资格规定和行为规则。例如，规定了备付金银行的条件，包括总资产不少于1000亿元，具有监督的能力和条件，有足够的网点，具备灾难恢复处理能力和应急处理能力等，这有助于防止支付机构因选择缺乏资质的小银行而加大客户的资金风险。二是严格规范了客户备付金的使用和划转。例如，规定支付机构不得将客户备用金跨行划转至存管银行以外的商业银行，不同支付机构的存管银行之间不得办理客户准备金的划转，这有助于防止支付机构通过跨行转账挪用客户资金。又如，规定了支付机构计提风险准备金的制度，这有利于强化支付机构的责任意识和减少存管银行的责任风险。三是强化了监督管理机制。例如，建立支付系统客户备付金信息统计检测、核对校验制度，组织建设相关的系统，这有助于利用信息技术实时掌握动态、及时发现异常。

3. 客户账户管理。在第三方支付中，客户在线支付所使用的账户，可以是银行账户，也可以是客户在支付机构开设的支付账户。《管理办法》第 3 条第 1 款规定："支付机构应当遵循主要服务电子商务发展和为社会提供小额、快捷、便民小微支付服务的宗旨，基于客户的银行账户或者按照本办法规定为客户开立支付账户提供网络支付服务。"其中，基于银行账户的在线支付是以银行卡为支付工具的。对此，除了第 4 条有"支付机构基于银行卡为客户提供网络支付服务的，应当执行银行卡业务相关监管规定和银行卡行业规范"的原则性规定，第 10 条还对支付机构向客户开户银行发送支付指令、扣划客户银行账户资金的操作行为提出了若干具体要求，包括支付机构事先分别取得客户和银行的协议授权、银行事先取得客户的协议授权和原则上支付机构不得代替银行进行交易验证等。第 12 条还规定，支付机构办理银行账户与支付账户之间转账业务的，相关银行账户与支付账户应属于同一客户。

支付账户是第三方支付特有的支付工具。《管理办法》第一次对支付账户专门立规。其第 3 条第 2、3 款规定，"本办法所称支付账户，是指获得互联网支付业务许可的支付机构，根据客户的真实意愿为其开立的，用于记录预付交易资金余额、客户凭以发起支付指令、反映交易明细信息的电子簿记"，"支付账户不得透支，不得出借、出租、出售，不得利用支付账户从事或者协助他人从事非法活动"。第 7 条进一步规定，支付机构在为客户开立支付账户时，应就下列内容对客户履行告知义务和说明义务："支付账户所记录的资金余额不同于客户本人的银行存款，不受《存款保险条例》保护，其实质为客户委托支付机构保管的、所有权归属于客户的预付价值。该预付价值对应的货币资金虽然属于客户，但不以客户本人名义存放在银行，而是以支付机构名义存放在银行，并且由支付机构向银行发起资金调拨指令。"这些内容清楚地界定了支付账户与客户备付金的关系。第 8 条还规定了对开立支付账户的两条限制：一是对支付机构范围的限制，即能够经客户申请为其开立支付账户的，只能是获得互联网支付业务许可的支付机构；仅获得移动电话支付、固定电话支付、数字电视支付业务许可的支付机构不得为客户开立支付账户。二是对客户范围的限制，即支付机构不得为金融机构，以及从事信贷、融资、理财、担保、信托、货币兑换等金融业务的其他机构开立支付账户。可以说，《管理办法》关于支付账户的上述规定，与《央行 2 号令》关于客户备付金的规定相辅相成，形成了一套比较完整的支付工具管理制度。其基本指导思想就是防止系统性风险和保护消费者权益。

《管理办法》第 11 条还规定了支付机构根据客户身份对同一客户在本机构开立

的所有支付账户进行关联管理和分类管理的制度。所谓分类管理，就是根据客户身份验证的充分程度和安全程度开立不同类别的账户，其中Ⅰ、Ⅱ类账户的余额仅可用于消费和转账，Ⅲ类账户余额可用于消费、转账以及投资理财，且余额付款交易累计额不得超过各自的法定限额。

《管理办法》第22～24条就账户交易验证的方式和不同安全级别下的限额管理做出了规定。第27条规定了支付机构在执行支付指令前的确认义务和完成后的通知义务。

4. 监管措施。《央行2号令》主要规定了以下几方面的监管措施：

第一，检查制度。首先，第35条规定了支付机构接受央行和地方人行分支机构定期或不定期的现场检查和非现场检查的义务。其次，第36条规定了监管机构检查的重点范围，包括公司治理、业务活动、内部控制、风险状况、反洗钱等。最后，第37条规定了现场检查的具体措施，以确保检查工作于法有据。

第二，停业处分。第38条规定，在支付机构累计亏损超过其实缴货币资本的50%、有重大经营风险或者有重大违法违规行为时，监管机构有权责令其停止办理部分或全部支付业务。

第三，行政处罚，第42～45条针对支付机构违反监管规定、违法经营、洗钱、超期后无证经营、骗领许可证等行为规定了警告、罚款、注销许可证、责令终止支付等行政处罚，以及对构成犯罪者追究刑事责任。

央行《支付机构客户备付金存管办法》中进一步规定了监管机构根据监管需要向支付机构和备付金银行调阅资料和要求对相关项目进行外部专项审计的权力。该办法还增加了行业自律管理制度和备付金银行对支付机构的核对、监督义务和向监管机构报送信息的义务。

《管理办法》第40条就行业自律作了进一步的规定。首先，要求所有的支付机构必须加入中国支付清算协会，接受行业自律组织管理。其次，规定中国支付清算协会应制定网络支付业务行业自律规范，建立自律审查机制，向中国人民银行备案后组织实施。自律规范应包括支付机构与客户签订协议的范本，明确协议应记载和不得记载事项，还应包括支付机构披露有关信息的具体内容和标准格式。最后，规定中国支付清算协会应建立信用承诺制度，要求支付机构以标准格式向社会公开作出依法合规开展网络支付业务、保障客户信息安全和资金安全、维护客户合法权益、如违法违规自愿接受约束和处罚等承诺。

（五）风险防控和消费者保护

1. 风险防控。除了上面所述的有关备付金管理、客户账户管理等方面制度外，为了防止第三方支付被犯罪分子利用，《央行2号令》第6条明确规定支付机构应当遵守反洗钱的有关规定，履行反洗钱义务。第31条第2款还规定，支付机构明知或应知客户利用其支付业务实施违法犯罪活动的，应当停止为其办理支付业务。《管理办法》响应新颁布的《反恐怖主义法》，进一步提出了"遵守反洗钱和反恐怖融资相关规定，履行反洗钱和反恐怖融资义务"的要求。

为了避免交易中的违约风险，《央行2号令》第32条要求支付机构采用技术手段确保支付指令的完整性、一致性和不可抵赖性，支付业务处理的及时性、准确性和支付业务的安全性；具备灾难恢复处理能力和应急处理能力，确保支付业务的连续性。

在《央行2号令》的基础上，《管理办法》进一步规定了风险管理的三大制度：一是客户风险评级管理制度（第17条），二是对客户的安全教育制度（第18条），三是风险准备金制度和交易赔付制度（第19条）。

2. 消费者保护。为了保护客户的消费者权益，《央行2号令》第33条规定了支付机构保守客户的商业秘密和妥善保管客户信息的义务。为了切实保护商业银行客户信息安全和资金、银行账户安全，《中国银监会、中国人民银行关于加强商业银行与第三方支付机构合作业务管理的通知》还就商业银行与第三方支付机构建立业务关联提出了一系列的要求，包括加强客户信息安全与保密工作、对客户的技术风险承受能力进行评估、客户银行账户与第三方支付机构首次建立业务关联时的双重认证、商业银行通过电子渠道验证和辨别客户身份时应采取多种因素验证方式、商业银行对建立业务关联的客户应开通至少一种账户变动即时通知技术方式、商业银行设立与客户技术风险承受能力相匹配的支付限额等。

《管理办法》为适应消费者权益保护的需求，特别加强了对客户的信息保护。首先，明确了支付机构保护客户信息的一般义务，随后规定了一系列的具体规则。例如第20条规定，支付机构不得存储客户银行卡的磁道信息或芯片信息、验证码、密码等敏感信息，原则上不得存储银行卡有效期；支付机构应当以"最小化"原则采集、使用、存储和传输客户信息，并告知客户相关信息的使用目的和范围。支付机构不得向其他机构或个人提供客户信息，法律法规另有规定，以及经客户本人逐项确认并授权的除外。第21条规定，支付机构应当通过协议约定禁止特约商户存储客户银行卡的上述敏感信息，并采取定期检查、技术监测等必要监督措施；特约商户违反协议，支付机构属于制止的，应当对客户承担损失赔偿责任。第28条和第29条还就支付机构对客户免费提供交易信息查询、建立健全差错争议和纠纷投诉处理制度、充分尊重客户自主选择权等事项作出了规定。

（六）小结

第三方支付的兴起，对原有的网络化支付服务市场形成了较强烈的冲击。在短短的几年中，以第三方支付为代表的新兴业态以竞争者的姿态进入人民币支付市场，掀起了层层波澜。从表面看，这似乎是争夺市场份额的竞争，但从深层看，实际是争夺市场秩序话语权的博弈。法律上通常假定的市场竞争，是在共同游戏规则下各参与者之间能力和智慧的较量。当一种新的市场力量试图通过改变现有规则来获取竞争优势的时候，这已经超越了竞争法的调整范畴。除非有理由证明现有秩序不公平或者不符合社会利益，法律的立场通常是维护现有秩序。如果新生力量的出现导致原有的规则有明显不合理或者不适应的情况，则可以进行制度的改进和创新，从而建立市场秩序的新常态。目前，第三方支付提出的制度改进命题，主要是如何给新技术应用带来的服务模式创新以必要的发展空间，从而提高交易效率和金融普惠程度，并适应互联网商业等新兴产业的金融服务需求。但是，这种本质上基于效率价值的改进，需要与安全价值和公平价值相平衡。其中，安全价值主要考虑的是防控金融系统性、区域性风险。公平价值主要考虑的是维护金融消费者权益以及市场公平竞争。对互联网金融与这两大价值的关系，中国人民银行等10部委《关于促进互联网金融健康发展的指导意见》有明确的表述：

"互联网金融本质仍属于金融，没有改变金融风险隐蔽性、传染性、广泛性和突发性的特点。加强互联网金融监管，是促进互联网金融健康发展的内在要求。同时，互联网金融是新生事物和新兴业态，要制定适度宽松的监管政策，为互联网金融创新留有余地和空间。通过鼓励创新和加强监管相互支撑，促进互联网金融健康发展，更好地服务实体经济。互联网金融监管应遵循'依法监管、适度监管、分类监管、协同监管、创新监管'的原则，科学合理界定各业态的业务边界及准入条件，落实监管责任，明确风险底线，保护合法经营，坚决打击违法和违规行为。"

"发展互联网金融要以市场为导向，遵循服务实体经济、服从宏观调控和维护金融稳定的总体目标，切实保障消费者合法权益，维护公平竞争的市场秩序。要细化管理制度，为互联网金融健康发展营造良好环境。"

这两段表述，是人们理解上述秩序规范的基本理论指导和适用指南。总的认识是，首先，第三方支付不需要也不能够改变我国支付市场法律秩序的基本原则和基本构架，而且在享有必要而适当的创新空间的同时，必须尊重和服从现有的市场规则。其次，针对第三方支付等新兴业态带来的新的风险点和新的冲突点，法律要提供专门的行为规范和监管措施。这些规范和措施从根本上说是有利于新兴业态健康发展的。新兴业态的营业实体应该是安全、公平和有效率的支付市场的建设性参与者。这是社会对它们的期待，也应该成为它们自己的目标。

总的来说，目前监管部门对第三方支付监管的指导思想是"规范发展与促进创新并重"。所谓"规范发展"，主要是指建立统一的非金融机构支付服务市场准入制度和严格的监督管理机制。保证不同机构从事相同业务时遵循相同的规则，防止不正当竞争，保护当事人的合法权益，维护支付服务市场稳定运行。所谓"促进创新"，主要是指坚持支付服务的市场化发展方向，鼓励非金融机构在保证安全的前提下,以市场为主导,不断创新,更好地满足社会经济活动对支付服务的需求。[1]

三、第三方支付与银行卡支付体系的关系

(一) 第三方支付对商业银行的影响

在第三方支付兴起之前,银行卡支付体系是我国的网络化支付市场主要的服务提供者。总的说来,第三方支付对银行卡支付服务的影响可以分为两个层面:一是对商业银行的影响,二是对银行卡组织的影响。其中,受第三方支付影响较大的是商业银行。

第三方支付所从事的业务,不论是支付、转账、充值、缴费等基础业务,还是投资理财、信用服务等增值业务,都属于商业银行的业务范畴。目前,我国商业银行的三大块主要业务即负债业务、资产业务和中间业务中,受到第三方支付影响较大的是中间业务。在中间业务中,商业银行与第三方支付的主要交叉点是支付结算业务、代理业务、理财业务和银行卡业务,其中影响最明显的是支付结算业务。

在支付结算业务方面,从第三方支付入口进行的支付规模越大,意味着第三方支付分享的手续费费用越多,这无疑影响到商业银行的利益。首先,在第三方支付市场支持下,网络零售业迅速兴起,对线下实体店铺产生了强力的市场挤压,以至于实体流通企业全面触网,或线上线下结合,或与电商合作,或完全转为线上,加上移动支付的应用,导致商家大幅度减少POS结算方式。POS收单业务的减少导致银联清算系统的手续费减少,也就是银联成员们的收入减少。其次,第三方支付的转账业务也对商业银行存在一定的竞争。例如,2013年4月,支付宝手机客户端推出新的业务——"转账到银行卡",这项业务使用户在手机客户端里就可以将钱直接汇至对方的银行卡上,服务推广期内还能享有单笔或者每天5万元以内的免费转账限额。由于大部分商业银行对于线下的跨行转账与异地转账都会收取手续费,而支付宝用户推出"免费转账"服务(实际上是支付宝帮用户垫付手续费),大力抢占日益火爆的移动支付市场,由此对银行的转账业务构成一定程度的冲击。当然,总的说来,支付结算收入整体规模占银行收入比重不大,且大额支付依然掌握在商业银行手中,所以第三方支付对商业银行支付结算业务的总体影响不至于太大。[2]

在代理业务和理财业务方面,第三方支付由于掌握了用户的入口,可以绕开了商业银行独自开展理财、保险等代理服务,这对商业银行的业务有一定影响。例如,

---

[1] "中国人民银行有关部门负责人就《非金融机构支付服务管理办法》有关问题答记者问",载中国人民银行官网:http://www.pbc.gov.cn/bangongting/135485/135491/135597/1004657/index.html,最后访问时间:2015年12月20日。

[2] 参见陈健恒、唐薇、高王强:"第三方支付未来之路:颠覆从支付开始",载《金融市场研究》2015年第2期;陈婷婷、姜红波:"第三方支付企业与商业银行的竞争与合作分析:以支付宝为例",载《电子商务》2015年第5期。

余额宝的规模曾在短短一年里达到 5000 亿元，引起社会广泛关注。但是，余额宝的优势是依托银行间借贷市场，利用余额宝的"通道"从支付宝的沉淀资金中吸收众多客户的小额资金。这种模式对商业银行的理财和代理业务尚不足以构成明显的冲击。

银行卡业务方面，随着互联网银行的建立，[1]第三方支付可能另辟蹊径开展银行卡业务。单就银行卡发卡市场而言，第三方支付本身并不具备与商业银行竞争的能力。但是，第三方支付与互联网银行结合，可以借助第三方支付积累的丰富数据，结合大数据技术，为消费者、商家提供低成本、高效率的信用贷款。值得注意的是，接受互联网银行信贷服务的企业和消费者，尤其是大量难以从银行渠道融资的小微企业，大部分都不是商业银行的存量客户。互联网银行在融资服务的基础上，以资产业务带动负债业务，将会与客户形成多方位的服务关系，银行卡服务自然也在其中。可以说，商业银行在银行卡支付市场中面临的新锐竞争者挑战，正在一步步逼近。

（二）第三方支付对银行卡组织的影响

银联是经中国人民银行批准、由国内 80 家金融机构于 2002 年共同发起设立的一家股份制金融服务机构和银行卡组织，国内多数银行是银联的股东。中国银联处于我国银行卡产业的核心和枢纽地位，其核心业务是跨行信息转接，即为各发卡银行建立一条必走的共同的清算通道。然而，第三方支付的出现悄悄改变了这一格局。第三方支付机构线上的交易结算通常不走银联通道，而是直接与个别银行相连，将本应分配给银联的 10% 手续费由第三方支付机构与个别银行按一定比例进行瓜分。[2]中国银联业务管理委员会在 2012 年 12 月 19 日发布《关于规范与非金融支付机构银联卡业务合作的函》（简称"17 号文"），指出了商业银行绕开银联清算通道与第三方支付公司直连所导致的诸多问题。2013 年 4 月，银联通过了《银行卡受理市场秩序规范约束与奖励机制实施细则》（简称"5 号文"），强调"第三方支付违规开展银联卡跨行业务"，并认为"收单机构为通过中国银联开展银联卡跨行交易和资金清算业务的，应向中国银联支付违规跨行转接银联卡的违约罚金"。2013 年 7 月，银联推出《关于进一步规范非金融支付机构银联卡交易维护成员银行和银联权益的议案》，提出"2014 年 7 月 1 日前，实现非金融机构互联网银联卡交易全面接入银联"。2014 年 12 月 25 日，中国银联业务管理委员会印发《银联卡受理市场违规约束实施细则》（简称"新 5 号文"），要求收单机构在 2014 年 12 月 31 日前关闭绕开银

---

[1] 2015 年，随着腾讯、百业源、立业等企业发起的深圳前海微众银行 1 月在深圳开业，蚂蚁金服、上海复星、万向三农、宁波、市金润发起的浙江网商银行 6 月在杭州开业，中国首批"互联网银行"揭开面纱。它们利用坐拥数亿互联网用户的优势，尝试以小额信贷为突破口，走轻型银行之路。

[2] 按照现行的"721 分成规则"，银联卡刷卡交易手续费的分成遵循"7:2:1"的分配比例，即发卡行占 70%，收单机构占 20%，银联作为清算转接机构占 10%。

联的直连通道,保证一户一码,严查造假违规现象。

银联的这一系列的文件,都属于规范银行卡组织成员行为的内部措施。现有银联规则及协议关于银联品牌、BIN 号和转接权益的规定曾多次重申:"经中国银联分配批准的银联 BIN 号只能用于发行银联卡卡片。申请机构所发行的银联卡必须支持在境内和/或境外的跨行交易,并通过中国银联完成交易信息的转接,与中国银联另有协议约定除外。"[1]"加入中国银联网络的成员机构发生的银联卡跨行交易应通过银联网络完成。"[2]"加入中国银联网络的成员机构发生的银联 IC 卡跨行交易应通过银联网络转接和完成。"[3]"加入中国银联网络的收单机构发生的银联 IC 卡电子现金跨行圈存类交易和跨行消费交易应通过银联网络转接和完成。"[4]很显然,个别银行绕开中国银联与第三方支付机构进行直接结算,违反了银联卡组织的内部规章,属于违约行为。卡组织依据内部管理规则,对这类行为加以约束,在法律上是无可指责的。一些媒体和学者将其称为"垄断"或者"企图收编第三方支付",都是没有根据的。[5]

其实,第三方支付机构不是银行卡清算机构,并不具备在支付清算业务上与银联组织竞争的资格,因而也不存在银联因纠正其成员机构与第三方支付机构合作中的不当行为而违反《反垄断法》的可能性。第三方机构以利益为诱惑,诱使个别商业银行违反组织规章与之建立"连接暗道",损害银行卡组织的管理秩序和经济利益,也不属于竞争法意义上的违法行为,而属于民法上的"引诱违约"即不法侵害他人合同关系的侵权行为。

第三方支付机构作为非金融机构从事银行卡收单业务,有义务遵守收单市场的游戏规则,包括尊重商业银行与银行卡组织之间的协议和规约。中国人民银行 2013 年 7 月 5 日发布的《银行卡收单业务管理办法》第 26 条规定:"收单机构将交易信息直接发送发卡银行的,应当在发卡银行遵守与相关银行卡清算机构的协议约定下,与其签订合作协议,明确交易信息和资金安全、持卡人和商户权益保护等方面的权

---

[1] 《银联卡业务运作规章》第三卷第三章第 1 节第 1.4 条。
[2] 《银联卡业务运作规章》第二卷第一章第 4 节第 4.1 条。
[3] 《银联业务运作规章》第七卷第一章第 4 节第 4.1 条。
[4] 《银联卡业务运作规章》第七卷第二章第 2 节。
[5] 参见姜奇平:"反对银联垄断 开放清算市场",载《互联网周刊》2013 年第 18 期;文晖:"银联火拼支付宝",载《英才》2013 年第 11 期;"暗战 240 亿蛋糕 银联将招安第三方支付",载《金卡工程》2013 年第 8 期;蓝齐:"抢食第三方支付蛋糕 银联欲斩银行直联通道",载《IT 时代周刊》2013 年第 18 期;王辰越:"银联狙击支付宝线下业务第三方支付动了谁的奶酪",载《中国经济周刊》2013 年第 36 期;"银联垄断利益动摇 铁心收编第三方支付",载《上海证券报》2013 年 8 月 22 日;"银联下发'新 5 号文'重拳整顿收单违规",载《金卡工程》2014 年第 12 期;"时隔两年支付宝 POS 机'复出'窥视线下百亿支付蛋糕",载《金卡工程》2015 年第 7 期;段莹:"论银联与第三方支付博弈",载《现代商业》2015 年第 14 期。

利、义务和违约责任。"显然，收单机构与发卡行签订合作协议是以"发卡银行遵守与相关银行卡清算机构的协议约定"为条件的。如果合作协议或其条款存在发卡行违反银联规章的情形，则构成《合同法》第 59 条规定的"恶意串通，损害国家、集体或者第三人利益"的合同无效事由。

迄今为止，人们没有听说过银联"收编第三方支付"的事例。事实上它也没有这种需要。因为，银联早已拥有自己的互联网支付服务机构——银联电子支付服务有限公司（ChinaPay e-payment Servise Co., Ltd）。该公司成立于 2000 年 6 月，是由中国银联控股的专业从事网上电子支付服务及网上跨行转账服务的公司，拥有面向全国的统一支付平台，主要从事以互联网等新兴渠道为基础的网上支付、企业 B2B 账户支付、电话支付、网上跨行转账、网上基金交易、企业公对私代付、跨境支付、跨境汇款、自助终端支付等银行卡网上支付及增值业务，是中国银联旗下的网络方面军。银联电子支付的竞争优势来自它作为银联嫡系的支付企业所拥有的广泛用户基础、良好信誉和强大技术支持。目前尚未见到银联电子支付受到不正当竞争投诉的报道。

（三）第三方支付与银联支付服务的关系前景

目前，在第三方支付市场的业务格局呈现出明显的差异化特点，主要的支付机构都有各自的产业依托，或电子商务，或网络服务，或移动设备，或操作系统，或商业银行，或清算系统，或通信服务，或信息服务，如此等等，不一而足。这种"八仙过海，各显神通"的差异化局面，既带来了竞相创新的激励，也提供了和平共处的空间。可以说，没有任何一个市场主体有能力"通吃"各种业务模式，更没有谁能将整个第三方支付市场"收入囊中"。

当然，在激烈的市场竞争中，总会有人试图以投机取巧、损人利己的方式挑战秩序，牟取不正当利益。更有不法之徒利用网络空间的开放性和技术性规避法律，从事洗钱、套现、诈骗、赌博等活动。这些都是对整个第三方支付行业的危害。实际上，第三方支付市场的各种参与者，不论其产权主体、行业背景、业务构架、经营模式和营业规模有何不同，在发展目标和根本利益上都是一致的。只要大家遵法守规，诚信有德，都会成为公平竞争的市场秩序下产业健康发展的受益者。而那些具有行业影响力、引领力的企业，更要和衷共济、理性包容，为中国互联网金融的发展共襄盛举，合作共赢。互联网金融不仅要提供生气勃勃的新兴生产力，而且应呈现理性和谐的新型生产关系和文化范式。

一直以来，中国银联都在为第三方支付市场提供多方位的服务。从技术升级、安全保障到国内外市场开拓，银联卡所到之处，都给第三方支付带来成功的机会和发展的空间。银联从来都是第三方支付可靠和有力的支持者。另一方面，第三方支付的发展，不仅使银联的服务更加普及，品牌更加强大，而且给银联增添了创新的激励和进步的动力。双方应该在互补、互助、互利、互动的关系基础上，各施所长，各尽其责,共同推动我国网络化支付市场的创新发展、协调发展和开放发展。

银行卡产业和新兴电子支付都是我国支付体系中的非现金支付工具。中国人民银行《关于中国支付体系发展(2011-2015年)的指导意见》在对"十二五"期间非现金支付工具设定的发展规划中,提出了"大力支持银行卡产业发展"和"推动新兴电子支付业务健康有序发展"的一系列任务。其中包括,在银行卡方面,继续扩大银行卡受理范围,不断改善受理环境,全面促进银行卡应用;规范收单市场秩序,强化特约商户和受理终端管理;推动金融IC卡与公共服务应用的结合;进一步加强银行卡风险管理,加大打击银行卡违法犯罪活动的力度。在电子支付方面,完善电子支付业务规则和风险控制措施;规范支付机构电子支付平台的发展;强化对支付机构的信息安全和风险管理要求,保障客户资金安全。应该说,在"十三五"期间,这些任务还要在继续落实的基础上进一步深化和充实。同时,如何实现不同支付工具之间的协同运行和协调发展,也应该成为决策部门关心和研究的课题。

银行业监管执法信息公开的法理分析与制度改进

陈 森[*]

银行业监管执法[1]信息公开作为依法监管的内在要求和有效监管的新型工具，是指银行业监管机构向社会公众或特定对象公布行政执法决定及其事实、理由、依据等政府信息。当前我国银行业正在快步迈入"强监管、严执法"时代，执法信息公开在此过程中起到了重要的推动作用，但也暴露出观念、制度、实操上的诸多缺憾与不足。为此，本文在功能主义视角下阐释了银行业监管执法信息公开的法理依据，检视了我国银行业监管执法信息公开的现状与问题，提出了银行业监管执法信息公开制度改进的基本路向与具体策略。

一、功能主义视角下银行业监管执法信息公开的法理依据

（一）监管维度：增进执法效能

广义的金融监管执法分为事前管制（Ex Ante Regulation）和事后执法（Ex Post Enforcement）。[2]通常认为，银行业监管执法是指监管机构监测、调查、惩戒、处置银行业违法违规行为的事后执法活动。在我国立法上，银行业监管执法主要包括现

---

[*] 陈森，法学博士研究生，现为北京银保监局工作人员、公职律师。本文未曾公开发表。

[1] 在我国金融立法与监管实践中，银行业金融机构主要指商业银行以及吸收公众存款的其他银行机构，此外还包括政策性银行、金融资产管理公司、信托公司、企业集团财务公司、金融租赁公司等金融机构。参见我国《银行业监督管理法》（2006年修正）第2条。

[2] John C. Coffee Jr., "Law and the Market: The Impact of Enforcement", *University of Pennsylvania Law Review*, Vol. 156, Issue 2, 2007, p. 254.

场检查、行政处罚、非行政处罚类监管措施、[1]危机处置措施[2]等行政行为类型。美欧金融市场的监管实践经验表明，执法信息公开已不再被简单视为执法行为的附属品，而是以助推执法效能最大化的积极功效日益获得青睐和倚重。

执法信息公开能够增强对已有违法行为的惩罚效果。金融市场不同于实体经济领域内产品劳务市场的显著特点在于，其秩序维护和功能建构高度依赖于信息、信用、信心三项市场要素。[3]执法信息公开在遵循"法无明文规定不为罚"的前提下，能够唤起信息受众对银行业违法主体的否定性评价，使其额外承受市场信用贬损、商业机会减少等不利后果，从而间接抬升违法成本，这能够在一定程度上克服我国金融违法行为行政责任总体偏轻的立法缺陷。尤其是要看到，银行及其经营管理阶层、从业人员对其"声誉资本"（Reputational Capital）[4]有着较大的成本投入和较强的依赖性，通过揭露与批判银行违法事实将可能起到严厉而持久的惩戒效果，甚至在一些情形下要超过财产罚、行为（资格）罚等传统行政处罚种类。不仅如此，执法信息公开生成、放大再到修复其制裁效果的过程主要取决于金融市场参与者基于信用、价格等市场化因素的自主选择，既无需耗费行政资源，又富有市场调节约束机制的弹性。

执法信息公开能够增强对潜在违法意图的威慑效果。执法的威慑力分为个别威慑与普遍威慑两个层面。[5]受到监管对象众多、执法资源紧缺等现实情况约束，强有力的银行业监管执法不但需要削弱特定违法主体未来再犯的意愿和能力，更致力于阻吓不特定多数人潜在的违法图谋和牟利动机，进而诱导全行业主动作出守法合规的理性选择。显而易见，执法信息的充分披露是使具体的执法行动放大产生普遍

---

[1] 非行政处罚类监管措施，在美国银行法上包括尽速纠错指令（Prompt Corrective Action Directives）、安全稳妥命令（Safety and Soundness Orders）、撤职命令（Removal Orders）等监管措施；参见陈小敏主编：《美国银行法》，法律出版社2013年版，第169~177页。在我国法上主要表现为《银行业监督管理法》第37条所规定的责令暂停部分业务、停止批准开办新业务、限制分配红利和其他收入、限制资产转让等监管措施。

[2] 危机处置措施在我国法上主要表现为《银行业监督管理法》第38条、《商业银行法》（2015修正）第64条所规定的接管、促成机构重组等监管措施。

[3] 对此有学者指出：金融的内核为资金融通，其实质上是一个"三信"产业，即信息、信用、信心三位一体，信息是前提，信用是核心，信心是保障，共同支撑起金融大厦。参见郭雳："信息、金融与金融法"，载《金融法苑》2003年第1期。

[4] 在法学领域，通常将声誉资本视为证券市场中介机构维系自身持续经营并实现"看门人"（Gatekeepers）功能的基础。事实上，银行作为承担信用转换、期限转换、流动性转换三项功能的信用中介，固然应当首先具备充足而稳定的资本金和清偿力，但为保持和提高市场竞争力，也必须高度重视声誉资本的积累和声誉风险的防范。

[5] 个别威慑（Specific Deterrence）是指遭受法律制裁的主体倾向于避免未来再次受到惩处；普遍威慑（General Deterrence）是指某个主体受到法律制裁会抑制其他主体做出类似的违法行为。两种威慑效果都对降低社会危害具有积极意义。See Sally S. Simpson, *Corporate Crime, Law, and Social Control*, Cambridge University Press, 2002, p. 26.

威慑力的前提条件和关键节点。对比来看，一方面，"暗箱式"的执法行动最终只能"一罚了之"，无法产生"由此及彼""由点及面"的警示教育作用；而另一方面，受制于立法规定、行政资源等因素，执法威慑力的两项基本构成要素即惩处概率和量罚强度[1]一般难以在短期内获得大幅提升，因此围绕银行业监管执法信息公开制度进一步弥补短板和发掘潜力，无疑可以成为增强执法威慑力的重要着力点。

（二）公众维度：维护客户权益

银行存款人及其他客户（本文统称为"银行客户"）的信息劣势地位与公共利益属性是在法律上给予其倾斜保护的基本依据。执法信息兼具政府信息与市场信息的双重性质，是银行客户用以实现其信息知情权、自主选择权、公平交易权、财产安全权、索赔求偿权等正当权益的重要信息资源。

在事前的权利保护环节，执法信息公开的作用机理反映在两个层面。一是对具体客户的直接保护：20世纪中晚期以来，金融混业经营趋势在全球范围内日益加深，银行已经从专营存款、信贷、支付、结算业务的信用中介发展升级为金融服务的综合提供商和资本市场的重要参与者。[2]银行产品（服务）的品质在很大程度上取决于银行自身的经营管理状况。执法信息能够集中揭露出银行体系内的不当行为、交易风险及其他不利因素，为评价预测银行经营管理水准的高下及其产品品质的优劣提供了必要的信息依据。因此，执法信息公开有助于抑制银行及其内部人员不当滥用其信息优势和市场信用，进而维护银行客户交易决策的妥当性和交易活动的公平性。二是对社会公众的间接保护：根据《巴塞尔协议》第三支柱"市场纪律"（Market Discipline）[3]和国际证监会组织提出的"市场透明度"（Market Transparency）[4]等监管原则，执法信息公开能够向银行利益相关者及金融市场参与者揭示出特定银

---

[1] 经济学家贝克尔在其《犯罪与刑罚：一个经济学的进路》一文中指出，法律的威慑力不是单一维度的考量，而是惩罚严厉程度和惩罚概率等多个因素的乘积。See Gary S. Becker, "Crime and Punishment: An Economic Approach", *Journal of Political Economy*, Vol. 76, No. 2, Mar. – Apr., 1968, pp. 169 - 217.

[2] 如在我国，银行业现已广泛从事的代客理财（资产管理）、投资商品销售劝诱等营业活动，在本质上都属于应受证券法调整规范的直接金融业务。

[3] 巴塞尔银行监管委员会（Basel Committee on Banking Supervision）历来重视对于银行信息披露和透明度的监管并以此达到强化市场约束的目的，其在2004年6月发布的《新资本协议》（即《巴塞尔协议Ⅱ》）将市场约束（Market Discipline）与最低资本金要求（Minimum Capital Requirements）和监督检查（Supervisory Review Process）并列为银行监管三大支柱，2012年版本《有效银行监管核心原则》的"原则28"提出了关于银行信息披露和透明度的监管标准。See Basel Committee on Banking Supervision, "Core Principles for Effective Banking Supervision", 9 (2012).

[4] 国际证监会组织（International Organization of Securities Commissions, 简称IOSCO）将维系市场透明度确立为监管目标之一。一般认为，确保市场透明度所需信息并不局限于证券发行人、上市公司应强制披露的信息范围，而是涵盖交易信息、市场信息、监管信息等多种信息类型。See IOSCO, "Objectives and Principles of Securities Regulation", 5 (2017).

行及其投融资业务活动的经营风险,这有利于强化对银行内部治理的外部约束,预防银行业风险的恶化和集中,以免公众财产权益因银行管理不善、经营失败而遭受大面积、大规模的损失。

在事后的权利救济环节:对于已经发生的侵权、背信、欺诈、舞弊等银行违法行为,处在信息劣势地位的普通客户普遍面临发现难、举证难、胜诉难等多重障碍。在集合理财、服务收费等业务领域的违法活动中,因客户人数众多、利益分散而产生的集体行为困境更使得诉讼、仲裁程序的司法救济效果大打折扣。不完备法律理论(Incomplete Law Theory)[1]揭示了行政监管与法庭裁判的互动关系,相对于自力发动、"不告不理"的司法程序,监管者的事前干预、主动出击能够及早阻断现实危害后果的发生和扩大,更适于维护金融市场的整体秩序和公共利益。但是,监管机构受法定行政职权所限,无法直接认定追究金融经营者违法行为的民事责任。为破解这一难题,域外法律实践中的可取之策正是充分利用行政执法成果及执法信息公开的制度功能,由监管机构在完成案件查处工作后以披露违法事实、提供证据材料、出具调查结论等方式向启动"私人执法"程序的银行客户施以援手。

(三)市场维度:规范金融秩序

一国金融市场的兴旺发达总是以稳定的市场秩序和健全的市场功能作为先决条件。在法律意义上,金融市场秩序就是投资者(即广义上的资金供给者)、融资者、金融经营者、金融监管者四类基本主体以金融商品、服务为标的所开展的各类金融交易活动及金融监管活动的总和。

现实中,金融监管机构及监管人员客观存在怠于保护公共利益和恣意干涉私法自治两种不当倾向,甚至出于自利动机而屈从于利益集团。[2]对此问题,执法信息公开不但是对金融经营者不端行径的曝光,同时又是对金融监管权力行使的监督制衡。在个案层面:只有当执法过程公之于众,才能从查处行动及时性、法律适用准确性、量罚尺度适当性等角度对监管履职的举措与效果予以全方位的社会监督。在类案层面:通过执法信息的强制性、常态化公开,同类同质案件所蕴含的监管政策、执法惯例等非正式法律渊源将会"晾晒"于公开市场,这有助于督促执法者主动纠正"突击式""运动式"的不当执法模式并努力消减"同案不同处"的任意专断因素,从而在制度层面上防止因监管政策时紧时松、问责结果忽轻忽重给金融市场秩

---

[1] See Katharina Pistor, Chenggang Xu, "Incomplete Law – A Conceptual and Analytical Framework and Its Application to the Evolution of Financial Market Regulation", NYU Journal of International Law and Politics, Vol. 35, No. 4, 2003, pp. 931–1013.

[2] 规制俘获理论(Regulatory Capture Theory)否定了把政府简单当作公众利益代言人和守护神的规制公益理论观点,在其看来,监管者可能会被业界俘获,并将监管变为保护市场既得利益集团和限制新进入者的手段。See George J. Stigler, "The Theory of Economic Regulation", The Bell Journal of Economics and Management Science, Vol. 2, No. 1, 1971, pp. 3–21.

序和监管公信力带来深层次损坏。

新兴经济体在推动金融市场跨越式发展的进程中，普遍面临着因违法样态复杂多变、法律规定加速折旧而导致市场失序的现实难题，这在我国表现得也很突出。如最近一个时期内，代客理财、同业投资等银行业务领域内"擦边""越界"式的违规套利活动花样翻新，且假以金融创新之名在行业内扩散蔓延，较短时间内就可能积聚起大规模的金融风险。与此同时，银行自身持续审慎运营和对外提供金融服务的行为规则、注意标准不时陷于立法上的空白模糊地带，各方主体对其交易行为性质、效力、后果的法律认知错误已经成为滋生金融市场纠纷的重要诱因。对此问题，完全依赖立法、修法往往欠缺时效性和针对性，必需协同发挥释法、执法的能动性，由监管机构在遵循正当程序的前提下择机采取紧急干预、窗口指导等措施。而在此过程中，及时披露有关个案信息并精准传递其中体现的监管态度和执法意图无疑能起到补强法律信号的作用，对阻断"破窗效应"和稳定市场预期具有关键意义。

二、我国银行业监管执法信息公开的现状与问题

在我国，（原）银监会（已于 2018 年与原保监会合并为银保监会）自 2003 年 4 月起履行银行业监管职责，依据《银行业监督管理法》行使现场检查、非现场监管、行政处罚、危机处置等执法职权。其后，2015 年全面修订的《中国银监会行政处罚办法》（现已废止）、2020 年颁布的《中国银保监会行政处罚办法》在部门规章层面细化落实了上位法确立的公开原则，搭建起银行业处罚信息主动公开、依申请公开的制度框架，开启了我国银行业监管执法信息公开规范化、常态化的进程。自 2016 年起，（原）银监会在官方网站开设专栏并以"行政处罚信息公开表"的形式持续发布处罚摘要信息，涵盖处罚的实施机关、相对人、文书编号、事由、依据、结果、时间七项要素；对外公布银行业规章、规范性文件清理结果和行政处罚事项目录；积极采用发布会、新闻通稿、行业通报、监管年报等多样化方式宣传发布"两个加强、两个遏制"[1]"三三四十"[2]等银行业监管执法活动及一批大案要案查处工作有关情况，获得了金融业界、社会公众的密切关注和积极评价。但也要清醒地认识到，我国银行监管事业较之于美欧等经济体起步较晚、经验不足，执法信息公开现

---

〔1〕 银行业"两个加强、两个遏制"专项检查由（原）银监会于 2015 年启动，主要内容是"加强内部管控、加强外部监管、遏制违规经营、遏制违法犯罪"。参见《中国银监会办公厅关于开展"两个加强、两个遏制"专项检查"回头看"自查工作的通知》（银监办发〔2015〕147 号）。

〔2〕 银行业"三三四十"专项整治活动由（原）银监会于 2017 年上半年启动，查处重点对象为"三违反""三套利""四不当"和"十乱象（十个方面问题）"，"三违反"即违反金融法律、违反监管规则、违反内部规章；"三套利"即监管套利、空转套利、关联套利；"四不当"即不当创新、不当交易、不当激励、不当收费；"十个方面问题"即股权和对外投资方面、机构及高管方面、规章制度方面、业务方面、产品方面、人员行为方面、行业廉洁风险方面、监管履职方面、内外勾结违法方面、涉及非法金融活动方面。

有法律制度仍处于探索调试期，信息公开实际效果与其促成监管目标的应有功效之间仍有相当差距。

（一）监管观念上的偏差

其一，囿于长期以来偏重行业发展、事前管制的思维定式，个别监管人员对执法信息公开后可能贬损银行声誉、诱发客户滥诉、破坏公众信心、扰动资本市场等"副作用"紧张过度，对执法信息公开的功能优势特别是在提升执法效能、加强行为监管方面的制度潜力重视不足。其二，执法信息公开发端于银行监管系统内部自上而下的推行，更多被视为制度倒逼下"为公开而公开"的规定动作，信息公开的主动性和信息应用的实效性都有待提高。其三，有别于我国资本市场监管领域高度集中式的稽查体制，大多数银行监管执法任务是由各地、各级派出机构及其内设职能部门分头承担。在此背景下，个别监管人员因顾虑加重监管负担、暴露执法瑕疵而对信息公开存有抵触心理，可能导致各区域、各部门之间执法透明度的"竞次（race to the bottom）"现象。

（二）制度设计上的缺漏

2019年修订后的《政府信息公开条例》第19条〔1〕以政府信息与社会公众利益及公众知情权、参与权的关联性为标准概括设定了政府信息主动公开的基本原则，第20条要求行政机关主动公开"实施行政处罚、行政强制的依据、条件、程序以及本行政机关认为具有一定社会影响的行政处罚决定"。〔2〕具体到银行监管领域，《中国银保监会现场检查办法（试行）》（2019年制定）规定监管机构"有权按照规定披露相关检查情况"并及时采取监管通报、风险提示等措施揭示检查发现的普遍性、典型性风险和问题。〔3〕《中国银保监会行政处罚办法》规定监管机构"应当按照规定在官方网站上公开行政处罚有关信息"，"必要时可向有关部门和机构披露银行保险机构和从业人员的处罚情况"。〔4〕

总体来看，现有法律条文仍失之粗略，对银行业监管执法信息公开的范围、内容、形式、程序、考评问责等诸多方面仍缺乏确切的行为规范和责任约束。如在监管实践中，下调监管评级、叫停金融业务、限制股东权利等非行政处罚类监管措施得到广泛运用，但大都因缺少公示要求而远离公众视线。又如，为彰示监管高压态势，当前摘要式信息公开内容集中在给予受罚主体的高额罚金等制裁结果，至于违

---

〔1〕《政府信息公开条例》第19条规定："对涉及公众利益调整、需要公众广泛知晓或者需要公众参与决策的政府信息，行政机关应当主动公开。"

〔2〕参见《政府信息公开条例》第20条第1款第6项。

〔3〕参见《中国银保监会现场检查办法（试行）》（中国银行保险监督管理委员会令2019年第7号）第57、59条。

〔4〕参见《中国银保监会行政处罚办法》（中国银行保险监督管理委员会令2020年第8号）第93、99条。

法事实情节、执法依据理由等信息项目却呈现简略化、同质化、形式化的特点,尤其是在信贷业务、内部控制等银行业违法违规行为多发部位,典型违法形态的认定标准、量罚基准尚未能在公开信息中得以明确体现。再如,对于社会关注度高、利益涉及面广、市场导向作用强的重大典型案件,一些执法部门习惯于以内部通报代替面向全社会的案情公开。监管机构已查明的案情事实及证据材料通常以"工作秘密""内部信息"为由处于保密状态,难以有效满足跨部门执法合作和银行客户私人维权的信息需求。

(三)实践操作上的风险

在私法权利层面:有别于行政职权、市场准入等政府信息类型,银行业监管执法信息往往牵涉从业人员、银行客户、交易对手或其他第三人信息,较易触及商业秘密、个人信息及隐私,若不严加甄别区分而一概公开,可能给私人权益造成难以补救的损害。[1]在公共利益层面:商业银行因其财务杠杆率高、信息偏在性大、风险外溢性强的特征,与金融体系乃至国民经济体系的稳定性、安全性密切关联。尤其要注意到,银行业监管执法信息以负面信息为主,在其传导散播途中因受各种现实因素的影响而存在一定的不确定性甚至不可控性,信息受众一旦反应过度或发生误判,可能触发单体机构的经营风险、信用危机甚至由此扩大为系统性金融风险。[2]归纳而言,银行业监管执法信息公开侧重于保障社会公众的知情权,但若运用过度或操作不当,也潜藏着侵犯私人权益、引发次生风险的负面效应。为此,需要在政务公开通行规则与银行监管特有规律之间寻求制度设计的平衡点,以兼顾兴利和防弊双重需求。

三、银行业监管执法信息公开的法律改进

(一)服务公共利益,全面主动公开银行业监管执法决定

执法决定(书)是全面记载执法终局决定和执法行为诸要素、全过程的法定文书。总结前期银行行政处罚决定摘要式公开的经验与不足,现阶段银行业监管执法信息公开制度改进的关键一步就是确立执法决定全面主动公开的基本原则,并在此原则下严格限定豁免公开、延迟公开等例外情形,合理设置敏感信息审查处理等操作规范。

在应然性上:银行业监管执法信息带有显著的社会公共利益属性,强制披露执法决定是保障公众知情权和维系金融市场透明度、诚信度的必然要求。因此对决

---

[1] 关于执法信息公开尤其是行政处罚决定公示所潜藏的权利冲突风险及其解决方案,参见马迅:"行政处罚决定公示:挑战与回应",载《江淮论坛》2017年第5期。

[2] "系统性金融风险是相对于单体金融风险而言的,一种共振性、体系性、全面性的金融风险,其冲击性、破坏性远比单体金融风险要大。"参见王兆星:"防范化解系统性金融风险的实践与反思",载《金融监管研究》2020年第6期。

书的信息利用不应局限于满足个别当事人的信息需求而仅采取依申请公开的方式，否则既有悖于优先保护公共利益的监管价值取向，又徒增一再答复信息公开申请人的行政成本。

在必要性上：完整的执法决定涵盖违法事实、定性标准、执法理由、查处过程、制裁措施等信息，各类信息要素之间因逻辑关联性、案情特殊性而构成难以分割的整体，信息公开后也各自有其所侧重的功能指向。以摘要形式硬性拆分删减执法决定，势必在很大程度上割裂信息内容和减损信息价值，也易给"避重就轻""避实就虚"式的不当披露行为留出可乘之机。

在可行性上：我国银行业历经多年稳健发展后综合实力稳步增强，以存款保险、最后贷款人等为制度支柱的现代金融安全网（Financial Safety Net）渐趋完善，银行客户及社会公众对金融风险的认知承受能力日益增强，执法信息公开的次生风险固然有个别不确定性，但可以借助敏感信息审查处理等配套措施予以有效防控。另从国内法律实践可知，全国四级法院已全部实现生效裁判文书的上网公布，证券监管机构对行政处罚、市场禁入的文书公开已成常态，这都为银行业监管执法决定书的全面公开提供了充足的经验借鉴。

（二）注重功能导向，有序提升执法信息公开质效

增强银行监管权力运行的透明度。在公开范围上：将主动公开范围扩展至对第三人交易决策可能产生实质影响的监管执法措施，比照行政处罚事项主动公开叫停业务、限制资产转让、限制主要股东权利等监管措施的决定文书。注重个案信息与裁量基准的双向公开和交叉印证，在现阶段可将监管套利型案件、[1]违反审慎经营规则型案件[2]作为重点，分类分步实现典型违法案件立案、定性、量罚基准的定型化、精细化和"阳光化"。在公开内容上：严格银行业监管执法文书的内容与格式要求，充分揭示银行违法事实、经营风险及其市场影响，重点载明监管机构释法说理、当事人陈述抗辩有关内容，增强执法依据理由的易得易解性。在公开方式上：对社会关切的重大、疑难、典型案件，在启动立案调查、采取强制措施、移送司法机关等关键节点应实时披露处置进展和法律意见，以维护公众信心和稳定市场预期。在

---

[1] 监管套利（Regulatory Arbitrage），是指从事同类业务、提供同类产品（服务）的金融中介机构，利用不同监管机构在监管规则、监管标准上的差别，特意逃逸到监管环境最宽松的市场领域从事经营活动，从而规避监管约束和降低合规成本。See Victor Fleischer, "Regulatory Arbitrage", *Texas Law Review*, Vol. 89 (2), 2010, pp. 227-290.

[2] 微观审慎监管机制的主要运作方式是，金融监管机构要求商业银行遵守资本充足率、资产质量、贷款拨备、风险集中度、关联交易、资产流动性、风险管理、内部控制等审慎经营的监管指标和要求，并定期组织现场检查，监测评估其风险状况，及时进行风险预警和处置，以规范金融机构的风险承担行为。参见王华庆："论行为监管与审慎监管的关系"，载《中国银行业》2014年第5期。从银保监会现已主动公开的行政处罚案件信息来看，严重违反审慎经营规则（参见《银行业监督管理法》第46条第1款第5项）是涵盖违法形态最多、适用频次最高的执法准据。

公开时限上：适应金融市场交易活动信息依赖度高、风险传导性强的特点，最大程度消除信息披露的时滞，依法决定推迟公开的案件信息可先行对利害关系人定向披露。

提高银行业监管执法信息资源的利用率。改变个案执法信息的碎片化状态，建立全国性的银行业监管执法信息数据库，按照统一归集、分层开放的原则，允许公共部门、专业机构、市场主体在适当权限内检索分析执法信息并积极运用于资信调查、市场评级、失信惩戒等事务。定期发布银行业监管执法专项报告，持续收集编发具有导向性、先例性的执法案例及其配套的法律意见、监管建议，充分宣扬执法"战果"，精确传导执法理念、政策和要旨。在依法受理答复执法信息公开申请的基础上进一步完善执法信息交流共享机制，对同时涉嫌犯罪、侵害群体性客户民事权益的行政违法行为，主动向有管辖权的公安司法机关通报案情和移送证据材料，以"法庭之友"（Amicus Curiae）[1]的角色支持银行客户或公益组织维权索赔。

（三）优化制度安排，严密防范执法信息公开负面效应

依信息主体之别，银行业监管执法信息大致分为相对人信息和第三人信息。前者主要是作为行政执法相对人的银行及违法责任人员的信息，对此应坚持以全面主动公开为常态，以依据国家秘密、商业秘密、个人隐私等法定事由不予公开为例外。后者主要指涉及银行借款人、交易对手等主体的信息，对此应在不予公开规定情形的基础上进一步扩大免于公开的范围。究其缘由，第三人信息主要是对准确完整呈现案情起到补充辅助作用，本身与公共利益的联系一般较为间接或微弱。因此宜将其公开范围限定为与银行违法事实及其情节、后果等密切相关且不能分割的内容，而针对第三人的身份、资质、通讯方式、银行账户、金融交易等无关信息[2]则应予以屏蔽或剔除，以免因过度公开侵犯其正当权益。

为防范因银行业监管执法信息的不当公开而危害金融市场或宏观经济的安全稳健运行，可资借鉴的境外经验是为监管机构鉴别处理执法信息所含敏感成分预留出较为充分的裁量空间，授权其根据涉事机构的资本金、流动性、杠杆率、资产质量等风险监管指标或压力测试结果相机决定信息公开的范围、内容、方式和时机。与此同时，为防止监管人员以敏感、涉密为由任意规避信息公开义务，需相应强化对执法信息公开的程序控制和责任约束。具体制度设计建议包括：建立信息公开次生风险的评估审查机制；严格设置豁免公开、迟延公开所须遵循的行政程序规则，即

---

[1] 法庭之友，作为英美法系一项颇具特色的法庭审理制度，是指由诉讼当事人及其他参与人以外的主体围绕法律纠纷尤其是其中涉及的疑难问题提供专业意见或相关材料，以辅助案件审理。参见薛波主编：《元照英美法词典》，法律出版社2003年版，第69页。

[2] 关于禁止公开的第三人信息的范围，可参考《中国人民银行关于银行业金融机构做好个人金融信息保护工作的通知》（银发〔2011〕17号）关于个人金融信息的归类与列举。据其规定，个人金融信息包括身份信息、财产信息、账户信息、信用信息、金融交易信息、衍生信息等。

监管机构办理部门或涉事机构提出动议并说明理由－专业委员会集体决策－行政首长审批；针对缺乏正当理由、违反规定程序而隐瞒、篡改执法信息的行为严肃追究违法行政责任。在依法公开带有敏感性的银行业监管执法信息时，监管机构与涉事机构须尽到持续关注、补充说明的义务。遇有信息误导、市场异动等特殊情况，监管机构应在第一时间内发出权威而专业的声音，以疏导市场舆论和维护公众信心。

结　语

在现代金融市场机制中，执法信息公开是依法监管的内在要求和有效监管的新型工具。究其法理依据，银行业监管执法信息公开制度以社会公共利益为旨归，具有增进执法效能、维护客户权益、规范市场秩序的复合性功能。当下我国银行业正在快步迈入"强监管、严执法"的时代，应当在法治化、市场化的轨道上深入反思和有效改进执法信息公开制度，以进一步提升我国银行业监管的透明度、有效性和公信力。

场外金融衍生交易适合性规则研究

丁绪瑞[*]

2020年12月5日,中国银保监会官方网站发布公告,某国有商业银行因销售原油宝这一场外衍生产品存在违法违规行为被罚5050万元,对相关责任人员给予警告并处罚款的处罚。监管处罚中提到的"个别客户年龄不满足准入要求、部分宣传销售文本内容存在夸大或者片面宣传"等销售管理不合规问题,[1]与场外金融衍生交易中的适合性规则密切相关。本文拟从比较法的视角,探讨场外金融衍生交易规则的确立、适合性规则的内容,在此基础上提出我国场外金融衍生交易适合性规则的完善建议。

一、场外金融衍生交易中适合性规则的确立

国际清算银行、国际证监会组织、国际保险监管协会2008年联合发布的《金融产品和服务零售领域客户适当性》界定,所谓适合性(suitability或appropriateness),[2]是指金融中介机构所提供的金融产品或服务与客户的财务状况、投资目标、风险承受水平、财务需求、知识和经验之间的契合程度。[3]就衍生交易而言,适合性涉及交易商确定其交易对手方理解所进入交易的风险程度的义务。[4]

近年来,有关国家和国际金融监管组织对场外衍生交易中的适合性问题给予了较多的关注。1994年,美国证监会(SEC)、商品期货交易委员会(CFTC)和英国证券及投资局(SIB)在共同发布的《场外衍生品监管声明》国际倡议中提到,考虑到许多场外交易衍生产品具有的复杂性和缺乏透明度的特性,交易商要遵守"适合性",在向其客户推荐场外衍生工具交易时要"了解你的客户",拥有与客户有关的

---

[*] 丁绪瑞,民商法学博士,现就职于国家开发银行。本文未曾公开发表。

[1] 参见 http://www.cbirc.gov.cn/cn/view/pages/ItemDetail.html? docId = 947272&itemId = 915&generaltype=0,最后访问时间:2021年3月11日。

[2] 适合性,也有学者译为适当性、合适性,本文如无特别说明,两个术语与适合性都可以通用。

[3] The Joint Forum, "Customer suitability in the retail sale of financial products and services", April 2008, available at: https://www.bis.org/publ/joint20.pdf.

[4] See, Jennifer A. Frederick, Note, "Not Just for Widows & Orphans Anymore: The Inadequacy of the Current Suitability Rules for the Derivatives Market", 64 Fordham L. Rev. 97, 101 (1995).

足够信息及其评估交易是否适合的资源,包括客户基于其业务或经验是否有能力理解与该交易相关的风险。[1]2008年6月,国际清算银行、证监会国际组织、国际保险监管协会联合发布的《金融产品和服务零售领域的客户适合性》在调查了全球不同国家的90家金融机构如何处理客户适合性问题后指出,"适合性和不当销售引发的风险越来越为监管机构和金融机构所重视","虽然程度有所不同,但各个行业的监管要求普遍承认了适合性标准"。[2]

从海外金融市场发达国家或地区的立法与政策规定看,主要国家普遍确立了金融衍生交易的适合性标准。从确定的途径看,有的国家通过立法的明确规定,如欧盟、日本、澳大利亚,有的国家主要通过行业自律规则来确立,典型的如美国。需要注意的是,美国法在适合性标准确立的过程中,行业自律组织发挥了关键性的推动作用。尽管欠缺适合性标准的成文立法,但是,由自律组织通过自律规则确立适合性标准,一方面是避免了立法上的纷争,另一方面,也是一个简便、快捷而有效地规范市场行为的方式,这是自律组织不发达国家与地区无法做到的。[3]同时,在适合性的内容方面,不同的规定的标准、要求、内容、适用范围还存在差异,这也是本文进一步讨论的重点问题之一。

二、适合性规则的内容解析

通常情况下,适用于衍生交易销售的实践标准依赖于衍生工具及交易对手两个类型。[4]在此意义上,有关金融衍生交易的适当性问题主要涉及客户信息和产品风险两大方面。从各国的规定看,虽然适合性制度在内容上还存在差异,但具有立法价值的统一性。适合性标准的内容十分丰富,既涉及客户的分类,也涉及客户信息、客户风险承受能力以及判断能力的问题。

(一)客户适合性

1. 客户分类制度——适合性制度的基础。确定客户的适合性,首先就会面临衍生交易客户(投资者)的分类问题。FINRA适合性规则中首先界定的就是客户适合性,明确"任何成员或相关人员必须有合理依据相信,对客户推荐的证券(或证券

---

[1] 参见CFTC官网:http://www.cftc.gov/International/InternationalInitiatives/oia_otcderovst,最后访问时间:2021年3月11日。

[2] The Joint Forum, "Customer suitability in the retail sale of financial products and services", April 2008, available at: https://www.bis.org/publ/joint20.pdf.

[3] 参见王旸:《金融衍生工具法律制度研究——以场外金融衍生工具为中心》,群众出版社2008年版,第337页。

[4] See, Jennifer A. Frederick, Note, "Not Just for Widows & Orphans Anymore: The Inadequacy of the Current Suitability Rules for the Derivatives Market", 64 Fordham L. Rev. 97, 101 (1995).

类）交易或投资策略是适合客户的"。[1]有学者指出，客户的分类是适合性制度的前提。[2]实际上，客户分类更应是适合性制度的基础，基于客户分类，金融机构能够针对客户的风险偏好及金融投资工具的风险程度对客户提供具有针对性的产品及差别化保护，并能够评估其销售给客户的产品或服务的适当性。因此，主要国家在确立适合性标准的制度时，往往规定了客户的区分制度。

（1）美国。传统上，美国将场外衍生交易的客户区分为普通投资者和专业投资者，在多部美国联邦证券法下，可对成熟投资者或专业投资者实行"有信誉投资者""合格机构购买者""合格购买者"和"合格客户"等分类，并在此基础上建立了相应的适合性规则。[3]《多德－弗兰克法案》禁止任何人从事掉期交易，除非该人是一个合格的合约参与者（ECP），或者掉期合约在指定合约市场（DCM）执行或受DCM规则的约束。第731条（h）（3）（A）规定，掉期交易商和主要的掉期参与者有责任核实任何交易对手是否满足合格缔约人的资格要求。法案规定当在掉期交易执行设施（SEF）进行双边或非匿名执行时，一个SD/MSP必须确认其交易对手：（i）是否有资格作为一个ECP，及（ii）交易对方是否是一个特殊实体（Special Entity）。此外，某些人有资格选择成为特殊实体，同时，一个SD/MSP必须确认交易对方是否有资格做出这种选择，如果是的话，通知其交易对手其资格。SD/MSP可以依靠其交易对手的书面陈述来满足这些义务。

（2）欧盟。《金融工具市场指令》（Markets In Financial Instruments Directive，以下简称"MiFID"）将客户分为三类：零售客户（Retail Clients）、专业客户（Professional Clients）和合格对手方（Eligible Counterparties）。专业客户是那些拥有相关经验、知识、专长，能以此进行自主投资决策、恰当地评估所涉风险的客户。MiFID1附录二专门列出了专业客户的分类以及放弃保护要求按专业客户对待的确定标准和程序，同时指出了专业客户可以强求获得非专业客户待遇，而且投资公司可以同意提供较高水平的保护。合格对手方是指规范的金融机构和中央政府公共机构，也属于专业客户的范畴，即所有的合格对手也是专业客户。而除专业客户和合格对手外的其他客户统一被视为零售客户。

专业客户包括但不限于以下主体：①经核准或受监管在金融市场运行的实体，包括信贷机构、投资公司、其他经核准或受监管的金融机构、保险公司、集合投资计划及其管理公司、养老金及其管理公司、商品和商品衍生品经销商、当地机构和其他机构投资者；②符合以下规模要求中任意两项的大型企业——资产负债表总额两千万欧元，净营业额四千万欧元，自有资金两百万欧元；③国家和地方政府，管

---

[1] FINRA Rules 2011（a）.
[2] 蔺捷："论欧盟投资者适当性制度"，载《法学评论》2013年第1期。
[3] 袁熙等："多个国家和地区投资者适当性管理经验教训"，载《中国证券报》2012年4月17日，第A21版。

理政府债务的公共部门，中央银行，诸如世界银行、国际货币基金组织、欧洲中央银行、欧洲投资银行以及其他类似国际组织等国际组织和超国家机构；④以投资金融工具为主要活动的其他机构投资者，包括专门从事资产证券化或其他融资交易的实体。

根据 MiFID1 第 24 条的规定，以下机构应被成员国认可为合格对手方：投资公司、信贷机构、保险公司、可转让证券集合投资计划及其管理公司、养老基金及其管理公司、获欧共体立法或者成员国国家法律核准或受其监管的其他金融机构、本指令第 2 条第 1 款第 K 项和第 1 项下享受豁免因而可以不适用本指令的企业、国际政府及其相应机构（包括管理公共债务的公共机构、中央银行及超国家组织）。[1]

（3）日本。2006 年《金融商品交易法》导入了投资者区分制度，对投资者基本上采用两分法，即分为具有投资专门知识的"特定投资者"和不具有此等专门知识的"一般投资者"。同时考虑到通过选择可以成为中间层，因此最终将投资者分为四种类型：①将"特定投资者"界定为适格机构投资者、国家、日本银行和投资者保护基金以及其他内阁府令确定的法人。其中适格机构投资者、国家、日本银行不能转换为一般投资者，必须作为特定投资者对待。②投资者保护基金以及其他内阁府令确定的法人，可以通过选择转换为一般投资者。③不符合上述"特定投资者"定义的法人及个人全部作为一般投资者。但是特定投资者以外的法人和满足一定要件的个人可以通过选择转换为特定投资者。④除此以外的个人不能转换为特定投资者，必须作为一般投资者对待。[2]

2008 年 6 月修订后的《金融商品交易法》为建立"面向专业投资者市场"，引入了专业投资者的概念。专业投资者的范围包括特定投资者和政令规定的非居民。依据其知识、经验、财产状况判断，特定投资者具备风险管理能力，无需通过情报披露规制即能自己承担责任来进行投资判断。而非居民参与面向投资者的市场对于创建高效的市场必不可少，为此也应将其包括在专业投资者范围内。[3]

---

[1] MiFID1 第 2 条第 1 款，第 K 项规定：主营业务是进行商品和/或商品衍生品自营交易的人。如果某人的主营业务是进行商品和/或商品衍生品自营交易，而该人所属于集团的主营业务是指本指令定义的其他投资服务或第 2000/12/EC 号指令定义的银行业服务，则该人不享受豁免。第 1 项规定：如果公司提供的投资服务和/或开展的投资活动，仅仅是为了其在衍生品市场上的套期保值所进行的金融期货、期权或其他衍生品市场及现金自营交易，则该类公司可以享受豁免；或者，如果公司为上述市场的其他会员进行交易或进行报价并且得到了同一市场上的清算会员的担保，亦即由清算会员负责确保公司签署的合约会得到履行，则此等公司亦可享受豁免。

[2] 庄玉友："日本对欧盟金融商品投资者区分制度的借鉴与发展"，载《聊城大学学报（社会科学版）》2012 年第 6 期。

[3] 庄玉友："日本金商法对面向专业投资者市场的规制"，载《聊城大学学报（社会科学版）》2013 年第 2 期。

2. "了解你的客户"。要求对客户信息、风险承受能力和独立判断能力调查了解。

(1) 从美国的规定看,其体现了从客户"特定信息"到客户"投资概况"(investment profile)[1]的规则演进,说明对客户信息的要求不断明确和具体,特别是更为注重投资状况和风险承受能力等信息的调查,同时还出现了"定量适合性的要求"。1990年全国证券商协会(National Association of Securities Dealers,NASD)[2]修订了规则第2条(b),要求交易商要了解客户的特定信息,[3]包括客户的财务状况、税收状况、投资目标,以及会员向客户进行推荐时认为合理的其他资料。2003年FINRA《适合性》规则(Rule2111(a))要求任何成员或相关人员必须尽合理的努力获得客户的投资概况信息,同时,明确客户的投资概况包括但不限于顾客的年龄、其他投资、财务状况和需求、税收状况、投资目标、投资经验、投资期限、流动性需求、风险承受能力,以及客户可以向成员或有关人士披露的与该建议有关的任何其他信息。[4]2007年生效的欧盟MiFID1也规定了投资公司对客户信息的获取义务。当投资公司向其客户提供投资顾问服务或投资组合管理服务时,投资公司应获得有关该客户对特定投资产品或投资服务类型的知识和经验,也要了解其财务状况和投资目标等必要信息,以便向该客户推荐适合的投资服务和金融工具。2013年FINRA在有关期权的适合性规则中,要求"进行推荐的成员或相关人员有合理理由相信,在推荐时客户在财务方面有这样的知识和经验,他可以被合理地预期能够评估推荐交易的风险,且有经济能力承担在期权合约中推荐头寸的风险",[5]体现了对客户特定的金融衍生品风险承受能力的重视。

(2) 对风险评估能力和独立判断能力的调查了解。1995年7月17日,全国证券商协会理事会批准并提交给SEC批准经纪商向机构投资者出售政府和其他证券的适合性规则的解释。该解释规定:在确定成员向机构客户提出建议的适合义务范围时的两个最重要的考虑因素是:客户独立评估投资风险的能力和客户在评估成员建议时进行独立判断的程度。确定独立评估投资风险的能力将取决于客户作出投资决策的能力,包括客户可以获取的进行明知决策的资源,一个客户作出独立的投资决策将取决于该成员与客户之间存在的关系的性质。[6]这两个因素的判断标准如下表所示。

---

[1] 也有人翻译为"投资取向"。

[2] 2007年,NASD与纽约证券交易所中有关会员监管、仲裁、执行的部门合并为金融业监管局(FINRA)。

[3] Conrad G. Bahlke, "'Suitability' and 'Appropriateness' of Derivative Instruments", 931 PLI/Corp 29, 35-39 (1996).

[4] FINRA Rules 2111 Suitabilty, Amended by SR-FINRA-2013-001 eff. Feb. 4, 2013.

[5] FINRA Rules 2360 Options, Amended by SR-FINRA-2013-055 eff. Dec. 23, 2013.

[6] Conrad G. Bahlke, "'Suitability' and 'Appropriateness' of Derivative Instruments", 931 PLI/Corp 29, 35-39 (1996).

判断标准	取决因素	考虑因素
客户独立评估投资风险能力	取决于客户作出投资决策的能力，包括客户可以获取的进行明知决策的资源	• 对于一个或多个顾问，投资顾问或银行信托部门的使用； • 在金融市场上该机构客户经验的通常水平，以及有关进行拟议类型交易的特定经验； • 客户理解所涉及证券经济功能的能力； • 客户独立评估市场发展会如何影响该证券的能力； • 参与交易证券的复杂性。
客户投资独立判断程度	取决于该成员与客户之间存在的关系的性质	• 有关成员与客户关于他们之间关系性质以及成员提供的服务的任何书面或口头理解； • 存在或不存在一种接受成员建议的模式； • 对于从其他成员或市场专业人士处获得意见、建议、市场观点和信息的使用，特别是那些与同类型证券有关的信息； • 在何种程度上，成员从客户处收到的与所讨论的建议交易相关的当前综合投资组合的信息，或者尚未提供有关其投资组合或投资目标的重要信息。

（二）交易适合性

对客户的分类的认识、对客户信息的采集，目的是实现向客户推荐符合其投资需求的产品。这样的内在要求在美国、欧盟的适合性制度中都有相关的规定。

1. FINRA Rule2111.05 规定，适当性义务由三个主要义务组成：合理的基础上的适合性、特定客户的适合性和定量适合性。我们前面分析了特定客户的适合性，下面重点对合理基础上的适合性和定量适合性进行探讨。

（1）合理基础上的适合性义务。会员或相关人员应有合理依据相信，基于合理的努力，该建议对于至少一些投资者是适合的。一般情况下，什么是合理的努力将根据（其中包括）证券或投资策略的复杂性及与之相关的风险性，以及成员或相关人士对证券或投资策略的熟悉程度的不同情形来确定。成员或相关人士的合理努力必须提供该成员或相关人士对所推荐的证券或战略相关的潜在风险及回报的理解。在推荐证券或策略时缺乏这样的理解，将违反适合性规则。

（2）特定客户的适合性义务。会员或相关人员基于该客户的投资概况应有合理依据相信其推荐对于特定客户是适合的。

（3）定量适合性义务。实际拥有或实际控制客户账户的成员或相关人员，应有合理的依据相信，一系列推荐的交易即使隔离观察时也是适合的，根据客户的投资概况，其对客户而言不是过度的、不适合的交易。尽管没有单一的测试定义过度活动，但如周转率、成本股权比例以及使用客户账户的买进卖出交易（in-and-out trading），可能提供了发现成员或相关人员违反定量适合性义务的依据。

上述有关适合性义务的三个规定表明，在对客户年龄、其他投资、财务状况和需求、税收状况、投资目标、投资经验、投资期限、流动性需求、风险承受能力等反映客户投资概况的客观信息进行采集的基础上，需要金融机构对其所推荐的产品是否符合客户风险承受能力进行判断,这些判断应当满足"合理"的要求。实际上,"合理的依据相信"标准,体现了一种主客观相统一的判断标准,"相信"是一种主观判断,而"合理依据"以及进行的"合理努力"都是一种客观标准,这样的一种判断标准的设计,对于实现场外金融衍生工具与客户风险承受能力的匹配无疑具有重要的价值。而在"合理基础上的适合性义务"中"合理努力必须提供该成员或相关人士对所推荐的证券或战略相关的潜在风险及回报的理解"则说明,对于所推荐的金融衍生产品,无论是产品的风险还是产品的收益回报,作为推荐方的金融机构自身也要有充分的理解和认识,否则,所谓的推荐将是对客户的"忽悠",也就无法实现产品特性与客户投资需求的有效匹配。

2. 欧盟 MiFID 将投资公司的"了解客户"义务细化,区分专业客户和零售客户以及服务内容的不同,引入"适合性评估"(Assessment of Suitability)和"适当性评估"(Assessment of Appropriateness)标准。

"适合性评估",一方面,对零售客户和专业客户明确了内容不同的评估,有学者称其为针对零售客户的全面评估以及针对专业客户的有限评估。[1]此种分类,反映了不同客户进行投资的能力和经验上的差异。对于零售客户而言,需要评估的内容涉及:①符合客户的投资目标;②客户在财务上可承受与投资目标相一致的任何投资相关风险;③客户拥有必要的经验和知识可以理解交易或投资组合所涉及的风险。对于专业客户而言,应具有"客户拥有必要的经验和知识可以理解交易或投资组合所涉及的风险"即可。另一方面,"适合性评估"要求投资公司不只基于请求而从客户或潜在客户那里获得必要信息,以使其能够了解有关客户的重要事实。而该事实能够表明,考虑到所提供服务的性质和范围,有合理的根据相信,所推荐或在投资组合管理过程中进行的特定交易满足上述三个条件。

"适当性评估"要求投资公司根据客户或潜在客户是否拥有投资领域相关产品或服务的必要知识和经验,评估投资服务或交易对客户来说是否适当。不同于"适合性评估"的规定,投资公司即使不能决定适当与否,仍可以在向客户提出警示的前提下提供服务。

应当说,MiFID 适合性评估与适当性评估的分类,以及针对零售客户的全面评估和针对专业客户的有限评估的分类,体现了欧盟立法时对于零售客户与专业客户投资的能力和经验的区分,以及在是否提供推荐、是否为客户申请方面,交易双方可能存在对适合问题的关注。

3. 区分产品的类型进行适合性评估的不同规范。香港证监会对于衍生产品、高息投资工具和结构性产品等结构较为复杂或者风险较高的金融产品,分别制定了专门的适合性规则,对持牌人或注册人提供此类金融产品提出了更高的要求。

---

[1] 蔺捷:"论欧盟投资者适当性制度",载《法学评论》2013 年第 1 期。

（1）金融衍生工具的适合性评估。首先，持牌人或注册人应根据客户对衍生产品的认识将客户分类，然后履行适当的风险揭示义务。《有关投资者分类及专业投资者规定的指引》规定，持牌人或注册人向对衍生产品没有认识的普通投资者推荐衍生产品时，应充分揭示产品风险；向专业投资者或对衍生产品有认识的普通投资者销售衍生产品时，则无须揭示相关风险。其次，持牌人或注册人应严格按照"产品适当性原则"，将合适的衍生产品推荐给适合的投资者。[1]在衍生品适合性评估中，应确保客户已明白该产品的性质和风险，有足够的净资产来承担因买卖该产品可能招致的风险和损失。[2]如果投资者并不了解衍生产品却主动提出购买衍生产品，中介人应就该交易进行警告，并对投资者提供恰当的意见，中介人应就该产品尽到评估义务以确定其对该投资者是否合适，并对这一过程进行记录（或录音）。当然，如果投资者坚持要进行衍生品交易，则中介人只需尽到自身义务即可，毕竟投资决定的最后做出依据的是投资者自己的投资目标和投资需求。[3]

（2）高息投资工具的适合性评估。持牌人或注册人向投资者销售高息投资工具时，应采取以下措施以履行适当性义务：①持牌人或注册人应采用合理的方式了解客户的财政状况、投资经验和投资目的等信息；②持牌人或注册人应确保客户已全面了解投资高息投资工具所面临的风险以及可能出现的亏损情况；③持牌人或注册人应向客户揭示投资风险，并由客户签字确认。

（3）结构性产品的适合性评估。香港结构性投资产品由上市结构性产品和非上市结构性产品组成。①上市结构性产品的销售适合性。《上市结构化产品营销材料指引》规定：上市结构性产品的营销材料应真实、全面，不应出现误导或欺骗投资者的内容。风险揭示的详细程度取决于风险的复杂程度以及该材料的性质及形式。但无论内容是否详细，所有营销材料都应至少告知投资者以下警示信息：应自行评估风险或必要时可向专业机构寻求建议；结构性产品的价格可能会波动；该项投资可能带来的损失。②非上市结构性产品的适合性评估。香港证监会要求持牌人或注册人要了解拟向客户销售的投资产品，包括产品性质、投资策略及投资风险。持牌人或注册人向客户提供投资建议时，不得单纯依靠产品资料提供的信息，应对投资产品进行独立评估。[4]

---

〔1〕 参见袁熙等："多个国家和地区投资者适当性管理经验教训"，载《中国证券报》2012年4月17日，第A21版。

〔2〕 洪艳蓉："从雷曼迷你债券案看香港证券业专业投资者制度"，载郭峰主编：《金融服务法评论》第1卷，法律出版社2010年版。

〔3〕 王天习、田忠洪："证券投资者适当性规则研究：兼论我国投资者适当性规则的完善"，载《经济法论丛》2013年第1期。

〔4〕 参见袁熙等："多个国家和地区投资者适当性管理经验教训"，载《中国证券报》2012年4月17日，第A21版。

（三）适合性义务的适用限制

适合性义务的适用，不同的国家和地区有不同的限制性规定。总结起来，可以分为以下几个方面：[1]

1. 适合性义务的免责。适合性义务免责与否往往与金融机构是否进行"推荐"（recommend）有关。一般每个监管区域都不允许金融机构否认其适合性义务，然而，在大多数监管区域内，只有当金融机构向客户推荐或者提供建议购买产品时，才会适用适合性要求。只要没有推荐客户购买，金融机构一般可以向客户销售被认为不适合该客户的产品。对证券业而言，一些监管区域（包括欧盟的一些成员国）要求该销售结束前，如果投资不适合顾客，金融机构必须履行提示义务。此外，还有的法域规定，适合性义务不适用于"一般性"（相对"个人化"而言）建议（澳大利亚、遵守 MiFID 指令的欧盟各国）。[2]

CFTC《商业行为准则》要求掉期交易商向交易对手进行的推荐，应有合理的基础相信所推荐的掉期或掉期交易策略是适合交易对手的。同时，掉期交易商的推荐是否触发适合性义务的承担，取决于特定情况的事实和环境，CFTC 将考虑符合这些决定条件的因素。有关决定"沟通"是否是"推荐"的这些事实和环境，需要对沟通的内容、背景和特定沟通的表述或者沟通的情景进行分析。决定是否进行了"推荐"是客观的而非主观的调查。这方面的一个重要的因素是，是否考虑到其内容、背景和表述的方式，使掉期交易商向交易对手一个特定的推荐被合理地视为一个进行掉期交易的"行动号召（call to action）"或"建议"。对内容、背景和沟通、表述方式的分析，需要审查传送到交易对方的基本的、实质性的信息，考虑任何其他事实和情况，如从掉期交易商收到的任何随附的解释性信息。如，如果一个掉期交易商因其交易对手的要求而向交易对手发送一份研究报告，这类沟通不受适合性义务的约束；但是，如果相同的掉期交易商发送了相同研究报告，同时还附有交易对手应根据报告采取行动的信息，无论是口头或书面信息，分析将是不同的。此外，与一个特定的交易对手或者目标交易对手群体之间进行的有关掉期、掉期组合或涉及使用掉期的交易策略的更为个性化的量身定做的沟通，可能性被视作"推荐"。例如，针对特定对手方的需求和特征定制"翻转书"或"间距书"，可能构成"推荐"。[3]

2. 适合性义务的豁免。适合性义务可以依客户的主动放弃或主动要求而豁免。

---

[1] 这部分内容参考联合论坛调查报告的相关内容，参见 The Joint Forum, "Customer suitability in the retail sale of financial products and services", April 2008, available at: https://www.bis.org/publ/joint20.pdf.

[2] The Joint Forum, "Customer suitability in the retail sale of financial products and services", paragraph 59-60, April 2008, available at: https://www.bis.org/publ/joint20.pdf.

[3] CFTC, Business Conduct Standards for Swap Dealers and Major Swap Participants With Counterparties, final rule, p39, 17 CFR Parts 4 and 23, RIN 3038–AD25, February 17, 2012.

就美国保险业而言,在符合下列任一条件的年金保险销售中,保险公司一般无须履行适合性义务：①消费者拒绝提供相关信息；②消费者没有依据建议而是自主决定参与保险产品交易；③消费者没有提供完整准确的信息。[1]

此外,如果提供的是仅供执行的服务（但仅限于不复杂的产品）而无须进行"适合性"检验,按照 MiFID 指令,如果客户主动要求提供服务,则表明该客户已经清楚金融机构没有义务对提供的产品或服务的适合性或适当性进行评估,因此客户不会获得认定适合性或适当性带来的益处。

3. 适用对象的区分。一些国家和地区规定了适合性义务不适用于"专业的"投资者。日本商品交易法规定适合性义务不适用于专业的投资者。在日本,依据特定标准和程序,"普通投资者"可能转变为"专业的"投资者。在遵守 MiFID 指令的欧盟成员国,考虑到其经验、知识和金融资源,当向专业客户销售产品时,适用的适合性要求相对不那么严格。

（四）小结

为了确保适合性规则的适用,美国在特定客户适合性上规定了合理基础上的适合性和定量适合性义务,欧盟规定了适合性和适当性评估要求,而香港对衍生产品、高息投资工具和结构性产品等结构较为复杂或者风险较高的金融产品分别制定了适合性评估的规则。这些规则是从制度层面对交易商主动客观评估客户适合性义务的确立,其本质上是实现将适合的产品推荐或销售给适合的客户,实现适合产品与适合客户需求的有效匹配。在此意义上,我们认为适合性标准的前提是客户的适合性,核心是交易的适合性。客户的适合性,在于客户具有相应的风险承受能力；交易的适合性,在于交易商需要在收集客户信息的基础上,评估其参与衍生交易的能力,向其推荐销售适当的产品。需要注意的是,各国和地区在对适合性义务的规定中明确了相应的免责与豁免条款,这些既有交易商履行适合性义务成本的考虑,也有进一步对交易商与最终用户之间利益进行衡量的因素。

三、适合性规则对专业客户的适用性

（一）问题的提出

从最终用户的角度看,随着金融衍生工具交易的发展,最终用户逐渐发现其在避险的同时也可能遭受巨大的损失。在场外衍生交易的历史上,一些财力雄厚的大企业遭受损失的案件并不少见。一旦发生重大损失,有的客户就可能以相关衍生品

---

[1] The Joint Forum, Customer suitability in the retail sale of financial products and services, April 2008, available at: https://www.bis.org/publ/joint20.pdf.

不具有适合性而起诉交易商。[1]他们认为他们不能理解所买入的产品,并认为交易商利用了最终用户在交易方面的无知。但是,从美国判例的情况看,法院对此一般并不适用适合性的规定。

适合性规则肇端于"锅炉房"的高压销售,而"锅炉房"学说是为了保护个人投资者。除了直观的怀疑,人们可能听到的是财富500强公司的首席财务官的抱怨,他或她不明白他们所做的投资,判例法表明,并非所有类型的投资者都可以利用适合性原则(the suitability doctrine)。的确,对于扩大适合性原则以保护最终用户衍生工具的倡导者的挑战是,如何协调机构的资深投资地位与"锅炉房"学说。即使经纪商有时被判对客户负责,那么是否这些同样的标准适用于一个机构客户,特别是具有在该领域经验的机构客户? 证券行业和法院判决中的法官附带意见(dicta)认为适合性标准不能够适用于机构投资者,因为他们被推测为是有经验的投资者。[2]在此情况下,他们作为富有经验机构的地位将阻碍他们试图收集基于适合性标准要求损害赔偿的理由。[3]有评论家指出,经常涉足衍生品市场的机构投资者及其他商业企业必须为他们的持仓行为负责,应建立足够的内部监控,培训和管教好自己的交易员,而不是通过依赖卖方来代替其良好的管理和应有的常识。[4]有学者提出了拒绝富有经验的投资者援引适用性原则的政策原因:[5]

契约自由。适合性判定是交易商向客户提供商品/服务的一个内在组成部分。像其他的服务一样,它是有成本的。该成本应是可以磋商的;交易商不应该被强迫在所有情况下都提供适合性判定。如果所有交易都要交易商提供适合性判定的话,将会提高交易商的佣金要求。此外,投资者不应被迫支付这些更高的佣金。投资者应放弃更高的交易成本并承担参与类似衍生工具的投资风险,而衍生工具经常涉及适当性问题。

可预见性。正如一位评论家所指出的,维持目前形式普通法上的适合性原则可实现可预见性利益。目前,在交易双方之间存在非全权委托账户的关系的情况下,交易商并不负有适合性义务。相反,这样的义务存在于全权委托账户关系的情况。在最明显的情况下,客户的账户可以很容易地放置在任何一种类别。然而,在"混合型"账户下,控制问题往往是复杂的。这个问题本质上是事实问题。通过发现事

---

[1] Geoffrey B. Goldman, "Crafting a Suitability Requirement for the Sale of Over–the–Counter Derivatives: Should Regulations 'Punish the Wall Street Hounds of Greed'?", 95 *Colum. L. REV.* 1112, 1123 (1995).

[2] David C. Sienko, "The Aftermath of Derivatives Losses: Can Sophisticated Investors Invoke the Suitability Doctrine Against Dealers Under Current Law?", 8 *DePaul Bus. L. J.* 105, 125 (1995).

[3] John C. Coffee, Jr., "The Suitability Doctrine Revisited: Can Orange County Sue its Broker for Recommending the Purchase of Unsuitable Securities for its Fund?", *Nat'l L. J.*, Jan. 16, 1995, at B4、B6.

[4] Roger D. Blanc, Policy Issues Presented by Derivatives Trading, *Insights*, June 1994, at 10.

[5] David C. Sienko, "The Aftermath of Derivatives Losses: Can Sophisticated Investors Invoke the Suitability Doctrine Against Dealers Under Current Law?", 8 *DePaul Bus. L. J.* 105, 130–131 (1995).

实的客观证据,这个事实问题可以很容易地决定。此外,控制因素,不能仅通过事实审理很容易地决定,但是,"因为对控制的测试是客观的,当事人往往能够预见到这个问题如何解决,从而将能避免不确定性和不必要的诉讼"。与扩充适合性义务相比,争议的门槛问题可能是经纪商是否已经知道客户在从事不适合的交易的判断方式。但是,适当性并不是一个真正的真实性问题,而是一个对这些专家而言能够且做得不一样的问题。

市场效率。在自由市场经济体系里,我们应该假设,如金融衍生工具发挥作用,那么对于投资者而言,市场将在需求下跌而导致损失继续上升时进行调整。一旦损失变得足够大,对于金融衍生工具的需求将下降,从而导致供应方(交易商)进行调整以努力刺激需求。同样的道理,如果投资者发现衍生品提高了其投资组合的质量,尽管存在损失,理应实施内部系统来监控自己的投资是否适合。相比之下,人工惩戒制度,可能会影响市场的纪律。这些市场纪律规定,谁作出投资决策,谁就应对其决策的后果负责,他们不应在转移他们的损失的同时保留利润。

对富有经验投资者不必要的补贴。使用衍生产品的投资者通常是频繁参与资本市场的。给予这些投资者补贴而不提供给其他市场参与者,将是不公平的,这增加了从不良投资收回资金的机会。这一补贴将显著地改变交易商和投资者进入市场的动机。由于衍生工具市场是一个零和博弈,需要交易商和其他投机者提供流动性,这对市场而言是至关重要的。

在证券领域,经纪人可能有责任合理地相信,一个推荐的投资适合客户。但衍生产品市场的性质使得简单地引入证券规则是不可能的。大部分衍生工具的用户往往是相当成熟的机构用户,且场外衍生工具市场不受管制的性质,具有非常灵活和创新的特征。为了维护这个市场,同时仍然保护不太成熟的投资者,针对场外金融衍生工具的销售,应制定有限的两层适合性规定(two–tier suitability requirement)。对于符合安全港原则的成熟的大公司来说,对于交易商的要求主要限于信息披露,市场纪律应足以遏制发生任何侵权行为。但是,对于其他的衍生交易用户来说,强制交易商确保从事的衍生交易的客户的适当性及特定的交易的适当性,应是一种强烈的、明确的要求。对于一个成长中的日益重要的金融服务行业领域而言,此规则应有助于提供更多的市场诚信理念,因为该规则扩展服务于更广泛的投资者。[1]

(二)制度差异

1. 从美国的监管制度上看,其经历了一个对专业客户不适用、适用到再豁免适用适合性规则的过程。1990 年 NASD 修订了规则第 2 条(b),强制要求经销商从非机构客户获取特定的信息,以让交易商负担适合性义务。第 2 条(b)不适用于"机

---

[1] Geoffrey B. Goldman, "Crafting a Suitability Requirement for the Sale of Over–the–Counter Derivatives: Should Regulations 'Punish the Wall Street Hounds of Greed'?", 95 *Colum. L. REV.* 1112, 1119 (1995).

构客户",成员没有积极的义务调查该机构客户的财务状况。到了 1995 年 7 月 17 日,全国证券商协会理事会批准并提交给 SEC 批准了经纪商向机构投资者出售政府和其他证券的适用性规则的解释。该解释规定:在确定成员向机构客户提出建议的适合义务范围时的两个最重要的考虑因素是:①客户独立评估投资风险的能力;②顾客在评估成员的建议时进行独立判断的程度。[1]在该规则下,适合性义务又适用于机构客户。

此后,FINRA Conduct Rule2310 之解释性规则三(IM-2310-3)则进一步明确了对机构投资者的适当性义务。此规则中所谓的机构投资者是指那些在一个证券投资组合中有不少于 1 千万美元的机构,包括对于债券和股票的两种投资。判断是否对机构投资者尽到了适当性义务,此规则提出了两种测试标准:①向机构投资者推荐具体证券或者投资策略时应具有合理性基础;②对于一个具体的客户来说经纪商应当有合理的理由相信他对于这一客户的推荐是合理的。这两种测试标准的提出体现了主客观相统一的原则。这相对于 20 世纪的规则来说是一个全新的突破,其产生的背景是,机构投资者在证券市场中投资带来损失的案例日益增多。[2]

从 2013 年 FIRNA 适合性规则规定看,适合性义务在满足规定的情况下,可以对于机构客户豁免适用。"在下列情况下,成员或相关人员履行了特定客户的机构账户[3]适合性义务,如果①该成员或相关人员有合理依据相信该机构客户能够独立评估投资风险,无论是涉及证券(或证券类)交易及投资策略的一般交易还是特定交易,以及②机构客户肯定地表明,它对会员或相关人的推荐进行了独立判断。若机构客户已授权决策权给代理人,如投资顾问或银行信托部,这些因素应适用于代理人。"

此外,从有关适合性规则的监管部门的观点看,SEC 的态度是经纪商对机构客户和零售客户负有相同的适合性责任,这可以从以下两个新闻公报中的表态看出。[4]针对市政证券规则制定委员会("MSRB")提出的关于《证券交易法》规则的变化中,SEC 指出,"对于机构和零售客户而言,其应获得足够的信息以支持进行一个合理的

---

〔1〕 Conrad G. Bahlke, "'Suitability' and 'Appropriateness' of Derivative Instruments", 931 PLI/Corp 29, 35-39 (1996).

〔2〕 参见韩祥波:"金融产品销售的适当性法律问题分析",中国政法大学 2011 年博士学位论文。

〔3〕 Rule 4512(c)规定,"机构账户"指下列机构的账户:①银行、储蓄和贷款协会,保险公司或注册投资公司;②根据《投资顾问法》第 203 节在美国证券交易委员会注册或在州证券委员会注册的投资顾问(或执行类似功能的任何机构或办公室);③具有至少 50 万美元总资产的任何其他人(无论是自然人、公司、合伙、信托或其他)。

〔4〕 David C. Sienko, "The Aftermath of Derivatives Losses: Can Sophisticated Investors Invoke the Suitability Doctrine Against Dealers Under Current Law?", 8 *DePaul Bus. L. J.* (1995).

适合的决策。在承担决策建议的适合性的问题上，经纪商和交易商并无不同"。[1]另外，根据另外颁布的1940年《投资顾问法》，SEC表明，"被提及的规则"将阻止顾问向顾客提供建议，除非顾问合理地认为该建议适合顾客的商业环境、投资经验和投资目标。该禁止性规则同样适用于机构客户和个人客户。[2]

2. 日本规定了适合性标准对专业投资者的明确的豁免。日本《金融商品交易法》规定适合性原则不适用于"专业的"投资者。金融商品交易业者等与一般投资者进行交易时，为了保护投资者要求充分适用行为规制。而在顾客为专业投资者（特定投资者）时，为了交易的灵活性和便利地提供风险资本，以纠正信息不对称为目的的适合性原则（《金融商品交易法》第40条第1款）等行为规制将豁免适用。依据特定标准和程序，一般投资者可能转变为专业投资者；专业投资者也可以转换为一般投资者。[3]

3. 欧盟并没有排除对专业客户的适合性要求，但是在具体的适用内容和标准上，建立了针对不同类型的客户区别适用的制度。MiFID并没有提出适合性规则对专业客户不适用。在要求投资公司提供投资顾问服务或投资组合管理服务时，应获取必要的信息，了解客户或潜在客户对特定类型的产品或服务的投资知识和经验，使投资公司能向客户建议适合的投资服务及金融工具。同时，投资公司在提供上述服务之外的服务时，须要求客户或潜在客户通知其关于公司推介的或其自身要求的特定类型的产品或服务的投资知识和经验的相关信息，以便投资公司评估所考虑的投资服务或产品是否适合该客户。但是，对于专业客户而言，上述投资公司的适合性义务减轻了：

第一，对于投资公司主动建议或提供投资组合管理服务而言，在"了解你的客户"获取客户信息并对客户进行"适合性"评估和"适当性"评估时，对专业客户（含合格交易对手）与零售客户进行了区分。对于零售客户，投资公司需要获得"可以理解交易或其投资组合管理所涉及的风险的必要的经验和知识""在财务上能够承担与投资目标一致的任何相关投资风险"的客户信息；但是，对于专业客户，投资公司有权假设其具有理解相关交易或投资组合服务所涉风险的经验。同时，向

---

[1] Self–Regulatory Organizations; Order Approving Proposed Rule Change by the Municipal Securities Rulemaking Board Relating to Suitability of Recommendations, 59 Fed. Reg. 17, 632 (1994).

[2] Suitability of Investment Advice Provided by Investment Advisers; Custodial Account Statements for Certain Advisory Clients, Investment Advisors Act Release No. 1406, 59 Fed. Reg. 13, 464 (Mar. 16, 1994).

[3] 庄玉友："日本对欧盟金融商品投资者区分制度的借鉴与发展"，载《聊城大学学报（社会科学版）》2012年第6期。

MiFID1 附录二第 1 节定义的专业客户[1]提供顾问服务时，投资公司有权假设该专业客户"在财务上能够承担与投资目标一致的任何相关投资风险"。实际上，投资公司是只要获取客户希望持有投资时间长短、客户的风险偏好、客户的风险特点和投资目的等投资目标信息即可，这在事实上减轻了投资公司的成本负担。[2]

第二，对于客户自己要求的产品或投资服务而言，在"了解你的客户"获取客户信息并对客户进行"适当性"评估时，对于专业客户，不需要获取"客户具有理解相关风险所必须的经验和知识"，投资公司有权假设专业客户具有理解相关风险所必需的经验和知识。

需要注意的是，对于专业客户，投资公司必须在提供服务前向其说明，根据投资公司可获得的信息，客户被视为专业客户，并将被作为专业客户对待，双方另有约定的除外。同时，对于投资公司不应当鼓励客户拒绝提供有关客户投资知识、经验、财务状况、投资目标等信息而言，并未排除对专业客户适用。另外，按照 MiFID 的规定，专业客户可以请求非专业客户待遇，而且投资公司可以提供较高水平的保护，这种较高水平的保护可以由专业客户通过与投资公司的书面协议进行约定。

（三）小结

在金融市场上，一般情况下，专业客户相对于零售客户，在资产财务状况、投资经验、风险承受能力、独立判断能力方面具有优势。通常适用于零售客户的适合性规则是否适用于专业客户问题，不同国家和地区在具体规定上还有差别，既有明确表示不适用的国家，如日本；也有豁免适用的国家，如美国。而欧盟采取的是一种更为精细化的立法，主要是在适合性的评估环节，采取了与零售客户差别化的处理。但是，在看到不同国家和地区的适合性规则的差别之后，我们还应看到在专业客户适合性制度方面的共同点。

第一，需要引起关注的是，采取豁免制度的美国和差别化处理的欧盟有一个共同点，就是针对专业客户都引入了金融机构的"自己推断"规则，即欧盟规定投资公司"有权假设"专业客户具有必要的知识和经验，"有权假设"专业客户在财务上能够承担与其财务目标相一致的任何投资风险，以及美国规定金融机构"有合理依

---

[1] 专业客户包括但不限于以下主体：①经核准或受监管在金融市场运行的实体，包括信贷机构、投资公司、其他经核准或受监管的金融机构、保险公司、集合投资计划及其管理公司、养老金及其管理公司、商品和商品衍生品经销商、当地机构和其他机构投资者；②符合以下规模要求中任意两项的大型企业——资产负债表总额两千万欧元，净营业额四千万欧元，自有资金两百万欧元；③国家和地方政府，管理政府债务的公共部门，中央银行，诸如世界银行、国际货币基金组织、欧洲中央银行、欧洲投资银行以及其他类似国际组织等国际组织和超国家机构；④以投资金融工具为主要活动的其他机构投资者，包括专门从事资产证券化或其他融资交易的实体。

[2] MiFID1 第 19.4 条、19.5 条，MiFID2 第 35 条、第 36 条、第 37 条。参见中国证券监督管理委员会组织编译：《欧盟金融工具市场指令》（中英文对照本），法律出版社2010年版。

据相信"该机构客户能够独立评估投资风险。无论是假设还是合理相信,都是金融机构根据其自身专业能力、执业经验、客户数据等进行"推断",制度前提在于认为专业客户拥有有别于零售客户的知识、经验和风险判断能力、风险承受能力。从这个角度看,也是立法对于机构适合性的一种弹性规定,将判断权、决定权交给了主要的市场主体——金融机构。

第二,适合性标准得以发挥作用的前提在于"了解你的客户",了解的前提在于对客户信息的获取。即使针对专业客户,金融机构也需要收集、了解客户的资产、财产状况、投资目标等基本信息。国际清算银行、证监会国际组织、国际保险监管协会联合发布的《金融产品和服务零售领域的客户适当性》的调查报告指出,"金融机构一般对专业人士和普通零售客户同等对待。在大量事例中,甚至在可以依据净资产值和技能进行区分时,金融机构宁可过于谨慎也不愿冒险"。这至少说明在金融交易活动过程中,尽管存在对于专业客户的适合性豁免规则,金融机构收集客户资料、"了解你的客户"的环节仍是其重要审慎业务流程的一部分,客观上是适合性规则的要求。

第三,如前所述,客户分类是适合性制度的前提和基础,而何为专业客户的问题,必定会影响专业客户适合性标准适用的效果。比如,一方面,需要立法对于专业客户进行明确的界定,在界定时,既要考虑资产、资金规模因素,也应考虑个人与机构因素;另一方面,可能需要根据金融市场发展、金融需求的变化等因素,进行动态的调整。而欧盟、日本立法中规定的专业客户与非专业客户之间的转换,则是立法弹性规定的又一种表现,对于促进金融交易市场中的意思自治,无疑具有促进作用。

四、我国场外金融衍生交易适合性规则的完善

从银行、保险、证券、期货等相关监管规定看,我国已经建立起一套有关场外金融衍生交易的适合性规则。立法层面,《证券法》确立了证券公司的投资者适合性义务,但是该义务仅限于证券公司销售证券或提供服务的情形,覆盖所有场外金融衍生交易的适合性规则立法尚付阙如。未来,有待期货法在立法上对场外金融衍生交易适合性规则作进一步完善。

(一)我国场外金融衍生交易适合性规则,主要散见于银行、证券和期货等监管部门的监管规章中

1. 银行监管部门对于金融衍生交易中的适合性规则的要求,经历了从单纯的要求银行业金融机构制定内部的相关政策,到从产品营销的角度推进适合性规则的完善的过程。2004年《银行业金融机构衍生产品交易业务管理暂行办法》规定,金融机构应制定评估交易对手适当性的相关政策,包括:评估交易对手是否充分了解合约的条款以及履行合约的责任,识别拟进行的衍生交易是否符合交易对手本身从事

衍生交易的目的,评估交易对手的信用风险,等等。对于高风险的衍生产品交易种类,金融机构应对交易对手的资格和条件作出专门规定。(原)银监会的规定,主要还是从内部管理加强风险控制的角度,制定评估交易对手"适当性"的相关政策,并未直接从场外衍生销售的角度,直接对产品与客户风险承受能力的适合性进行规定。2011年办法相比2004年办法,在适合性规则构建方面取得了较多的进步。一方面完善了前述适合性方面的风险控制要求:强调要在综合考虑衍生产品分类和客户分类的基础上,对衍生产品交易进行充分的适合度评估,实际上,即引入了国外有关客户分类基础上的"了解你的客户"的要求;另一方面,强调银行业金融机构应当根据客户适合度评估结果,与有真实需求背景的客户进行与其风险承受能力相适应的衍生产品交易。实际上,其直接在交易层面,设定了客户风险承受能力与产品适合度的匹配要求,特别是与有关客户真实需求、投资目的匹配的具体要求,更为具体,也更具操作性。

2. 证券期货业监管部门专门出台相关适合性监管规则,构建起较为完善的适合性规则体系。早在2009年,深圳证券交易所发布《深圳证券交易所创业板市场投资者适当性管理实施办法》,2010年,中国金融期货交易所发布《股指期货投资者适当性制度实施办法(试行)》(已失效)和《股指期货投资者适当性制度操作指引(试行)》(已失效),2012年,中国证券业协会发布《证券公司投资者适当性制度指引》。2016年证监会发布了《证券期货投资者适当性管理办法》,并于2020年10月作了修订。上述规定建立了涵盖客户、产品、风险的较为系统的适合性规则。首先,建立了投资者的分类制度,将投资者区分为普通投资者和专业投资者,明确了普通投资者与专业投资者的转换制度。其次,明确专业投资者在特定情况下的适合性规则区分适用制度。例如,证券公司向客户销售的金融产品涉及投资组合或资产配置的,应当按照投资组合或资产配置的整体风险对客户进行适当性评估,但是,证券公司向专业投资者销售金融产品,则不适用。向自然人专业投资者销售金融商品,只需要投资期限和品种符合客户的投资目标,而不需要满足风险等级符合客户的风险承受能力等级,以及客户签署风险揭示书,确认已充分理解金融产品或金融服务的风险的要求。最后,建立了风险承受能力评估制度。证券公司应当根据客户提供的信息,对其风险承受能力进行综合评估。证券公司可以制作客户风险承受能力评估问卷,根据评估选项与风险承受能力的相关性,确定选项的分值和权重,建立评估分值与风险承受能力等级的对应关系。证券公司应当与客户确认其风险承受能力等级、投资期限、投资品种,并以书面方式记载留存。

3. 2018年中国人民银行、中国银行保险监督管理委员会、中国证券监督管理委员会、国家外汇管理局联合发布的《关于规范金融机构资产管理业务的指导意见》(以下简称《资管新规》)规定了金融机构的适合性规则。一是强化了投资者适当性管理义务。要求金融机构发行和销售资产管理产品,应当坚持"了解产品"和"了解客户"的经营理念,加强投资者适当性管理,向投资者销售与其风险识别能力和风险承担能力相适应的资产管理产品。二是禁止销售不适当的金融产品。禁止欺诈或者误导投资者购买与其风险承担能力不匹配的资产管理产品。金融机构不得通过拆分资产管理产品的方式,向风险识别能力和风险承担能力低于产品风险等级的投资者销售资产管理产品。三是对投资者作了分类,即从资产规模、收入水平、风险识别能力和风险承担能力等方面,将投资者区分为不特定社会公众和合格投资者。

（二）有关场外金融衍生交易适合性规则的上位立法从行政监管规范向民事裁判规范演进,覆盖所有场外金融衍生交易的适合性规则立法尚付阙如

2013年12月27日,《国务院办公厅关于进一步加强资本市场中小投资者合法权益保护工作的意见》（国办发〔2013〕110号）首次提出健全投资者适当性制度,具体包括制定完善中小投资者分类标准,要求推荐与投资者风险承受和识别能力相适应的产品或者服务,向投资者充分说明可能影响其权利的信息,不得误导、欺诈客户。同时,也明确了违反适当性管理规定给中小投资者造成损失的,要依法追究责任。国务院办公厅的上述意见,尽管仅构成证券期货市场角度出台的类行政法规的规范性文件,但是,这是我国第一次在部门规章以上位阶的层面对适合性规则进行规定,为进一步推进场外金融衍生交易中的交易商对最终用户的适合性义务的立法奠定了基础。

2019年《九民纪要》第72条既界定了适合性义务的定义,[1]又明确了适合性义务的目的,强调在推介、销售高风险等级金融产品和提供高风险等级金融服务领域,适当性义务的履行是"卖者尽责"的主要内容,也是"买者自负"的前提和基础。特别是,《九民纪要》第77条区分是否存在欺诈行为明确了未履行适当性义务的责任承担方式,为指导各级法院统一裁判尺度奠定了基础。

2019年修订的《证券法》在投资者保护上往前迈了一大步,它一方面专章规定了信息披露,另一方面则专章规定了投资者保护。第六章投资者保护部分,既明确规定了证券公司的投资者适合性义务,又明确了证券公司违反适合性义务的民事责

---

[1] 适当性义务是指卖方机构在向金融消费者推介、销售银行理财产品、保险投资产品、信托理财产品、券商集合理财计划、杠杆基金份额、期权及其他场外衍生品等高风险等级金融产品,以及为金融消费者参与融资融券、新三板、创业板、科创板、期货等高风险等级投资活动提供服务的过程中,必须履行的了解客户、了解产品、将适当的产品（或者服务）销售（或者提供）给适合的金融消费者等义务。

任。[1]特别是,在法律层面作了普通投资者与专业投资者的分类,为适合性规则的完整构建奠定了基础。稍显遗憾的是,第六章虽然规定了证券公司与普通投资者发生证券纠纷时,应当承担举证责任倒置义务,但没有明确证券公司在承担适合性义务方面,对于普通投资者与专业投资者的区别,亦没有明确证券公司对于普通投资者的豁免义务。需要特别指出的是,《证券法》的上述规定为证券公司向投资者销售证券或提供服务时的适合性规则,是否能够扩展适用于全部场外衍生交易,尚有不确定性。[2]从证监会官员的表态看,场外金融衍生交易的上位法规则有待期货法进一步明确。[3]

(三)完善我国场外金融衍生交易适合性规则的建议

适合性规则是"卖者尽责、买者自负"的理论基础。我国在金融监管维度,较为完整地构建了从客户分类到金融机构投资者适合性管理的规则。未来在立法层面,需在2019年《证券法》和2018年《资管新规》等监管规定的基础上,结合《九民纪要》确立的适合性规则裁判规范,进一步健全有关场外金融衍生交易的适合性规则体系,从客户适合性、产品适合性角度,构建起交易商的适合性义务。首先,在客户适合性方面,需要进一步明确场外金融衍生交易中的客户分类制度,合理确定专业客户与一般客户的分类标准。在此基础上,明确交易商的适合性义务在哪些情况下对专业客户适用,在哪些情况下对专业客户不适用;其次,在产品适合性方面,需要建立起关于场外金融衍生工具"是否适合客户"的定性和定量评估标准。同时,建议借鉴国外的实践经验,建立适合性义务的免责与豁免制度。对于违反场外金融衍生交易适合性义务的行为,是否具有可诉性,也需要立法上的明确回应。

---

[1]《证券法》第88条规定:"证券公司向投资者销售证券、提供服务时,应当按照规定充分了解投资者的基本情况、财产状况、金融资产状况、投资知识和经验、专业能力等相关信息;如实说明证券、服务的重要内容,充分揭示投资风险;销售、提供与投资者上述状况相匹配的证券、服务。投资者在购买证券或者接受服务时,应当按照证券公司明示的要求提供前款所列真实信息。拒绝提供或者未按照要求提供信息的,证券公司应当告知其后果,并按照规定拒绝向其销售证券、提供服务。证券公司违反第一款规定导致投资者损失的,应当承担相应的赔偿责任。"

[2]一方面,2019年《证券法》删除了2014年《证券法》第2条第3款"证券衍生品种发行、交易的管理办法,由国务院依照本法的原则规定"的内容,证券衍生品需要其他专门立法进行规定。另一方,则增加了"资产支持证券、资产管理产品发行、交易的管理办法,由国务院依照本法的原则规定"的内容。尽管从2018年人民银行等四部委发布的《资管新规》看,有关资产管理产品的界定上,包括了金融衍生品,但是资产管理产品主要还是从资产管理的角度界定的金融产品,难以涵盖所有的场外金融衍生交易或产品。

[3]证监会副主席方星海表示,期货行业盼望已久的期货法,即将进入一读。其中,期货法将明确对场外市场的监管;还将对市场准入、投资者保护和对外开放等作出明确规定,为期货市场对外开放以及跨境监管提供法制保障。参见方星海:"期货法即将进入一读加快期货期权品种上市",载http://www.cs.com.cn/zzqh2020/202012/t20201221_6122624.html,最后访问时间:2021年3月11日。

银行类金融案件审判疑难问题研究[*]

王卫国

银行类金融案件的数量是金融案件中最多的一类，其纠纷涉及的标的额也是金融案件中比重最大的一类，这与间接融资在我国当前非金融企业融资来源中占比超过80%的"大银行金融"格局有一定联系。我们在调研中发现，在银行类金融案件中，担保链条过长引发的纠纷、独立保函的有效性、最高额抵押担保的清偿顺序、信用卡盗刷纠纷、银行的审查义务以及票据贴现、变相远期支票等是法院审判面临的实体法上比较突出的疑难问题。在这些实体问题审理过程中出现的"刑民交叉"这一程序问题也受到广泛的关注。

一、互保联保引发的问题

（一）问题分析

互保联保引发的问题在长三角地区比较突出，在山西等煤炭大省也有蔓延趋势。互保即担保人与被担保人互为担保的关系。联保即多人为一人担保或者多人之间交叉互保，形成担保关系集合体。在债务人看来，互保联保省去了提供抵押物的困难与不便。在债权人银行看来，联保提高了债权实现的安全性。从单个债权人的角度看，当债务人无法清偿到期债务时，银行可追究多个连带担保人的责任，理论上提高了债权的清偿概率。但是，从多个债权人的角度看，如果他们的债务人之间存在着对多笔债务的互保关系，则理论上提高了所有债权人的风险概率。

有评论指出："联保互保在国际上本来是成功的经验，例如在墨西哥就获得了成功，该国银行在联保互保贷款领域的资本回报率较高。在中国的农户贷款方面联保互保也产生了积极作用",[1]但是，"随着担保互保的发展，担保互保模式发生了一些异化，表现之一为授信额度过高、过滥，每个联保成员都获得授信额度。表现之二为互保联保多数在同行业或上下游、同圈子内进行，面临的风险相似，资产组合风险分散效用有限。此外，银行对资金去向监管缺失，一些企业将资金投向房地产、

---

[*] 本文成稿于2014年9月，属首次公开发表。
[1] 王乾筝："联保互保的风险与对策"，载《21世纪经济报道》：http://finance.21cbh.com/2014/6-14/3NMDAzNzFfMTE5OTU3Ng.html，最后访问时间：2014年7月15日。

矿山、股市等"。[1]实践证明，这一机制目前在长三角地区已经成了影响区域性金融稳定的重大风险。这种风险的形成，既有宏观经济下行和政府监管不力的外在原因，也有银行风险管理不到位和中小企业治理不规范的内在原因。从根源上说，这一机制在实践中产生异变的主要原因还在于"信用信息的缺失和非市场化组合的模式，使得联保联贷的内部约束机制失效"。[2]在目前我国征信制度尚未健全的情况下，一些企业利用政府监管与银行风险管理的漏洞，以欺诈性手段获取银行贷款，甚至通过小范围企业之间的相互担保、串联担保，以整体较小的信用资金从银行反复获得贷款，将扩大的信用风险直接转移到银行体系之中。

互保联保链条过长带来体系性风险的原因在于，首先，担保人有连带清偿责任，因此当债务人无力清偿时，每个连带担保人的连带清偿责任等于全部债务。本来一个债务人只会拖累一个担保人，而现在一个债务人则会拖累多个担保人。其次，联保具有隐蔽性，银行很难知道自己的债务人及其担保人为多少人的多少债务提供了担保，更难以预计在发放贷款后这些当事人会发生多少新增的债务和担保责任。因此，联保的出现和信息的不对称，使得银行很难对自己承受的风险做出准确判断。更糟糕的是，当银行无法做出准确判断时，为了确保自身利益的最大化，通常会在债务人的被担保人无力清偿时，选择提前收贷。在连带责任和提前收贷的双重挤压下，有可能导致互保群体的信用链条断裂和整体信用崩溃，从而使众多的债权人陷入彼此为敌的"讨债大战"。

调研中，温州中院提供的数据显示，当地目前的金融纠纷中，债务人的平均担保人为5个，而最多的案件则达21个。由于连带关系，一旦信用链条中的一个环节出现资金短缺危机，或是有银行要求一家债务人提前清偿债务，便会使所有相关的企业和银行都陷入紧张状态。此时，一个债务人的债务危机，可能同时导致数个担保人陷入清偿困境。面对复杂的连带关系下"剪不断，理还乱"的局面，当事人只好请求政府或者法院出面协调处理。而一旦诉诸法院，则司法送达、调解也将耗费

---

[1] 参见温信祥的区域互保联保风险化解探讨一文，作者系中国人民银行金融研究所副所长。本文为作者在中国金融四十人·青年论坛第56期双周内部研讨会的主题演讲，由中国金融四十人论坛秘书处整理，经作者审核。http://www.cf40.org.cn/plus/view.php?aid=8786，最后访问时间：2014年7月15日。

[2] 王乾筝："联保互保的风险与对策"，载《21世纪经济报道》；http://finance.21cbh.com/2014/6-14/3NMDAzNzFfMTE5OTU3Ng.html，最后访问时间：2014年7月15日。

大量的时间和成本。这样的案例在长三角地区大量存在。[1]

(二) 对策研究

对于互保联保形成的合同，法律原则上不予禁止，法院在审判中不可轻易宣告无效。而且，即使债务人和担保人在缔约过程中存在信息披露不实的情节，银行也不会依据《合同法》第54条主张合同撤销，法院也难以依据《合同法》第52条判定合同无效，因为这无助于保护债权人的合法权益，也无助于促使债务人和担保人履行义务。我们建议，在司法机关与政府等社会力量的协同下，建立一套针对互联互保违约风险的综合处理和防控的机制。

1. 处理互保联保纠纷，要坚持"区别对待、重在减压控险"的方针。法院在处理互保联保的债务纠纷时，应有高度的风险意识。要超出单个案件债权债务关系的视野，注意到案件背后的风险因素和未来可能发生的风险传递。为此，需要注意以下两点：

(1) 注意不同情况区别对待，以多种方式化解互保联保信用危机。在互保联保纠纷集中爆发的地区，有大量债务违约是在外部环境的影响下发生的。这时，对企业要尽可能地减轻压力，防止风险蔓延，维护金融稳定和安全。美国在1929年~1933年的经济大萧条时期，国会在《破产法》中紧急增设了第74条和第77B条，允许债务人通过提出延期偿付或分期偿付的和解条款（settlement）以免于破产宣告。这一条款使大量的企业债务人得以"死里逃生"。这个经验说明，危机时期要把拯救企业和稳定经济放在法律政策的优先地位。目前，我国一些地方政府正在积极探索针对不同情况的风险处置措施。例如，2013年8月，浙江省政府下发了《关于有效化解企业资金链担保链风险，加快银行不良资产处置的意见》，对企业做了分类，主张对于主业经营良好、暂时出现资金链紧张的企业，要协调银行机构统一行动，尽量不抽贷、不压贷、不缓贷，灵活办理企业转贷，不搞"一刀切、急刹车"；对于产能过剩、救助无价值的企业，要大力推行破产清算，发挥市场优胜劣汰作用。[2]之后，义乌、舟山等市政府也出台落实省政府意见的实施意见。例如，舟山市要求坚持分类处置的方针，对规模较大、牵涉面较广、有市场、有品牌的龙头企业和行业

---

[1] 中国人民银行有关数据显示，在浙江省内，互保联保模式约占企业总融资比例的40%。中国人民银行杭州中心支行2013年12月末开展了企业担保情况专项调查，共涉及温州辖内的14家较大型的商业银行，200名对公客户经理，3117个企业贷款户，486亿元企业贷款余额，结果显示涉及担保的企业占全部企业的比例为67.8%。来自温州市龙湾区人民法院课题组的数据则显示，在2012全年和2013年前八个月受理的银企纠纷案件中，涉及担保的案件比例分别为96.7%和94.3%。有关数据表明，浙江银行业的不良率已居全国首位，全省的不良贷款处置压力巨大。上述相关数据参见王乾等："联保互保的风险与对策"，载《21世纪经济报道》：http://finance.21cbh.com/2014/6-14/3NMDAzNzFfMTE5OTU3Ng.html，最后访问时间：2014年7月15日。

[2] 高翔："浙江担保链困局求解"，原载《上海证券报》2013年11月19日，第F04版，引自搜狐证券：http://stock.sohu.com/20131119/n390363577.shtml，最后访问时间：2014年7月15日。

特色优势企业,要采取"一企一策"措施加以帮扶处置,量身定制金融服务,帮助企业渡过难关,有效维护区域金融安全和社会稳定。对主业突出、公司治理较完善的企业或者有市场、企业家有信心的船舶修造和航运企业,出现暂时资金链紧张,或由于涉及担保、个别银行抽贷,资金周转困难的企业,要协调银行统一行动,不抽贷、不压贷、不缓贷,灵活办理企业转贷,不搞"一刀切、急刹车"。对于那些市场前景看好、资金周转暂时困难的成长型中小企业,要充分发挥政策性担保公司的作用,在资金整合盘活、融资担保等方面,加大支持力度,切实保障企业正常生产经营。对资金紧张、生产经营困难、土地利用率低的一般类企业,鼓励社会资金参与企业兼并重组,推动企业转型升级。对主业不清、市场前景差、技术含量低、严重资不抵债、停产停业的风险企业,要加快司法破产程序。对高能耗、高污染、高排放、低效益的"三高一低"落后产能的风险企业,要依法采取责令关停。地方政府的这些处置政策,可以为法院在处理案件时参考。实际上,这种区别对待的原则,在很大程度上是吸收了人民法院的审判实践经验的结果。早在2010年,浙江省高级人民法院就出台了《关于审理涉财务风险企业债务纠纷案件若干问题指导意见》,其中指出:坚持区别对待原则。继续运用集中管辖的方式审理涉地方行业龙头或骨干企业的债务纠纷案件。结合涉财务风险企业股权结构、债务结构、偿债能力、生产要素及发展前景等因素,适用不同的案件审理程序:对尚未构成破产原因,且企业债权债务结构复杂、优势资产突出、政府扶持力度大的企业,可适用非破产程序审理相关企业债务纠纷案件;对符合结构调整及转型升级需要,发展前景较好的企业,可适用破产重整或破产和解程序解救危困企业;对产能落后、挽救无望的企业,依法适用破产清算程序退出市场。对涉诉中小企业,应根据《国务院关于进一步促进中小企业发展的若干意见》(国发〔2009〕36号)的精神,通过适用破产和解、重整程序,尽力化解企业债务风险,提高中小企业公司治理水平,推进产业整合。

(2)建立集中审理机制,采取风险隔离措施。目前,江浙沪地区已经有了这方面的探讨。例如,浙江舟山市在2014年7月下发《防范化解企业资金链、担保链风险促进经济平稳健康发展的实施意见》,强调"隔离担保链风险传导",要求:对担保关系复杂、易引发较大风险的企业,要协调银行机构摸清担保关系链条,按照"切割处理、降低风险、因圈施策、存优汰劣"的原则,分类灵活快速处置,阻断风险蔓延。在风险企业处置期间,鼓励各债权银行尽力支持担保企业的正常经营,不简单向担保企业平移所担保的全额贷款,不简单以涉担保圈为由提高担保企业信贷准入标准、附加抵押担保条件,不简单压减原有贷款规模。支持担保企业与债权银行加强沟通,积极争取担保企业通过降低付息、延期付款、分期偿付等方式承担担保责任。对于发展潜力较好的出险企业,可以考虑由同行业的担保企业自愿接手,采取债权换股权等市场化兼并重组手段,阻断风险扩散蔓延。[1]此外,法院在诉讼程序中,也要尽可能采取减少风险蔓延的做法。例如,浙江省高级人民法院2009年出台的《关于审理民间借贷纠纷案件若干问题的指导意见》第7条规定:"在连带责任保证中,出借人仅起诉借款人或者仅起诉保证人的,法院不主动追加保证人或者借款人为共同被告。被诉保证人主张借款人参加诉讼的,经法院释明后,出借人仍不申请追加借款人为共同被告的,法院可仅就保证之诉进行审理。"这一做法既体现了尊重当事人意思自治,也有利于避免风险传递引起的连锁反应。

2. 发挥事前风险预防的作用,减少互保联保纠纷发生。发挥事前风险预防机制的作用,可以将互保联保纠纷阻隔在诉讼以前,这不仅可以节约司法成本,更可以减少社会的经济成本。所以,人民法院在预防机制的建设中应该发挥积极的作用。发挥这种作用的方式,可以是个案判决或者基于个案的司法建议,也可以是与政府和社会机构的信息互通,以及各种方式的法律普及和智力支持。针对互保联保的事前预防机制,主要有以下两个方面:

(1) 建立担保登记系统。有学者指出:"互保联保模式出问题的关键仍然在于信息不对称。由于机制的异化,使得互保联保不仅没有起到减轻信息不对称、加强企业间监督的作用,反而容易在(获取银行贷款的)趋利动机下,加大银行与企业之间的信息不对称。"[2]我们认为,解决信息不对称的最便捷办法就是引入公示公信制度,将担保纳入登记系统。通过担保登记的完善,债权人可以明晰企业间互保联保链条的长度,明确自身可能承担的风险,自觉减少担保链条的长度。因此,建议在互保联保案件高发的地区,地方政府和金融监管部门,在银行、商会和社区组织参与下,开展担保登记试点。

(2) 完善征信制度。"金融的本质是一种信任关系,化解互保联保危机,需要在现代市场经济(而非传统家族或者熟人社会)中重建信用体系。"[3]在上述互保联保风险高发地区,中小企业基于正常的资金需求,通过互保联保开展融资的初衷是可以理解的,参加互保互联的企业多数也是诚实守信的。而且,在信息充分和畅通的情况下,互保互联的方式也是可以发挥积极作用的。如果建立了征信制度,一方面可以及时将违约失信的"害群之马"清除出市场,另一方面可以给债权人及早采取预防措施和行使合同权利的机会。所以,大力发展征信体系,是将互保联保纳入健康运行轨道的长治之策。

---

[1] 资料来源:舟山市政府信息公开网:http://xxgk.zhoushan.gov.cn/xxgk/auto310/auto311/201407/t20140717_701924.shtml,最后访问时间:2014年7月15日。

[2] 刘枭,"评论:化解互保联保危机",载《投资时报》:http://finance.sina.com.cn/money/bank/yhpl/20140712/170719686106.shtml,最后访问时间:2014年7月15日。

[3] 刘枭,"评论:化解互保联保危机",载《投资时报》:http://finance.sina.com.cn/money/bank/yhpl/20140712/170719686106.shtml,最后访问时间:2014年7月15日。

(三) 工作建议

1. 建议最高人民法院出台《审理互保联保纠纷案件若干问题的意见》，作为审判实践的指导性文件。该指导性文件应突出以下几个要点：

(1) 区别对待原则。人民法院在审理互保联保纠纷案件中，要区分不同的情况灵活处理。对于诚实守信但因市场变化等外在原因出现临时性财务困境的债务人，可以通过调解方式，说服债权人银行不提前收贷或者暂缓采用强制措施追债，或者鼓励债务人和互保群体积极与银行协商，达成债权保障和债务延缓的安排，帮助债务人渡过难关，化解银行债权风险。

(2) 依法审理为主，政策配合为辅的原则。法院在坚持依法独立审判的前提下，可以商请政府相关部门参与到调解解决债务纠纷的协商过程中来。人民法院在作出的处理债务纠纷的综合方案中，可以把政府为了稳定地方经济所采取的对困境企业的帮扶政策吸收进来，作为防止债务人互保链条断裂的辅助措施。

(3) 快速反应原则。在互保联保危机局部爆发期间，所在地区的人民法院可以抽调审判力量组成专门合议庭或者专门法庭，集中处理这类纠纷案件。审理中，要注意理清复杂的担保链条，协调众多债权人、债务人和担保人的利益诉求，并可通过司法建议书等方式及时向地方政府、金融监管部门和相关银行发出风险警示，避免"多米诺骨牌效应"的发生。

(4) 协商解决原则。法院可以运用诉前和解程序，建立小企业债务危机快速协商处理的简易机制。在法院的主导下，通过债务人、担保人与债权人的协商，依据《合同法》的平等自愿原则达成债务和解协议。在同一债务人面临多个债权人追索的情况下，也可以适用《企业破产法》的和解程序，启动管理人接管，在管理人的协调下，由债务人提出和解协议草案，交债权人会议表决。在此程序中，担保人在代债务人部分清偿债务的情况下，可以依据《企业破产法》第51条的规定申报债权，加入债权人会议。

2. 建议最高人民法院尽快出台关于民间借贷的司法解释，加强对高利贷、逃废债和金融欺诈等违法行为约束，提升打击力度。金融违法行为往往是企业困境和违约风险的制造者，有时也是恶意逃废银行债务的手段。法院在审理互保联保纠纷中，要注意发现债务违约事件中的违法因素并依法追究（涉嫌犯罪的应移送侦查机关），以维护债务人和担保人的财产免受不法侵蚀，堵塞偿债资金非法流失的渠道。

3. 建议各级人民法院通过司法建议和其他机制，支持政府部门建立担保登记系统和完善征信制度。

二、独立保函问题

(一) 问题分析

独立保函是在国际经济贸易活动中发展出来的，使债权人得以脱离其基础法律关系，迅速实现债权的一种担保方式。在国际商会2010年修订版的《见索即付保函统一规则（URDG758）》中指出："见索即付保函或保函是无论其如何命名或描述，指根据提交的相符索赔进行付款的任何签署的承诺。"独立保函由于其相对于基础法律关系的独立性，与我国传统理论强调的担保合同的从属性相背离，且由于担保合同的独立性可能产生的巨大道德风险，虽然在对外经济交往实务中已经得到充分承认，但是对于其是否可以适用于国内商事交易活动，仍然存在认识的不统一，值得进一步探讨。

从立法的角度讲，我国对独立保函的适用留有一定的余地。《担保法》第5条第1款规定："担保合同是主合同的从合同，主合同无效，担保合同无效。担保合同另有约定的，按照约定。"这意味着，如果当事人在担保合同作出了担保合同独立性的约定，则担保合同可以在主合同无效时保持有效。然而，在司法实践中，最高人民法院通过案例否定了担保法留下的这一余地的可适用性。在"湖南机械进出口（集团）股份有限公司等与宁波东方投资有限公司代理进出口合同纠纷案"（[1998]经终字第184号）和"湖南洞庭水殖股份有限公司与中国光大银行长沙华顺支行等借款担保纠纷上诉案"（[2007]民二终字第117号）中，最高人民法院都明确表示独立保函在国内民事交易中不得运用，否定了担保的独立性。虽然我国不是判例法国家，但是最高人民法院公布的案例表明的司法观点，对司法审判具有指导性作用。

2000年《担保法司法解释》出台，最高人民法院在对该文件的解释中采纳了独立的非从属性的担保合同只能适用于涉外经济贸易金融等国际经济活动中，而不能适用于国内经济活动，在国内担保活动中对其适用范围应当予以限制的观点。[1]然而在其后的司法实践中，地方法院的判决却并未完全遵循最高人民法院的意见。例如，河北高级人民法院曾在"沧州市健发蛋白氨基酸公司与中国建设银行沧州署西街办事处借款担保纠纷上诉案"（[2000]冀经一终字第50号）判决中认为，"本案借款合同应属无效，但当事人在本案保证合同中明确约定，该保证合同的效力独立于主合同，不受主合同的影响。该约定符合有关法律规定，应予支持"。

2007年3月16日颁布的《物权法》第172条规定，"主债权债务合同无效，担保合同无效，但法律另有规定的除外"。按照该法第178条"担保法与本法的规定不一致的，适用本法"的规定，《担保法》第5条"担保合同另有约定的，按照约定"的规定在与《物权法》相冲突的情况下就不能适用了。但是，《物权法》第172条是

---

[1] 该解释出台时，最高人民法院承认目前的法院审判实践中对独立担保合同的法律效力存在两种不同的意见。一种意见认为在国际贸易或者融资中合同当事人可以约定担保合同的性质，担保作为独立的非从属性的法律行为已为无论是大陆法系的国家还是英美法系的国家所接受，在法院判例和学理上都承认了这种独立性的担保，对其效力予以确认并与从属性的担保制度并存。另一种意见认为独立的非从属性的担保合同只能适用于涉外经济贸易金融等国际经济活动中而不能适用于国内经济活动，在国内担保活动中对其适用范围应当予以限制，否则将给国内担保法律制度带来重大影响。该解释采纳了第二种观点。

关于物的担保的规定,是否适用于属于保证担保范畴的独立担保,仍不无疑问。

在后来的关于独立保函的判决中,各地法院基本上与最高人民法院的观点保持了一致。例如,2007年12月3日内蒙古自治区巴彦淖尔市中级人民法院在"中国银行股份有限公司巴彦淖尔市分行诉维信深喜(临河)绒毛纺织有限公司等借款担保合同案"([2007]巴民二初字第34号)判决中,认为"由于独立担保适用于国际商事交易领域,不适用于国内经济活动,故对该担保的独立性效力应予否定,但在原告与淮信深喜公司签订的借款主合同有效的前提下,其应转换为有效的从属性连带保证"。2008年6月5日重庆市第五中级人民法院在"瑞华投资控股公司(Rui Hua Investment Holding Limited)与重庆海棠新材料有限公司等借款纠纷案"([2007]渝五民初字第378号)判决中,认为"由于独立保证不属于担保法明文规定的担保方式,独立保证方式不适用于国内经济活动",对于原告瑞华公司要求矿业总公司承担独立保证责任的主张不予支持。2008年8月8日上海市第二中级人民法院在"上海嘉金高速公路发展有限公司与交通银行股份有限公司上海宝山支行等保证合同纠纷上诉案"([2008]沪二中民三(商)终字第299号)判决中,认为"2006年3月15日交行宝山支行向嘉金公司出具的'履约银行保函',从其内容看构成独立担保中的独立保证,否定了担保合同的从属性;而独立担保目前只能适用于国际商事交易"。

然而,司法实践中仍存在不同的做法。2009年2月4日,郑州市中级人民法院在"河南省中小企业投资担保股份有限公司诉河南省大明置业有限公司等借款合同纠纷案"([2008]郑民四初字第434号)判决中,依据"保证函还载明,该保证为独立保证,不受主合同及其他相关合同效力的影响"的事实,判定"福田公司、刘金剑、王罕颖出具保证函,为大明公司上述借款提供独立保证,保证方式为连带保证,故应承担连带责任"。同年9月14日,河南省高级人民法院在该案二审判决中以"原审认定事实不清,证据不足"为由,撤销了一审判决,发回重审,但未就独立保证的效力问题发表意见。

2013年11月29日,最高人民法院公开向社会广泛征求意见的《关于审理独立保函纠纷案件若干问题的规定(征求意见稿)》。其中,第2条对独立保函的适用范围提出了两种意见,第一种意见是有条件地承认独立保函,即"保函载明见索即付、适用国际商会《见索即付保函统一规则》,或担保人付款义务不受基础法律关系以及其他法律关系影响的,人民法院一般应当认定该保函为独立保函,但保函没有载明据以付款的单据条件,或未载明最高付款金额的除外"。第二种意见是明确规定独立保函不适用于国内交易,即"独立保函及其所对应的基础法律关系均不具有涉外因素,当事人主张保函独立性的约定有效的,人民法院不予支持"。关于独立保函的独立性约定,第4条明确规定:"独立保函的独立性约定无效,当事人主张保函为从属性保证的,人民法院应予支持。"由此看来,关于独立保函独立性的争论,似乎已接近定局。

(二) 对策研究

最高人民法院之所以否定独立保函可以在国内市场活动中适用,其所担忧的是"独立担保责任的异常严厉性,以及适用该制度可能产生欺诈和滥用权利的弊端,尤其是为了避免严重影响或动摇我国担保法律制度体系的基础"。[1]所以,是否要坚持原有的态度,否认独立保函在国内适用的合法性和有效性,需要对独立保函制度适用国内市场时对担保制度的可能影响、严格独立担保责任的合理性、可能产生欺诈和滥用权利弊端的可控制性进行预测和评估。如果能消除上述顾虑,依据我国《担保法》留下的解释空间,司法实践上可以逐步改变对国内保函一概否定的态度,转而一般肯定独立保函在国内市场中适用的有效性,并通过适当措施克服欺诈和滥用的弊端。

鉴于下述理由,本报告认为应当改变现有司法否定性的审判态度,转而承认独立保函在国内商事活动适用的有效性,将其纳入规范化的监管当中。具体包括以下几点:

1. 现有的将独立保函的适用按国内外进行区分并规定"无涉外因素者无效"的司法实践存在着界限不清、易被规避的问题。最高人民法院《关于贯彻执行〈中华人民共和国民法通则〉若干问题的意见(试行)》(已失效)第178条第1款规定:"凡民事关系的一方或者双方当事人是外国人、无国籍人、外国法人的;民事关系的标的物在外国领域内的;产生、变更或者消灭民事权利义务关系的法律事实发生在外国的,均为涉外民事关系。"对于独立保函的涉外因素的认定,是依据基础关系和保函法律关系,还是仅依据其中的一种关系?例如,国内甲公司在国外总承包一项电站工程,将其中的安装工程分包给国内乙公司,乙公司的担保银行向甲公司出具了独立保函。从基础关系看,因合同标的即工程项目在国外,且总合同是国际工程承包合同,具有涉外因素;从保函关系看,当事人均为国内企业,且支付地点和诉讼管辖也在国内,但保函所保证的履约行为及责任原因均发生在国外,也不能说没有涉外因素。如果说,在保函关系中只要有涉外因素即可以承认独立保函的有效性,实际上在中国境内发生的独立保函均可通过"引入"涉外因素而获得司法承认。例如,债权人可以让一家境外机构出具独立保函后,由境内机构对境外机构出具反担保,或者境内机构与境外机构共同对债权人出具连带担保的独立保函。目前,最高人民法院的法官承认,我国境内的金融机构与我国境内的外资金融机构之间发生的担保关系,属于我国境内的经济活动,但因其具有涉外性,因此可以适用独立保证。[2]实际上,为商业交易出具保函是金融机构的一种中间业务,金融机构从事这

---

[1] [2007] 民二终字第117号。

[2] 刘贵祥:"独立保函纠纷法律适用刍议",载《人民法院报》2009年6月25日。

种业务也是有一定的商业利益的。现行的"内外有别"的规则，实际上是为境外金融机构在我国境内开展独立担保业务提供了比国内金融机构更宽松的法律空间，从而给了境外机构以市场竞争的优势。

2. 独立保函责任的严格性是其优势所在，其存在是为了弥补一般性担保对债权人保护的不足。从法律性质上来看，独立担保与信用证是同义词，二者都是独立于基础合同的单据交易。从商业功能来看，独立担保与备用信用证完全一样。因此，不仅各国法院在处理独立担保案件时适用信用证法律的基本原则，[1]即独立性原则与单证相符原则，而且联合国国际贸易法委员会在其制定的《联合国独立担保和备用信用证公约》中也将二者视为同一种工具来规定。[2]2005年11月14日发布的《最高人民法院关于审理信用证纠纷案件若干问题的规定》，并没有对信用证交易进行国内与国外的区分，也没有否认信用证付款义务的独立性。显然，目前我国司法实践对独立保函的限制性做法，忽略了独立保函与信用证的本质一致性。

与信用证一样，交易当事人之所以需要独立担保，正是基于债权人对债务人的信用缺乏了解，或者对合同履行中的某些不确定因素的顾虑，因而需要有信用的第三人（如银行）承担约定情况下的付款义务。所以，独立担保实际上是保证人给予被保证人的一种信用支持。正因为如此，保证人通常会对被保证人的信用进行审慎评估并采取必要的反担保措施，同时收取一定的报酬。

商事交易的安排是交易当事人相互博弈的结果，独立担保责任的严厉性是商事交易中一系列利益平衡的结果。作为理性人的担保方愿意承担严厉的责任，必有其相应的利益，并有其相应的保护措施。与此同时，独立担保在相互缺乏充分信任的当事人之间架设了信用桥梁，对市场交易的开展起到了促进作用。其正面的经济效用是不可否认的。英美普通法有一格言："法官不代替当事人订合同。"法院单单从保证人责任的严格性就否定交易的合理性，实际上是限缩了当事人意思自治的空间，降低了国内市场中的信用保障能力，提高了交易成本。

3. 承认独立保函在国内交易活动的效力并不会动摇现有担保法律制度的基础。担保制度的基础在于担保的从属性特征，而独立保函的特殊性在于其突破了从属性的这一特性，这是法院忧虑其会动摇担保法律制度基础的原因。但是实质上，独立保函只是担保形式中的一种，而且只是在保证担保的一种特殊形式；从属性担保仍然是担保的主要形式。为独立保函在担保中留下一席之地并不会导致从属性担保的被商事主体采用率降低。实际上，由于独立保函责任的严厉性，其必然不是商事主

---

[1] Roeland Bertrams, *Bank Guarantees in International Trade*, 1996, note 46 at p. 268.
[2] 如果说独立担保与备用信用证有什么区别的话，其发展历史不同，致使其在使用地域上有所差异。独立担保一般使用于欧洲国家，而备用信用证流行于美国。在其他地区如亚洲，如果交易伙伴来自欧洲国家，一般使用独立担保；如果来自美国，则会使用备用信用证。但是，使用地域的不同，不影响二者法律性质上的一致性。

体能够达成合意的常态。为独立保函在担保制度中留下一席之地只是为国内商事活动的主体留下特殊安排的空间。况且，从《担保法》第 5 条和《物权法》第 172 条的表述看，担保的从属性并不是一条排斥任何例外的"刚性规则"；法律仍然承认了从属性的例外空间。《物权法》第 172 条要求从属性的担保需要有特别立法为依据，本身也可以被理解为留下了未来特别立法的空间。而且，相对于《物权法》而言，《担保法》具有特别法地位。在我国关于信用证和独立担保尚无特别立法的情况下，法院的司法解释也需要给市场留有合理空间，也要为法院寻求司法公正留有回旋余地。

从法理上讲，从属性是一般担保的属性。国际上普遍承认，独立担保与一般保证（通常被称为 accessory guarantee，即"附属担保"）虽然在商业功能上都是为了担保债务的履行，但在法律性质和实际操作上有很大不同。首先，付款责任的性质不同。在附属担保中，担保人一般承担的是第二责任，即被保证人一般得先请求主债务人付款或履行合同，只有在主债务人没有履行或者没有完全履行的情况下才能请求保证人履行。而在独立担保中，担保人承担的是第一责任，即被保证人不需要向主债务人请求履行而直接向保证人请求付款。其次，决定付款的原因不同。在附属担保中，保证人是否需要付款或承担保证责任的依据是看被保证人是不是实际违约了。而在独立担保中，保证人是否需要付款或承担保证责任的依据是看被保证人或其他付款请求人是不是提供了与独立担保的条款相符的单据。最后，实际付款的数额不同。在附属担保中，如果被保证人认为主债务人没有履行或者没有完全履行合同而向保证人主张权利时，得先通过协商、仲裁或诉讼等方法确定需要支付的数额。而在独立担保中，保证人的付款数额是在独立担保中预先确定了的；不管被保证人的实际损失有多少，保证人只会按照独立担保中约定的数额进行支付。如果独立担保约定的数额高于被保证人的实际损失，保证人也会按照事先约定的数额支付。如果独立担保约定的数额低于被保证人的实际损失，保证人也只会按照事先约定的数额支付，而不会承担保函约定数额之外的损失。

从比较法的角度看，同样是将从属性作为担保的重要特征的大陆法系国家如德国和法国，对于独立担保这种突破从属性特征的担保的承认同样经历了认识上从质疑、否定到承认的变化。[1] 而在其承认独立担保后，一般担保的法律基础也未见动摇。不同的只是，法律为商事活动的交易安排提供了更多的选择。

4. 独立保函可能产生欺诈和滥用权利的弊端可以参照适用《审理信用证案件的规定》予以规制。独立保函由于独立于基础法律关系，且担保机构在被要求付款时

---

〔1〕 法国法上独立担保的制度演变过程，可参见周辉斌:《银行保函与备用信用证法律实务》，中信出版社 2003 年版，第 32 页；德国法上独立担保的制度演变过程，可参见沈达明编著:《法国/德国担保法》，中国法制出版社 2000 年版，第 68 页。

只审查独立保函项下的要求,确实存在着债权人欺诈或者滥用权利的弊端。但是,任何信用工具,无论是信用证还是汇票等商业票据,都存在着欺诈风险;任何民事权利也都存在着被滥用的可能。因为这些风险而抛弃这些信用工具,无异于"因噎废食"。其实,否定独立保函的有效性并不是防止欺诈与滥用权利的明智做法。相反,在承认独立保函有效性的基础上,通过一些制约手段来降低欺诈与滥用权利的发生概率则更为合适。鉴于独立保函在法律性质上与信用证的一致性,可以适用信用证"欺诈例外"的规则来对滥用独立保函进行欺诈的行为加以遏制。信用证"欺诈例外(the fraud exception)"是指,在开证人或保兑人付款前,除非付款请求人属于法律上特别保护的善意第三人,如果发现信用证交易存在欺诈,即使所交单据在表面上与信用证条款严格相符,付款也可能被开证人拒绝或者因开证申请人的请求而被法院禁止。我国《最高人民法院关于审理信用证纠纷案件若干问题的规定》用了差不多近一半的条文(从第8条到第15条)对有关信用证欺诈问题从实体到程序作出了详细的规定。只需由司法解释明确这些规定准用于独立保函,即可建立起一套行之有效的对付独立保函欺诈的"防火墙"。此外,通过适用信用证的严格相符原则,也可以在一定程度上遏制债权人滥用独立保函谋取非法利益的行为,降低独立保函出具人的风险。

(三)工作建议

综上,本报告建议改变现有司法实践认定独立保函在国内商事活动适用无效的做法,在现有《担保法》已经留下司法解释空间的情况下,在审判中应当承认独立担保在国内商事活动中的有效性,并以司法解释的方式将《最高人民法院关于审理信用证纠纷案件若干问题的规定》准用于独立保函,从而降低欺诈和滥用权利的情况出现的概率。

三、最高额抵押的清偿顺序

(一)问题分析

最高额抵押,是指抵押人与抵押权人协议约定,在最高债权限额内,以抵押物对一定期间内连续发生的债权作担保。在银行贷款合同中,最高额抵押是商业银行保障其债权实现的一种重要的担保方式。在最高额抵押中,虽然当事人之间存在多个贷款合同,但是由于债权人为单一主体,不存在债权人之间的清偿顺序争议,因而不适用《物权法》第199条的规定。[1]但是,在银行对全部或者部分的单笔债务追加设定了第三人担保的情况下(这种情况现在比较常见),如果因为抵押物价值减

---

[1]《物权法》第199条规定:"同一财产向两个以上债权人抵押的,拍卖、变卖抵押财产所得的价款依照下列规定清偿:(一)抵押权已登记的,按照登记的先后顺序清偿;顺序相同的,按照债权比例清偿;(二)抵押权已登记的先于未登记的受偿;(三)抵押权未登记的,按照债权比例清偿。"

少、贷款利息和滞纳金等负担累积加重而致抵押物变现所得不足以清偿全部债务，则单笔债务的第三人担保人可能会就清偿的先后顺序提出争议。这是因为，清偿顺序在先的债务的第三人担保人，可以依据《物权法》第176条的规定而享受"债务人物保优先"带来的优待，[1]而清偿顺序在后的第三人担保人则可能处于因债务人抵押物不足清偿而承担担保责任的不利处境。因此，如何确定清偿先后顺序，是一个《物权法》尚无规定而需要解决的问题。

（二）对策研究

关于对同一债权人负有多项金钱债务的清偿的顺序问题，国际上称作"指定清偿"（Imputation of Payments）。对此，《国际商事合同通则》第6.1.12条规定："（1）对同一债权人负有多项金钱债务的债务人，可在付款时指定该款项用以偿还的债务。但是，该款项应首先偿付任何费用，其次为应付利息，最后为本金。（2）如果债务人未加指定，则债权人可在获得支付后的合理时间内向债务人声明该款项用以偿还的债务，但是该项债务必须是到期的，并且是无争议的。（3）如果根据第（1）款或第（2）款的规定无法确定清偿对象，则付款应按下列标准之一及指明的顺序偿还债务：（a）到期之债务，或者首先到期之债务；（b）债权人享有最少担保之债务；（c）对债务人属于负担最重之债务；或者（d）最先发生之债务。若以上标准均不适用，则按比例用以清偿各项债务。"显然，在指定清偿规则中，按照一般担保的从属性原则，不承认第三人担保人在指定清偿中的意思自治。如果第三人在主债务人向债权人提供最高额抵押的情况下承担补充担保，为了减少自己的责任风险，只能与主债务人作出约定，由主债务人按照指定清偿的规则对第三人担保的债务作出顺序在先的清偿安排。

由于我国《合同法》没有就指定清偿作出规定，而司法实践又不可能回避这样的情况，最高人民法院在《公司法解释（二）》中以第20条对此作出了规定："债务人的给付不足以清偿其对同一债权人所负的数笔相同种类的全部债务，应当优先抵充已到期的债务；几项债务均到期的，优先抵充对债权人缺乏担保或者担保数额最少的债务；担保数额相同的，优先抵充债务负担较重的债务；负担相同的，按照债务到期的先后顺序抵充；到期时间相同的，按比例抵充。但是，债权人与债务人对清偿的债务或者清偿抵充顺序有约定的除外。"

与《国际商事合同通则》第6.1.12条相比较，《合同法解释（二）》第20条的规定有以下不同。首先，没有明确规定"先费用，后利息，最后本金"这一国际公

---

[1]《物权法》第176条规定："被担保的债权既有物的担保又有人的担保的，债务人不履行到期债务或者发生当事人约定的实现担保物权的情形，债权人应当按照约定实现债权；没有约定或者约定不明确，债务人自己提供物的担保的，债权人应当就该物的担保实现债权；第三人提供物的担保的，债权人可以就物的担保实现债权，也可以要求保证人承担保证责任。提供担保的第三人承担担保责任后，有权向债务人追偿。"

认的清算规则。其次，没有规定债务人在付款时指定清偿的权利，以及在债务人未指定的情况下债权人在获得支付后的合理期间内通知指定的权利，忽略了国际惯例公认的当事人意思优先的原则。再其次，未采用以到期先后因素优先于担保、负担等因素这一比较合理也比较便于裁判的规则，而是将到期先后因素放在担保、负担因素之后，增加了裁判中证据审查的复杂性，也增加了裁判结果的不确定性。最后，省去了债务发生时间的排序标准，在没有穷尽差异性因素的情况下直接适用比例清偿原则，有欠周全。这些问题，建议最高人民法院在适当时候对《合同法解释（二）》第20条的规定做进一步研究，考虑修改完善。

（三）工作建议

就本报告研究的问题而言，我们的建议是，在最高额抵押的情况下，如果存在着多笔债务，且其中至少有一笔债务同时存在着第三人提供的担保（无论是保证担保还是物的担保，也无论是否为连带担保），如果债务人抵押物的变现额不足清偿全部债务，则可依据《合同法解释（二）》第20条的规定，按照以下顺序进行清偿：①优先清偿已到期的债务；②各项债务均到期的，优先清偿无第三人担保的债务；③各项债务均有第三人担保的，优先清偿担保数额最少的债务；④担保数额相同的，优先清偿债务负担较重的债务；⑤负担相同的，按照债务到期的先后顺序清偿；⑥到期时间相同的，按比例清偿。但是，债权人与第三人担保人对清偿的债务或者清偿抵充顺序有约定的除外。

按照这一顺序，在最高额抵押的情况下，无第三人担保的单笔债务享有比第三人担保的单笔债务优先的清偿地位，由此体现当事人设置第三人担保的本意——由第三人担保人承担最高额抵押不足清偿时的风险。

四、信用卡盗刷案件的责任分配问题

（一）问题分析

银行卡纠纷案件的数量一直在金融审判案件中占据重要比例，例如，2013年上海市各级法院共受理一审金融商事案件31 065件，其中，银行卡纠纷案件11 178件，占比约为36%。[1]而信用卡盗刷纠纷是其中一种重要类型的纠纷。在此类纠纷中，由于真正的侵权人难以抓获或者即使抓获也无力承担相应的民事责任，故持卡人往往会以违约之诉或者侵权之诉请求发卡银行或者特约商户承担责任。而在这类案件中，事实认定和责任划分是审判中的难点。目前，由于缺乏统一的认定标准，各地法院之间的判决并不一致。

从法律关系的角度看，虽然对于持卡人和发卡银行之间的法律关系存在消费寄托合同说、交互计算合同说、消费借贷合同说等多种学说观点，但是在其相互之间

---

[1] 相关数据为作者2014年4月在上海市高级人民法院调研时取得。

存在合同关系这一基本观点上并无争议。尽管认定为合同关系，但在盗刷风险的责任分配上，当事人之间并无具体的合同约定。从理论上说，信用卡盗刷属于第三人不法侵入合同关系的性质。第三人未经持卡人同意，用持卡人的信用卡或者以伪造的信用卡进行消费或者支取现金，实际上是盗用债权人名义行使货币给付请求权。一般说来，债务人在向债权人履行债务时，应当确认其给付受领人的真实身份——债权人本人或者享有合法授权的代理人或继承人。但是，信用卡交易中的身份识别是借助于信用卡储存的数字信息，通过自动取款机或者特约商户的终端设备与银行支付系统连接对话来完成的。按照约定规则，只要信用卡信息与支付系统预设的识别信息相符，支付方就应当履行支付义务。这种规则给持卡人带来了便利，也给他们带来了被他人盗用、冒用的风险。为了降低这种风险，信用卡附加了两种保护措施——密码和签名。前者由电子系统识别，后者由特约商户或银行柜员人工识别。无论采用何种方式，只要支付方的识别行为符合既定的规则，则持卡人不得以实际请求人非本人所为且无本人授权为理由主张交易无效。这是信用交易的基本规则。如果违反这一规则，将会给诱发巨大的道德风险。如果法律要求银行通过修改交易规则和采取技术措施来避免这种道德风险，则将意味着信用卡便利性的严重丧失和银行经营成本的大大提高，其最终结果将是银行信用卡业务的萎缩和金融交易效率的降低。

（二）对策研究

在信用卡被盗刷造成资金损失，持卡人要求银行承担赔偿责任的案件中，持卡人赔偿请求权的法理基础是银行在避免客户资金损失上的注意义务。也就是说，银行只有在被证明违反注意义务的情况下才能承担相应的责任。这种规则属于过错责任的范畴。

目前，《最高人民法院公报》已经公布的多起银行卡盗刷纠纷的案例，均采用了过错责任而非结果责任或者严格责任的归责原则。审判实践中的这种共识所持的理由在于，如果采用无过错归责原则，允许持卡人只要证明非本人使用信用卡即可以要求发卡银行承担赔偿责任，则将诱发巨大的道德风险，引诱持卡人与他人串通制造信用卡盗刷事件以获取不当利益。人民法院的这一做法值得肯定。

从已有的案例看，信用卡盗刷大体上可分为伪卡盗刷和真卡盗刷两种情形。

在伪卡盗刷的情况下，盗刷成功必须具备两个条件：其一，伪卡中储存的信息与真卡一致；其二，盗刷人使用持卡人的预设密码或者伪造持卡人签名。就第一个条件而言，目前社会上确实有犯罪分子利用技术手段盗取真卡信息后制作伪卡的情况，这种信息流失通常发生在持卡人在消费场所刷卡支付的场合。从理论上讲，无论银行如何改进防盗技术，盗取信用卡信息的技术都会随后出现。因此，不能简单地以信用卡存在信息泄露风险而要求银行承担责任。关于第二个条件，目前我国的信用卡已经普遍采用了持卡人设置密码的识别方法。所以，即使信用卡内的储存信息泄露，如果持卡人能妥善保管和管理自己的密码，他人即使持有伪卡也难以获取持卡人的资金。尤其是在网上银行日益普及的情况下，持卡人可以随时修改密码和限定单笔刷卡的资金额度以防控风险。因此，因密码泄露造成信用卡资金被伪卡盗刷的案件中，持卡人应承担完全责任或者主要责任。目前，在我国审判实践中，在侵权人使用伪卡的情形下，如果是密码信用卡，侵权人使用了真实密码，则会将持卡人尽到保管密码注意义务的举证责任归于持卡人。在其未能证明自身妥善保管密码的情况下，则会降低发卡银行的责任，实践中一般以50%为评判标准。[1]不过，广东省高级人民法院在此问题上率先采取了统一标准的尝试，在其2012年《关于审理伪卡交易民事案件工作座谈会纪要》中，将"持卡人用卡过程中存在不规范使用银行卡和密码"的举证责任归于发卡行。[2]这种做法，未能合理地界定注意义务和分配责任，存在着诱发道德风险的可能，值得商榷。

在真卡盗刷的情况下，如果信用卡设置了密码，则只有在刷卡人掌握真实密码的情况下才可能盗刷成功。真卡盗刷，常见的有三种情况：一是持卡人在丢失信用卡的同时泄露了密码（例如将信用卡和密码一同携带或放置），二是持卡人遭遇抢劫时被迫说出了密码，三是与持卡人关系亲近的人（如亲属、恋人等）取得其信用卡并掌握了密码。这几种风险都不在银行和特约商户的控制范围内，故不应由其承担责任。

目前，我国信用卡的国内消费，比较普遍地采用了"密码信用卡+短信通知"的业务流程。如果发生信用卡盗刷，无论是真卡还是伪卡，问题都出在密码上——要么是持卡人的密码泄露，要么是支付系统的密码识别失灵。如果不是后一种情况，则应当由持卡人承担密码泄露造成的后果。但是，在实践中，绝大多数信用卡都预先设定了单笔交易和单日交易的限额。因此，如果客户及时得知信用卡被盗刷，可以立即通知银行停止支付，从而防止损失的扩大。为此，目前多数银行都为提供了手机号码的客户设定了即时短信通知服务。法律应鼓励银行采用更有利于客户资金

---

〔1〕参见林劲标、孙楠、欧阳建辉："佛山一储户叫板银行获赔八成损失"，载《人民法院报》2012年10月18日。在该案中，一审法院以"由于不能排除徐先生主动、被动或在使用过程中无意泄漏账户信息、密码的可能，因储户对密码负有妥善保管和保密的义务，由于徐先生不能对此进行举证，他应承担相应责任"为理由，判决持卡人和发卡行各自承担50%的责任。"郑伟煜诉中国农业银行股份有限公司汕头达濠支行案"中，一审判决同样以"本案郑伟煜未能提供证据证明由于银行原因导致其密码泄露，鉴于密码私密性和唯一性的特点，被盗刷的事实可以推定，郑伟煜作为持卡人使用银行借记卡，未尽到妥善保管密码的义务"为理由，将"妥善保管密码"的举证责任归于持卡人，判决持卡人郑伟煜应对其卡内资金的损失自行承担50%的责任。

〔2〕《广东省高级人民法院关于审理伪卡交易民事案件工作座谈会纪要》的通知第12点规定："鉴于密码私密性和唯一性的特点，如发卡行或收单机构有持卡人用卡过程中存在不规范使用银行卡和密码的证据，在持卡人没有充分证据予以反驳的情况下，人民法院可以认定持卡人没有尽到妥善保管密码的义务。"

安全的技术手段。对于未能采用这类技术手段的银行,可以让它们分担一部分后续损失,作为与其安全保障措施不充分相对应的风险分配,以促使银行不断提高对客户资金安全的保护水平。

至于签名识别的问题,鉴于不可能要求一般商户和银行柜员具备笔迹识别的技能,目前国内外都已经逐渐放弃签名识别的保护手段。现今两大国际信用卡组织都有不成文的规定,对于密码信用卡,签名不符不是发卡机构拒付的依据。我国司法实践也有案例支持这一观点,淡化了特约商户对密码信用卡的签名审查义务。[1]但是,从最高人民法院公报公布的案件看,也有法院认为,如果特约商户明显未尽签名审查义务,仍需承担相应的责任。[2]这种坚持密码信用卡以特约商户的签名审查义务为责任依据的做法值得商榷。我们认为,在今后的审判实践中,凡是以密码为支付条件的信用卡,持卡人以特约商户未尽审查签名之注意为由要求赔偿的,应区分不同情况处理。如果发卡行为客户提供了使用密码信用卡的机会,而客户坚持选择使用签名信用卡,应由其自行承担签名被冒用的风险,但是,能够证明特约商户或银行柜员在签名明显不符、一般人能够区分的情况下有疏于识别的过失的,不在此限。如果发卡行不能提供密码信用卡,则应当基于发卡行提供的交易流程安全保障较差的理由,令其酌情承担持卡人因信用卡签名被冒用所造成的部分损失。

目前,在我国市场中还有一些仅需签名即可消费的信用卡。对于无密码保护的信用卡,特约商户应当承担核对签名的注意义务。关于违反核对义务的认定,应根据刷卡人签名与信用卡上签名的差异大小来确定。对于签名明显不符的,特约商户要承担主要责任。对于签名差异不明显,一般人难以识别的,特约商户承担次要责任。在目前的审判实践中,对于仅需签名即可消费的信用卡被盗刷的案件,在特约商户审查签名未达尽义务的情况下,鉴于持卡人有信用卡保管不善的果实,一般采用混合过错的规则,由特约商户和持卡人按比例承担责任。[3]

值得注意的是,目前我国信用卡在境外支付时,多数国家都不能进行密码识别。除了少数国外商户采用附加核对身份证件的识别方式外,信用卡被盗刷的风险难以防范。目前采用的替代方法是,发卡银行会在信用卡支付发生后立即以手机短信的方式通知持卡人(大额支付时,有些银行还会有业务员拨打持卡人手机直接通话核

---

〔1〕参见沈志先主编:《金融商事审判精要》,法律出版社2012年版,第84页。

〔2〕参见"蔡红辉诉金才来信用卡纠纷案",载《中华人民共和国最高人民法院公报》2010年第12期。在该案中,由于相关证据表明特约商户未尽签名审查义务,在侵权人使用了真实密码情况下,特约商户承担的责任比例为60%。

〔3〕例如,广东省高级人民法院公布的案例中,签名信用卡真卡被伪签名盗刷情形下,特约商户和持卡人承担责任比例为7:3,参见"广东高院公布银行卡民事纠纷三大典型案例",载广东法院网:http://www.gdcourts.gov.cn/gdcourt/front/front!content.action?lmdm=LM20&gjid=20120807044537637271,最后访问时间:2014年7月15日。

对），持卡人如发现是盗刷，可以及时要求发卡行停止该信用卡的支付功能，以防止进一步的资金损失。但是，对于已经发生的支付，要主张拒付是一件十分困难的事情。对此，不能要求发卡行承担追回损失资金的义务。

总的说来，现有的审判实践大多是基于强调持卡人弱势地位和当事人实质平等的立场，寻求个案损失分配上的动态平衡，在因果关系和过错的认定上都存在相当大的模糊性。其次，在事实认定上过度使用了推定的方法，例如，在侵权人使用伪卡的情况下推定发卡行有过错，在侵权人使用密码时推定持卡人在保管密码上存在疏忽，而这些推定事实几乎无法反证，实际上是创设了伪卡风险由发卡行承担、密码泄露风险由持卡人承担的规则。尽管这些规则有一定的合理性，但用证据规则代替责任规范，难免带来当事人行为预期的不确定性。

我们认为，处理信用卡盗刷纠纷案件，在法律政策上要强调两点：一是维护信用交易的便捷性和防止道德风险，二是在责任分配清晰化的情况下依靠市场博弈促进技术改进和交易规则完善。为此，首先要坚持过错责任原则，合理确定银行和特约商户在防范信用卡盗刷风险上的注意义务，否则，让发卡行和特约商户承担过度的责任风险将会鼓励滥用索赔诉讼和迫使银行及商户对刷卡消费设立重重障碍，从而降低信用卡的功用。其次，要按照"把风险交给最有机会和能力控制风险的一方"的责任分配原则，将产品的设计风险交给提供服务的一方，将产品的使用风险（在服务商充分告知和具备必要保护措施的前提下）主要地交给接受服务的一方。这样，一方面可以促使银行在消费者选择和同行竞争中不断提供信用卡产品的安全性，另一方面可以促使消费者在银行改善服务和加强安全保护的情况下不断提高对信用卡盗刷风险的防范能力。

（三）工作建议

对于因信用卡被盗刷产生的持卡人对发卡银行或者特约商户索赔的民事纠纷，建议区别以下不同情况处理：

1. 密码信用卡被盗刷的。在这种情况下，如果发卡银行证明信用卡交易系统是在程序正常运行的情况下依据持卡人设定的密码完成支付交易，则银行不承担赔付责任。但是，持卡人如能证明其在发卡银行开设了即时短信通知服务，发卡银行在首笔盗刷发生后未即时通知持卡人，导致持卡人未能及时提出止付请求，发卡银行对于后续盗刷造成的客户资金损失应当承担责任；如果发卡银行能证明自己及时履行了短信通知义务，持卡人因自身原因未能收到信息或者在收到信息后未及时提出止付请求，则银行对于止付前发生的客户资金损失不承担赔偿责任；如果发卡银行在收到客户止付请求后未及时采取止付措施，导致客户资金继续被盗，发卡行应对此承担赔偿责任。对于因为没有在银行留存手机号码的客户，可分为两种情况处理：其一，发卡行没有开设短信通知服务，或者虽有此服务但没有告知客户办理此项服务的，应根据双方责任大小由发卡行承担客户的部分后续损失；无法区分责任大小的，发卡银行承担50%。其二，发卡银行告知客户办理短信通知服务但客户不予办理的，若不能证明银行在防止其资金损失方面存在过错，信用卡被盗刷的损失应由客户全部承担。

2. 密码加签名双重识别的信用卡被盗刷的。在设置密码的情况下，一般不要求特约商户核对签名。但是，大额支付和银行柜台交易，仍要求核对签名。在不要求核对签名的情况下，适用关于密码信用卡的上述规则。在要求核对签名的情况下，特约商户和银行柜员应按照与其业务能力相适应的识别标准确定其责任界限。具体来说，如果普通人能够辨别的签名冒用，相关业务人员未能识别的，构成重大过失；普通人不能够辨别，但相关业务人员以高度的谨慎（包括借助其他识别手段，例如在大额支付的情况下，要求核对身份证件、请受过专业训练或者经验丰富的人员进行验证等）能够发现签名冒用的，构成轻过失；普通人不能够辨别，并且相关业务人员以高度的谨慎仍不能发现签名冒用的，不构成过失。在有过失的情况下，按照过失的程度，结合案件的其他因素，令特约商户或交易银行承担相应的赔偿责任。

3. 非密码信用卡被盗刷的。主要考虑两个方面的因素：一是交易时的流程选择。发卡银行只提供非密码信用卡，或者虽然能够提供密码信用卡但没有给予客户选择密码信用卡的机会的，银行应承担相应的风险责任；反之，客户有机会选择密码信用卡而放弃此机会的，则自行承担相应的风险责任。二是交易中的身份识别。如果是以签名为识别条件的信用卡，特约商户和银行柜员负有核对签名的义务，并按照如上所述的认定标准，就签名被冒用所致的客户资金损失承担过失责任。如果是以其他非密码方式作为识别条件的信用卡，则结合其识别方法确定注意标准，按照过错原则认定责任。

4. 国内信用卡在境外被盗刷的。国内信用卡在境外被盗刷的，原则上由持卡人自行承担损失。但是，办理了即时手机短信通知服务的信用卡，发卡银行未及时以短信向客户手机发送交易信息，或者未就大额或可疑交易及时以电话方式尝试与客户沟通的，发卡银行应就后续损失承担适当的赔偿责任。

5. 被盗用信用卡的及时止付。持卡人在发现信用卡被盗用支付后，应当及时通知发卡银行立即停卡止付，发卡行应当在接到通知后及时办理停卡止付。任何一方违反义务的，应当对由此导致的后续损失承担责任。

6. 其他风险因素。在客户有权自行选择单笔支付限额和/或单日支付限额的情况下，客户选择的支付额度过高的，应当对增加的风险承担相应的责任。银行应当对此向客户做出风险提示，并对其疏于风险提示的过失承担适当的责任。

五、担保贷款中涉及夫妻共有财产的银行审查义务问题

（一）问题分析

银行在办理个人信贷业务时，一般都要求贷款人提供相应的抵押或其他财产担

保。这些财产担保中，最常见的是不动产抵押担保。

在现实中很有可能出现夫妻共有房产只登记在一人名下的情况，如按照《婚姻法解释（三）》第 7 条第 2 款的规定，"由双方父母出资购买的不动产，产权登记在一方子女名下的，该不动产可认定为双方按照各自父母的出资份额按份共有，但当事人另有约定的除外"。而这样的登记与权属不一致的情况往往会在不动产所有权的对外效力上产生困惑。

我国《物权法》第 106 条规定了不动产的善意取得制度，该条最后一款"当事人善意取得其他物权的，参照前两款规定"，原则上也可以涵盖不动产抵押权的善意取得。

《婚姻法解释（三）》第 11 条规定，"一方未经另一方同意出售夫妻共同共有的房屋，第三人善意购买、支付合理对价并办理产权登记手续，另一方主张追回该房屋的，人民法院不予支持。夫妻一方擅自处分共同共有的房屋造成另一方损失，离婚时另一方请求赔偿损失的，人民法院应予支持"。那么，在一方未经另一方同意抵押夫妻共同共有的房屋，第三人善意接受抵押、提供贷款并办理抵押登记手续，另一方主张抵押无效的，是否也可以照此办理呢？

（二）对策研究

这里有几个问题需要研究。

1. 是否需要区分自益性的抵押和他益性的抵押？在自益性抵押的情况下，贷款的目的是夫妻共同财产或者共同生活，例如，一方以共有房产抵押取得贷款的目的是满足家庭的生活需要或者投资需要。而在他益性抵押的情况下，则是为他人贷款提供担保，实际上是以家庭财产承担风险而使他人受益的行为。与此相比较，出售夫妻共有房屋是以自己取得对价为目的，属于自益行为。我们认为，从法律政策上讲，鉴于共有住房是家庭生活的重要物质条件，为了维护家庭的稳定，不宜鼓励以家庭共有住房为第三人的商业信用承担风险。但是，对于拥有多套房产的家庭来说，将自己不常住的房产用于商业目的，包括为自己的亲友或者商业伙伴提供担保，也是正常的财富需求。所以，《婚姻法解释（三）》第 11 条的参照适用，还是要在保护市场交易安全和维护家庭财产这两方面有所平衡，无需为他益性抵押设置特别的障碍。当然，从家庭共同生活资源的保障的角度，无论是自益性的抵押还是他益性的抵押，都应当要求银行尽到必要的审查义务。在尽到审查义务的情况下，夫妻一方以共有房屋为自己或者第三人的贷款提供抵押，事后另一方主张抵押无效的，商业银行可以援引善意取得规则请求保护。

2. 对于抵押财产是否为夫妻共有财产，银行的审查义务是否以不动产登记的表见事实为限？根据现行的不动产登记制度，不动产的共有人可以将共有之事实记载于登记簿。在共有房产登记于他方名下的情况下，夫妻一方有权随时向登记机关申请对共有事实进行登记；如果未办理共有事实的登记，则可以理解为一方对另一方的信任或委托，或者理解为放弃或怠于行使其共有人的管理权。《物权法》第96条规定："共有人按照约定管理共有的不动产或者动产；没有约定或者约定不明确的，各共有人都有管理的权利和义务。"根据这一规定，我们认为，夫妻共有房产登记为共有的，应认定为约定共同管理，故管理行为应双方共同实施，但共有登记时载明由一方管理的，则从其约定；未登记为共有的，应认定为没有约定，则登记的一方有权管理。但是，财产管理权不等于处分权，即使在一方管理的情况，共有财产的处分仍然以共有人一致同意为原则。因此，夫妻一方在未经他方同意的情况下擅自处分共有房产，在法律上仍属于无权处分的性质。

在无权处分的情况下，按照《物权法》第106条的规定，受让人为善意取得的，其受让利益仍受法律保护。在房产抵押的情况下，抵押权人的善意，应包括两个层次：一是不知道抵押物为共有财产，或者有理由相信抵押物不是共有财产；二是在知道抵押物为共有财产的情况下，不知道抵押行为未得到其他共有人的同意，或者有理由相信抵押行为已经得到其他共有人的同意。就第一层次而言，诉讼中较常见的现象是，房产登记在夫妻一方的名下，且不动产登记簿中没有记载财产共有的事实，抵押权人主张其基于对登记簿的信赖，有理由相信该房产为抵押人独自所有。对于这种主张，人民法院是否给予支持？《物权法》第9条第1款规定："不动产物权的设立、变更、转让和消灭，经依法登记，发生效力；未经登记，不发生效力，但法律另有规定的除外。"第14条规定："不动产物权的设立、变更、转让和消灭，依照法律规定应当登记的，自记载于不动产登记簿时发生效力。"我们认为，根据《物权法》的公示公信原则，对于登记事实的合理信赖应当受到法律保护。因此，银行依据不动产登记簿记载的事实相信抵押人为有权处分的，可以认定为善意。

同理，在不动产登记中，因登记机关操作原因或者技术系统的原因造成的共有信息遗漏或丢失，致使登记簿显示抵押物为抵押人单独所有的，仍应当遵循公示公信原则，对不知情的抵押权人予以保护。

目前，国务院正在制定《不动产登记暂行条例》，（原）国土资源部也正在编制统一的不动产登记簿。在目前拟定的不动产登记簿草案中，房屋所有权、宅基地使用权、农地承包经营权、林权等不动产权利的登记表格中都有"共有情况"的栏目。这意味着，不动产共有是不动产登记的必要项目。如果不动产共有人不按照要求如实登记共有情况，则应当自行承担由此产生的不利后果。

3. 对于夫妻另一方对共有财产知情和同意的事实，银行是否有义务查明？这个问题的关键在于善意取得制度中的善意标准。善意取得制度中的善意标准是一个非常主观的概念，"行为人之主观状态除其本人外，事实上难以切实掌握。因此，方法上只有借助外界存在之事实或证据推敲之"。[1]理论上对于"善意"有两个评判的

---

[1] 曾世雄：《损害赔偿法原理》，中国政法大学出版社2001年版，第73页。

标准，一为"积极的善意"，一为"消极的善意"。前者主张善意之人应当确定地知晓相对人即为权利人之信息；而后者则主张只要不知道或不应当知道相对人非权利人就可以认定为善意。史尚宽认为，"积极观念"者，有以他人为权利人之积极的信念，"消极观念"者，只须不知他人非为权利人。[1]在现代社会占有与权属经常脱离且交易频繁的背景下，更多的学者和立法例倾向于采用"消极善意"一说。

我们认为，对于动产善意取得，采用消极善意说是比较妥当的。但是不动产的善意取得，由于财产的重要性，应当采用更加积极的标准。也就是说，相对人就夫妻一方处分共有不动产而言，在处分行为是否得到夫妻另一方同意的问题上，不能简单地采用"默示同意"规则，而应当要求另一方的明示同意。这种同意可以是同意特定交易的意思表示，也可以是授权处分特定财产的意思表示。所以，银行在接受夫妻共有房产抵押时，应当要求抵押人出具夫妻双方一致同意的相关证明文件。夫妻一方将共有房产抵押后，另一方主张抵押无效，而银行提供了其同意的证据的，人民法院应驳回原告的主张；反之，应支持原告的主张。

以上意见，与我国一些主要商业银行现行的抵押贷款实践是一致的。例如，《中国工商银行贷款担保管理办法》第15条第6项规定，"以共同共有财产抵押的，应当要求抵押人出具该财产其他共有人同意抵押的书面证明"。《中国农业银行贷款担保办法》第12条规定，"抵押人以其共同共有财产设定抵押的，必须取得其他共有人的书面同意，但该项贷款用于共同经营的除外；以按份共有财产设定抵押权的，仅限于抵押人所有的份额，并须事先书面通知其他共有人"。《中国人民建设银行贷款担保办法》第28条第1款第4项规定："以共有财产为抵押物的，应有抵押人对该财产占有份额的证明及其他共有人同意以该财产设定抵押的证明"。《交通银行担保贷款办法（试行）》第21条规定，"以可分割的共有财产作抵押的，应以抵押人所拥有的份额为限，并要取得共有人同意的书面证明"。但是，建行和交行没有就共同共有财产的抵押做出规定。

（三）工作建议

1. 根据我国《物权法》确立的不动产登记的公示公信原则，夫妻共有的房屋登记在一方名下，不动产登记簿没有注明为夫妻共有财产，而且在办理抵押时也没有任何可得证据显示相反事实的存在或者可能存在，银行根据登记事实有理由相信抵押物不属于夫妻共有财产的，其抵押权应得到法律保护。

2. 银行接受抵押人以登记为其个人所有的房产为贷款提供抵押担保时，知道或者应当知道该房产为夫妻共有财产，未取得夫妻双方的一致同意而办理了抵押担保

---

[1] 盛雷鸣："论善意取得制度中的'善意'要件——兼论我国《物权法》第106条的解释与完善"，载《东方法学》2012年第4期，转引自史尚宽：《物权法论》，中国政法大学出版社2000年版，第564页。

的，未曾表示同意的夫妻一方主张抵押无效的，人民法院应予支持。这里所说的"知道或应当知道"，包括以下几种情形：①不动产登记簿显示提供抵押的房产为夫妻共有财产的；②不动产登记簿未显示提供抵押的房产为夫妻共有财产，但抵押人的个人信息显示为已婚，抵押人不能证明该房屋不是夫妻共有财产的；③银行已经得到的其他证据表明提供抵押的房产是夫妻共有财产的；④办理抵押时，抵押人的配偶提出共有关系异议，经查证其异议属实的。在这些情况下，如果抵押人未提供配偶另一方同意的证明，银行接受其以房产为他人财物设立抵押，则不能认定为善意取得。

3. 不动产登记簿记载被提供抵押的房屋为夫妻共有或者家庭共有，银行未要求抵押人出具该房屋的其他共有人同意抵押的书面证明，其他共有人事后主张抵押无效的，人民法院应予支持。

六、银行提前收贷纠纷问题

（一）问题分析

资金融通是金融行业提供的重要服务之一。银行业作为金融市场最重要的资金供应者，经常通过与企业签订流动资金借款合同，为市场主体提供资金。而为了规避风险，保障自身债权的安全，除了在交易前期严格借款人资格审查外，银行常常会在借款合同中设置在一定情形下其有权提前收回贷款的条款。这类条款比较有效地保障了银行债权的实现。然而，由于银行在提供资金时处于强势地位，该条款约定的条件往往比较宽泛，故在实践中，由"提前收贷条款"（又称"提前到期条款""加速到期条款"）引起的纠纷日益增多。在这些纠纷中，主要存在两个难点：一是提前收贷条款的正当性，以及银行行使提前收贷权利的合理边界；二是企业进入破产程序时提前收贷条款与《企业破产法》相关规定的关系，以及银行在破产程序开始前以自行划款方式提前收贷的合法性。

（二）对策建议

1. 关于提前收贷条款的正当性以及银行提前收贷权的合理边界。实践中，借款合同的订立一般是采用银行提供的格式条款，当事人可以依据具体情形进行相应的调整。一般而言，银行为了保障其债权的有效实现，对于提前收贷的事由一般采用宽泛列举的方式，以避免狭窄的规定限制其权利的行使。然而，在银行借款合同提前收贷规定较为宽泛的情况下，企业的资金链条显得相对脆弱。企业随时可能因约定事由的出现而导致银行提前收贷，从而陷入财务困境。对于这个问题，长期以来有一种观点认为应该限制银行的提前收贷条款。这种意见看似保护企业利益，实际上是忽视了金融的系统性和金融安全对企业的重要性。2007年《物权法》颁布以来，提前收贷条款被银行业广泛采用。这对降低银行不良资产率和维护金融安全发挥了积极作用。《物权法》第196条、第219条都规定，除了债务人不履行到期债务外，发生当事人约定的情形也是实现抵押权、质权的原因。这是对 1995 年《担保法》的突破，目的就是满足保护金融债权的需求。立法加强对金融债权的保护是 20 世纪 90 年代以来的国际趋势。由于金融的系统性特点，银行的审慎经营原则不仅要求银行在贷款过程中重视风险防控，也要求企业在资金贷出后加强风险管理。尤其是在债务人欺诈（如骗贷、不按用途使用贷款、违反信息披露义务等）和出现信用危机（如重大违法事件、重大诉讼或仲裁纠纷、重要资产被司法保全或查封、财务状况恶化等）的情形下，允许银行提前收贷有利于抑制金融欺诈和防止风险传递，是十分必要的。

但是也要看到，目前银行在贷款协议中处于强势地位，加上提前收贷条款规定的触发事件范围较宽、解释空间较大，银行营业机构往往根据主观判断或者经营上的需要，任意援用提前收贷条款以规避风险。这种片面维护自身利益而不公平地加大债务人风险的做法，不符合现代金融市场"利益与共、互利共赢"的理念，也不利于实现预防系统性金融风险的宏观要求。所以，司法实践对于银行提前收贷的行为，也要依据诚实信用和公平交易的原则，进行必要的正当性评价，运用合同条款的解释，对债权人的权利滥用行为加以约束。

2. 关于提前收贷条款与《企业破产法》的关系，以及银行在破产程序开始前划款收贷的合法性。根据《企业破产法》第 31 条、第 32 条的规定，破产管理人对于法院受理破产申请前 1 年内对未到期债务提前清偿和受理申请前 6 个月内具有破产原因仍个别清偿的行为，有权请求人民法院予以撤销。关于这些撤销权能否适用于银行提前收贷的情况，目前的司法判决并不一致。例如，"在南通美嘉利服饰有限公司破产管理人诉江苏银行股份有限公司南通观音山支行破产撤销权案"中，[1]法院认定"银行提前收贷"的情形不属于《企业破产法》第 31 条、第 32 条规定的情形，驳回了破产管理人的撤销请求。而在"三鹿集团破产管理人诉中国工商银行石家庄桥西支行案"中，河北省高级人民法院则认定银行提前收贷的情形属于《企业破产法》第 31 条第 4 项规定的可撤销行为，判决银行提前收贷无效。[2]这种司法判决不一致的情况反映出法院对于银行提前收贷行为的性质和效力的理解并不相同，值得探讨。

在涉及银行提前收贷的破产案件中，一个共同的特点是银行收贷采取的是从债务人在债权人银行的存款账户上直接划扣的方法。这种划扣的做法在法律上属于抵销的性质。《企业破产法》第 40 条规定，"债权人在破产申请受理前对债务人负有债务的，可以向管理人主张抵销"。在银行法上，存款关系是一种债的关系，存款人是

---

[1] 具体参见 [2009] 港民二初字第 0168 号。

[2] 参见刘泽华、王志永："银行宣布贷款提前到期的风险与防控：一起提前收贷纠纷案及其启示"，载《银行家》2010 年第 5 期。

债权人，银行是债务人。当存款人对银行负有贷款债务时，便形成一种互负债务的情形。在债务到期的情况下，任何一方都可以通过单方行为实现债的抵销。我国《企业破产法》承认破产抵销权，这是《企业破产法》对禁止个别清偿规则设置的例外，其法理依据是承认抵销的担保机能，其法律政策是对金融合同的特殊保护。目前，鉴于金融合同的特殊性，国际上许多国家对破产情况下的金融合同终止权和抵销权都有特殊的规定。2004 年联合国国际贸易法委员会《破产立法指南》在建议 101、102 中指出："破产法应确认与金融合同相关的由合同规定的终止权，这种权利允许在破产程序启动后迅速终止这些合同，并对这些合同范围内的未偿债务进行抵销和净额结算。如果破产法暂停终止合同或在破产程序启动时限制自动终止条款的可执行性，金融合同应排除在此种限制之外。""债务人的金融合同一旦被相对方终止，破产法应允许该相对方净额结算或抵销这些已终止金融合同所涉及的债务，以确定相对于债务人的风险暴露净额头寸。应允许作此种终止和抵销以确定风险暴露净额，而不管这些合同的终止是发生在破产程序启动之前还是之后。如果破产法限制或终止在破产程序启动时行使抵销权，金融合同的抵销和净额结算应排除在此种限制范围之外。"尽管《企业破产法》第 40 条规定的是破产程序开始后债权人抵销权。但这种抵销权的存在即等于承认了破产程序开始前债权人抵销的有效性。试想，如果在破产程序开始后，法院将程序开始前的抵销行为撤销，则双方的债权关系当然地恢复到抵销前的状态，而这种状态又符合《企业破产法》第 40 条规定的抵销条件，此时银行再次主张抵销，法院还是要承认其效力。这样，之前的撤销判决岂不是多此一举？所以，正如承认破产后的债权人抵销是禁止破产后个别清偿规则的例外一样，承认破产前的债权人抵销是《企业破产法》第 31 条、第 32 条禁止破产前个别清偿规则的例外。

（三）工作建议

1. 对于目前银行贷款交易中普遍采用的提前收贷条款，如果不具备《合同法》规定的无效和可撤销事由，人民法院应予承认和保护。但是，如果提前收贷条款设置的条件不符合银行业的惯常做法，并且超出了保护债权人合法权益所必要的合理范围，或者其表述过于宽泛、含糊，存在违反合同条款设置目的的任意解释空间，人民法院可以依据《合同法》第 40 条、第 41 条关于格式条款的规定，对其适用范围加以适当的限制。

2. 对于银行依据合同实施的提前收贷行为，原则上应予承认。但是，超出合理范围的提前收贷，人民法院可以依据诚实信用和公平交易原则予以否认。目前，银行业的贷款合同实践中，提前收贷的条件大多为以下情形：①债务人不按时足额支付利息或者分期偿付本金的；②债务人提供虚假信息或者隐瞒真实信息，或者以隐匿、私分等方式非法处分财产的；③债务人因经营不善发生亏损，危及贷款安全的；④债务人与第三者发生财产或债务纠纷，危及贷款安全的；⑤债务人生产经营状况、财务状况恶化，危及贷款安全的；⑥债务人的综合信用指标（依据贷款审查标准）恶化，危及贷款安全的；⑦保证人的财务、信用恶化，或者担保物灭失、贬值，危及贷款安全，且债务人不能提供充分的替代担保。对于这些情形，法院可以根据案件的实际情况确定其合理限度，也可以通过司法解释规定合理标准。例如，《最高人民法院关于审理借款合同纠纷案件若干问题的规定（征求意见稿）》第19条规定："借款人未按约定归还本金和支付利息的金额达到借款本金的三分之一的，贷款人有权停止发放贷款、提前收回贷款或者解除合同。"如果这一规定正式发布，即意味着银行不得在借款人迟延支付金额未达到规定比例时提前收贷。对于"危及贷款安全"的诸种情形，人民法院在审理时需要综合考虑债务人财产和信用的整体情况，确定其是否给银行债权产生了可预期的风险。例如，债务人与第三者的诉讼纠纷是否危及贷款安全，需要综合纠纷所涉财产或债务的数额、债务人整体偿债能力和银行债权金额等因素综合考量。又如，对于债务人财务状况恶化对贷款安全的影响，要综合考虑债务人债务恶化的原因、债务人纾解困境的能力和机会等因素，确定债权人提前收贷的时间是否适当或者其提前收贷之前是否穷尽了其他合理的风险防控措施，如果认定债权人本应当给予债务人适当的宽限期或者只需要求债务人提供补充担保即可化解贷款风险，人民法院可以不支持其提前收贷的主张。

3. 对于银行在企业破产前实施的"提前收贷+划款抵销"的做法，破产管理人援引《企业破产法》第31条、第32条的规定请求撤销的，人民法院不予支持。在案件审理中，应当对银行提前收贷的合同依据和事实依据进行审查，以确定其是否具备提前收贷的条件。对于破产前不具备提前收贷条件，在破产后仍不具备抵销条件的，应支持管理人的撤销申请，责令银行返还所划扣的款项。对于破产前不具备提前收贷条件，但在破产后具备抵销条件的，应允许其依据《企业破产法》第40条的规定主张抵销。因为按照《企业破产法》第46条第1款"未到期的债权，在破产申请受理时视为到期"的规定，之前不具备提前收贷条件因而尚未到期的债务现在已经到期了。但是，在这种情况下，人民法院仍应撤销其先前的抵销行为，并责令退还其回收款从抵销到破产申请受理期间的利息。

七、商业票据民间贴现的合法性问题

（一）问题分析

目前，江浙沪一带民间的票据贴现市场已经发展得比较大，但是就这一类交易的合法性问题，在审判实践中，各地法院法官还存在着疑惑与困扰。

目前存在的民间票据贴现主要有两种情况。江浙沪等沿海发达地区存在较多中小企业，这些企业时常有短期资金需求。而银行贷款不仅要求高，还存在一定的行业限制和份额限制，于是这些企业纷纷转向民间借贷的方式进行融资应急。但是在这种需求大于供应的情况下，民间借贷的利率也在不断攀升。因此，便有人另辟蹊径，通过银行承兑汇票的贴现来获取资金。

1. 融资企业手中没有汇票，而通过操作取得汇票完成融资。当某些中小企业手中没有商业汇票，又急需大笔短期现金的时候，他们就可以找到某些投资顾问公司或是担保公司通过操作完成融资。具体操作是，由该企业或是投资顾问公司、担保公司向银行申请开具银行承兑汇票，由投资顾问公司或担保公司垫付保证金，并通过各种操作包装上"真实"的贸易背景，最后该企业将票据贴现后获得所需要的短期资金。

2. 融资企业手中有汇票，直接将该汇票在民间贴现。有些企业手中拥有汇票，因急需资金需要将汇票提前贴现，法律虽然允许银行对商业汇票进行提前贴现，但是我国金融监管体系下，票据贴现业务的管理属于信贷管理的范畴。由于受政策影响，大部分银行都在不断压缩贴现规模或者压低贴现率。而且，银行票据贴现业务的手续也很繁琐，不仅需要贴现人有银行开立的存款账户，与开票人有真实的商业交易，还需要出具相应的增值税发票和商品发运单据复印件等。因此，更多持有票据又急需资金的中小企业便选择将票据在民间进行贴现。

这种情况下的票据贴现又分为诸多模式，常见的比如：①急需现金的票据持有人自己寻找资金充裕的个人或企业进行相关贴现活动；②因为信息缺乏，急需现金的票据持有人与资金充裕的个人或企业通过中介机构或个人完成票据贴现活动；③部分中介机构或个人直接收购企业手中未到期票据，并将票据向其他个人或企业转卖贴现，甚至有部分中介机构或个人直接将收购的票据通过私人关系找银行完成贴现。

由此提出的问题是，对于民间的商业票据贴现的效力，应当如何认定？进一步的问题是，在银行审慎经营要求与市场流转需求之间，应当如何平衡？

（二）对策研究

1995 年颁布的《票据法》第 10 条第 1 款规定："票据的签发、取得和转让，应当遵循诚实信用的原则，具有真实的交易关系和债权债务关系。"这意味着，立法者仅允许将票据作为贸易支付手段（结算性票据）的转让，而不允许将票据作为融资手段（融资性票据）的转让。这一立法决策，反映了当时禁止企业间借贷和否认民间金融合法性的金融政策。

但是，《票据法》并不限制背书转让的次数。因此，银行在接受经过多次转让的票据时，不可能要求申请人对以往发生的每一次转让的基础交易关系都提供证明，而只能将需要证明的基础交易关系局限于贴现（或承兑、付款，下同）的申请人与出票人或者直接前手之间。所以，中国人民银行 1997 年发布的《票据管理实施办法》第 10 条和《支付结算办法》第 92 条都规定，商业汇票的持票人向银行办理贴现必须具备的条件之一，是"与出票人或者直接前手之间"具有真实的商品交易关系并提供与其直接前手之间的增值税发票和商品发送单据复印件。以后各大商业银行制定的业务规章也采用了这一规则。例如，中国工商银行 2007 年《商业承兑汇票贴现业务管理暂行规定》第 14 条规定，信贷部门或票据贴现部门对客户申请进行审查，审查内容包括"贴现申请人与出票人或其前手之间是否具有商品交易关系，汇票、交易合同和增值税发票的日期、金额等要素是否相互对应"。中国农业发展银行 2010 年《银行承兑汇票业务管理办法》第 25 条规定，银行受理承兑汇票贴现时调查、审查、审议的内容包括"贴现申请人与出票人或其直接前手之间是否具有真实、合法的商品或劳务交易关系，汇票、交易合同和增值税发票的日期、金额等要素是否合理，是否相互对应"。由此可见，在商业银行的实践中，无论商业汇票在民间经过多少次背书转让，也无论之前的转让是否具有真实的交易关系，只要最后向银行提交票据的申请人能够证明自己与前手之间的真实交易合同，即可获得承认。所以，这种规定实际上给民间融资留下了一定的空间。

实践中，汇票的民间流转有这样一种方式：企业取得承兑汇票后，将汇票作为支付手段采购商品或劳务，由此取得汇票的卖方将汇票转让给第三方；第三方将取得的汇票以放贷方式转让给需要资金的企业，后者可以用汇票进行采购支付；由此取得汇票的企业由于与前手之间有真实的交易关系，可以向银行申请贴现或到期付款。这样就出现了一些专门通过贴现收购承兑汇票的民间放贷人，他们会在转让汇票时收取额外的利息（或其他名目的收益）。实际上，这种营业的合法性问题，就是民间借贷的合法性问题。

与企业向银行贷款后加息转贷给民间放贷人，后者再以高息出借给需要资金的人的情形相比较，虽然二者都属于民间金融的交易方式，但企业以贷款转贷是违反借款合同的行为，银行有权采取提前收贷等措施，并可能导致企业的信用降级。[1]而出票人企业将汇票用于正常支付后，对于后面发生转让则无需承担责任。[2]

从理论上讲，《票据法》第 10 条有悖于票据无因性原则，历来为学术界所诟病。目前的金融政策已经逐步放开了民间融资。例如，1996 年中国人民银行发布的《贷款通则》第 61 条曾规定，"企业之间不得违反国家规定办理借贷或者变相借贷融资业务"。而 2004 年中国人民银行和（原）中国银监会公告发布的《贷款通则（征求意见稿）》则取消了这一规定。目前，民间借贷、私募股权投资、互联网金融等多种民间金融业态也正在纳入政策和法律承认和规范的轨道。在这种形势下，不宜简单地将《票据法》第 10 条理解为刚性和普遍的禁止性规定，而应将其理解为银行业金

---

[1]《合同法》第 203 条规定："借款人未按照约定的借款用途使用借款的，贷款人可以停止发放借款、提前收回借款或者解除合同。"《贷款通则》第 71 条规定："借款人有下列情形之一，由贷款人对其部分或全部贷款加收利息；情节特别严重的，由贷款人停止支付借款人尚未使用的贷款，并提前收回部分或全部贷款：一、不按借款合同规定用途使用贷款的。……"

[2] 如果出票人将汇票直接用于私下贴现或者转贷，则其申请时呈报的基础交易关系即成为虚假，由此可能因构成金融欺诈而被追究法律责任。

融机构开展票据交易时基于审慎经营原则应当遵守的管理规则。

民间的票据贴现是民间融资的一种方式。就目前的实践看，民间的票据贴现已经存在了较长时间，企业也熟悉了这种融资方式。在中小企业密集的江浙沪地区，民间票据贴现市场已经形成了一定的规模。实践证明，在我国金融体系尚未健全，中小企业"融资难"问题久未解决的情况下，民间的融资性票据贴现有其积极作用。而且，在银行严守《票据法》第10条规定的情况下，这种民间市场也没有给银行业带来不可控的风险。因此，我们认为，以非金融企业和个人为当事人的票据贴现交易，无论有无真实的交易关系，除了违反《票据法》第12条、第27条第2款和第35条但书规定的外，原则上应为有效。但是，票据受让人向银行要求贴现、承兑或者付款时，银行有权坚持以提供具备真实交易关系的相关证明为审核条件。

（三）工作建议

建议以司法解释明确规定以下两点：

1. 非金融企业和个人为当事人的商业票据贴现交易，当事人一方事后以欠缺真实的交易关系为由主张贴现无效的，人民法院不予支持。

2. 商业票据持票人向银行申请票据贴现、承兑或者付款，银行以申请人与出票人或者直接前手之间欠缺真实的基础交易关系和为由予以拒绝，申请人向人民法院提出诉讼的，人民法院不予支持。

八、变相远期支票的效力与后果

（一）问题分析

远期支票，理论上的理解与实际业务操作中的理解有所不同。理论上的远期支票是指票面上同时记载有出票日与到期日，且到期日在出票日之后的支票，这种支票形式在我国为法律所禁止。而在长期的商业交往实践中，人们为了规避法律法规的限制，发展出了一种通俗意义上的远期支票，即票面上载明的出票日期在实际出票日之后，其目的也是在于推迟付款日期。

对于这种实践中广泛采用的远期支票，其是否为法律允许的有效票据？票据权利义务何时成立？在票载出票日前背书转让的效力如何？在票载出票日之前，若出票人发生变更（名称变更、实体变更等），持票人权利如何保障？这些都是我国相关法律未明确规定，而司法实践中又令人困惑的问题。

（二）对策研究

我国《票据法》（2004年修正）第90条规定："支票限于见票即付，不得另行记载付款日期。另行记载付款日期的，该记载无效。"根据该法第84条的规定，支票票面的必须记载事项中只有"出票日期"，故"不得另行记载付款日期"的含义应为：在票面的"其他记载事项中"亦不得记载有付款日期。如果有"另行记载付款日"，则该记载事项本身不发生票据上的效力，即持票人仍可依票面上载明的出票日随时提示付款,而不必等待至该"另行记载的付款日"后才提示付款;同时,该项另行记载的无效并不会导致整张票据无效。[1]

由此可见,我国票据法明文禁止的仅是"票面上同时记载有出票日与到期日,且到期日在出票日之后的支票",而对于商业习惯上"票面上载明的出票日期在实际出票日之后的支票"的效力并没有作出规定。

中国人民银行1988年12月发布的《银行结算办法》第19条规定:"单位和个人办理结算,必须严格遵守银行结算办法的规定。不准出租、出借账户;不准签发空头支票和远期支票;不准套取银行信用。"但是,该办法在1997年11月中国人民银行发布《票据管理实施办法》时宣告失效。而《票据管理实施办法》中没有关于不准签发远期支票的规定。

中国人民银行在1988年规定不准签发远期支票,目的是防止当事人规避禁止签发空头支票的规则,即出票人在出票时没有足够资金的情况下,不得以预期中的未来账户资金为支付。我国《票据法》第87条规定:"支票的出票人所签发的支票金额不得超过其付款时在付款人处实有的存款金额。出票人签发的支票金额超过其付款时在付款人处实有的存款金额的,为空头支票。禁止签发空头支票。"在签发远期支票的情况下,尽管未来的账户资金存在一定的实现可能性,但也存在落空的风险,而一旦支票到期时预期资金落空,则形成空头支票的事实。同样地,"票面上载明的出票日期在实际出票日之后的支票"可能存在这样的情况:出票人在实际出票时其银行账户上没有足够资金,而以未来的预期资金为依据填写票面出票日期。所以,这种票面出票日与实际出票日不符的支票,是一种变相的远期支票。

从理论上讲,银行在收到支票后按照"见票即付"规则履行付款义务后,形成对出票人的债权。这种债权的清偿,可以采用两种方式:其一,在出票人有足够的账户资金时,银行即时划扣出票人的账户资金进行抵销;其二,在出票人账户资金不足时,就不足部分对出票人进行追索。这两种清偿方式在信用证结算交易中都是允许的。但是,在支票结算交易中,我国票据法目前只允许前一种方式。这意味着,不允许出票人以支票方式套取银行信用。这种立法意图当然是与我国当时的信贷资金管理制度相关联的。按照1994年中国人民银行《信贷资金管理暂行办法》,我国商业银行实行贷款限额控制的管理体制。1998年以后,央行取消了对商业银行增量贷款的指令性计划,逐步推行资产负债比例管理和风险管理基础上的"计划指导、自求平衡、比例管理、间接调控"的信贷资金管理体制。但是,即使在新的管理体制下,商业银行也必须严格约束自己的贷款规模。与信用证能够通过技术手段限制透支金额的情况不同,支票的透支行为很难被银行控制,所以从银行的角度看,限制远期支票的需求仍有其合理性。这也是我国《票据法》第19条规定只承认即期支

---

[1] 参见颜炳杰:"论远期支票的效力",载《西南政法大学学报》2007年第3期。

票的原因。但是，从票据流通市场的角度看，为了保护支票流通中的信赖利益，该条对远期支票仅采取了形式主义的限制。因此，对于形式上的远期支票，即票面记载的出票日期与付款日期不一致的支票，银行可以援引《票据法》主张其无效。但对于实质上的远期支票，即票面出票日期与实际出票日期不一致，但与票面付款日期一致的支票，银行不能主张无效。这实际上是承认了变相远期支票的有效性。由此可见，《票据法》颁布后，中国人民银行发布的《票据管理实施办法》取消了以前《银行结算办法》第19条禁止远期汇票的规定，是有其原因的。

（三）工作建议

建议最高人民法院通过司法解释就以下两个问题提出审判指导意见：

1. 关于"票面上载明的出票日期在实际出票日之后的支票"即变相远期支票的效力问题。

第一，对持票人的效力。根据票据无因性和要式性的原理，支票的效力不受支票的基础资金关系的影响，只要票据符合规定的形式要件，持票人就有权在票面出票日要求债务人承担付款义务。

第二，对出票人的效力。目前，法律并没有针对远期支票的直接的处罚规定。禁止远期支票的规定只能使形式上的远期支票成为无效。而变相远期支票在形式上合法，因此不能主张其无效。只有在变相远期支票的出票人在票面出票日的银行资金不足票面金额时，按照空头支票的处罚规定予以追究。[1]这意味着，如果变相的远期支票在出票日有足够的账户资金，可视为合法。因为在这种情况下对于银行没有造成任何损害。这可以说是对无害规避行为的容忍。这种容忍在英美法上得到了立法体现。例如，《英国票据法》第13条（日期之提前或移后）规定："①如汇票上，或承兑或背书上载有日期，除有相反证明外，各该日期应视为真实之出票日、背书日或承兑日。②汇票不因日期之提前、移后或所载日期为星期日而无效。"《美国统一商法典》（1990年）第3-114条（发票日、填早日期、填迟日期）第1项规定："票据之流通性不因未填发票日期、倒填日期或填后日期，而受影响。"

2. 关于变相远期汇票在票面付款日期到来前，出票人发生人格变动（名称变更、实体变更等）时持票人权利的保护问题。由于变相远期支票的实际出票日与票面出票日之间存在一定的时间差，如果在此期间，出票人的法人名称变更，或者发生法人合并、分立等人格变动，便可能导致票面的出票人信息、预留印鉴等与票面出票日的银行记载不相符合的情况。此时，根据《票据法》对票据效力实行严格形式主

---

[1]《票据法》第102条规定，"有下列票据欺诈行为之一的，依法追究刑事责任：……（三）签发空头支票或者故意签发与其预留的本名签名式样或者印鉴不符的支票，骗取财物的"。中国人民银行发布《票据管理实施办法》第31条规定："签发空头支票或者签发与其预留的签章不符的支票，不以骗取财物为目的的，由中国人民银行处以票面金额5%但不低于1000元的罚款；持票人有权要求出票人赔偿支票金额2%的赔偿金。"

义的立法政策,则应当允许银行拒付。在此情况下,持票人仅可依据《票据法》第61条第1款"汇票到期被拒绝付款的,持票人可以对背书人、出票人以及汇票的其他债务人行使追索权"的规定,寻求民事救济。

此外,如果出票人以非法占有为目的,发出变相远期支票获取财物后,故意利用名称变更或实体变更的方式逃避债务,可以依法追究其票据诈骗的刑事责任。[1]

九、借贷类纠纷中的刑民交叉问题

(一) 问题分析

"刑民交叉"是指由于主体、法律事实或者标的物引起的刑事案件与民事案件的相互牵连。司法实践中,刑民交叉涉及的主要问题是程序适用上的先后顺序。面对刑民交叉的情形,我国法律实际上并未作出明确的规定,而是在最高人民法院、最高人民检察院和公安部单独或者联合发布的规定中,对刑民交叉的案件有分别不同情形的处理办法。迄今为止,先后有过四个规范性文件对此问题进行规范:1985年8月19日《最高人民法院、最高人民检察院、公安部关于及时查处在经济纠纷案件中发现的经济犯罪的通知》(已失效),1987年3月11日《最高人民法院、最高人民检察院、公安部关于在审理经济纠纷案件中发现经济犯罪必须及时移送的通知》(已失效),1997年12月11日《最高人民法院关于审理存单纠纷案件的若干规定》,1998年4月21日《最高人民法院关于在审理经济纠纷案件中涉及经济犯罪嫌疑若干问题的规定》(以下简称《若干规定》)。其中,目前仍然生效且对此问题作出较为全面规定的是1998年的《若干规定》,其第1条确立了因不同的法律事实引起的刑民交叉,应当分开审理的原则。[2] 同时,第10条规定如果"发现与本案有牵连,但与本案不是同一法律关系的经济犯罪嫌疑线索、材料,应将犯罪嫌疑线索、材料移送有关公安机关或检察机关查处,经济纠纷案件继续审理"。然而在司法实践中,由于是否属于同一法律关系在审理前的不确定性,审理民事案件的法官常常引用第11条的规定:"人民法院作为经济纠纷受理的案件,经审理认为不属经济纠纷案件而有经济犯罪嫌疑的,应当裁定驳回起诉,将有关材料移送公安机关或检察机关。"实践中,由于缺乏具体标准,"认为不属经济纠纷"成为无需论证的主观判断,法官可以轻易地将已受理的经济纠纷以"认为不属经济纠纷而有经济犯罪嫌疑"为理由驳回起诉,等待刑事案件作出判决后再由有管辖权的法院处理民事纠纷或者由法院在审理刑事犯罪的同时附带审理民事责任部分。此即所谓"先刑后民"的做法。

---

[1] 根据我国《刑法》第194条的规定,签发空头支票或者与其预留印鉴不符的支票,骗取财物,达到法定数额的,按金融票据诈骗罪追究刑事责任。此时,按照表面证据法则,票据签发日存在无对应付款账户或者预留印鉴不符的情形,即可成立该项罪名的客观要件。

[2] 《若干规定》第1条规定:同一公民、法人或其他经济组织因不同的法律事实,分别涉及经济纠纷和经济犯罪嫌疑的,经济纠纷案件和经济犯罪嫌疑案件应当分开审理。

《若干规定》第 12 条"经过审查,认为确有经济犯罪嫌疑的,应当将案件移送公安机关或检察机关,并书面通知当事人,退还案件受理费;如认为确属经济纠纷案件的,应当依法继续审理,并将结果函告有关公安机关或检察机关"的规定,由于其本身存在一定的矛盾,也为"先刑后民"的做法提供了空间。从逻辑上讲,前半句"确有经济犯罪嫌疑"的情况并不一定排斥经济纠纷中民事救济需求的存在。而问题在于,如果将进行中的民事案件撤销,受害人或者债权人就只能长时间地等待未来重启民事诉讼或者刑事附带民事诉讼。也就是说,他们只能接受"迟到的公正"。而"迟到的公正"并不是我们追求的公正。而就后半句而言,既然"确属经济纠纷案件",那么即使审理中发现了确实存在的犯罪嫌疑,民事案件仍然是经济纠纷,仍应当继续审理。这两个相互矛盾的处理办法,实际上是交给民事法官两个任意选项。很明显,如果以成本低、风险小为标准,"全案移送"一定是他们的最佳选择。

长期以来,无成文规定却在司法实践中形成惯例的"先刑后民"在法学界和律师界饱受诟病。[1] 但是,也有人认为它有一定的合理性,理由是这可以避免法院对同一法律事实的双重审查导致司法资源浪费,同时保障司法判决的一致性。然而,人们不情愿地看到,"先刑后民"的司法实践竟然为一些不良债务人提供了逃避债务的机会。在借贷类金融纠纷案件中,无能力或者不愿意偿还债务的借贷人竟尝试通过自首的方式主动争取刑事程序介入,以迫使民事程序被裁定驳回或者中止,从而在刑事程序的"避难所"里"暂栖身",以逃避民事程序的财产追索。而此时的债权人为了自己的利益,却极力证明债务人无罪,形成"债务人自首,债权人为之辩护"的怪现象。而经过漫长的刑事程序后再回到民事程序,债务人已经从拖延中赢得了逃避民事执行的机会,同时司法资源和司法尊严也付出了代价。由此可见,如何处理好刑民交叉问题,避免这种现象的出现,是现今司法审判尤其是借贷类金融纠纷

---

[1] "专家认为,'先刑后民'本来就不是一项法治的基本原则,也不应当被作为一项法治基本原则。'先刑后民'的观念在近年来遭到民商法学界诟病的同时,也受到刑法学界的质疑。确保私权不受侵犯,应当慎用'中止'这把钥匙,对适用的条件作出系统而明确的规定,防止一方当事人利用其缺陷或漏洞,作为阻却民事诉讼的'坚盾',使债权人的权利迟迟得不到实现。"("先刑后民:司法实践的必然选择",载《兰州日报》2007 年 11 月 12 日,转自新浪新闻中心:http://news.sina.com.cn/o/2007-11-12/095012889170s.shtml,最后访问时间:2014 年 7 月 15 日)另参看,周跃华:"不能因'先刑后民'损害当事人权益",载《检察日报》2005 年 7 月 5 日;吴继财、袁惠康:"'先刑后民'并非绝对原则",载巴东法院网:http://bdxfy.chinacourt.org/public/detail.php?id=1311,最后访问时间:2014 年 7 月 15 日;王学堂:"'先刑后民'并非绝对",http://bly.Sina.com.cn/s/bly-4b4ac50/30/apr51.html,最后访问时间:2014 年 7 月 15 日;刘喜中:"不妨'先民后刑'",载《检察日报》2011 年 2 月 3 日,正义网:http://newspaper.jcrb.com/html/2011-02/23/content_64764.htm,最后访问时间:2014 年 7 月 15 日。

审判中面临的一大难题。[1]

(二) 对策研究

从《若干规定》第 1 条和第 10~12 条的规定看，司法解释并未规定"先刑后民"的审理原则。这个做法是在实践中逐渐形成的。我们认为，对于这个问题的解决办法应该是在《若干规定》的基础上，通过进一步的司法解释，针对民事案件和刑事案件交叉的种种情形提出较具体的处理方案和适用标准，以避免法院在审理过程中简单地采用"先刑后民"的做法，以"全案移送"和"驳回起诉"的方式，一次又一次地制造民事案件的司法不作为。

实际上，"先刑后民"的滥用与法院的管理评价体系也有一定的关联。由于刑事案件从侦查到审判的时间一般较长，一旦民事案件与刑事案件相牵连，难免拖延民事案件的审理时间而导致办案超审限，由此给承办法官带来较大的评价压力；而如果选择继续审理并且先于刑事案件作出判决，则将面临民事判决因刑事判决的不同结论而被撤销的风险。这种行政性因素的影响，本不是公正司法的应有之义。

我们认为，《若干规定》关于刑民诉讼关系的处理办法存在着进一步解释和完善的必要。对此，地方法院已经开始做出尝试。例如，《浙江省高级人民法院关于审理民间借贷纠纷案件若干问题的指导意见》第 37 条的规定："法院在审理中，发现借贷行为涉嫌非法集资、非法吸收公众存款、贩毒、洗钱等犯罪，或者当事人一方主张涉嫌犯罪，要求移送的，依照最高人民法院《关于在审理经济纠纷案件中涉及经济犯罪嫌疑若干问题的规定》（法释〔1998〕7 号）第十条、第十一条、第十二条的规定，根据具体情况分别处理：（一）案件存在明显的犯罪嫌疑，可以全案移送的，裁定驳回起诉，退还案件受理费，将有关材料移送公安机关或者检察机关；（二）当事人一方主张涉嫌犯罪，但没有提供证据证明或者其他当事人虽有犯罪嫌疑但与民间借贷纠纷案件没有必然关联或者不属同一法律关系，案件继续审理，但有关犯罪嫌疑的线索、材料可以移送公安机关或者检察机关查处；（三）案件的审理，必须以刑事案件的侦查、审理结果为前提的，裁定中止诉讼。中止诉讼后，没有特殊情况，在十二个月内，刑事案件仍不能侦查终结的，可以根据具体情况恢复民间借贷纠纷案件的审理。裁定驳回起诉后，公安机关或者检察机关接到法院移送的涉案材料或者相关当事人的报案后不予立案侦查，或者立案侦查后又撤销案件，以及刑事案件起诉后法院审理认为不构成犯罪而宣告无罪的，出借人再行提起民事诉讼的，法院应当受理，并根据审理认定的案件事实，依法作出民事裁判。法院应当慎用裁定驳

---

[1] 参见翁一：《民间借贷案不宜一概先刑后民》，载《东方早报》2012 年 11 月 29 日，东方早报网：http://www.dfdaily.com/html/113/2012/11/29/901824.shtml，最后访问时间：2014 年 7 月 15 日。作者在上海、杭州、温州三地法院调研过程中，法官们都表示刑民交叉问题是法院面临的难题，有必要重新审视刑民交叉的处理原则以避免刑民交叉成为经济纠纷当事人规避民事责任的手段。

回起诉和中止诉讼。"

浙江高院的上述处理方案,实际上区分了两类情形:一是民事诉讼不能继续审理,其原因包括犯罪嫌疑明显需要全案移送和民事诉讼的审理有赖于刑事程序的结果;二是民事诉讼可以继续审理的,其原因包括犯罪证据不足和刑事案件与民事诉讼的法律关系缺乏密切联系。但是,我们认为,民事诉讼中发现犯罪嫌疑,即使认为明显,也未必都需要全案移送。而且,民事案件的审理应当依据民事法律,所谓民事纠纷的判决以刑事判决为依据的假设是不能成立的。因此,我们认为对第一类的案件,应当以民事案件继续审理为原则。只有在因刑事案件中的强制措施造成民事诉讼程序障碍(如无法获取相关证据或鉴定结论)的情况下,才需要中止民事诉讼,或者延长民事案件审理时限。至于民事案件进行中的某些措施(如财产保全)给刑事案件侦查、起诉造成困难,可以进行局部的调整,例如将保全的财产移交侦查机关,亦未必需要造成民事案件撤销或中止的结果。

(三) 工作建议

人民法院在受理请求偿还债务、返还财产、损害赔偿等财产权利救济的民事案件时,只要当事人提出诉讼符合民事诉讼法的相关要求,则应当予以立案。在审理过程中,发现有涉嫌刑事犯罪的事实和证据的,人民法院应当予以谨慎审查,针对以下不同情况予以处理:

1. 民事案件涉及《刑法》分则第二章(危害公共安全罪)、第四章(侵犯公民人身、民主权利罪)、第五章(侵犯财产罪)和第六章(妨害社会管理秩序罪)有关罪名的,可以采用刑事附带民事的办法处理。具体说,公安机关或者检察机关认为确有犯罪嫌疑,需要将全案纳入刑事诉讼程序处理的,受理民事案件的人民法院在收到公安机关或者检察机关说明理由并附有关材料的公函后,经审查认为理由充分、程序合法,应当将案件移送公安机关或检察机关,并书面通知当事人,退还案件受理费,同时告知其参加附带民事诉讼的权利。

2. 民事案件涉及《刑法》分则第三章(破坏社会主义市场经济秩序罪)有关罪名的,原则上宜采用民事案件和刑事案件分别审理。在特殊情况下,基于有利于民事救济和刑事追诉效率最大化的考虑,审理民事案件的人民法院可以将案件移送给公安机关或者检察机关。具体说,可分别不同情况,采用以下方法处理:

(1) 民事诉讼中发现的犯罪线索属于涉众性犯罪类型的,或者公安、检察机关要求移送的案件属于这些类型的,例如涉嫌生产销售伪劣产品(《刑法》第140~147条)、非法吸收公众存款罪(《刑法》第176条)、非法集资罪(《刑法》第192条)、涉众型的证券犯罪(《刑法》第179、181、182条)和涉众型的妨害对公司、企业的管理秩序罪(《刑法》第160、161条)的情形,可以采取刑事案件与民事案件并行处理。如果请求民事救济的受害人为数较多,可以根据《民事诉讼法》第53条的规定,采用共同诉讼的方式进行审理;如果涉嫌犯罪的主体为企业法人,也可以根据

《企业破产法》的规定，将众多债权人的请求放在破产程序中处理。这样做，可以将众多受害人的权利诉求纳入司法程序的轨道，既有利于社会稳定，也有利于刑事办案机关开展工作，同时，也有利于公平和有效率地保护受害人的合法权益。

（2）民事诉讼中发现的犯罪线索属于非涉众性犯罪类型的，或者公安、检察机关要求移送的案件属于这些类型的，例如金融诈骗罪（《刑法》第192~198条）、非涉众的破坏金融管理秩序犯罪（《刑法》第177、183、185、187条）、妨害对公司、企业的管理秩序罪（《刑法》第158、159、162、167、168条）的情形，由于民事案件所涉交易的违法性认定对民事责任的确定具有决定性意义，民事判决必须以刑事案件的审理结果为依据，人民法院可以采取中止民事诉讼或者将案件移送刑事追诉机关转为附带民事诉讼的办法。但是，如果被诉行为的民事违法性质可以认定，其是否构成犯罪尚须刑事程序认定，但能够确定未来的刑事判决不会与民事判决相冲突，则可以继续审理民事案件并作出判决，以便使受害人及时获得救济。例如，在金融诈骗案件中，受害人依据《合同法》第54条的规定主张合同无效并要求返还财物的，如果法院依据合同法规定认为应当支持原告请求的，可不必等待刑事程序的结果而及时作出判决。

信息技术在社区治理中的应用

社区矛盾纠纷化解中
大数据技术应用前景之分析

苏 灿[*]

引言

目前,我国在城市社区治理体系和治理能力现代化方面取得长足进步,但是基层社区层面在预防和化解社区矛盾纠纷方面还存在机制失灵、职责缺失、力量不足、能力短板等问题。"工欲善其事,必先利其器。"要解决上述问题,实现基层社区预防和化解矛盾纠纷能力的跨越式发展,充分开发和利用大数据技术工具显得尤为重要。本文即本着这样的研究思路,探讨大数据技术在预防和化解社区矛盾纠纷方面的应用前景和路径选择。

一、社区矛盾纠纷及其预防与化解工作现状

(一) 城市社区矛盾纠纷的常见类型

在社区治理视域下,常见的社区矛盾纠纷[1]有以下几类:

1. 名誉权纠纷及与名誉相关的普通矛盾。名誉是社会对公民或法人的综合评价。法律禁止任何人用侮辱、诽谤等方式损害公民、法人的名誉。在社区内部,邻里之间可能会因为琐事产生矛盾,比如业主在业主微信群里、小区内相互以言辞倾轧、谩骂,甚至故意使用贬低对方人格的词语或动作进行侮辱,或者捏造、散布虚假的事实对对方进行诽谤,使得社会公众对被侵害人的社会评价降低。此类矛盾纠纷发生在社区居民之间,不当行为的影响一般也仅限于社区范围,可以先行在社区内部调处。

2. 隐私权纠纷及与隐私相关的普通矛盾。由于邻里之间的生活空间非常接近,某些情况下甚至共用局部空间,所以社区居民可能会在不经意间了解到邻居的隐私信息,随后又故意泄露;或者以猎奇心态刺探邻居信息;又或是在行使自身权利时

---

[*] 苏灿,法学博士,现为北京信息科技大学讲师,马克思主义学院德育与法学教研部主任。本文未曾公开发表。

[1] "社区矛盾纠纷"不是一个严格意义上的法学概念,学理上也难以给出清晰明确的定义。本文使用这一词汇是基于实务研究的需要。

未顾及而触犯到邻居的隐私,从而产生隐私相关的矛盾纠纷。近年来,因社区居民在居所的公共或与他人共用区域安装监控设备引发的邻里矛盾事件高发,实质上就是因为这种行为可能侵犯邻居的隐私权。[1] 此类纠纷涉及主体具体而有限,居委会等社区基层组织比法院等机关更易了解现场情况,适宜优先在社区内调处。

3. 婚姻家庭矛盾纠纷。婚姻家庭矛盾纠纷,尤其是婚姻矛盾纠纷,纷繁复杂,矛盾双方大多数情况下不愿公开矛盾,社区治理主体也缺乏干预的主动性。但极端的婚姻家庭矛盾纠纷可能引发恶劣后果,甚至会破坏社区公共安全,[2] 所以在社区治理工作中应当积极寻找预防和化解婚姻家庭矛盾纠纷的突破口和着力点。对于部分专业性强、涉及财产分割和法律认定的纠纷,如离婚纠纷、分家析产纠纷,确实不宜或不能在社区层面调处。而对于抚养、扶养、赡养和探望权等纠纷,社区组织可以充分发挥熟悉人员情况、工作途径多样的优势介入纠纷化解工作。

4. 建筑物区分所有权纠纷。业主建筑物区分所有权纠纷,如业主专有权纠纷、业主共有权纠纷等,是一类典型的城市社区矛盾纠纷。此类矛盾纠纷的主体特定,一般是相邻的或具有共有关系的区分所有权人,有时还会涉及物业管理服务者。而且,此类矛盾纠纷的部分事由具有普遍性,可以进行类型化。

5. 相邻关系纠纷与矛盾。此类纠纷包括相邻通行纠纷、相邻建筑物利用关系纠纷、相邻损害防免关系纠纷等。比如因楼道堆物影响通行、排污管道被杂物堵塞致污水溢出、私搭乱建影响他人采光与通风、噪音污染(人为制造或空调等设备老化产生)影响日常生活等事由引起的矛盾纠纷。

6. 业主在设立业主大会或选举业主委员会过程中因意见相左产生的矛盾纠纷,居委会应予以化解。

7. 业主或业委会与物业公司之间的矛盾纠纷。此类纠纷包括物业服务合同纠纷、业主知情权纠纷、物业管理中的究责矛盾纠纷、更换物业公司僵局等。此类矛盾纠纷比较高发。[3]

(二)城市社区矛盾纠纷预防与化解工作的现状及问题

我国目前处于社会转型加速、城市化率不断提高的时期,城乡间人口大规模流动,城市住房逐渐商品化、市场化,由此使得基层社区人员关系结构、组织管理结构乃至于人员生活方式都发生了深层次变化。人口密集化、邻里陌生化、管理服务社会化、利益多样化、思想文化多元化使得社区矛盾纠纷易发、多发。而社区生活、

---

[1] 近年来智能监控产品逐渐市场化、平民化、普及化,但由于其生产标准不统一,在功能设置方面没有充分考虑使用场所以及使用人以外主体的权利,所以存在一定法律风险。而且,随着人们隐私权保护意识的提高,由此产生的邻里间隐私权纠纷呈上升趋势。

[2] 如2020年6月24日在辽宁省丹东市发生的因家庭纠纷引爆煤气事件,煤气爆炸不仅造成财产损失,还导致3人死亡4人受伤。

[3] 陆益龙:"快速转型期城市社会易发矛盾纠纷及其化解机制",载《人文杂志》2013年第12期。

民事纠纷在发生之初不能得到及时化解，会不断演化发展，甚至激化为刑事案件。

从整体上来看，包括社区矛盾纠纷化解在内的创新基层社区治理工作还停留在树典型、立标杆的阶段，治理实践碎片化、形式化，其展示性效果可能转瞬即逝。[1]具体而言，社区矛盾纠纷化解工作主要存在以下问题：其一，相关法律制度不完善。规范社区治理主体的法律制度规范供给严重不足。其二，体制不健全。目前，党委领导、政府负责、社会协同、公众参与、法治保障的社会治理体制还未完全建立起来，体制短板明显。其三，机制失灵。目前基层社区治理主体的行为惯性和路径依赖并没有发生根本性改变，在社区矛盾纠纷预防与化解工作中的体现就是运动式排查、选择性预防与化解等。由于这种自上而下式的、缺乏公开透明的工作方式，使居民对社区治理主体缺乏信任度，产生矛盾纠纷不愿寻求基层社区调解，大量生活矛盾、社区纠纷涌向法院，造成"案多人少"的矛盾凸显，法官不堪重负。其四，基层治理主体的专业化水平不高，依靠正式法律制度化解社区矛盾纠纷的能力不足，更为常见的是依靠人情、关系等非正式制度的法外治理方式。[2]另一方面，社区治理人员缺乏对辖区城市规划、人口流动现状、具体治理措施的专业认知，进而缺乏精准治理的识别能力与实施能力，[3]也难以真正做到精准化解社区矛盾纠纷。其五，信息技术运用不足。目前，司法大数据技术应用和基层网格化管理平台信息化在社区矛盾纠纷预防与化解工作中发挥了一定的作用，但也存在很多问题，反映出大数据时代的治理思维仍需培育。就网格化管理信息平台建设而言，存在两种倾向：一是简单地以网络报表、数字化填报作为信息化的标志，各种报表平台交叉重复，信息化流于形式；二是将信息化当作量化考核工具，刚性考核压力导致基层社区对复杂矛盾纠纷少报瞒报。

二、大数据技术应用于社区矛盾纠纷化解的必要性与可行性

（一）大数据技术应用于社区矛盾纠纷预防与化解的必要性

国务院在2015年印发的《促进大数据发展行动纲要》中指出，数据已成为国家基础性战略资源，"加快大数据部署，深化大数据应用，已成为稳增长、促改革、调结构、惠民生和推动政府治理能力现代化的内在需要和必然选择"。将大数据技术应用于城市社区矛盾纠纷预防与化解，是促进城市社区治理精细化、专业化、智能化、现代化的重要技术途径。

1. 大数据技术可以提升现有数据的应用水平。以司法大数据中的裁判文书数据

---

[1] 崔月琴、胡那苏图："基层社区协同治理机制的借鉴与思考——基于日本丰田市社会调研的分析"，载《学习与探索》2020年第6期。

[2] 樊佩佩："城市基层治理现代化背景下的社区分化及治理绩效研究"，载《现代经济探讨》2020年第6期。

[3] 谢震、高晓红："城乡社区精准治理路径探析"，载《人民论坛》2020年第15期。

为例,截至 2021 年 3 月 24 日中国裁判文书网公开的文书总量超过 1 亿 1700 万篇,海量裁判文书数据已经成为案件当事人、司法工作者、学者等寻找类案参考、进行学术研究的重要资源,更是助推司法大数据技术开发的富矿。目前,基于该数据库,面向诉源治理、社区矛盾纠纷化解的大数据技术开发应用仍不多见。如果调解员在调处社区矛盾纠纷时需要类案参考,其使用网站检索和阅读的方式,远远比不上使用大数据挖掘类案分析预测的"精度"。

2. 大数据技术可以提升社区治理主体预防和化解矛盾纠纷的专业水平。大数据技术应用可以在几分钟内就使使用者获得可能需要几十年的实践经验才能获得的洞察力;客观的数据计算可以在一定程度上消除人的认知局限,[1]机器学习、代码分析,能够拓展人的理性思维,从而极大地提升社区矛盾纠纷调处者的专业能力水平,提高矛盾纠纷化解成功率。

3. 大数据技术可以提升矛盾纠纷当事方的信任度,从而盘活基层矛盾纠纷预防与化解机制。信任是激活基层矛盾纠纷调处机制的核心。大数据分析可以通过输入算法中的训练数据,得出潜在的预测关系,用以指导决策。[2]在调处社区矛盾纠纷时,应用大数据技术可以展示客观的类案判决结果以及诉讼成本,具有很强的说服力和可信度。大数据技术这种客观、真实性能够有效约束调处主体的主观性,化解矛盾纠纷当事人的未知焦虑,从而在二者间建构起信任基础,激活基层社区矛盾纠纷调处机制。

4. 大数据技术可以提升社会协同和公众参与度,从而完善社区矛盾纠纷预防与化解体制。大数据驱动下的社区治理能力提升和服务完善的本质,在于达致社区多元制度、技术和资源要素发挥功能效果的最大化。[3]通过网格化管理信息、法院判决文书、人民调解员、特邀调解组织、公益律师、心理咨询师志愿者等各种信息数据平台开放、共享及深度融合,可以快速、精准、高效提升社会协同和公众参与度,弥补社区矛盾纠纷预防与化解的体制短板。

5. 大数据技术可以扩展实证法学研究的范畴,为法律制度完善提供重要参考。大数据技术催生的计算法学能够有效辅助立法工作,如《最高人民法院工作报告》(2020 年)中指出"深化司法大数据应用,完成专题报告 806 份,为治理高空抛物坠物、保护妇女儿童权益等提供参考"。大数据驱动的计算法学的立法功用机理在于它

---

〔1〕 龙湘元、曾丹东:"大数据环境下我国涉诉信访改革思考",载《湘潭大学学报(哲学社会科学版)》2017 年第 5 期。

〔2〕 龙湘元、曾丹东:"大数据环境下我国涉诉信访改革思考",载《湘潭大学学报(哲学社会科学版)》2017 年第 5 期。

〔3〕 许峰、李志强:"大数据驱动下社区治理模式变革与路径建构",载《理论探讨》2019 年第 4 期。

提供了一种颇具解释力的研究路径,融合定量研究和定性研究各自的优势,[1]通过计算复杂的数量关系变化以表征潜藏在法律现象背后的社会性构成要素和生成路向,透过数字科学因果关系的推论以探知法律事实的内在结构和外部联系。[2]所以,它既能验证已有的法律规范,还能探索、解释新问题,给应用者以提示。

(二) 大数据技术应用于社区矛盾纠纷预防与化解的可行性

1. 存量数据与实时数据的持续积累为大数据技术应用提供数据基础。社区矛盾纠纷预防与化解最主要的数据库是网格化管理信息平台数据库和司法数据库,这两个数据库都由官方主导推动建设,如今都具有海量规模,对于开发社区矛盾纠纷预防与化解大数据应用开发具有重要作用。网格化管理系统运作的初始点就是建立基层社会变化的信息库,借助网格的延伸,数字化管理信息系统逐级逐层深入社区,政府对网格属地中的部件、人户、组织、业态、事件等信息进行集聚。[3]

2. 相关数据的结构化特征明显便于大数据分析。大数据的技术挑战之一就是数据类型的多样性,尤其是非结构化数据增加了数据处理和分析的难度。结构化、半结构化的数据相对于非结构化数据而言,数据噪音较小,数据清洗压力不大,更便于大数据分析。应对结构化数据,传统的数字分析技术体系是非常行之有效的,比如可以对结构化数据仓库多维度的上卷、下钻操作,从数据中提炼更深层次知识的数据挖掘技术,以及对数据进行聚类、关联分析等。[4]网格化管理信息与司法大数据信息所具有的结构性特征,有利于降低社区矛盾纠纷预防与化解大数据应用开发的难度。

3. 社区矛盾纠纷的类型化特征明显易于采用大数据技术辅助化解。社区矛盾纠纷种类较为固定,矛盾纠纷的起因、发展演变具有一定的规律性和共通性,而且一般没有复杂的法律关系交叉,因此在化解社区矛盾纠纷时不需要过于复杂的大数据技术应用操作,即可进行类案推ær、诉讼结果模拟等。

4. 现有的部分大数据技术应用可以转化运用到社区矛盾纠纷预防与化解领域。新兴的大数据技术应用已经渗透到网格化管理、司法实践等领域。比如在网格化管理数据信息应用方面,智慧网格化社区协同服务平台融合云计算、3S空间信息技术与社会管理工作,是新型社会综合管理服务信息化平台。[5]在司法大数据应用领域,贵州省法院推广使用的智能辅助系统就包括"大集中案件管理系统、智能审判辅助系统、量刑偏离度分析系统、智能模拟判决系统、智能分案系统、法官绩效考核系

---

[1] 于晓虹:"计算法学:展开维度、发展趋向与视域前瞻",载《现代法学》2020年第1期。
[2] 于晓红、王翔:"大数据时代计算法学兴起及其深层次问题阐释",载《理论探索》2019年第3期。
[3] 孙柏瑛、于扬铭:"网格化管理模式再审视",载《南京社会科学》2015年第4期。
[4] 孟小峰、慈祥:"大数据管理:概念、技术与挑战",载《计算机研究与发展》2013年第1期。
[5] 刘丹、裴颖、李闯:"智慧网格化社区协同服务平台研究",载《测绘通报》2015年第12期。

统"等;[1]实践中还有庭审语音识别、文书智能纠错、"法信"智能推送等技术应用;在国外,基于大数据的预测技术已经被律师、法官和警察用于私人和公共决策。[2]以上大数据技术应用虽然与社区矛盾纠纷预防与化解大数据应用的服务对象不同,但大部分技术代码本身是可以通用的,在进行迁移时针对具体使用人的个性化需要,对交互数据内容要素进行调整即可。

5. 对基层社会治理的政策、资源倾斜为大数据技术应用于社区矛盾纠纷预防与化解提供了重要保障。近年来,全国各地坚持和发展"枫桥经验",在基层"就地化解矛盾";完善多元纠纷化解机制,建立"大调解"工作格局;法院进行繁简分流改革,强化诉前调解;网格化管理在管理技术上从促使政府部门间协同联动向推进管理前移、管理资源下沉、动员辖区力量的方向发展;[3]干部下沉常态化、制度化,为社区治理补充人员力量;人民调解员队伍建设不断加强等政策、举措为大数据技术应用于社区矛盾纠纷预防与化解提供了重要保障和历史契机。

三、社区矛盾纠纷预防与化解大数据技术应用前景展望

（一）社区矛盾纠纷预防与化解大数据技术应用架构

整个社区矛盾纠纷预防与化解大数据技术应用架构至少需要三个部件,即数据供给端、数据处理端和数据使用端。

数据供给端主要包括网格化管理信息平台、裁判文书信息平台、人民调解委员会信息平台、律师调解工作室等特邀调解组织信息平台、物业管理服务信息平台、社区居委会（含居民小组长、楼栋长、纠纷信息员等）信息平台、业委会信息平台、社区服务志愿者（含公益律师、心理咨询师志愿者）信息平台,以及个人征信系统、全网社区治理新闻信息等。

数据处理端即技术支持端,前期负责数据聚集、分析、提取、展示等技术应用的开发、调试工作,在技术应用成熟且可以自运行后,负责系统的更新、维护及根据需要进行的再开发等工作。数据处理端需要在责任部门（如政法委、司法机关）领导下,由大数据专业技术人员、法学专家、使用端代表等人员参与,保证应用系统的功能性、有效性和可操作性。

数据使用端的主体可以非常宽泛,应用中的部分功能模块可以是一个开放性的平台,所有居民大众都可以使用。社区矛盾纠纷调处功能模块的使用者主要包括责任部门、网格化管理指挥中心、矛盾纠纷当事人、人民调解员、法院等。

---

[1] 彭强、陈润峰:"司法大数据的运用与展望——以贵州法院为例",载《法制与社会》2017年第4期。

[2] 龙湘元、曾丹东:"大数据环境下我国涉诉信访改革思考",载《湘潭大学学报（哲学社会科学版）》2017年第5期。

[3] 孙柏瑛、于扬铭:"网格化管理模式再审视",载《南京社会科学》2015年第4期。

（二）社区矛盾纠纷预防与化解大数据技术应用开发途径

1. 打破信息孤岛，实现数据共享与聚集。第一，网格化管理的治理理念要从"管控"到"服务"转变，治理功能要从"维稳平台"到"自治平台"转变，运行机制要从"碎片化管理"到"整体性治理"转变，[1]信息汇集要求打破"格"与"格"之间的界限，发挥网格管理信息集成和资源吸附的优势，将辖区内各类人员信息（含"两代表一委员"、"五老人员"、专家学者、专业技术人员、城乡社区工作者、大学生村官、志愿者等信息）、服务需求信息进行收集、分析、整合，既可以作为决策层公共物品与服务供给方向的信息库，[2]也可以向数据处理端开放，作为社区矛盾纠纷预防与化解数据库的重要资源。

第二，破除信息化技术的法院本位，打造服务于社会公众的大数据技术与应用，[3]首先需要实现数据开放共享。比如，向数据处理端开放并实时更新相关案由的裁判信息，免除"爬虫"与"反爬"的拉锯；收集并共享繁简分流中法院主导调解的相关案件的调解情况等信息。

第三，建议由司法行政机关统筹协调，推进人民调解组织及调解员、律师调解工作室、特邀调解组织及调解员，调解案件情况、公证员、司法鉴定人、基层法律服务工作者、法律援助工作者等信息的采集、汇总、整合及开放共享工作。

第四，嗅探、爬取、归集相关公开信息，如中央及各地门户网站、"学习强国"二级平台中的社区治理新闻信息、网络热点社会新闻信息等。

2. 对现有的智慧司法应用进行完善和迁移。对现有的远程立案、在线审判、"法信"智能推送、智能审判辅助系统、智能模拟判决系统、文书自动生成、文书智能纠错、智慧执行等技术应用和系统进行适当改进，转化为供调处社区矛盾纠纷使用的在线调解、类案推送、诉讼成本与风险提示、诉讼结果评估、调解协议书自动生成、在线司法确认、调解协议智慧执行等技术应用与系统。其中，类案推送、诉讼成本与风险提示、诉讼结果评估、调解协议书自动生成，都将运用到大数据技术，而应用上述技术和系统所产生的数据也将实时汇入数据库，成为新的数据资源。

3. 充分挖掘相关数据资源的社区矛盾纠纷预防与化解价值，开发相应功能应用。第一，探究社区矛盾纠纷产生的诱因。把握社区矛盾纠纷产生的规律有助于从源头上及早预防、及时调处矛盾纠纷。在涉及社区法律纠纷的裁判文书、矛盾纠纷排查台账、物业管理服务记录等信息中分析、提取、挖掘相关要素，探明容易引发社区矛盾纠纷的诱因，为预防矛盾纠纷提供工作方向指引。

---

[1] 姜晓萍、焦艳：《从'网格化管理'到'网格化治理'的内涵式提升》，载《理论探讨》2015年第6期。

[2] 孙柏瑛、于扬铭：《网格化管理模式再审视》，载《南京社会科学》2015年第4期。

[3] 刘艳红：《大数据时代审判体系和审判能力现代化的理论基础与实践展开》，载《安徽大学学报（哲学社会科学版）》2019年第3期。

第二，探究社区矛盾纠纷预测因子。在数据互联和聚集基础上，对社区矛盾纠纷的类型、产生的地域及社区的性质特点、产生的时间，矛盾纠纷当事人的身份、教育水平、征信等信息，以及当事人选择的纠纷化解方式，最终解决方式及效果等信息进行关联分析，探究易发矛盾纠纷的相关规律，通过类似因子比对，进行矛盾纠纷的风险预警和精准预防。

第三，查找预防与化解社区矛盾纠纷的信息漏洞。通过大数据的全要素、聚类、比对、关联度分析，帮助发现可能在以往社区矛盾纠纷预防与化解工作中忽略的关键诱因、防范漏洞等，为完善信息采集和改进工作提供指引。

第四，探究预防与化解社区矛盾纠纷的有效方式、方法。在社区治理典型、先进案例的新闻宣传中，分析借鉴预防与化解社区矛盾纠纷的成功经验。在社区矛盾纠纷调解案例信息中，挖掘分析矛盾纠纷当事人接受与不接受社区调解、能否形成调解协议、调解协议司法确认意愿、协议是否完全执行、有无另行诉讼情况等信息，分析社区调处矛盾纠纷成功与不成功的因素，探究各因素与矛盾纠纷类型、当事人特征以及调解结果间的相关性，寻求有效的调解模式和方法，帮助预测新发矛盾纠纷的有效处理方式。

第五，高效匹配矛盾纠纷调处供需资源。根据矛盾纠纷类型、当事人的个人特征及偏好等，进行调解人员推荐；或者结合调解员、志愿者和其他调解参与人的情况进行供需匹配，从而提高调解成功率。